Die Vereinbarkeit
des Arbeitnehmer-Entsendegesetzes
sowie der erfassten Tarifverträge
mit höherrangigem Recht

Studien zum Arbeitsrecht und zur Arbeitsrechtsvergleichung

Herausgegeben von Manfred Weiss und Spiros Simitis

Band 1

PETER LANG
Frankfurt am Main · Berlin · Bern · Bruxelles · New York · Oxford · Wien

Sebastian Fritzsche

Die Vereinbarkeit des Arbeitnehmer-Entsendegesetzes sowie der erfassten Tarifverträge mit höherrangigem Recht

PETER LANG
Europäischer Verlag der Wissenschaften

Die Deutsche Bibliothek - CIP-Einheitsaufnahme

Fritzsche, Sebastian:

Die Vereinbarkeit des Arbeitnehmer-Entsendegesetzes sowie der erfassten Tarifverträge mit höherrangigem Recht / Sebastian Fritzsche. - Frankfurt am Main ; Berlin ; Bern ; Bruxelles ; New York ; Oxford ; Wien : Lang, 2001
(Studien zum Arbeitsrecht und zur Arbeitsrechtsvergleichung ; Bd. 1)
Zugl.: Gießen, Univ., Diss., 2001
ISBN 3-631-38382-7

D 26
ISSN 1615-4606
ISBN 3-631-38382-7

www.peterlang.de

Für Ute

Vorwort

Die vorliegende Arbeit wurde am 18.04.2001 vom Fachbereich Rechtswissenschaften der Justus-Liebig-Universität Gießen als Inaugural-Dissertation angenommen.

Ausgangspunkt der Arbeit war die Übertragung themenbezogener Mandate in einer mittelständisch ausgerichteten Anwaltskanzlei in Gießen. Insofern danke ich Herrn Rechtsanwalt und Notar Axel Hecht für seine konstruktiven Anregungen, vielfachen Diskussionsangebote und die Bereitstellung von Materialen. Ohne diese Unterstützung wäre die Anfertigung ungleich beschwerlicher gewesen.

Weiterhin danke ich Herrn Professor Wolf-Dietrich Walker, Gießen, für die freundliche Betreuung der Arbeit und die Erstellung des Erstgutachtens sowie Herrn Professor Günter Weick für die zügige Erstellung des Zweitgutachtens.

Außerdem ist meinen Eltern, Jutta und Gottfried Fritzsche, Dresden, Dank zu sagen für ihre an freiheitlichen Idealen - trotz gegensätzlicher politischer Bedingungen - orientierte Erziehung und die kritische Begleitung meines bisherigen Werdeganges.

Gießen, im Mai 2001 Sebastian Fritzsche

Inhaltsverzeichnis

Literaturverzeichnis ... 17
Abkürzungsverzeichnis ... 33

§ 1 Ökonomische und politische Ursachen des AEntG in Europa und Deutschland ... 41
I. Der EG-Vertrag - Entwicklungen und Auswirkungen ... 41
II. Schaffung einer Europäischen Entsenderichtlinie als Regelungsmaßnahme ... 45
III. Parallele Gesetzgebungsmaßnahmen in Deutschland ... 47
IV. Tatsächliche Bekanntheit des AEntG und seiner in Bezug genommenen Normen ... 51
V. Gang der Abhandlung ... 54

§ 2 Anwendbarkeit zwingender Normen auf Entsendearbeitsverhältnisse ... 55
I. Bestimmung des Arbeitsvertragsstatuts nach deutschem internationalen Privatrecht, Art. 30 Abs. 2 EGBGB ... 55
1. Begriff der Entsendung (von Arbeitnehmern) ... 55
a) Entsendung im Sinne der sozialversicherungsrechtlichen Kollisionsregeln ... 55
b) Entsendung im Sinne von (lohn-)steuerrechtlichen Kollisionsnormen ... 57
c) Arbeitsförderungsrechtliche Entsendevorgaben ... 57
2. Kollisionsregeln des Arbeitsrechts, Art. 27, 30 Abs. 2 EGBGB ... 58
II. Voraussetzungen einer Sonderanknüpfung gemäß Art. 34 EGBGB im Bereich von Lohn und Urlaub ... 62
1. Mindestvoraussetzungen einer Sonderanknüpfung ... 62
2. Bestimmung des internationalen Geltungswillens einer möglichen „lex fori“ ... 63
a) Voraussetzungen ... 63
aa) Bindung des Gesetzgebers kraft Völkervertragsrechts ... 65
(1) Ansicht Puttfarken ... 66
(2) Herrschende Meinung, insbesondere Rechtsprechung des BVerfG ... 66
(3) Eigene Meinung ... 67
bb) Bindung des Gesetzgebers kraft Europarechts beziehungsweise spezieller Vertragsgestaltung ... 68
cc) Konsequenz für die EVÜ-konforme Bestimmung und Auslegung nationaler „lex fori“ ... 70

b) Der internationale Geltungswille des AEntG 73
3. Die innerstaatliche Geltung einer möglichen „lex fori"; Vergleichbarkeit mit Art. 6 EGBGB - „ordre public" 75
a) Voraussetzungen 75
b) Subsumtion der innerstaatlichen Geltung des AEntG 77
aa) Arbeitsort- und Günstigkeitsprinzip nach deutschem Recht 77
bb) Anwendung des AEntG auf nationale Entsendetatbestände 80
cc) Konsequenzen für die Anwendung des § 1 AEntG als „lex fori" 83
III. Eine Sonderanknüpfung für deutsches internationales Privatrecht kraft europäischen Sekundärrechts und deren Vereinbarkeit mit dem EG-Vertrag 85
1. Verstoß gegen die EG-Grundfreiheiten 86
a) Gesetzliche Konzeption der Grundfreiheiten; Abgrenzung zueinander 87
aa) Grundfreiheit des innergemeinschaftlichen Warenverkehrs, Art. 30 ff. EGV 89
bb) Freizügigkeit der Arbeitnehmer, Art. 48 EGV 90
cc) Freiheit der Niederlassung, Art. 52 EGV 92
dd) Freiheit der Dienstleistungen, Art. 59 EGV 93
(1) Schutzbereich der Dienstleistungsfreiheit 94
(2) Arten des Eingriffs in die Dienstleistungsfreiheit; Rechtfertigungsanforderungen 95
(3) Konkretisierung des Diskriminierungsbegriffs und des Verbots beschränkender Maßnahmen auf arbeitsrechtlichem Gebiet 100
(4) Feststellung des rechtfertigenden Allgemeininteresses 102
(a) „Fairer" Wettbewerb als Allgemeininteresse 103
(b) Arbeitnehmerschutz als Allgemeininteresse 104
(c) Verhinderung der Arbeitsmarktspaltung als Allgemeininteresse 105
(5) Geeignetheit und Erforderlichkeit nationaler Regelungen zur Erreichung des allgemeinen Interesses 106
(6) Angemessenheit im Einzelfall 112
b) Änderungen bei der Einordnung in den betrieblichen Geltungsbereich durch § 1 Abs. 4 AEntG 113
c) Rechtssituation betreffend Mindestlohn, § 1 Abs. 1 Nr. 1 AEntG n.F. 114
aa) Alte Bundesländer 115

bb) Neue Bundesländer ... 116
d) Rechtssituation betreffend Urlaub und beim Urlaubskassenverfahren, § 1 Abs. 1 Nr. 2, Abs. 3 AEntG ... 120
aa) Urlaubsdauer; Rechtsvergleich Deutschland - Portugal ... 121
bb) Urlaubslohnfortzahlung und zusätzliches Urlaubsgeld; Rechtsvergleich Deutschland - Portugal ... 122
cc) Urlaubskassensystem; offene Diskriminierung und mangelnde Erforderlichkeit ... 122
(1) Das Urlaubskassenverfahren nach deutschem Statut ... 123
(2) Das Urlaubskassenverfahren in Entsendefällen gemäß §§ 1 Abs. 3 AEntG, 55ff. VTV ... 124
e) Erweiterter Anwendungsbereich deutscher Arbeitsrechtsbestimmungen gemäß § 7 AEntG ... 130
aa) Allgemeines ... 130
bb) Die anzuwendenden Bereiche im einzelnen; Darstellung und Kritik ... 131
(1) Höchstarbeits- und Mindestruhezeiten, § 7 Abs. 1 Nr. 1 AEntG ... 131
(2) Bezahlter Mindestjahresurlaub, § 7 Abs. 1 Nr. 2 AEntG ... 132
(3) Mindestentgeltsätze, § 7 Abs. 1 Nr. 3 AEntG ... 133
(4) Die Arbeitsschutzbestimmungen inklusive Arbeitnehmerüberlassung, Mutterschutz und Gleichbehandlung von Mann und Frau; § 7 Abs. 1 Nr. 4 – 7 AEntG ... 133
f) Konsequenzen ... 134
2. Vereinbarkeit des AEntG mit europäischem Wettbewerbsrecht, Art. 85 ff. EGV ... 134
3. Vereinbarkeit der Entsenderichtlinie 96/71/EG mit dem EG-Vertrag, Bestehen einer Ermächtigungsgrundlage ... 136
a) Bestimmung der Ermächtigungsgrundlage ... 138
aa) Ziele der Richtlinie 96/71/EG ... 139
bb) Der Regelungsgehalt in Betracht kommender Ermächtigungsgrundlagen und ihre Voraussetzungen ... 141
(1) Art. 66, 57 Abs. 2 EGV als Ermächtigungsgrundlage ... 141
(a) Voraussetzungen der Art. 66, 57 Abs. 2 EGV ... 141
(aa) Begriff der Koordination ... 141
(bb) Sachlicher Koordinationsgegenstand im Rahmen der Niederlassungsfreiheit gemäß Art. 52, 57 Abs. 2 EGV ... 142

(cc) Übernahme und Erweiterung des Koordinationsbegriffes für die Dienstleistungsfreiheit im Rahmen des Verweises des Art. 66 EGV 143
(dd) Anforderungen an die Erleichterung durch Koordination 145
(b) Einordnung der Entsenderichtlinie anhand vorstehender Erfordernisse 146
(aa) Ansicht Däublers 146
(bb) Eigene Meinung 147
(2) Art. 100a EGV als Ermächtigungsgrundlage 152
(3) Art. 118a Abs. 2 EGV als Ermächtigungsgrundlage 154
(4) Art. 100 EGV als Ermächtigungsgrundlage 155
(a) Voraussetzungen 155
(b) Einordnung 157
(aa) Ansicht Löwischs u.a. 157
(bb) Eigene Meinung 158
(5) Art. 235 EGV als „Auffang-" Ermächtigungsgrundlage. 161
cc) Konsequenzen einer ermächtigungsnormlosen EG-Richtlinie 162
b) Vereinbarkeit der Entsenderichtlinie mit materiellen europäischem Primärrecht 162
4. Rechtsfolge 163
IV. Tarifverträge - ipso iure zwingende Regeln nach Art. 34 EGBGB 163
1. Tarifverträge mit „lex fori"-Geltung? 164
a) Fehlen der unabdingbaren innerstaatlichen Geltung bei vergleichbaren Sachverhalten 164
b) Der internationale Geltungswille von tariflichen Normen 165
aa) Der internationale Geltungswille einfacher tariflicher Normen 165
bb) Der internationale Geltungswille allgemeinverbindlicher Tarifnormen 166
(1) Ansichten in der Literatur 166
(2) Die Rechtsprechung des BAG 168
(3) Eigene Meinung 169
(a) Die Rechtsnatur der Allgemeinverbindlichkeit in der Rechtsprechung von BVerfG und BAG 169
(b) Konsequenzen für den „lex fori"-Status allgemeinverbindlicher Tarifnormen 171
2. Das europarechtliche Anwendungsverbot 174
V. Ergebnis zu § 2 175

§ 3 Vereinbarkeit der vom AEntG in Bezug genommenen Tarifverträge mit einfachgesetzlichem nationalem Recht 177

I. Unwirksamkeit (Leerlaufen) des Tarifvertrages über Mindestlohn und seiner Allgemeinverbindlichkeitserklärung 178

1. Verstoß gegen das Tarifvertragsgesetz 178

a) Tarifvertragsqualität des Mindestlohntarifvertrages? 179

aa) Abgrenzung der Begriffsmerkmale als Mindestvoraussetzungen eines Tarifvertrages von dessen Wirksamkeit 179

(1) Abgrenzung zwischen Tariffähigkeit und Tarifzuständigkeit 181

(2) Abgrenzung zwischen Tarifbindung und Geltungsbereich; Umfang der Tarifgeltung 182

(3) Konsequenzen der Systematisierung; Rechtsfolgen 185

bb) Subsumtion der Normen des Mindestlohn-TV 186

b) Die Allgemeinverbindlichkeit nach § 5 TVG 192

aa) Der Tarifvertrag ohne originäre Normadressaten 192

bb) Fehlende Erfüllung des Mindestquorums des § 5 Abs. 1 TVG 194

cc) Der Mangel wirksamer Bekanntmachung der Allgemeinverbindlichkeitserklärung 197

c) Verbindlichkeit der Tarifnormen durch Rechtsverordnung nach § 1 Abs. 3a AEntG 198

2. Wirkungsweise des § 1 Abs. 1 AEntG; Reichweite der Inkorporation des Mindestlohn-TV 200

a) Geltungsbereich und Tatbestand des § 1 Abs. 1 AEntG 200

b) Die Rechtsfolge des § 1 Abs. 1 AEntG; Wirkungserstreckung tariflicher Normen auf internationaler Ebene ... 201

aa) Grammatikalische Auslegung der Rechtsfolgenseite des § 1 Abs. 1 AEntG 201

bb) Systematische Auslegung unter Beachtung des eingeschränkten persönlichen Geltungsbereiches bei Anwendung tariflicher Normen als „lex fori“ 205

3. Der Bruttolohn im Entsendeverfahren 206

a) Der rechtliche Bruttolohnbegriff des Entsenderechts 207

b) Tatsächliche Umsetzung bei portugiesischen Entsendungen 208

c) Vorgehen in Zweifelsfällen 210

4. Konsequenz 211

II. Wirksamkeit der Tarifvertrages über das Sozialkassenverfahren im Baugewerbe im Zeitraum vom 01.01.1997 und 31.12.1999 211

1. Einleitung; Rechtsprechung des ArbG Wiesbaden ... 211
2. Aufgabe und Struktur von § 1 Abs. 3 AEntG ... 212
a) Gegenstand der Verweisung ... 213
b) Art der Verweisung ... 214
3. Unwirksamkeit (Leerlaufen) des die Beitragspflicht vermittelnden VTV beziehungsweise seiner Allgemeinverbindlichkeitserklärung ... 217
a) Begriffliches Fehlen eines Tarifvertrages beziehungsweise originärer Normadressaten ... 218
aa) Die Wirkung tariflicher Normen ohne tarifgebundene Adressaten gemäß § 3 Abs. 1 TVG, insbesondere auf eine anschließende Allgemeinverbindlichkeitserklärung nach § 5 TVG ... 219
bb) Umfassende Adressatenlosigkeit der §§ 55 ff. VTV ... 220
cc) Ein Vergleich unterschiedlicher Systeme; Rechtfertigung einer Differenzierung ... 222
(1) Das Grundsystem der Urlaubskasse in der Bauwirtschaft nach deutschem Recht ... 223
(2) Das System der Urlaubskasse in der Bauwirtschaft in Entsendefällen ... 224
(a) Die materiellen Urlaubsbedingungen gemäß § 8 BRTV-Bau ... 224
(b) Das Beitragsverfahren gemäß der §§ 55 - 63 VTV ... 224
(aa) § 59 Abs. 1 Ziffer 1 VTV ... 225
(bb) § 59 Abs. 1 Ziffer 2 VTV ... 226
(cc) § 59 Abs. 1 Ziffer 3 VTV ... 226
(dd) § 59 Abs. 2 Ziffer 6 VTV ... 227
(ee) § 59 Abs. 2 Ziffer 4 VTV ... 228
(ff) § 59 Abs. 2 Ziffer 1 VTV ... 228
(gg) § 59 Abs. 2 Ziffer 7 und 8 VTV ... 229
(hh) § 59 Abs. 2 Ziffer 3 VTV ... 230
(ii) § 59 Abs. 3 Ziffer 3 VTV ... 230
(jj) § 59 Abs. 2 Ziffer 9 VTV ... 232
(kk) § 70 VTV ... 232
(ll) Zusammenfassung ... 233
(c) Das Leistungsverfahren gemäß der §§ 64–69 VTV ... 234
(aa) Urlaub während der Entsendung ... 234
(bb) Urlaub vor beziehungsweise nach der Entsendung ... 235
(cc) sonstige Differenzen, insbesondere § 69 VTV ... 237
(3) Rechtfertigung durch die Erfordernisse des § 1 Abs. 3 Nr. 1 und 2 AEntG ... 237

dd) Konsequenzen für die (Un-)Wirksamkeit einer Allgemeinverbindlichkeitserklärung nach § 5 TVG 239
ee) Hilfsweise: Unanwendbarkeit der §§ 1 – 54 VTV 241
b) Die mangelnde Erfüllung des Mindestquorums des § 5 Abs.1 TVG für eine Allgemeinverbindlichkeit 243
c) Fehlende Publizität der Allgemeinverbindlichkeitserklärung 244
d) Verstoß gegen § 13 Abs. 2 Bundesurlaubsgesetz 245
aa) Erforderlichkeit der tariflichen Abweichung vom BUrlG.. 245
bb) §§ 8 Ziffer 7.1. lit i) BRTV-Bau, 66 VTV – Verstoß gegen § 13 Abs. 2 BUrlG 246
III. Das Urlaubskassenverfahren in der ab 01.01.2000 gültigen Form 247
1. Grundlage 247
2. Verfahren 248
3. Resümee 249

§ 4 Die Vereinbarkeitkeit des § 1 AEntG mit der Koalitionsfreiheit des Art. 9 Abs. 3 GG 250
I. § 1 AEntG als Eingriff und Ausgestaltung in/von Art. 9 Abs. 3 GG 250
II. Vereinbarkeit der von § 1 AEntG in Entsendefällen getroffenen Sachentscheidungen mit Art. 9 Abs. 3 GG als subjektivem Abwehr- (Grund-) recht 251
1. Art. 9 Abs. 3 GG als Abwehrrecht im Lichte der Rechtsprechung des BerfG 251
a) Art und Umfang des Schutzbereiches 251
b) Eingriffe und Rechtsfertigungsanforderungen 253
aa) Die Koalitionsbildungs- und -bestandsfreiheit 254
bb) Die Koalitionsfunktionsfreiheit 255
2. Subsumtion: Die Freiheit des (positiven und negativen) Koalitionsbeitritts der „Entsende"-Vertragsparteien 257
a) Die Betroffenheit ausländisch anders oder nicht organisierter Arbeitsvertragsparteien 258
b) Fehlende Eingriffsqualität 258
3. Subsumtion: Die Freiheit der ausländischen Koalitionsfunktion 259
a) Ausländische Koalitionen - vom Schutzbereich des Art. 9 Abs. 3 GG umfasst? 260
aa) Koalitionsschutz nur nach Maßgabe von Art. 19 Abs. 3 GG 260

bb) Art. 9 Abs. 3 GG als eigenständiges „Kollektivgrundrecht“ ... 261
cc) Eigene Lösung ... 261
b) Eingriff durch tariffeste Sachentscheidung entsprechend deutschem Tarifniveau ... 263
c) Rechtfertigung und Verhältnismäßigkeit ... 264
aa) Der Grundrechtsschutz inländischer Koalitionen, insbesondere der Tarifautonomie ... 264
bb) Der Grundrechtsschutz in- und ausländischer Arbeitnehmer ... 268
(1) Betroffenheit inländischer Arbeitnehmer ... 268
(2) Betroffenheit entsandter Arbeitnehmer ... 269
cc) Das Sozialstaatsprinzip, Art. 20 Abs. 1 GG ... 270
(1) Ansicht des LAG Frankfurt/M. ... 270
(2) Ansicht von Löwisch ... 271
(3) Eigene Ansicht ... 271
III. Die Vereinbarkeit der in § 1 Abs. 3a AEntG vorgesehenen Rechtsverordnungsermächtigung mit Art. 9 Abs. 3, 80 Abs. 1 GG ... 274
1. Der Kammerbeschluß des BVerfG vom 18.07.2000 ... 275
2. Die Kritik von Scholz ... 276
3. Die Rechtfertigung von Ossenbühl ... 276
4. Andere Ansätze in der Literatur ... 277
5. Eigene Ansicht ... 278
a) Rechtswirkungen ... 278
b) Verfahren ... 279
aa) Materielle Betroffenheit Dritter ... 280
(1) Betroffenheit inländischer Koalitionen durch inadäquaten Verhandlungsdruck ... 280
(2) Betroffenheit inländischer Nichtkoalitionäre ... 281
bb) Formell-rechtliche Vereinbarkeit der Ermächtigungsgrundlage ... 281
V. Ergebnis zu § 4 ... 283

§ 5 Zusammenfassung ... 284

Anlage 1: Synopse EGV Maastrichter und Amsterdamer Fassung ... 286
Anlage 2: Stammdatenblatt der ZVK-Bau ... 289

Literaturverzeichnis

Becker, Ulrich	Voraussetzungen und Grenzen der Dienstleistungsfreiheit, NJW 1996, S. 179 – 181
Behr, Volker	Zum österreichischen und deutschen internationalen Arbeitsvertragsrecht, IPRax 1989, S. 319 – 324
Beissiegel, Detlef/ *Moosbach,* Wolfgang/ *Lepanthe,* Eddie	Vergleich des deutschen Arbeitnehmerentsendegesetzes mit seinem französischen Pendant, JZ 1996, S. 668 – 671
Beuthien, Volker	Unternehmerische Mitbestimmung kraft Tarif- oder Betriebsautonomie, ZfA 1983, S. 141 – 168
Bieback, Karl-Jürgen	Rechtliche Probleme von Mindestlöhnen, insbesondere nach dem Arbeitnehmer-Entsendegesetz, RdA 2000, S. 207 – 216
Biedenkopf, Kurt	Grenzen der Tarifautonomie, Karlsruhe 1964
Birk, Rolf	Arbeitsrecht und internationales Privatrecht, RdA 1999, S. 13 – 18
Birk, Rolf	Die Gesetzgebungszuständigkeiten der Europäischen Gemeinschaft im Arbeitsrecht, RdA 1992, S. 68 – 72
Birk, Rolf	Das internationale Arbeitsrecht in der Bundesrepublik Deutschland, RabelsZ (46) 1982, S. 385 – 420

Birk, Rolf — Internationales Tarifvertragsrecht - Eine kollisionsrechtliche Skizze, Festschrift für Beitzke, S. 831 – 872 Berlin 1979

Blanke, Thomas — Die Neufassung des Arbeitnehmer-Entsendegesetzes: Arbeitsmarktregulierung im Spannungsverhältnis von Dienstleistungsfreiheit, Arbeitnehmerschutz und Tarifautonomie, AuR 1999, S. 417 – 426

Böhm, Wolfgang — Arbeitnehmer - Entsendegesetz als „Ermächtigungsgesetz“ ?, NZA 1999, S. 128 –130

Bötticher, Eduard — Die Gemeinsamen Einrichtungen der Tarifvertragsparteien, Heidelberg 1966

Büdenbender, Ulrich — Die Erklärung der Allgemeinverbindlichkeit von Tarifverträgen nach dem Arbeitnehmer-Entsendegesetz, RdA 2000, S. 193 – 207

Butzer, Hermann — Verfassungsrechtliche Grundlagen zum Verhältnis zwischen Gesetzgebungshoheit und Tarifautonomie, RdA 1994, S. 375 – 385

Cecchini, Paolo — Europa ´92. Der Vorteil des Binnenmarktes, Baden - Baden 1988

Cornelissen, Rob — Die Entsendung von Arbeitnehmern innerhalb der Europäischen Gemeinschaft und die soziale Sicherheit, RdA 1996, S. 329 – 339

Danwitz, Thomas v. — Das neugefasste Arbeitnehmer-Entsendegesetz auf dem Prüfstand: Europa- und verfassungsrechtliche Schranken einer Neuorientierung im Arbeitsrecht, RdA 1999, S. 323 – 327

Däubler, Wolfgang — Die Entsenderichtlinie und ihre Umsetzung in das deutsche Recht, EuZW 1997, S. 613 – 618

Däubler, Wolfgang — Tarifvertragsrecht – Ein Handbuch, 3. Auflage, Baden-Baden 1993

Däubler, Wolfgang — Arbeitsrecht und Auslandsbeziehungen, AuR 1990, S. 1 – 12

Däubler, Wolfgang — Der Richtlinienvorschlag zur Entsendung von Arbeitnehmern, EuZW 1993, S. 370 – 374

Däubler, Wolfgang — Ein Antidumping-Gesetz für die Bauwirtschaft, DB 1995, S. 726 – 731

Däubler, Wolfgang — Neue Akzente im Arbeitskollisionsrecht, RIW 1999, S. 255 – 260

Däubler, Wolfgang/ *Hege,* Hans — Koalitionsfreiheit – Ein Kommentar, Baden – Baden 1976

Dauses, Manfred A. (Hrsg.) — Handbuch zum EG-Wirtschaftrecht, Bd. I, München, Stand: Januar 1999 (zit. Dauses-Bearbeiter, Kapitel, Rz. ...)

Deinert, Olaf — Arbeitnehmerentsendung im Rahmen der Erbringung von Dienstleistungen innerhalb der Europäischen Union, RdA 1996, S. 339 – 352

Dersch, Hermann/ *Neumann,* Dirk	Bundesurlaubsgesetz, Kommentar, 8. Auflage, München 1997
Dieterich, Thomas/ *Hanau,* Peter/ *Schaub,* Günter (Hrsg.)	Erfurter Kommentar zum Arbeitsrecht, München 1998 (zit. Erfurter Kommentar – Bearbeiter, §/Art. ... Gesetz, Rz. ...)
Dolzer, Rudolf (Hrsg.)	Bonner Kommentar zum Grundgesetz, Heidelberg, Stand: März 1997 (zit. BK-Bearbeiter, Art. ... GG, Rz. ...)
Fasshold, Dagobert	Freier Warenverkehr in der EG und nationale Absatzregeln, Darmstadt 1986
Franzen, Martin	„Gleicher Lohn für gleiche Arbeit am gleichen Ort"?, DZWir 1996, 89 – 101
Franzen, Martin	Internationales Arbeitsrecht, AR-Blattei, SD Nr. 920
Friauf, Karl Heinrich	Die verfassungsrechtlichen Vorgaben einer gesetzlichen oder tarifvertraglichen Arbeitskampfordnung, RdA 1986, S. 188 – 195
Gamillscheg, Franz	Kollektives Arbeitsrecht, Bd. 1, München 1997 (zit.: Gamillscheg, S. ...)
Gamillscheg, Franz	Ein Gesetz über das internationale Arbeitsrecht, ZfA 1983, S. 307 – 373
Geiger, Rudolf	EG-Vertrag, Kommentar zu dem Vertrag zur Gründung der Europäischen Gemeinschaft, 2. Auflage, München 1995

Gerken, Lüder/
Löwisch, Manfred/
Rieble, Volker
Der Entwurf eines Arbeitnehmer-Entsendegesetzes in ökonomischer und rechtlicher Hinsicht, BB 1995, S. 2370 – 2375

Giuliano, Mario/
Lagarde, Paul
Bericht über das Übereinkommen über das auf Schuldverhältnisse anzuwendende Recht, BT-Dr. 10/503, S. 33 – 82

Glismann, Hans Hinrich/
Horn, Ernst-Jürgen/
Nehring, Sighart/
Vaubel, Roland
Weltwirtschaftslehre, Bd. I, Außenhandels- und Währungspolitik, 4. Auflage, Göttingen 1992

Grabitz, Eberhard/
Hilf, Meinhard
(Hrsg.)
Kommentar zum EU-/EG-Vertrag, Altband 1, München, Stand: Januar 2000 (zit. Grabitz/Hilf-Bearbeiter, Art. ..., Rz....)

Grabitz, Eberhard/
Hilf, Meinhard
(Hrsg.)
Kommentar zum EU-/EG-Vertrag, Altband 2, München, Stand: Januar 2000 (zit. Grabitz/Hilf-Bearbeiter, Art. ..., Rz....)

Groeben, Hans von der/
Thiesing, Jochen/
Ehlermann, Claus-Dieter
(Hrsg.)
Kommentar zum EWG-Vertrag, Bd. 1, Art. 1 – 84 EWGV, 4. Auflage, Baden-Baden 1991 (zit. Groeben/Thiesing/Ehlermann, Art. ... EGV, Rz. ...)

Groeben, Hans von der /
Thiesing, Jochen/
Ehlermann, Claus-Dieter
(Hrsg.)
Kommentar zum EU-/EG-Vertrag, Bd. 2, 2. Halbband, Art. 88 – 102 EGV, 5. Auflage, Baden-Baden 1999 (zit. Groeben/Thiesing/Ehlermann, Art. ... EGV, Rz. ...)

Groeben, Hans von der / *Thiesing,* Jochen/ *Ehlermann,* Claus-Dieter (Hrsg.) — Kommentar zum EU-/EG-Vertrag, Bd. 5, Art. 210 – 248 EGV, H – S EUV, 5. Auflage, Baden-Baden 1997 (zit. Groeben/Thiesing/Ehlermann, Art. ... EGV, Rz. ...)

Grundmann, Stefan — Europäisches Schuldvertragsrecht – Das europäische Recht der Unternehmensgeschäfte, Berlin 1999

Hailbronner, Kay — Die Dienstleistungsfreiheit in der Rechtsprechung des EuGH, EuZW 1992, S. 105 – 113

Hanau, Peter — Das Arbeitnehmer-Entsendegesetz, NJW 1996, S. 1369 – 1373

Hanau, Peter — Die Anwendung des Arbeitnehmer-Entsendegesetzes auf inländische Arbeitgeber, NZA 1998, S. 1249 – 1250

Hanau, Peter — Lohnunterbietung („Sozialdumping") durch Europarecht, Festschrift für Ulrich Everling, Bd. 1, S. 415 – 431, Baden-Baden 1995

Hanau, Peter — Neues im Europäischen Arbeitsrecht, ArbR der Gegenwart, Bd. 28, S. 89 – 122

Henssler, Martin — Tarifautonomie und Gesetzgebung, ZfA 1994, S. 1 – 40

Hesse, Konrad — Grundzüge des Verfassungsrechts der Bundesrepublik Deutschland, 20. Auflage, Heidelberg 1995

Hoffmann, Bernd v. — Inländische Sachnormen mit zwingendem internationalem Anwendungs bereich, IPRax 1989, S.261 - 263

Hold, Dieter — Arbeitnehmer-Entsendegesetz gegen Lohndumping und illegale Beschäftigung im Baugewerbe, AuA 1996, S. 113 – 117

Hönsch, Ronald — Die Neuregelung des Internationalen Privatrechts aus arbeitsrechtlicher Sicht, NZA 1988, S. 113 – 119

Hueck, Alfred/ *Nipperdey*, Hans Carl — Lehrbuch des Arbeitsrechts; Band II, 1. Halbband, 7. Auflage, Berlin 1967 2. Halbband, 7. Auflage, Berlin 1970

Ingelfinger, Helmar — Arbeitsplatzgestaltung durch Betriebsnormen, Berlin 1996

Ipsen, Knut — Völkerrecht, 4. Auflage, München 1999 (zit. Ipsen-Bearbeiter, S. ...)

Isensee, Josef/ *Kirchhoff*, Paul — Handbuch des Staatsrechts, Bd. VI Freiheitsrechte, Heidelberg 1989 (zit. HbdStR-Bearbeiter, § ..., Rz. ...)

Isensee, Josef/ *Kirchhoff*, Paul — Handbuch des Staatsrechts, Bd. VII Normativität und Schutz der Verfassung - Internationale Beziehungen, Heidelberg 1992 (zit. HbdStR-Bearbeiter, § ..., Rz. ...)

Jarass, Hans/
Pieroth, Bodo
Grundgesetz für die Bundesrepublik Deutschland, Kommentar, 5. Auflage, München 2000 (zit.: Jarass/Pieroth, Art. ... GG, Rz. ...)

Jarass, Hans
Tarifverträge und Verfassungsrecht, NZA 1990, S. 505 – 510

Junker, Abbo
Arbeits- und Sozialrecht in der Europäischen Union, JZ 1994, S. 277 – 286

Junker, Abbo
Die „zwingenden Bestimmungen" im neuen internationalen Arbeitsrecht, IPRax 1989, 69 – 75

Junker, Abbo/
Wichmann, Julia
Das Arbeitnehmer-Entsendegesetz - Doch ein Verstoß gegen Europäisches Recht?, NZA 1996, S. 505 – 512

Kegel, Gerhard/
Schurig, Klaus
Internationales Privatrecht, 8. Auflage, München 2000

Kempen, Otto Ernst/
Zachert, Ulrich
Tarifvertragsgesetz, Kommentar für die Praxis, 3. Auflage, Köln 1997 (zit. Kempen/Zachert, § ... TVG, Rz. ...)

Khin, Daniel-Erasmus
Einführung zum EU-Vertrag, Beck-Texte im dtv, 4.Auflage 1998

Kittner, Udo
Bautarifverträge ´98, 34. Auflage, Düsseldorf 1998

Koberski, Wolfgang/
Sahl, Karl-Heinz/
Hold, Dieter
Arbeitnehmer-Entsendegesetz, München 1997

Königs, Folkmar — Lohngleichheit am Bau? – Zu einem Arbeitnehmer – Entsendegesetz, DB 1995, S. 1710 – 1711

Königs, Folkmar — Rechtsfragen des Arbeitnehmer-Entsendegesetzes und der EG-Entsenderichtlinie, DB 1997, S. 225 – 231

Kort, Michael — Schranken der Dienstleistungsfreiheit im europäischen Recht, JZ 1996, S. 132 – 140

Kretz, Jürgen — Arbeitnehmerentsendegesetz, München 1996

Krimphove, Dieter — Europäisches Arbeitsrecht, München 1996

Leinemann, Wolfgang (Hrsg.) — Kasseler Handbuch des Arbeitsrechts, Bd. 1, 2. Auflage, Neuwied.Kriftel 2000 (zit. KaHbdArbR-Bearbeiter, S. ..., Rz. ...)

Lenz, Carl Otto — Kommentar zu dem Vertrag zur Gründung der Europäischen Gemeinschaft, 2. Auflage, Köln 1999 (zit. Lenz-Bearbeiter, Art. ... EGV, Rz. ...)

Löwisch, Manfred — Der Entwurf einer Entsenderichtlinie der EU in rechtlicher Sicht, Festschrift für Albrecht Zeuner, S. 94 – 99, Tübingen 1994

Löwisch, Manfred/ *Rieble,* Volker — Tarifvertragsgesetz, Kommentar, München 1992

Mankowski, Peter	Arbeitsverträge von Seeleuten im deutschen Internationalen Privatrecht, RabelsZ (53) 1989, S. 487 - 525
Mann, F. A.	Zum Anwendungsbereich des neuen Seefrachtrechts, NJW 1988, 3074 – 3075
Maunz, Theodor/ *Dürig,* Günter	Grundgesetz, Kommentar, Bd. I, München, Stand: Februar 1999 (zit. Maunz-Dürig, Art. ... GG, Rz. ...)
Maunz, Theodor/ *Dürig,* Günter	Grundgesetz, Kommentar, Bd. III, München, Stand: Februar 1999 (zit. Maunz-Dürig, Art. ... GG, Rz. ...)
Mayer – Maly, Theo	Gemeinsame Einrichtungen im Spannungsfeld von Tarifmacht und Ordnungspolitik, BB 1965, S. 829 – 834
Meyer, Cord	Gesetzliche Neuregelungen im Renten- und Arbeitsförderungsrecht/AEntG, NZA 1999, S. 121 – 128
Müller, Andreas	Die Entsendung von Arbeitnehmern in der Europäischen Union, 1997
Münch, Ingo v. *Kunig,* Philip	Grundgesetz, Kommentar, Bd. 1, 4. Auflage, München 1992 (zit. v.Münch-Bearbeiter, Art. ... GG, Rz. ...)
Münch, Ingo v. *Kunig,* Philip	Grundgesetz, Kommentar, Bd. 2, 3. Auflage, München 1985 (zit. v.Münch-Bearbeiter, Art. ... GG, Rz. ...)

Neumann, Dirk	Auswahl beim Vorruhestand, Festschrift für Karl Molitor, S. 249 – 259 München 1988
Oetker, Hartmut/ *Preis,* Ulrich	Europäisches Arbeits- und Sozialrecht, Teil B, Systematische Darstellung, Heidelberg, Stand: April 1996 (zit. Oetker/Preis-Bearbeiter, ...)
Ossenbühl, Fritz	Tarifautonomie und staatliche Gesetz- gebung, Verfassungsmäßigkeit von § 1 Abs. 3a des Arbeitnehmer- Entsendegesetzes, Bonn 2000
Otto, Hans-Jörg	Tarifautonomie unter Gesetzes- oder Verfassungsvorbehalt, Festschrift für Albrecht Zeuner, S. 121 – 145, Tübingen 1994
Palandt, Otto	Bürgerliches Gesetzbuch, Kommentar, 60. Auflage, München 2001 (zit. Palandt-Bearbeiter, Art. ... EGBGB, Rz. ...)
Pfarr, Heide	Gewerkschaftliche Rechte im Betrieb, AuR 1979, S. 242 – 245
Plander, Harro	Was sind Tarifverträge?, ZTR 1997, S. 145 – 152
Pougin, Peter	Die Deutsche Kritik am Europäischen Arbeitsrecht, Köln 1996
Puttfarken, Hans-Jürgen	Grundrechte im internationalen Rechtsraum, RIW 1995, 617 – 629

Reithmann, Christoph/ *Martiny,* Dieter	Internationales Vertragsrecht, 5. Auflage, Köln 1996
Richardi, Reinhard/ *Wlotzke,* Otfried (Hrsg.)	Münchener Handbuch des Arbeitsrechts, Bd. 1, Individualarbeitsrecht I, München 1992 (zit. MüHbdArbR-Bearbeiter, § ..., Rz. ...)
Richardi, Reinhard/ *Wlotzke,* Otfried (Hrsg.)	Münchener Handbuch des Arbeitsrechts, Bd. 3,Kollektivarbeitsrecht I, München 1993 (zit. MüHbdArbR-Bearbeiter, § ..., Rz. ...)
Richardi, Reinhard/ *Wlotzke,* Otfried (Hrsg.)	Münchener Handbuch des Arbeitsrechts, Bd. 3,Kollektivarbeitsrecht I, 2. Auflage, München 2000 (zit. MüHbdArbR-Bearbeiter, 2.Auflage, § ..., Rz. ...)
Rüfner, Wolfgang	Zur Gemeinwohlbindung der Tarifvertrags-parteien, RdA 1985, S. 193 – 199
Sachs, Michael (Hrsg.)	Grundgesetz, Kommentar, 2. Auflage, München 1999 (zit. Sachs-Bearbeiter, Art. ... GG, Rz. ...)
Säcker, Franz-Jürgen	Grundprobleme der kollektiven Koalitionsfreiheit, Düsseldorf 1969
Sahl, Karl-Heinz/ *Stang,* Brigitte	Das Arbeitnehmer-Entsendegesetz und die Europäische Entsenderichtlinie, AiB 1996, S. 652 – 661
Schaub, Günter	Arbeitsrechts- Handbuch, 9. Auflage, München 2000

Scheffer, Urban — Marktfreiheiten des EG-Vertrages als Ermessensgrenze des Gemeinschaftsgesetzgebers, Frankfurt/Main 1997

Schiek, Dagmar — Europäisches Arbeitsrecht, Baden-Baden 1997

Schlachter, Monika — Grenzüberschreitende Arbeitsverhältnisse, NZA 2000, S. 57 – 64

Schlüter, Wilfried — Tarifmacht gegenüber Außenseitern, Festschrift für Rudolf Lukes, S. 559 – 573 Köln 1989

Schmidt, Walter — Das neue Vereinsgesetz und Artikel 9 Abs. 2, 18 des Grundgesetzes, NJW 1965, S. 424 – 429

Scholz, Rupert — Anmerkung zum Beschluß des BVerfG vom 18.07.2000, Az. 1 BvR 948/00; SAE 2000, S. 266 – 271

Schweitzer, Michael/ *Hummer,* Waldemar — Europarecht, 5. Auflage 1996

Seidel, Martin — Rechtsangleichung und –gestaltung in der Europäischen Gemienschaft, Baden-Baden 1990

Seiter, Hugo — Zur Gestaltung der Arbeitskampfordnung durch den Gesetzgeber, RdA 1986, S. 165 – 188

Selmayr, Martin — Die gemeinschaftliche Entsendefreiheit und das deutsche Entsendegesetz, ZfA 1996, S. 615 – 658

Soergel, Theodor (Hrsg.) — Bürgerliches Gesetzbuch mit Einführungsgesetz und Nebengesetzen, Bd 10, 12. Auflage, Stuttgart 1996 (zit.: Soergel-Bearbeiter, Art. ... EGBGB, Rz. ...)

Sonnenberger, Hans Jürgen (Hrsg.) — Münchener Kommentar, Bd. 10, Art. 1 – 38 EGBGB, 3. Auflage, München 1998 (zit. MüKo-Bearbeiter, Art. ... EGBGB, Rz. ...)

Staudinger, Julius v. — Bürgerliches Gesetzbuch, §§ 611 – 615 BGB, 13. Bearbeitung, Berlin 1999 (zit. Staudinger-Bearbeiter, § ... BGB, Rz. ...)

Staudinger, Julius v. — Bürgerliches Gesetzbuch, Art. 10, 27 – 37 EGBGB, 12. Bearbeitung, Berlin 1998 (zit. Staudinger-Bearbeiter, Art. ... EGBGB, Rz. ...)

Steck, Brigitte — Geplante Entsende-Richtlinie nach Maastricht ohne gesetzliche Grundlage?, EuZW 1994, S. 140 – 142

Stein, Axel — Tarifvertragsrecht, Stuttgart 1997

Steinmeyer, Heinz Dietrich — Harmonisierung des Arbeits- und Sozialrechts in der EG – Eine Konsequenz aus der Schaffung eines einheitlichen Binnenmarktes? -, ZIAS 1989, S. 208 -

Stern, Klaus — Das Staatsrecht der Bundesrepublik Deutschland, Band I: Grundbegriffe und Grundlagen des Staatsrechts, Strukturprinzipien der Verfassung, 2. Auflage, München 1984

Streinz, Rudolf — Europarecht, 4. Auflage, Heidelberg 1999

Strohmaier, Gerhard — Die Verfassungswidrigkeit des Arbeitnehmerentsendegesetzes, RdA 1998, S. 339 – 345

Theelen, Ulrich — Das Arbeitnehmer-Entsendegesetz: Entwicklung und Rechtskonformität, Köln 1999

Völker, Christian — Zur Dogmatik des ordre public, Berlin 1998

Wagenitz, Thomas — Die personellen Grenzen der Tarifmacht, Frankfurt/M. 1972

Wank, Rolf — Arbeitsrecht nach Maastricht, RdA 1995, S. 10 – 26

Wassermann, Rudolf (Hrsg.) — Alternativkommentar zum Grundgesetz für die Bundesrepublik Deutschland, Band 1, 2. Auflage, Darmstadt 1989 (zit.: AK-Bearbeiter, Art. ... GG, Rz. ...)

Weber, Helmut — Das Zwingende an den zwingenden Vorschriften im neuen internationalen Arbeitsrecht, IPRax 1988, S. 82 – 85

Wiedemann, Herbert — Tarifvertragsgesetz, Kommentar, 6. Auflage, München 1999 (zit.: Wiedemann-Bearbeiter, § ... TVG, Rz. ...)

Wimmer, Norbert — Die Gestaltung internationaler Arbeitsverhältnisse durch kollektive Normverträge, Baden-Baden 1992

Wlotzke, Otfried — Technischer Arbeitsschutz im Spannungsverhältnis von Arbeits- und Wirtschaftsrecht, RdA 1992, S. 85 – 96

Wohlfahrt, Ernst/ *Everling,* Ulrich/ *Glaesner,* Hans Joachim/ *Sprung,* Rudolf — Die Europäische Wirtschaftsgemein schaft - Kommentar zum Vertrag, Berlin 1960 (zit.: WEGS – Bearbeiter, Art. ... EGV, Rz. ...)

Wolf, Patrick — Kollision tarifvertraglicher Normsetzung und Gesetzgebung am Beispiel der verfassungskonformen Ausgestaltung einer Härteklausel zu Gunsten der Betriebsparteien, Bonn 1999

Wollmann, Ines — Arbeitsrecht in Portugal, München 1999

Zachert, Ulrich — EG-Binnenmarkt und Arbeitsrecht, AuR 1989, S. 161 – 167

Zöllner, Wolfgang — Tarifmacht und Außenseiter, RdA 1962, S. 453 – 459

Abkürzungsverzeichnis

a.a.O.	am angegebenen Ort
Abl.	Amtsblatt
Abs.	Absatz
AEntG	Gesetz über zwingende Arbeitsbedingungen bei grenzüberschreitenden Dienstleistungen (Arbeitnehmerentsendegesetz)
AFG	Arbeitsförderungsgesetz
AG	Amtsgericht
AiB	Arbeit im Betrieb
AK	Alternativkommentar (Reihe)
amtl. Slg.	Amtliche Sammlung der Entscheidungen des EuGH
AöR	Archiv des öffentlichen Rechts
AP	Nachschlagewerk des Bundesarbeitsgerichts (Entscheidungsnummer und Gesetzesstelle)
ArbG	Arbeitsgericht
ArbGG	Arbeitsgerichtsgesetz
arg. e. contr.	argumentum e contrario
ArGV	Arbeitserlaubnis-Genehmigungsverordnung
Art.	Artikel
AuA	Arbeit und Arbeitsrecht

AuR	Arbeit und Recht
Az.	Aktenzeichen
ArbZG	Arbeitszeitgesetz
BAG	Bundesarbeitsgericht
BAGE	Entscheidungssammlung des Bundesarbeitsgerichts
BAnz.	Bundesanzeiger
BB	Der Betriebs-Berater
Bd.	Band
BDSG	Bundesdatenschutzgesetz
BetrVG	Betriebsverfassungsgesetz
BGB	Bürgerliches Gesetzbuch
BGBl. I, II	Bundesgesetzblatt, Teil I und II
BGH	Bundesgerichtshof
BGHZ	Entscheidungssammlung des Bundesgerichtshofes in Zivilsachen
BK	Bonner Kommentar zum Grundgesetz
BPersVG	Bundespersonalvertretungsgesetz
BR-Dr.	Bundesrats-Drucksache
BRTV-Bau	Bundesrahmentarifvertrag für das Baugewerbe
BSG	Bundessozialgericht

BT-Dr.	Bundestags-Drucksache
BUrlG	Mindesturlaubsgesetz für Arbeitnehmer (Bundesurlaubsgesetz)
BVerfG	Bundesverfassungsgericht
BVerfGE	Entscheidungssammlung des Bundesverfassungsgerichts
BVerwG	Bundesverwaltungsgericht
dass.	dasselbe
DB	Der Betrieb
DBA	Doppelbesteuerungsabkommen
ders.	derselbe
DJ	Deutsche Justiz
DZWir	Deutsche Zeitschrift für Wirtschaftsrecht
EAS	Europäisches Arbeits- und Sozialrecht
EG	Europäische Gemeinschaft
EGBGB	Einführungsgesetz zum Bürgerlichen Gesetzbuch
EGKS	Europäische Gemeinschaft für Kohle und Stahl
EGV	Vertrag zur Gründung der Europäischen Gemeinschaft
EStG	Einkommenssteuergesetz
EU	Europäische Union
EuGH	Europäischer Gerichtshof

EuGVÜ	Übereinkommen der Europäischen Gemeinschaft über die gerichtliche Zuständigkeit und die Vollstreckung gerichtlicher Entscheidungen in Zivil- und Handelssachen vom 27.09.1968
EUV	Vertrag zur Gründung der Europäischen Union
EuZW	Zeitschrift für Europäisches Wirtschaftsrecht
EVÜ	Europäisches Übereinkommen über das auf Schuldverhältnisse anzuwendende Recht vom 19.06.1980
EWG	Europäische Wirtschaftsgemeinschaft
FAZ	Frankfurter Allgemeine Zeitung
ff.	fortfolgende
FIRG	Flaggenrechtsgesetz
FS	Festschrift
GATT	General Agreement on Tariffs and Trade; Allgemeines Zoll- und Handelsabkommen
GewO	Gewerbeordnung
GG	Grundgesetz für die Bundesrepublik Deutschland
GWB	Gesetz gegen Wettbewerbsbeschränkungen
HbdStR	Handbuch des Staatsrechts
HGB	Handelsgesetzbuch
HRG	Hochschulrahmengesetz
HZA	Hauptzollamt

IGH	Internationaler Gerichtshof
IPR	Internationales Privatrecht
IPRax	Praxis des Internationalen Privat- und Verfahrensrechts
JöR	Jahrbuch des Öffentlichen Rechts
JR	Juristische Rundschau
JuS	Juristische Schulung
JZ	Juristen-Zeitung
KaHbdArbR	Kasseler Handbuch des Arbeitsrechts
KJ	Kritische Justiz
KSchG	Kündigungsschutzgesetz
LAG	Landesarbeitsgericht
LG	Landgericht
lit.	Buchstabe
m.w.N.	mit weiteren Nachweisen
MaBV	Makler- und Bauträgerverordnung
Mindestarbeits-bedingungsG	Gesetz über die Festsetzung von Mindest-arbeitsbedingungen
MüHbdArbR	Münchner Handbuch des Arbeitsrechts
NJW	Neue Juristische Wochenschrift
Nr.	Nummer

NZA	Neue Zeitschrift für Arbeitsrecht
OLG	Oberlandesgericht
OWiG	Gesetz über Ordnungswidrigkeiten
RabelsZ	Zeitschrift für ausländisches und internationales Privatrecht, begründet von Ernst Rabel
RdA	Recht der Arbeit
RIW	Recht der Internationalen Wirtschaft
Rz.	Randziffer
S.	Satz/Seite
SAE	Sammlung arbeitsrechtlicher Entscheidungen
SGB	Sozialgesetzbuch
StPO	Strafprozessordnung
TV	Tarifvertrag
TVG	Tarifvertragsgesetz
ULAK	Urlaubs- und Lohnausgleichskasse der Deutschen Bauwirtschaft
VO	Verordnung
VTV	Tarifvertrag über das Sozialkassenverfahren im Baugewerbe (Verfahrenstarifvertrag)
WRV	Weimarer Reichsverfassung
ZEuP	Zeitschrift für Europäisches Privatrecht
ZfA	Zeitschrift für Arbeitsrecht

ZIAS	Zeitschrift für Internationales Arbeits- und Sozialrecht
ZIP	Zeitschrift für Wirtschaftsrecht
ZPO	Zivilprozessordnung
ZTR	Zeitschrift für Tarifrecht
ZVK	Zusatzversorgungskasse der Bauwirtschaft

§ 1 Ökonomische und politische Ursachen des AEntG in Europa und Deutschland

I. *Der EG-Vertrag - Entwicklungen und Auswirkungen*

In den letzten Jahren und Jahrzehnten fand, ausgehend vom Abschluss des EG-Vertrages im Jahr 1957, eine zunehmende Europäisierung des bestehenden nationalen Rechts- und Gesellschaftssystems statt. Dabei wurden die in dem benannten Vertragswerk getroffenen Vereinbarungen – im steten Wechsel von Fortschritt und Zurückhaltung[1] - ausgebaut und konkretisiert. Parallel erfolgte durch die Angehörigen der Mitgliedstaaten die Nutzung der ihnen durch die Grundfreiheiten und Rechtsanpassungen der Staaten gewährten Erleichterungen zu einem kontinuierlich wachsenden Waren- und Personenverkehr.

Die vorliegende Arbeit beschäftigt sich mit der europäischen und nationalen Normsetzungsreaktion auf das tatsächliche Phänomen der extensiven Nutzung der durch den Binnenmarkt der EG gewährten Freiheiten. Gegenstand ist die Freizügigkeit in Form der grenzüberschreitenden Dienstleistungserbringung unter Einsatz eigener Hilfskräfte. Dabei stehen die aus wirtschaftlicher Sicht besonders bedeutsamen „Kostenfaktoren“ Lohnhöhe und Urlaubsumfang im Vordergrund. Soweit es auf einen Vergleich der Arbeitsrechtssysteme der einzelnen europäischen Staaten ankommt, wird dieser anhand derer von Deutschland und Portugal vorgenommen, da die quantitativ umfangreichste Entsendung von Arbeitnehmern wohl von Portugal aus nach Deutschland erfolgt.

Trotz nachhaltiger Aktivitäten des Gemeinschaftsgesetzgebers, die einleitend dargestellt werden, zur Stärkung und Vereinheitlichung der Wettbewerbsmöglichkeiten einerseits sowie der Arbeitnehmerrechte und –interessen andererseits, erschien es Anfang der 90er Jahre des 20. Jahrhunderts erforderlich, auf grenzüberschreitende Dienstleistungserbringung unter Entsendung von Arbeitnehmern mit gesetzlichen Maßnahmen Einfluss zu nehmen.

Es folgte die Einführung des „Gesetzes über zwingende Arbeitsbedingungen bei grenzüberschreitenden Dienstleistungen“[2] in Deutschland sowie der „Richtlinie 96/71/EG des Europäischen Parlaments und des Rates über die Entsendung von Arbeitnehmern im Rahmen der Erbrin-

---

[1] Darstellung bei *Däubler*, AuR 1990, S. 1, 3.
[2] Im folgenden AEntG genannt; BGBl. I1996, S. 227 ff.

gung von Dienstleistungen“[3] europaweit. Hiermit sollte die Verpflichtung für entsendende Arbeitgeber verbunden sein, diejenigen Arbeitsbedingungen zu gewähren, die am aktuellen Einsatzort der entsandten Arbeitnehmer gültig sind.

Ob dies europa- und/oder völkerrechtlich unbedenklich ist, erscheint zweifelhaft, da die EG-Mitgliedstaaten schon zuvor bemüht waren, einheitliche Arbeitsrechtskollisionsnormen[4] und vergleichbare Arbeitsbedingungen in den Mitgliedstaaten[5] zu schaffen:
Die Schaffung der Europäischen Wirtschaftsgemeinschaft, mit deren Gründung im Jahr 1957 der benannte Konzentrationsprozess begann, verfolgte zunächst eine neoliberale Grundidee, gemäß derer die Konzeption einer Wirtschaftsunion im Vordergrund stand[6], begleitet von einigen sozialpolitischen Elementen[7]. In der ersten Phase von 1957 bis 1971 lenkten die Mitgliedstaaten das Hauptaugenmerk auf die wirtschaftliche Entwicklung; die soziale Komponente stagnierte weitestgehend[8]. Insbesondere das Arbeitsrecht wurde nur als Lenkungsmechanismus der Wirtschaftspolitik aufgefasst[9]; folglich beschränkte sich die Tätigkeit der Gemeinschaft auf die Etablierung der Arbeitnehmerfreizügigkeit[10] durch Erlass der „Wanderarbeitnehmerverordnungen“ Nr. 1612/68 EWG[11] und Nr. 1408/71 EWG[12] als „Magna Charta“[13] des europäischen Sozialrechts.

Im Jahr 1972 kam es zu einem gewichtigen Einschnitt: Der „Pariser Gipfel“ des Europäischen Rates verdeutlichte, dass der sozialpolitische Bereich der Gemeinschaft Gleichklang mit der Verwirklichung der Wirt-

---

3 Abl. EG Nr. L 18 vom 21.01.1997, S. 1 ff.
4 Durch Vereinbarung des EVÜ vom 19.06.1980, BGBl. II 1986, S. 809 ff.
5 Durch vielfachen Richtlinien- und Verordnungserlass auf EG-Ebene, Übersicht bei *Pougin,* Die Deutsche Kritik am Europäischen Arbeitsrecht, S. 38 ff.
6 Vorrangig auf Drängen der BR Deutschland, vergl. *WEGS-Sprung,* vor Art. 117 EGV, Rz. 6, *MüHbArbR-Birk,* § 18, Rz. 5; *Junker,* JZ 1994, S. 277, 278; *Pougin,* Deutsche Kritik, S. 6 m.w.N.
7 Auf den Einfluss Frankreichs hin, welches aufgrund seines eigenen Arbeitsrechtsstandards anderenfalls Wettbewerbsnachteile fürchtete: vergl. *WEGS-Sprung,* vor Art. 117 EGV, Rz. 1 ff.; *Pougin,* Deutsche Kritik, S. 7; *Junker,* JZ 1994, S. 278.
8 *Däubler,* AuR 1990, S. 1, 3; *Junker,* JZ 1994, S. 278.
9 *Pougin,* Deutsche Kritik, S. 7f.
10 *MüHbdArbR-Birk,* § 18, Rz. 10; *Däubler,* AuR 1990, S. 1, 3.
11 Abl. EWG Nr. L 257/1.
12 Verordnung (EWG) Nr. 1408/71 des Rates vom 14.06.1971 zur Anwendung der Systeme der sozialen Sicherheit auf Arbeitnehmer und deren Familien, die innerhalb der Gemeinschaft zu- und abwandern, Abl. EWG Nr. L 149/2 vom 05.07.1971.
13 *Junker,* JZ 1994, S. 278.

schafts- und Währungsunion verdiene[14]. Die Realisierung dieser Zielsetzung mündete in der Verabschiedung des sozialpolitischen Aktionsprogramms vom 24.01.1974[15] als ernsthaftem Versuch, ein sozialpolitisches Konzept auf europäischer Ebene zu entwerfen; der Gemeinschaftsgesetzgeber war aufgerufen, durch Ausschöpfung der Ermächtigungsnormen der Art. 100, 235 EGV hierzu beizutragen[16]. Es kam zu einer vielfachen Stärkung und Vereinheitlichung der Arbeitnehmerrechte in den Rechtssystemen der Mitgliedstaaten[17], so dass man von einer „Blütezeit des Europäischen Arbeitsrechts"[18] sprechen kann.

Zu Beginn der 80iger Jahre des 20. Jahrhunderts verlangsamte sich die Rechtssetzung der Gemeinschaft im Bereich des Arbeits- und Sozialrechts gegenüber dem Vorgängerzeitraum wieder[19], bis durch die Verabschiedung der Einheitlichen Europäischen Akte von 1986 mit Wirkung vom 01.01.1993 der gemeinsame Binnenmarkt eingeführt wurde. Zugleich erhielt die Europäische Gemeinschaft auch eine soziale „Kompetenz", indem ihre Normsetzungsbefugnis durch Einfügung von Art. 100a, 118a EGV speziell in diesem Bereich erweitert wurde[20]. Der Gemeinschaft wurde es damit ermöglicht, einheitliche Mindeststandards innerhalb der Mitgliedstaaten auf arbeits- und sozialrechtlichem Gebiet zu schaffen sowie für eine Rechtsangleichung unter den Systemen derselben zu sorgen[21].
Hiervon wurde durch Verabschiedung vielfältiger Richtlinien Gebrauch gemacht, wodurch wiederum ein Anstieg beim Austausch von Waren und Personal innerhalb des Gemeinsamen Marktes der Gemeinschaft bedingt war.

Durch den Abschluss des „Maastricht-Vertrages" von 1992 kam es dann sowohl zur Einfügung der Währungsunion in den EG-Vertrag, die mit der Einführung des „EURO" zum 01.01.1999 ihren vorläufigen Höhepunkt fand, als auch zur Begründung der „2. und 3. Säule" europäischer Zusammenarbeit auf den Gebieten von Außen- und Verteidigungspolitik beziehungsweise Sicherheits- und Justizfragen, mithin zur Europäischen

---

[14] *Grabitz/Hilf-Langenfeld/Jensen,* vor Art. 117 EGV, Rz. 3; *Junker,* JZ 1994, S. 278; *Wank,* RdA 1995, S. 10, 11.
[15] Abl. EWG 1974 C 13/1.
[16] *Junker,* JZ 1994, S. 278.
[17] *Däubler,* AuR 1990, S. 1, 3.
[18] *Krimphove,* Europäisches Arbeitsrecht, S. 13.
[19] *Däubler,* AuR 1990, S. 1, 3.
[20] *Junker,* JZ 1994, S. 278, 279.
[21] *Pougin,* Deutsche Kritik, S. 10.

Union[22]. Zugleich erfolgte die Umbenennung der Europäischen Wirtschaftsgemeinschaft (EWG)[23] in die Europäische Gemeinschaft[24].

Neben dieser rechtlichen Verflechtung von nationalem und europäischem Recht trat auch eine vermehrte Freizügigkeit von Menschen und Waren innerhalb des Vertragsgebietes auf. Die Konsequenz des Binnenmarktes war der sprunghafte Anstieg des Austauschs von Waren und Dienstleistungen zwischen den Mitgliedstaaten der Europäischen Gemeinschaft.
Insofern war die Tendenz zu verzeichnen, dass vorrangig im Bereich der Baubranche ein zunehmendes „Eindringen" anderer Wettbewerber unter Entsendung von Arbeitnehmern aus anderen Mitgliedstaaten auf den deutschen Markt erfolgte.
Dieses Vordringen wurde durch den Umstand begünstigt, dass es diesen Wettbewerbern aufgrund der im Herkunftsland geltenden Rechts- und Gesellschaftsordnung möglich war, ihre Dienstleistungen zu günstigeren Konditionen anzubieten als ihre deutschen Mitwettbewerber. Die wesentlichen Wettbewerbsvorteile EU - ausländischer Mitbewerber beruhen darauf, dass die im Herkunftsland bestehenden Arbeits-, Steuer- und Sozialversicherungsbedingungen nicht dasjenige Niveau an wirtschaftlichen Aufwendungen erreichen, wie es innerhalb der Bundesrepublik Deutschland be- und anerkannt ist.
Namentlich die Höhe der an die Arbeitnehmer der Baubranche zu zahlenden Arbeitsentgelte unterscheidet sich in den einzelnen Mitgliedstaaten der EU erheblich, woraus eine Differenzierung in „Hoch- und Niedriglohnländer" resultiert.
Zu Ersteren gehören beispielhaft die Bundesrepublik Deutschland sowie die Republik Frankreich; zu Letzteren beispielhaft das Vereinigte Königreich von Großbritannien und Nordirland sowie die Republik Portugal.
Vorrangig Bau-Arbeitgeber aus letzteren Staaten traten zu Beginn der 90er Jahre – mit Schaffung des Binnenmarktes - auf dem deutschen Baumarkt mit ihren Arbeitnehmern auf und wurden von in Deutschland ansässigen Generalunternehmern als Subunternehmer vertragsmäßig gebunden.
Diese Übertragung der Ausführung bauindustrieller und –handwerklicher Tätigkeiten auf im EU-Ausland ansässige Subunternehmer führte zu ei-

---

[22] Vertrag über die Europäische Union (Maastricht-Vertrag) vom 07.02.1992, BGBl. II 1993, S. 1947.

[23] Gegründet durch „Vertrag zur Gründung der Europäischen (Wirtschafts-) Gemeinschaft vom 25.03.1957", BGBl. II 1957, S. 766 ff.

[24] Mit dem EGKS-Vertrag und dem EURATOM-Vertrag die erste Säule der Europäischen Union bildend: *Khin,* Einführung zum EU-Vertrag, S. XI, XII.

ner massiven Reduzierung der bei deutschen Unternehmen beschäftigen Arbeitnehmer, folglich zu einer sprunghaften Zunahme der Arbeitslosigkeit deutscher Bauarbeitnehmer[25]. Zugleich entwickelte sich eine rege Diskussion über damit einhergehendes „soziales Dumping“[26] sowie über „Wettbewerbsverzerrungen“[27].

Diese Auswirkung europäischer Niederlassungs- und Dienstleistungsfreiheit erkennend versuchten sowohl die Europäische Union als auch die Bundesrepublik Deutschland gesetzliche Maßnahmen zu ergreifen, um „gegenzusteuern“ und die „Konkurrenzfähigkeit“ der in den Hochlohnländern ansässigen Unternehmen zu erhalten:

II. Schaffung einer Europäischen Entsenderichtlinie als Regelungsmaßnahme

So legte die Kommission der Europäischen Union am 28.06.1991 einen ersten Vorschlag einer „Richtlinie des Europäischen Parlamentes und des Rates über die Entsendung von Arbeitnehmern im Rahmen der Erbringung von Dienstleistungen“ vor[28]. Dieser Vorschlag ging von einer Regelung der Dienstleistungsfreiheit aus und stützte sich auf die Ermächtigungsgrundlage der Art. 66, 57 Abs. 2 EGV[29]. Hierzu nahmen der Wirtschafts- und Sozialausschuss der Europäischen Union am 18.12.1991[30] und das Europäische Parlament am 10.02.1993[31] Stellung. Beide Organe führten aus, dass wegen des mit der Richtlinie verbundenen Ziels der Wettbewerbsharmonisierung der Rat eine weniger verwirrende Rechtsgrundlage finden solle, wobei auch Art. 100a EGV neben den Art. 66, 57 Abs. 2 EGV als Ermächtigungsgrundlage nicht in Betracht komme[32].

---

[25] BT-Dr. 13/2414 vom 25.09.1995, Begründung, A. Allgemeiner Teil.
[26] *Däubler,* AuR 1990, S. 1, 10; gegen die Verwendung dieses Begriffes, da die Ausnutzung des Lohnvorteils auf legalem Wege erfolge: *Hanau,* FS für Everling 1995, S. 415, 416; *Deinert,* RdA 1996, S. 340.
[27] Vergl. Ansicht der Europ. Kommission, Abl. EG Nr. C 225 vom 30.08.1991, S. 6 ff. = BR-Dr. 547/91 vom 17.09.1991, S. 1 ff.
[28] Abl. EG Nr. C 225 vom 30.08.1991, S. 6 ff. = BR-Dr. 547/91 vom 17.09.1991, S. 1 ff.
[29] Maastrichter Fassung; gilt auch für die folgenden Art.-Angaben, soweit nicht ausdrücklich als Amsterdamer Fassung bezeichnet.
[30] Abl. EG Nr. C 49 vom 24.02.1992, S. 41.
[31] Abl. EG Nr. C 72 vom 13.03.1993, S. 78.
[32] Abl. EG Nr. C 49 vom 24.02.1992, S. 41.

Eine Beschlussfassung durch den Europäischen Rat scheiterte im Jahr 1993 am Widerstand der Mitgliedstaaten mit niedrigerem Lohnniveau[33] und den Einwendungen des Europäischen Parlaments. Deshalb sah sich die Kommission veranlasst, am 16.06. 1993 einen neuerlichen Vorschlag zu unterbreiten[34]. Dessen Annahme stieß ebenfalls auf den Widerstand der „Niedriglohn" - Mitgliedstaaten im Dezember 1994, so dass auch dieser Vorschlag nicht umgesetzt wurde[35].

Alsdann – nach Vermittlungsbemühungen während der EU-Präsidentschaften von Deutschland und Frankreich[36] – konnte, gestützt auf Art. 57 Abs. 2 und Art. 66 des EG-Vertrages, gemäß dem Verfahren des Art. 189 b des EG-Vertrages (nach einem abermaligen Vorschlag der EG-Kommission[37], dem gemeinsamen Standpunkt des Rates vom 03.06.1996[38], dem Beschluss des Europäischen Parlamentes vom 18.09.1996[39] sowie dem Beschluss des Rates vom 24.09.1996[40]) am 16.12.1996 die „Richtlinie des Europäischen Parlamentes und des Rates über die Entsendung von Arbeitnehmern im Rahmen der Erbringung von Dienstleistungen" (96/71/EG)[41] erlassen werden.
Gemäß Art. 7 dieser Richtlinie wurden die Mitgliedstaaten aufgefordert, bis spätestens 16.12.1999 den hierin enthaltenen Anforderungen nachzukommen und die Kommission davon unverzüglich in Kenntnis zu setzen.

Hintergrund der Verabschiedung der Entsenderichtlinie war, dass der Europäische Rat die Ansicht vertrat, die grenzüberschreitende Dienstleistungserbringung unter Einschluss von Arbeitnehmerentsendungen erfordere die Gewährleistung eines „harten Kerns" an Arbeitsbedingungen. Dadurch sollten Wettbewerbsverzerrungen, die darauf beruhen, dass Unternehmer aus „Niedriglohnländern" Arbeitnehmer zu den dortigen Bedingungen in „Hochlohnländer" entsenden, verhindert werden, um einem einhergehenden „sozialen Dumping" entgegenzuwirken und ein Klima des fairen Wettbewerbs unter den Unternehmen zu schaffen[42].

---

[33] *Oetker/Preis-Preis/Bütefisch,* EAS B 1100, Rz. 156.
[34] Abl. EG Nr. C 187 vom 09.07.1993, S. 5 ff.
[35] *Oetker/Preis-Feuerborn,* EAS B 2500, Rz. 126.
[36] *Oetker/Preis-Feuerborn,* EAS B 2500, Rz. 126.
[37] RdA 1994, 237f.
[38] Abl. EG Nr. C 220 vom 29.07.1996, S. 1.
[39] Abl. EG Nr. C 320 vom 28.10.1996, S. 73.
[40] Abl. EG Nr. L 18 vom 21.01.1997, S. 1.
[41] Im Folgenden Entsenderichtlinie genannt.
[42] Europäische Kommission, Soziales Europa, Heft 2/92, S.41, dort Ziffer 19.

Dieses Ziel erfordere im Rahmen von Entsendungen, die teilweise stark unterschiedlichen Arbeits- und Sozialrechtsbestimmungen der Mitgliedstaaten anzupassen. Darüber hinaus erfordere es die Rechtssicherheit der entsendenden Arbeitgeber, die teilweise unterschiedlichen Kollisionsnormen zu vereinheitlichen[43]. Dazu reiche die durch das Europäische Übereinkommen über das auf Schuldverhältnisse anzuwendende Recht vom 19.06.1980 (EVÜ) erzielte Einheitlichkeit der Kollisionsnormen nicht aus, da hierin keine speziell auf Arbeitnehmerentsendungen zugeschnittene Regelungen enthalten seien[44].
Die Regelungstechnik orientiert sich an diesen Zielvorgaben und schreibt einen „harten Kern" an Mindestbedingungen vor, die jeder Staat selbst definieren dürfe und auf alle dort Tätigen erstrecken könne; derartige Vorschriften genießen den Status des nationalen „ordre public", in dem sie die kollisionsrechtliche Wahlfreiheit beschränken[45].

III. Parallele Gesetzgebungsmaßnahmen in Deutschland

Zeitgleich gab es auch innerhalb der Bundesrepublik Deutschland Bestrebungen, gesetzliche Regelungen zu schaffen, die bestimmte zwingende Mindestarbeitsbedingungen (Lohn, Urlaub) zur Schaffung fairer Wettbewerbsbedingungen im Baubereich festschreiben und gespaltene Arbeitsmärkte vermeiden[46]. Diese nahmen an Intensität zu, als die Verabschiedung des zweiten, geänderten Vorschlags einer Europäischen Entsenderichtlinie am Widerstand der Entsendestaaten in 1994 zunächst scheiterte beziehungsweise sich verzögerte.
Nachdem zuerst einige Bundesländer Gesetzentwürfe zur Beschlussfassung in den Bundesrat eingebracht hatten[47], fasste der Bundesrat diese Vorschläge mit Beschluss vom 13.10.1995 zu einem „Entwurf eines Gesetzes zur Angleichung der Arbeitsbedingungen bei der Entsendung von Arbeitnehmern (Entsendegesetz)" zusammen und überwies diesen gemäß Art. 76 Abs. 1 GG dem Deutschen Bundestag zur Verabschiedung[48].
Zeitlich parallel lehnte der Bundesrat in einer Stellungnahme nach Art. 76 Abs. 2 S. 1 GG den Entwurf eines Arbeitnehmerentsendegeset-

---

[43] Europäische Kommission, Soziales Europa, Heft 2/92, S.41, dort Ziffer 13 ff.
[44] Europäische Kommission, Soziales Europa, Heft 2/92, S.41, dort Ziffer 17.
[45] Europäische Kommission, Soziales Europa, Heft 2/92, S.41, dort Ziffer 24.
[46] *Kretz*, Arbeitnehmerentsendegesetz, S. 7.
[47] Vergl. Entwurf des Landes Berlin vom 01.09.1995, BR-Dr. 546/95 sowie Änderungsanträge des Freistaats Bayern, BR-Dr. 523/95 vom 11.10.1995.
[48] BR-Dr. 546/95 vom 13.10.1995.

zes der Bundesregierung[49] unter Verweis auf seinen eigenen Vorschlag ab[50]. Im folgenden verabschiedete der Deutsche Bundestag im wesentlichen den Entwurf der Bundesregierung[51], dem der Bundesrat abermals die Zustimmung verweigerte[52]. Im anschließenden Vermittlungsverfahren konnte am 01.02.1996 eine Einigung gefunden werden[53], die die unterschiedlichen Standpunkte, vorrangig im Bereich staatlicher Kontroll- und Sanktionsbefugnisse, berücksichtigte.

Am 26.02.1996 beschloss dann der Deutsche Bundestag mit Zustimmung des Bundesrates vorgenannte Übereinkunft als das „Gesetz über zwingende Arbeitsbedingungen bei grenzüberschreitenden Dienstleistungen“ (Arbeitnehmer-Entsendegesetz), welches am 01.03. 1996 in Kraft trat[54].

Danach wurden Rechtsnormen eines für allgemeinverbindlich erklärten Tarifvertrages des Baugewerbes im Sinne der §§ 1 und 2 der Baubetriebeverordnung vom 28.10.1980 (BGBl. I, S. 2033), geändert durch Verordnung vom 24.10.1984, (BGBl. I, S. 1318), sofern nicht ohnehin deutsches Recht anzuwenden ist, zu zwingenden Normen eines (ausländischen) Arbeitsverhältnisses zwischen einem Arbeitgeber mit Sitz im Ausland und seinen im räumlichen Geltungsbereich dieses Tarifvertrages beschäftigten Arbeitnehmern erklärt, wenn und soweit

1. der Tarifvertrag für alle unter seinen Geltungsbereich fallende Arbeitnehmer ein einheitliches Mindestentgelt enthält,
2. der Betrieb des Arbeitgebers überwiegend Bauleistungen im Sinne von § 75 Abs. 1 Nr. 2 AFG[55] erbringt und
3. auch alle inländischen Arbeitgeber, die ihren Sitz außerhalb des räumlichen Geltungsbereiches dieses Tarifvertrages haben, ihren im räumlichen Geltungsbereich dieses Tarifvertrages beschäftigten Arbeitnehmern mindestens diese am Arbeitsort geltenden tarifvertraglichen Arbeitsbedingungen gewähren müssen.

Unter den selben Voraussetzungen werden Bestimmungen allgemeinverbindlich erklärter Tarifverträge des Baugewerbes, die die Dauer des

---

[49] BT-Dr. 13/2414 vom 25.09.1995.
[50] BR-Dr. 523/95 vom 11.10.1995.
[51] BR-Dr. 823/95 vom 01.12.1995.
[52] BT-Dr. 13/3364 vom 19.12.1995.
[53] BT-Dr. 13/3663 vom 02.02.1996.
[54] BGBl. 1996 I, S. 227 ff.
[55] Heute § 211 Abs. 1 SGB III.

Erholungsurlaubes, des Urlaubsentgeltes oder eines zusätzlichen Urlaubgeldes zum Gegenstand haben, zu zwingenden Normen erhoben, die die Bestimmungen des ausländischen Arbeitsvertragsstatutes verdrängen.
Ergänzt wird diese zwingende Anwendungsbestimmung durch die in § 1 Abs. 3 AEntG enthaltene Regel, dass die Normen eines allgemeinverbindlichen Tarifvertrages, die im Zusammenhang mit der Gewährung von Urlaubsansprüchen die Einziehung von Beiträgen und die Gewährung von Leistungen einer gemeinsamen Einrichtung der Tarifvertragsparteien übertragen, ebenso zwingend anzuwenden sind, soweit sichergestellt ist, dass der entsendende Arbeitgeber nicht bereits im Herkunftsland entsprechenden Verpflichtungen unterliegt und seinerseits dort erbrachte Leistungen berücksichtigt werden.

Die Anwendung dieses Gesetzes lief zunächst leer, da für allgemeinverbindlich erklärbare Tarifverträge, die den Anforderungen des § 1 AEntG entsprachen, nicht bestanden[56]. Den bisherigen Tarifverträgen des Baubranche fehlte es an Bestimmungen, die die in § 1 AEntG vorgesehenen Anrechnungsbestimmungen, zum Beispiel § 1 Abs. 3 Nr. 1 und 2 AEntG, enthielten.
Die Tarifvertragsparteien änderten sukzessive ihre Tarifverträge[57], so dass ab 01.01.1997 eine flächendeckende Anwendung deutscher tarifvertraglicher Pflichten im Bereich von Arbeitsentgelt und Urlaub auf ausländische, ins Inland Arbeitnehmer entsendende Arbeitgeber (scheinbar) gewährleistet war.

Flankiert wurde dieses System international zwingender Arbeitsvertragsbestimmungen durch ein umfangreiches Instrumentarium von Auskunftspflichten entsendender Arbeitgeber sowie durch Überwachungs- und Kontrollrechte deutscher Behörden, namentlich der Arbeitsverwaltung sowie der Hauptzollämter, §§ 2, 3 AEntG.

Außerdem ist die Nichtbeachtung der für zwingend erklärten Tarifvertragsbestimmungen sowie der benannten Auskunfts- und Kontrollmitwirkungspflichten gemäß § 5 AEntG bußgeldbewehrt.

---

[56] *Königs*, DB 1997, S. 225, 225.
[57] Tarifvertrag zur Regelung des Mindestlohnes im Baugewerbe im Gebiet der Bundesrepublik Deutschland vom 02.09.1996; Änderungstarifvertrag vom 18.12.1996 zum Tarifvertrag über das Sozialkassenverfahren (VTV).

Im Laufe der Anwendung des Arbeitnehmerentsendegesetzes sowie der inkorporierten Tarifverträge sah es der Gesetzgeber für notwendig an,

- die Anwendbarkeit des AEntG auf alle Bereiche des Bauhaupt- und -nebengewerbes im Sinne der §§ 1 und 2 der Baubetriebever-ordnung vom 28.10.1980 zu erweitern,

- die anfängliche enthaltene Beschränkung der Geltung des AEntG auf die unterste Lohngruppe aufzugeben[58],

- die beschränkte Geltung des AEntG für ausländisches Arbeitsvertragsstatut zu streichen,

- die Ermächtigung für den Bundesarbeitsminister einzuführen, vorgenannte Tarifverträge auch durch Rechtsverordnung für allgemein anwendbar erklären zu können, § 1 Abs. 3a AEntG,

- die Haftung des deutschen Auftraggebers für die Einhaltung der benannten Arbeitsbedingungen gleich einem selbstschuldnerischen Bürgen zu statuieren, § 1a AEntG[59],

- die Überwachungs- und Kontrollrechte deutscher Behörden zu erweitern, §§ 2, 3 AEntG,

- Bußgeldtatbestände zu verschärfen und die Strafrahmenhöhe zu erweitern, § 5 AEntG,

- die ursprüngliche zeitliche Befristung des Gesetzes auf den 30.09.1999 ersatzlos zu streichen,

- weitere deutsche Rechts- und Verwaltungsvorschriften und Regeln allgemeinverbindlicher Tarifverträge betreffend Arbeitsbedingungen zu Eingriffsnormen zu erheben, § 7 AEntG[60], sowie

- einen internationalen Gerichtsstand in Deutschland zu begründen, § 8 AEntG[61].

---

[58] *Meyer,* NZA 1999, S. 121, 126.

[59] Analog zu § 349 HGB; BT-Dr. 14/45, S. 61f.; Meyer, NZA 1999, S. 121, 127; ArbG Berlin, NZA-RR 2000, S. 561 ff.

[60] Zum Inhalt: *Däubler,* RIW 1999, S. 255 ff.

[61] Zum Ganzen: Gesetz vom 16.12.1997 (BGBl. I, S. 2970) und Gesetz vom 16.12. 1998 (BGBl. I, S. 3850).

Die Verabschiedung des AEntG hatte vorrangig wirtschaftliche und politische Gründe: In der Begründung des Gesetzentwurfes der Bundesregierung vom 25.09.1995, der in wesentlichen Teilen das heutige AEntG bildet, heißt es, es sollen gespaltene Arbeitsmärkte und die aus ihnen resultierenden Spannungen gemieden werden[62]. Dass derartige Auswirkungen und Gefahren bereits vorlägen beziehungsweise unmittelbar drohten, wird daraus geschlossen, dass sich der Beschäftigungszuwachs in der Baubranche in den Jahren ab 1991 – trotz steigender Auftragseingänge bei den Unternehmen - nur mäßig entwickelt habe, die Arbeitslosenzahl in den Bauberufen zugleich drastisch angestiegen sei (30.06.1994: 122.016 Arbeitslose der Baubranche), während dessen ca. 150.000 Arbeitnehmer in der selben Zeit nach Deutschland aus EU-Ländern entsandt gewesen seien[63]. Der zu beobachtende Konjunkturaufschwung habe – wegen der Vergleichbarkeit deutscher Bauarbeitnehmer bei Vermittlungsmerkmalen (unter 45 Jahren, keine gesundheitlichen Einschränkungen) – ohne den Einsatz EU-ausländischer Arbeitnehmer der Beschäftigungsbilanz einheimischer Arbeitnehmer zu Gute kommen müssen[64].
Der gegenläufigen Tendenz sei Einhalt zu gebieten, da anderenfalls auch Klein- und Mittelbetriebe der deutschen Bauwirtschaft gefährdet seien, wenn sie infolge des ihnen anfallenden, erhöhten Kostendruckes nicht mehr wettbewerbsfähig seien[65].

IV. Tatsächliche Bekanntheit des AEntG und seiner in Bezug genommenen Normen

Die tatsächliche Bekanntheit, Umsetzung sowie Durchführung dieses Gesetzes erfolgte zunächst zögerlich; zumeist erfuhren die betroffenen Arbeitgeber hiervon erst, als die mit der Kontrolle dieser Bestimmungen beauftragte Verwaltung (Arbeitsämter, Hauptzollämter) Außenprüfungen durchführte und wegen der Nichtbeachtung Bußgeldverfahren einleitete.
Ebenso ist die Berücksichtigung dieser gesetzlichen Regelung in der Rechtsprechung nur mit zeitlicher Verschiebung zu beobachten: Erste Entscheidungen unterinstanzlicher Gerichte ergingen – auch in Eilverfahren - im Frühjahr 1998, wobei vorrangig das ArbG Wiesbaden bemüht

---

[62] BT-Dr. 13/2414, A. Zielsetzung.
[63] BT-Dr. 13/2414, Begründung, A. Allgemeiner Teil, I. Ziele des Gesetzentwurfes.
[64] BT-Dr. 13/2414, Begründung, A. Allgemeiner Teil, I. Ziele des Gesetzentwurfes.
[65] BT-Dr. 13/2414, Begründung, A. Allgemeiner Teil, I. Ziele des Gesetzentwurfes.

war, Detailprobleme bei der Anwendung des AEntG herauszuarbeiten[66]. Denn die Urlaubs- und Lohnausgleichskasse des Baugewerbes in Wiesbaden machte die sich aus dem allgemeinverbindlich erklärten Verfahrenstarifvertrag (VTV) ergebenden Beitragsansprüche vor deutschen Gerichten, Arbeitsgericht Wiesbaden, geltend.
Demgegenüber sahen sich die Ordentlichen Gerichte zunächst nicht in der Lage, die sich ergebenden Rechtsprobleme aufzuarbeiten[67]. Diese haben sich mit den Fragen der Anwendbarkeit des Arbeitnehmerentsendegesetzes sowie der darin in Bezug genommen allgemeinverbindlichen Tarifverträge auf ausländische Arbeitsvertragsverhältnisse zu beschäftigen, wenn gegen gemäß § 5 AEntG erlassene Bußgeldbescheide form- und fristgerecht Rechtsmittel (Einspruch) eingelegt wird und die Amtsgerichte erstinstanzlich eine Entscheidung treffen müssen, §§ 67 ff. OWiG[68].

Die ordentliche Gerichtsbarkeit war zwar anfangs „bemüht", einer Entscheidung über die Anwendung der Vorschriften des Arbeitnehmerentsendegesetzes durch langfristige Terminierung in der Hauptsache zu entgehen[69]. Sie ist mit der Anwendbarkeit dieser Rechtsprobleme aber doch konfrontiert, sofern und soweit die das Bußgeldverfahren betreibende Verwaltungsbehörde zur Sicherung des Bußgeld- und/oder Verfallsanspruchs vorläufige Maßnahmen ergreift. Dies geschieht durch die Anordnung des dinglichen Arrests beziehungsweise einer Sicherheitsleistung, der/die durch den Erlass von Pfändungsverfügungen hinsichtlich der Werklohnansprüche des EU-ausländischen Subunternehmers gegen seinen Generalunternehmer/Bauherren vollzogen wird (§§ 46 OWiG, 111 d, 132 StPO).

---

[66] Beschluss des ArbG Wiesbaden vom 10.02.1998, Az. 1 Ca 1672/97; Urteil des ArbG Wiesbaden vom 29.04.1998 zu Az. 3 Ca 3359/97.

[67] Beschluss des LG Gera vom 20.01.1998, 5 Qs 1/98; Beschluss des LG Leipzig vom 08.09.1998, Az. 11 Qs 12/98.

[68] Zu den Mängeln erstinstanzlicher Entscheidungen bei AEntG-Anwendung wird exemplarisch auf die Rechtsbeschwerdeentscheidung des OLG Hamm, wistra 2000, S. 393 ff. verwiesen.

[69] Zum Beispiel erfolgte durch das HZA Erfurt im August 1997 die Einleitung eines Ermittlungsverfahrens sowie die Verhängung eines Arrestes zur Sicherung eines Verfallsanspruchs wegen Verstoßes gegen §§ 1 Abs. 3, 5 Abs. 1 Nr.2 AEntG. Im April 1998 wurde Verfallsbescheid erlassen, den die Betroffene mit fristgemäßen Einspruch angriff. Erst im Juni 2000 wurde hierzu vom zuständigen AG Erfurt ein Termin zur Hauptverhandlung bestimmt, nachdem vielfache Beschwerden gegen die Arrestanordnung **nicht** entschieden wurden. Demgegenüber hatte das ArbG Wiesbaden ausgeurteilt, dass die Betroffene nicht verpflichtet ist, Urlaubskassenbeiträge zu entrichten.

Hinsichtlich dieser Maßnahmen ist beim örtlich zuständigen Amtsgericht binnen einer Frist von einer Woche die ermittlungsrichterliche Bestätigung zu beantragen (§§ 46 OWiG, 111e Abs. 2 StPO). Hiergegen ist das Rechtsmittel der Beschwerde zum übergeordneten Landgericht gegeben (§ 304 ff. StPO)[70].

Insoweit mit der Anwendung des Arbeitnehmerentsendegesetzes konfrontiert, fällt es der Ordentliche Gerichtsbarkeit schwer, sich mit den sich ergebenden Problemen auseinanderzusetzen.

In einem exemplarisch wiedergegebenen Beschluss des Landgerichts Mainz (1 Qs 308/98) vom 14.01.1999, in dem die Beschwerde dem Grunde nach als unbegründet verworfen wird, findet sich nachstehendes Zitat:

> **„ ... Endlich ist das Verfahren der einstweiligen Anordnung (§§ 111 d, 111 e StPO), in dem nur eine summarische Prüfung stattfindet, seinem Wesen nach nicht dazu bestimmt, tarifvertragliche Rechtsfragen aus einem Rechtsgebiet, das der Strafjustiz weitgehend fremd ist, abschließend zu klären. Dies muss vielmehr dem rechtskräftigen Abschluss des Verfahrens, zu dessen Sicherung der Arrest ergangen ist, vorbehalten bleiben. ... "**

Das massive Vorgehen deutscher Behörden betreffend die Überprüfung und Durchsetzung der gemäß § 1 AEntG vorgeschriebenen Arbeitsbedingungen[71] führte bei EU-ausländischen Arbeitgebern, die weiterhin mit dem Lohnniveau des Herkunftslandes die von ihnen angebotene Werklohnhöhe kalkulierten, zu erheblichen Zahlungsschwierigkeiten, infolge derer zumeist eine Rückkehr ins Herkunftsland stattfand. Zugleich behalten deutsche Generalauftraggeber von den Werklohnansprüchen ausländischer Dienstleister / Arbeitgeber erhebliche Anteile zur Rücklagenbildung ein, um eine gegebenenfalls geforderte Bürgenhaftung gemäß § 1a AEntG bedienen zu können.

---

[70] LG Gießen, Beschluss vom 15.12.1999, Az. 7 Qs 274/99; LG Duisburg, Beschluss vom 29.01.1999, Az. 54 Qs 113/98; LG Dresden, Beschluss vom 29.9.1997, Az. 5 Qs 70/97; LG Bochum, Beschluss vom 2204.1999, Az. 1 Qs 24/99; a.A. LG Kempten, Beschluss vom 07.08.2000, Az. 2 Qs 220/00.

[71] Presseinformation Nr. 11 der Bundesanstalt für Arbeit, Nürnberg, vom 10.03.1999, wonach diese 1997 Bußgelder pp. in Höhe von DM 28,6 Millionen und 1998 in Höhe von DM 69,0 Millionen festgesetzt haben will.

Der freie Binnenverkehr wurde so tatsächlich erheblich gestört, teilweise sogar unterbunden.

V. Gang der Abhandlung

Die vorliegende Abhandlung versucht, Probleme der Vereinbarkeit derart begründeter Arbeitsbedingungen mit höherrangigem Recht aufzuzeigen und einer Lösung zuzuführen. Dabei stehen die arbeitsrechtlichen Aspekte solcher Verpflichtungen für das Entsendeverhältnis im Vordergrund. Entsprechend bezieht sich der Gang der Untersuchung auf einzelne Problemstellungen aus dem international-privatrechtlichen, europarechtlichen sowie tarifrechtlichen Rechtssektor[72]. Demgegenüber bleiben Fragen der Verwaltungskontrolle und des Sanktionssystems, insbesondere auf Vereinbarkeit mit dem Grundgesetz[73], ausgeblendet.

---

[72] Außerdem ist beabsichtigt, durch die Art der Abhandlung als Rechtsgutachten auch einem betroffenen Praktiker den Einstieg in diese, viele Rechtsgebiete tangierende Materie zu ermöglichen.

[73] Hierzu zum Beispiel *Strohmaier*, RdA 1998, S. 339 ff.

§ 2 Anwendbarkeit zwingender Normen auf Entsendearbeitsverhältnisse

I. Bestimmung des Arbeitsvertragsstatuts nach deutschem internationalen Privatrecht, Art. 30 Abs. 2 EGBGB

1. Begriff der Entsendung (von Arbeitnehmern)

Der Begriff der Entsendung von Arbeitnehmern besitzt vielfältige Bedeutung, da hierdurch mehrere Rechtsgebiete tangiert werden. So kann sich der internationale Einsatz des Arbeitnehmers auswirken auf das Statut[74] seines Arbeitsverhältnisses und seines Sozialversicherungsstandards, das (Lohn-) Besteuerungsrecht eines Staates sowie auf die Frage, ob der Arbeitseinsatz in einem anderen Staat überhaupt öffentlich-rechtlich zulässig ist.
Hierbei handelt es sich um unterschiedlichste Rechtsbereiche, wodurch zunächst die Annahme bestärkt wird, der Entsendungsbegriff werde unterschiedlich definiert. Und in der Tat knüpfen die kollisionsrechtlichen Vorschriften, welche die Anwendbarkeit eines Rechtsstatuts bestimmen, an verschiedene Voraussetzungen an. Allen gemeinsam ist aber, dass die gesetzlichen Regeln bei **vorübergehender Auslandstätigkeit** dem Recht des Herkunftsstaates die Anwendbarkeit belassen und dabei den Begriff „Entsendung" verwenden.
Bedeutung verdient, dass das sozial-, steuer- und arbeitsförderungsrechtliche Kollisionsrecht, welches durch die Arbeitnehmerentsendung tangiert wird, ausschließlich an tatsächliche Vorgaben anknüpft und (privat-)rechtliche Vorgaben, zum Beispiel das Statut des Arbeitsvertrages, unbeachtet lässt:

a) Entsendung im Sinne der sozialversicherungsrechtlichen Kollisionsregeln

In der Bundesrepublik Deutschland besteht für alle „...Personen, die gegen Arbeitsentgelt oder zu ihrer Berufausbildung beschäftigt sind,..." Sozialversicherung in allen Versicherungszweigen kraft Gesetzes, § 2 Abs. 1 und 2 Nr. 1 SGB IV. Der räumliche Geltungsbereich dieser Versicherungspflicht gegen Arbeitsentgelt Beschäftigter erstreckt sich auf alle

---

[74] Recht des Staates, welches nach Kollisionsregeln anzuwenden ist.

Personen, die im Geltungsbereiches des SGB dergestalt beschäftigt sind, § 3 Nr. 1 SGB IV.
Damit unterfiele jeder Arbeitnehmer, der – auch nur vorübergehend – Tätigkeiten im Inland ausführte, der deutschen Versicherungspflicht. Gleichwohl gibt es gewichtige Ausnahmen:
Gemäß § 5 Abs.1 SGB IV besteht eine Versicherungspflicht für Personen nicht, „... die im Rahmen eines außerhalb des Geltungsbereiches dieses Gesetzbuches (SGB) bestehenden Beschäftigungsverhältnisses in diesen Geltungsbereich **entsandt** werden, wenn die **Entsendung** infolge der Eigenart der Beschäftigung oder vertraglich im voraus zeitlich begrenzt ist."
Diese allgemeine Kollisionsregel zur „Einstrahlung"[75] wird jedoch im Verhältnis zu anderen EU-Mitgliedstaaten überlagert durch die Bestimmungen der Verordnung Nr. 1408/71 EWG.
Art. 13 Abs. 1 und 2 VO 1408/71 EWG bestimmen, dass jeder Arbeitnehmer nur den sozialversicherungsrechtlichen Normen eines Mitgliedstaates unterliegen kann und dass sich die Bestimmung dieses Rechtsstatutes daraus ergibt, im Gebiet welchen Mitgliedstaates er beschäftigt wird, mag er auch in einem anderen Staat wohnen. Folglich besteht Einklang zu der eingangs erläuterten deutschen Vorschrift des § 2 SGB IV.
Als Ausnahme hierzu statuiert Art. 14 Abs.1 a) VO 1408/71 EWG, dass ein Arbeitnehmer, der im Gebiet eines Mitgliedstaates von einem Unternehmen beschäftigt und von diesem Unternehmen „... zur Ausführung einer Arbeit für dessen Rechnung in das Gebiet eines anderen Mitgliedstaates **entsandt** wird, ... weiterhin den Rechtsvorschriften des ersten Staates (unterliegt), sofern die voraussichtliche Dauer dieser Arbeit zwölf Monate nicht überschreitet ... ".
Unbeachtlich ist mithin, welchem Vertragsstatut das die Beschäftigung rechtfertigende Arbeitsverhältnis angehört, da die Maßgeblichkeit in dem (gewöhnlichen) Ort der Beschäftigung belegen ist. Dispens von der strikten Anknüpfung an den Beschäftigungsort ist erteilt, wenn die vorübergehende Tätigkeit an einem anderen Ort nicht länger als zwölf Monate dauern soll. Die Bestimmung enthält damit eine relativ strikte zeitliche Beschränkung.
Bedeutung insoweit besitzt also vorrangig der Beschäftigungsort.

---

[75] Gesetzliche Überschrift zu § 5 SGB IV.

b) Entsendung im Sinne von (lohn-)steuerrechtlichen Kollisionsnormen

Noch strikter – im Ergebnis – ist die zeitliche Beschränkung des Entsendetatbestandes des Lohnsteuerrechts mit der Folge der Fortgeltung des Rechts des Heimatstaates:
Nach §1 Abs.4 EStG besteht für Personen, die im Inland weder einen Wohnsitz noch ihren gewöhnlichen Aufenthalt haben, für inländische Einkünfte eine beschränkte Einkommenssteuerpflicht. Zu solchen inländischen Einkünften zählen Einnahmen aus nichtselbstständiger Arbeit, die im Inland ausgeübt wird, §§19, 49 Abs. 1 Nr. 4 EStG. Anknüpfungspunkt für das Einkommens- und/oder Lohnbesteuerungsrecht des deutschen Fiskus hinsichtlich im Ausland ansässiger Arbeitnehmer ist somit ebenfalls der jeweilige Tätigkeitsort.
Abweichend hierzu gelten die Regeln der von Deutschland geschlossenen Doppelbesteuerungsabkommen: Gemäß Art. 15 Abs. 2 Muster-DBA (gleichlautend Art. 15 Abs. 2 DBA Deutschland-Portugal) besteht ein Besteuerungsrecht des Tätigkeitsstaates nicht, wenn – kumulativ – der Arbeitnehmer einen ausländischen Arbeitgeber besitzt, er weniger als 183 Tage pro Kalenderjahr im Tätigkeitsstaat beschäftigt ist und die ihm hierfür gewährte Vergütung nicht zu Lasten einer inländischen Betriebsstätte des Arbeitsgebers gezahlt wird.

Entscheidende Bedeutung besitzt daher auch in diesem Rechtsgebiet die Tatsache, ob die Frist der Geringfügigkeit ausländischer Beschäftigung von weniger als sechs Monaten eingehalten ist. Ansonsten gilt streng das Besteuerungsrecht des Staates des unmittelbaren Tätigkeitsortes.

c) Arbeitsförderungsrechtliche Entsendevorgaben

Das Recht, einer Beschäftigung im Inland nachgehen zu dürfen, besteht für Personen, die die deutsche Staatsangehörigkeit nicht besitzen, nur nach erteilter Arbeitserlaubnis der Bundesanstalt für Arbeit, § 284 Abs. 1 S.1 SGB III. Ausgenommen hiervon sind Angehörige von EU-Mitgliedstaaten, denen freier Zugang zum Arbeitsmarkt eines jeden EU-Mitgliedstaates zu gewähren ist, Art. 48 EGV, § 284 Abs. 1 S. 2 SGB III.
Unberührt hiervon bedarf es einer Arbeitserlaubnis im Grundsatz nicht für Personen, die im Inland weder Wohnsitz noch ständigen Aufenthalt haben, mithin entsandt werden, dann, wenn Einzelaufträge ausgeführt

werden und die Dauer der Beschäftigung drei Monate nicht übersteigt, § 9 Nr. 5 ArGV.
Demgegenüber ist die Erteilung einer befristeten Arbeitserlaubnis für nicht im Inland ansässige Arbeitnehmer, die nicht nur in vorgenanntem Rahmen tätig werden wollen, ausgeschlossen, § 285 Abs. 3 SGB III. Sie ist an die Ansässigkeit im Inland gekoppelt.
Eine unbefristete Arbeitsberechtigung kann ebenfalls nur an einen im Inland lebenden Arbeitnehmer erteilt werden, wenn dieser zuvor bereits fünf Jahre rechtmäßig im Inland eine unselbstständige Tätigkeit ausgeübt oder sich sechs Jahre rechtmäßig aufgehalten hat, § 286 Abs. 1 SGB III. Diese Arbeitsberechtigung zielt wegen der Unbefristetheit auf einen Dauerstatus, wodurch dem Charakter der Entsendung als vorübergehendem Ereignis widersprochen wird.
Entsendung im Arbeitsförderungsrecht bedeutet mithin eine zeitlich begrenzte Tätigkeit im Inland von längstens drei Monaten, unabhängig davon, welchem Vertragsstatut das Arbeitsverhältnis unterliegen sollte.

2. Kollisionsregeln des Arbeitsrechts, Art. 27, 30 Abs. 2 EGBGB

Andere Anknüpfungspunkte bestimmen die Kollisionsregeln des internationalen Privat- und Arbeitsrechts:

Grundsätzlich gilt beim internationalen Einsatz von Arbeitnehmern dasjenige Rechtssystem, dem die Vertragsparteien das Arbeitsverhältnis kraft Vereinbarung unterwarfen, Art. 27 EGBGB[76]. Diese freie Rechtswahl, die weder durch den Ort der Arbeitsleistung noch den Zeitumfang derselben im In- oder Ausland eingeschränkt wird[77], darf nur nicht dazu führen, dass

- bei Verbindung des Sachverhaltes nur zu einem Staat dessen Bestimmungen abgedungen werden, „... von denen nach dem Recht jenes Staates durch Vertrag nicht abgewichen werden kann (zwingende Bestimmungen)...“, Art. 27 Abs. 3 EGBGB,

oder

[76] *KaHbArbR-Braasch,* Bd. 1, S. 163, Rz. 62.
[77] *Schaub,* HdbdAR, § 6 III. 3.f., Rz. 7 ff.

- dem Arbeitnehmer der Schutz entzogen wird, der ihm durch die zwingenden Bestimmungen des mangels Rechtswahl anzuwendenden Rechts zu gewähren ist, Art. 30 Abs. 1 EGBGB.

Die Freiheit der Vereinbarung eines Rechtsstatutes, dem der Arbeitsvertrag unterfallen soll, obliegt daher weitestgehend den Vertragsparteien[78].

Fehlt es demgegenüber an einer ausdrücklichen oder konkludenten Rechtswahl der Vertragsparteien, so gilt das Recht des Staates, zu dem das Vertragsverhältnis die größere Verbundenheit aufweist, Art. 30 Abs. 2 EGBGB.
Gemäß Art. 30 Abs. 2 Nr. 1 EGBGB bestimmt sich das Statut eines Arbeitsvertragsverhältnisses, das zwischen mit Sitz im Ausland ausgestatteten Arbeitgeber sowie ausländischen und ins Inland entsandten Arbeitnehmern besteht, grundsätzlich nach dem Recht des Staates, in welchem der Arbeitnehmer **gewöhnlich** seine Arbeit für den jeweiligen Arbeitgeber erbringt und sich aus der Gesamtheit der Umstände nicht eine abweichende, engere Verbindung des Arbeitsvertrages zu einem anderen Staat ergibt (lex loci laboris)[79].

In Fällen nur zeitweiliger inländischer Tätigkeit im Rahmen eines Arbeitsverhältnisses bedeutet dies grundsätzlich die ausschließliche Anwendbarkeit (EU-)ausländischen Arbeitsrechts, da regelmäßig eine freie Rechtswahl für deutsches Recht nach Art. 27 EGBGB nicht erfolgt[80] und wegen der einhergehenden Charakteristika eine überwiegende Beziehung zum Heimatstaat besteht[81]. Entsendung heißt insoweit auch nur die vorübergehende Beschäftigung[82] in einem anderen Land als dem der gewöhnlichen Tätigkeit, wobei eine Vorbeschäftigung und entsprechender Rückkehrwille des Arbeitnehmers bestehen muss[83]. Bedingt wird dies allein durch die sozial- und steuerrechtlichen Vorgaben, wie sie vorstehend erläutert wurden, da es erklärtes Ziel sowohl der entsendenden Arbeitgeber als auch der entsandten Arbeitnehmer ist, nicht deutschem Sozial- und Steuerrecht – mit seinen vergleichsweise hohen Belastungen

---

78 *Schaub,* HdbdArbR, § 6 III 4., Rz. 12.
79 *Staudinger-Magnus,* Art. 30 EGBGB, Rz. 98 ff.; *Schaub,* HdbdArbR, § 6 III 6., Rz. 21; *KaHbArbR-Braasch,* Bd. 1, S. 163, Rz. 62f.
80 ArbG Wiesbaden, Az. 2 Ca 4441/97, Urteil vom 30.06.1998 m.w.N.; *Deinert,* RdA 1996, S. 341.
81 *Schaub,* HdbdArbR, § 6 III 6., Rz. 21; *Junker/Wichmann,* NZA 1996, S. 505, 506
82 *MüHbdArbR-Birk,* § 19, Rz. 35 ff.
83 *Franzen,* DZWir 1996, S. 89, 90; *Schlachter,* NZA 2000, S. 57, 59; Ausschluss des endgültigen Auslandseinsatzes: *Deinert,* RdA 1996, S. 341.

- zu unterliegen. Die Tätigkeit ausländischer Arbeitnehmer ist daher von vornherein darauf beschränkt, nur im Rahmen der Fortgeltung des heimatlichen Sozial- und Steuerrechts in Deutschland tätig zu sein, mithin – ohne Nachzug von Familie und Begründung eines Wohnsitzes im Inland – eine enge Beziehung zu Deutschland und seines Arbeitsmarktes **nicht** aufzubauen. Vielmehr überwiegt der Bezug des Arbeitsverhältnisses zum Herkunftsland, da - insbesondere in der Baubranche von Bedeutung – dort gegebenenfalls klimatische und andere Bedingungen herrschen, die eine ganzjährig durchgängige Arbeitsleistung ermöglichen.

Daraus ergibt sich die Konsequenz, dass in Entsendefällen grundsätzlich das Recht des Heimat- und Entsendestaates anzuwenden bleibt, selbst wenn der vorübergehende Arbeitsort im Inland belegen ist, Art. 30 Abs. 2 Nr. 1 EGBGB.

Selbst wenn die Anwerbung von Arbeitnehmern nur mit dem Ziel erfolgt, sie befristet für die Durchführung eines Projekts zu beschäftigen und in einen anderen Staat zu entsenden[84], bleibt es im Ergebnis bei der Geltung des ausländischen Vertragsstatutes: Zwar liegt in diesen Fällen der Schwerpunkt der Tätigkeit – mangels anderen Einsatzortes – im Inland, so dass prinzipiell gemäß Art. 30 Abs. 2 Nr. 1 EGBGB inländisches Vertragsstatut anzuwenden wäre, jedoch wird diese Anknüpfung verdrängt von der Ausnahme des Art. 30 Abs. 2 2. HS EGBGB, wonach das Rechtsstatut gilt, zu dem das engste Verhältnis der Parteien besteht. Eine somit anzustellende Gesamtschau ergibt, dass infolge von Faktoren wie Staatsangehörigkeit, Wohnsitz des Arbeitnehmers[85] dennoch ausländisches Vertragsstatut als das enger verbundene anzuwenden ist[86].

Der ins Inland entsendende ausländische Arbeitgeber schuldet daher den in Deutschland tarifvertraglich festgelegten (und für allgemeinverbindlich erklärten) Tariflohn und weitere Arbeitsbedingungen nur, wenn bei gegebenem ausländischen Arbeitsvertragsstatut zwingende Regeln deutschen Rechts bestehen, die partiell ausländisches durch deutsches Recht ersetzen:
Eine teilweise Verdrängung der Bestimmungen ausländischer Arbeitsvertragsstatute ist nur dann gegeben, wenn entweder abweichende

[84] In diesen Fällen sprechen nicht von Entsendung: *Reithmann/Martiny,* Rz. 725; *Behr,* IPrax 1989, S. 319, 322f.; wegen der identischen Auswirkungen auf die Rechtsfolge kann dies als terminologischer Streit dahinstehen.
[85] Vergl. zu den einzelnen Faktoren: *Soergel-v.Hoffmann,* Art. 30 EGBGB, Rz. 48.
[86] *Deinert,* RdA 1996, S. 341.

Normen die Vertragserfüllung im Sinne von Art. 32 Abs. 2 EGBGB regeln[87] oder der nationale „ordre public“, Art. 6 EGBGB, eingreift oder international zwingende Bestimmungen inländischen Rechts gemäß Art. 34 EGBGB vorhanden sind[88],[89]. Derartige Bestimmungen im Sinne des Art. 34 EGBGB könnten **§§ 1 Abs. 1 und 3, 7 AEntG[90]**, aber auch sämtliche allgemeinverbindliche Tarifverträge deutschen Rechts sein[91].

Auch wenn das AEntG in der Absicht geschaffen wurden, „Inseln fremden Rechts“ in der Bundesrepublik Deutschland zu beseitigen[92], und die Aussage enthält, bestimmte allgemeinverbindliche Tarifverträge und andere Arbeitsrechtsbestimmungen besäßen zwingende Geltung auch gegenüber ausländischem Vertragsstatut, mithin der Gesetzgeber seinen Willen in diese Richtung deutlich kund gab, muss daraus keineswegs resultieren, dass sowohl das AEntG sowie die in Bezug genommenen Tarifverträge unbestritten zwingende Bestimmungen im Sinne des Art. 34 EGBGB sind, die zur Verdrängung ausländischen Arbeitsvertragsstatutes führen:

Der Gesetzgeber könnte bereits anderweitig gebunden sein, und zwar weil

- die Bundesrepublik Deutschland Vertragsstaat des ratifizierten und in Kraft getretenen Europäischen Übereinkommens über das auf Schuldverhältnisse anzuwendende Recht vom 19.06.1980 (EVÜ) mit der Folge völkerrechtlicher Gebundenheit ist sowie

---

[87] Dies betrifft in Entsendefällen vorrangig Fragen der Arbeitszeit, insbesondere Feiertagsregelungen, für die das Recht des (aktuellen) Erfüllungsstaates gilt; Art. 32 Abs. 2 EGBGB gilt nicht für den Umfang der Gegenleistungspflichten des Arbeitgebers betreffend Lohn und Urlaub, da nur die Erfüllungsmodalitäten regelnd: *Palandt-Heldrich,* Art. 32 EGBGB, Rz. 4 ff.

[88] *Staudinger-Magnus,* Art. 30 EGBGB, Rz. 189, 192 ff.; *Schaub,* HdbdArbR, § 6 III 7.e., Rz. 24, 28.

[89] Dies gilt nicht für die Entsenderichtlinie, da sich diese nur an die Mitgliedstaaten richtet, Art. 9 derselben.

[90] *KaHbArbR-Braasch,* Bd. 1, S. 165, Rz. 66.

[91] *Hanau,* ArbR der Gegenwart, Bd. 28, S. 89, 93; *Deinert,* RdA 1996, S. 344f.; *Däubler,* AuR 1990, S. 1, 19; ders., TV-Recht, Rz. 1698; ders, DB 1995, S. 726, 727; *Wimmer,* S. 208; *Kempen/Zachert,* § 4 TVG, Rz. 65; unentschieden: *Hönsch,* NZA 1988, S. 113, 117, a.A. *Wiedemann-Wiedemann,* § 1 TVG, Rz. 73; *Müller,* S. 142; *Gerken/Löwisch/ Rieble,* BB 1995, S. 2370, 2374.

[92] ArbG Wiesbaden, 2 Ca 4441/97, Urteil vom 30.06.1998; *Koberski/Sahl/Hold,* AEntG, Einleitung, Rz. 3.

- die Bundesrepublik Deutschland als Mitgliedstaat der Europäischen Union den Angehörigen anderer Mitgliedstaaten zu gewährleisten hat, Arbeitnehmerentsendungen zu Bedingungen vornehmen zu können, wie sie im Heimatland des Entsenders gelten.

II. Voraussetzungen einer Sonderanknüpfung gemäß Art. 34 EGBGB im Bereich von Lohn und Urlaub

Dabei ist zunächst das Problem aufgeworfen, anhand welcher Kriterien die Normen deutschen Rechts zu bestimmen sind, die international zwingende Geltung für sich beanspruchen. Insoweit könnte beachtlich sein, dass Art. 34 EGBGB „lediglich“ die nationale Umsetzung des Art. 7 Abs. 2 EVÜ ist. Hieraus resultierte gegebenenfalls die Pflicht der Vertragsstaaten, dafür Sorge zu tragen, dass das Übereinkommen in allen Vertragsstaaten einheitlich ausgelegt wird, Art. 36 EGBGB, 18 EVÜ. Schon deshalb dürfte von besonderem Interesse sein, ob der nationale Gesetzgeber befugt ist, im eigenen Rechtssetzungsverfahren beliebige innerstaatliche Normen für international zwingend zu erklären. Grundsätzlich gilt nämlich auch bei der Bestimmung der Sonderanknüpfungsnormen deutschen Rechts das Gebot einheitlicher Vertragsanwendung[93].

1. Mindestvoraussetzungen einer Sonderanknüpfung

International zwingende Normen deutschen Rechts, sogenannte Eingriffsnormen (lex fori)[94], setzen **mindestens** voraus, dass einerseits ausländisches Vertragsstatut gilt sowie andererseits der zu regelnde Sachverhalt einen hinreichenden Inlandsbezug aufweist[95]. Beide Voraussetzungen bestehen in Entsendefällen typischerweise.
Weitere Voraussetzung ist, dass die als Eingriffsnormen aufzufassenden Rechtsvorschriften alle Merkmale auch innerstaatlich geltenden, nicht dispositiven Rechts aufweisen müssen[96]. Hierbei handelt es sich lediglich um eine vorläufige Minimalbegrenzung: Nichtdispositivität bedeutet – worauf auch Art. 27 Abs. 3 EGBGB Bezug nimmt – das Verbot an die

---

93 *Palandt-Heldrich,* Art. 36 EGBGB, Rz. 1; *Junker,* IPRax 1989, S. 69, 75; a.A.: *Weber,* IPRax 1988, S. 82, 83.

94 *Staudinger-Magnus,* Art. 30 EGBGB, Rz. 192.

95 *Staudinger-Magnus,* Art. 30 EGBGB, Rz. 192; *MüKo-Martiny,* Art. 34 EGBGB, Rz. 100; *Palandt-Heldrich,* Art. 34 EGBGB, Rz. 3 m.w.N.

96 *Staudinger-Magnus,* Art. 30 EGBGB, Rz 193; *Palandt-Heldrich,* Art. 34 EGBGB, Rz. 3.

Vertragsparteien, hiervon abweichende vertragliche Regelungen zu vereinbaren[97]. Indes sind nicht alle diese Normen in der Lage, sich gegen fremdes Vertragsstatut durchzusetzen. Art. 34 EGBGB beschränkt sich – wie die französische Formulierung des gleichlautenden Art. 7 Abs. 2 EVÜ zeigt (lois de police) – auf die Normen, die „... als Säulen der staatlichen und sozialen Ordnung nicht hinweggedacht werden können, ohne dass die Ordnung gefährdet würde. ...“[98] Dies hat – wie aufgezeigt werden wird – Auswirkungen auf das Erfordernis der normativen Anwendungsbreite im Inland.

Hinzukommen muss ein der anzuwendenden Norm entspringender, internationaler Geltungswille[99], der sich von einem entsprechenden nationalen gesetzgeberischen Willen ableitet und entweder ausdrücklich in der Norm genannt wird oder durch Auslegung zu ermitteln ist[100]. Voraussetzung ist damit, dass die anzuwendende Norm, um „lex fori“ zu sein, den Geltungsanspruch besitzt, grenzüberschreitende Sachverhalte unabhängig von der Art des Vertragsstatutes regeln zu wollen[101].

2. Bestimmung des internationalen Geltungswillens einer möglichen „lex fori“

a) Voraussetzungen

Dieser internationale Geltungswille ist jeder „lex fori“, gleich ob er ausdrücklich benannt wird oder nicht, immanent[102]. Die bei fehlender ausdrücklicher Gesetzesanordnung vorzunehmende Auslegung, ob die anzuwenden beabsichtigte Norm „lex fori“ nach Art. 34 EGBGB ist beziehungsweise nach der Intention des zugrundeliegenden Art. 7 Abs. 2 EVÜ sein kann, hat aber nicht nur anhand innerstaatlicher Kriterien und Einordnungen zu erfolgen, sondern ist unter besonderer Berücksichtigung einer einheitlichen Vertragsauslegung in allen Vertragsstaaten, Art. 36 EGBGB, 18 EVÜ, durchzuführen[103]. Dieses Gebot resultiert aus dem Grundsatz des internationalen Entscheidungseinklanges, da jede An-

[97] *Gamillscheg,* ZfA 1983, S. 307, 345.
[98] *Gamillscheg,* ZfA 1983, S. 307, 345.
[99] *Palandt-Heldrich,* Art. 34 EGBGB, Rz. 3.
[100] *Reithmann-Martiny,* S. 357, Rz. 391; S. 417, Rz. 449.
[101] *MüKo-Martiny,* Art. 34 EGBGB, Rz. 8.
[102] BAG, DB 1990, S. 1666, 1668.
[103] *Palandt-Heldrich,* Art. 36 EGBGB, Rz 1; *Junker,* IPRax 1989, S. 74 ff., *MüKo-Martiny,* Art. 36 EGBGB, Rz. 11.

wendung von Art. 34 EGBGB die allgemeinen Kollisionsnormen umgeht[104]. Dies gilt zunächst für die gerichtliche Praxis der Rechtsanwendung[105]. Daher stellen sich die Fragen, ob in „ausdrücklichen" Fällen wie § 1 AEntG, in denen der Gesetzgeber die Antwort, ob die Norm „lex fori" sein soll, scheinbar vorgegeben hat, einerseits er selbst dem Gebot der Einheitlichkeit der Vertragsauslegung und -anwendung unterliegt[106] und andererseits die zur Anwendung berufenen Gerichte zur Überprüfung (Korrektur) dieser Entscheidung berufen sind und gegebenenfalls einem Anwendungsverbot unterliegen.

Mit § 1 Abs. 1 und 3 AEntG hat der Gesetzgeber auf ausdrücklichem Weg versucht, Regeln allgemeinverbindlicher Tarifverträge betreffend Lohn und Urlaub internationale Geltung zu verschaffen, in dem er den Wortlaut wählte: „... finden ... zwingend Anwendung...". Er sah sich damit im Einklang zu den ihm eröffneten Möglichkeiten gemäß Art. 34 EGBGB/ Art. 7 Abs. 2 EVÜ[107].

Zugleich könnten die aufgeworfenen Fragen dahingehend zu beantworten sein, dass eine Bindung des Gesetzgebers – selbst wenn es sich hier konkret um keine dem Anwendungsbereich des Art. 34 EGBGB/ Art. 7 Abs. 2 EVÜ unterfallende Norm handeln sollte – nicht besteht: Zwar handelt es sich bei Art. 34 EGBGB um die nationale Umsetzung des wortgleichen Art. 7 Abs. 2 EVÜ, mithin eines völkerrechtlichen Vertrages, jedoch könnte der Gesetzgeber hierdurch – auch in Verbindung mit Art. 25 GG - **nicht** in seiner nationalen Normsetzungsbefugnis beschränkt sein[108]:

---

[104] *Soergel-v.Hoffmann,* Art. 34 EGBGB, Rz. 16.

[105] *Palandt-Heldrich,* Art. 34 EGBGB, Rz. 1.

[106] Will ein Vertragsstaat eine weitere Kollisionsnorm jenseits der vereinbarten in sein nationales Recht einführen, hat er grundsätzlich ein Abstimmungverfahren gemäß Art. 23 EVÜ anzustrengen; dies gilt nicht im Rahmen der „lex fori"-Normsetzung, sofern sichergestellt ist, dass jene Norm Art. 7 Abs. 2 EVÜ entspricht: *Giuliano/Lagarde,* BT-Dr. 10/503, S. 33, 72.

[107] BT-DR. 13/2414, dort Begründung, Teil B. Zu den einzelnen Vorschriften, zu §1.

[108] In Art. 1 Abs. 2 des Zustimmungsgesetzes zum EVÜ vom 25.07.1986 (BGBl. 1986 II, S. 809) heißt es, dass die Normen des EVÜ innerstaatlich keine unmittelbare Wirkung besitzen.

aa) Bindung des Gesetzgebers kraft Völkervertragsrechts

Gemäß Art. 25 S.1 GG besteht eine Bindung des Vertragsstaates auf der Ebene des Völkerrechts im Außenverhältnis, sich völkerrechtsvertragskonform zu verhalten. Gleichwohl bleibt hiervon die Ebene des innerstaatlichen Rechts unberührt[109]. Eine vertragsbrüchige Abweichung nationaler Regeln von auch ins innerstaatliche Recht transformierten Völkerrechtsverträgen gilt somit sanktionslos, soweit nicht die „allgemeinen Regeln des Völkerrechts" verletzt werden. Diese besitzen unmittelbare Geltung[110] und gehen innerstaatlichem Recht vor; das Verwerfungsmonopol besitzt das BVerfG, Art. 100 Abs. 2 GG.
Zu diesen allgemeinen Regeln des Völkerrechts zählt nicht jede Norm des geschlossenen Völkerrechtsvertrages, woraus folgt, dass dessen Normen zwar nicht gebrochen werden dürfen, jedoch können, ohne dass die bundes- oder landesrechtlichen, vertragsbrüchigen Normen ihrerseits nichtig wären[111].

Denn zu den „allgemeinen Regeln des Völkerrechts", die dem Völkervertrags- und –gewohnheitsrecht sowie allgemeinen Rechtsgrundsätzen zu entnehmen sein können[112], zählt zunächst lediglich der Grundsatz „pacta sunt servanda"[113]. Damit ist jedoch nicht darüber befunden, ob der Vertragsstaat auch gehalten ist, jede Norm des geschlossenen Vertrages im Einzelnen zu beachten. Hier gilt das Prinzip, dass ein später erlassenes Gesetz ein zeitlich früheres, nämlich das Vollzugsgesetz des Völkerrechtsvertrages gemäß Art. 59 Abs. 2 GG, verdrängt[114]. Folglich wäre der deutsche Gesetzgeber bei der Einführung neuer „lex fori" zwar gehalten, seinerseits Rücksicht auf die Vertragsverträglichkeit dieser Normen zu nehmen, eine Außerachtlassung dieses Grundsatzes bliebe betreffend die innerstaatliche Wirksamkeit der neuen Norm aber ohne Bedeutung[115].

Diese Ansicht ist auf Kritik gestoßen, zumindest in inhaltlichen Teilbereichen möglicher Völkerrechtsverträge:

---

[109] *Maunz-Dürig,* Art. 25 GG, Rz. 20.
[110] Art. 25 S.2 GG.
[111] *Maunz-Dürig,* Art. 25 GG, Rz. 20.
[112] Art. 38 Abs. 1 lit a)-c) IGH-Statut, BGBl. II 1973, S. 507 ff.
[113] *Maunz-Dürig,* Art. 25 GG, Rz. 20.
[114] *HbdStR-R.Bernhard,* § 174, Rz. 29.
[115] *Franzen,* DZWir 1996, S. 89, 96; *Mankowski,* RabelsZ (53) 1989, S. 487, 521f.

(1) Ansicht Puttfarken[116]

Nach Meinung von Puttfarken wäre zu unterscheiden, welchem Zweck der geschlossene Vertrag zu dienen bestimmt ist. Handele es sich um einen Völkerrechtsvertrag (genannt) im eigentlichen Sinne, dass nämlich das Ziel desselben die Schaffung, Änderung und Beseitigung von Rechten und Pflichten der beteiligten Staaten als Rechtspersönlichkeiten ist, mögen hiervon im Einzelfall auch die Rechtsunterworfenen der Vertragsstaaten betroffen sein, bleibe es dabei, dass gemäß Art. 25 S. 1 GG nur der Grundsatz „pacta sunt servanda" als allgemeine Völkerrechtsregel unmittelbar innerstaatlich gelte. Seien demgegenüber von dem Inhalt des Vertrages primär die Rechtsunterworfenen der Vertragsstaaten betroffen und sei das Völkervertragsrecht nur „Mittel zum Zweck", um für alle Rechtsunterworfenen ein einheitliches Rechtssystem auf einem Gebiet zu schaffen, dann komme hierdurch zum Ausdruck, dass jeder Vertragsstaat den Inhalt solcher Vereinbarungen als wesentlich und mit seiner eigenen Wertvorstellung vereinbar empfinde, weswegen es sich bei allen Normen solcher Verträge um „allgemeine Regeln des Völkerrechts" handele.
Daraus folge, dass zeitlich nachfolgende, nationale Gesetze, die solchen Vertragsvorgaben widersprächen, verfassungswidrig seien und die Verfassungswidrigkeit vom BVerfG festzustellen wäre.

(2) Herrschende Meinung, insbesondere Rechtsprechung des BVerfG

Demgegenüber wird vorrangig die Ansicht vertreten, der konkrete Inhalt von Völkerrechtsverträgen aller Art besitze im Inland über Art. 25 S.1 GG keine unmittelbare Anwendung, so dass nachfolgende, widersprechende Gesetze zwar Vertragsbrüchigkeit der BR Deutschland bedeuteten, jedoch keinen Einfluss auf die innerstaatliche Wirksamkeit derselben besäßen[117]. Eine Ausnahme bestehe nur insoweit, wenn einzelne Normen – deklaratorisch – „allgemeine Regeln" des Völkerrechts positiv wiedergeben, da nur diejenige Regel allgemein im Sinne von Art. 25 GG sei, die keine besondere Grundlage (zum Beispiel Völkerrechtsvertrag) für ihre Geltung erfordere[118]; vielmehr bleibt deren Status von Art. 25 S. 1 GG

---

[116] *Puttfarken,* RIW 1995, S. 616, 628f.
[117] BVerfGE 6, S. 309, 363; 31, S. 145, 177f.; 41, S. 88, 120f.; 73, S. 339, 411f.; *Maunz-Dürig,* Art. 25 GG Rz. 20; *Sachs-Streinz,* Art. 25 GG, Rz. 29f.; *v.Münch-Rojahn,* Art. 25 GG, Rz. 39; *HbdStR-Steinberger,* §173, Rz. 9.
[118] *HbdStR-Steinberger,* §173, Rz. 31.

unberührt. Zugleich wird eine Entscheidung nach dem Inhalt und dem Ziel des geschlossenen Vertrages nicht vorgenommen[119] beziehungsweise abgelehnt[120].

(3) Eigene Meinung

Der Rechtsprechung des BVerfG ist der Vorzug zu geben: Eine Übernahme sämtlicher Bestimmungen eines Völkerrechtsvertrages unmittelbar nach Art. 25 S. 1 GG in nationales Recht bedeutete einen Systembruch innerhalb des Grundgesetzes.
Der einleitend dargestellten Ansicht ist zwar zuzugeben, dass das EVÜ ein Völkerrechtsvertrag ist, der sich inhaltlich vorrangig an die jeweils Rechtsunterworfenen der Vertragsstaaten richtet und deren Rechtsbeziehungen zueinander dadurch regelt, dass er in allen Vertragsstaaten eine Teilrechtsharmonisierung herbeiführt. Jedoch bedeutete eine gemäß Art. 25 S.1 GG unmittelbare Geltung, dass solche Verträge auch dann anzuwenden wären, wenn Deutschland kein Vertragsstaat (mehr) ist. Zu den „allgemeinen Regeln des Völkerrechts" ist es anerkannt, dass diese auch dann innerstaatliche Wirksamkeit aufweisen, wenn Deutschland nicht an deren Zustandekommen mitgewirkt und nicht selbigen widersprochen hat (posistent objector)[121]. Diese weitgehende Folge der innerstaatlichen Verpflichtung und Bindung ist nur dann haltbar, wenn zugleich die Eingeschränktheit des Anwendungsbereiches sichergestellt ist.
Hinzu tritt, dass „allgemeine Regeln des Völkerrechts" eines Vollzugsbefehles/einer Transformation in innerdeutsches Recht nicht bedürfen, mithin bereits ohne Berücksichtigung des Legislativvorbehaltes des Art. 59 Abs. 2 GG wirken[122]. Stufte man nunmehr alle Vertragsbestimmungen, an deren Zustandekommen eine hinreichende Zahl von Vertragsstaaten mitgewirkt hat und die deren Rechtsunterworfene ansprechen, als „allgemeine Regeln" ein, hieße dies, hierdurch Deutschland bei sämtlichen Harmonisierungsbestrebungen die Einflussnahme und Rechtssetzungsbefugnis zu entziehen.

Eine unmittelbare Bindung des Gesetzgebers an das EVÜ besteht daher aus völkerrechtlicher Sicht nicht.

---

[119] *Ipsen/Heintschel von Heinegg,* Völkerrecht, S. 98 ff.
[120] *v.Münch-Rojahn,* Art. 59 GG, Rz. 37 m.w.N.
[121] *HbdStR-Steinberger,* §173, Rz. 35.
[122] BVerfGE 46, S. 342, 403f.; *v.Münch-Rojahn,* Art. 25 GG, Rz. 15.

bb) Bindung des Gesetzgebers kraft Europarechts beziehungsweise spezieller Vertragsgestaltung

Anlass zu der Annahme, der deutsche Gesetzgeber sei durch europarechtliche Vorgaben daran gehindert, nach eigenem Belieben nationale Normen zu „lex fori“ im Sinne von Art. 34 EGBGB zu erheben, gibt der historische Umstand, dass das Zustandekommen des EVÜ als Subsidiärvertrag zum EGV gemäß dessen Art. 220 geplant war[123].
Im Rahmen der Vorberatungen zum EVÜ war davon ausgegangen worden, dass es sich bei diesem Vertrag um einen solchen handele, der dem einzelnen Angehörigen eines EU - Mitgliedstaates „... den Schutz der Person sowie den Genuss und den Schutz der Rechte zu den Bedingungen, die jeder Staat seinen eigenen Angehörigen einräumt;...“ gewährleistet[124].
Dadurch wäre das EVÜ Ergänzung des europäischen Sekundärrechts mit der Folge, dass es sich einerseits an den Bestimmungen des Primärrechts zu messen lassen hätte, zum Beispiel den Grundfreiheiten[125], sowie andererseits die Kontrolle der Vertragsauslegung und –anwendung durch die Mitgliedstaaten der Rechtsprechungsgewalt des EuGH unterstellt wäre[126].
Tatsächlich wurde das EVÜ infolge Überarbeitung nach Beitritt neuer EU-Mitglieder aus dem Anwendungsgebiet des Art. 220 EGV herausgenommen[127] und als gewöhnlicher Völkerrechtsvertrag paraphiert; die Umsetzung durch Neufassung des EGBGB erfolgte mit Gesetz vom 25.7.1986[128].

Diese Vorgehensweise traf auf erhebliche Kritik[129]: Es wurde und wird eingewandt, die Mitgliedstaaten hätten sich in der Absicht, sich dem Rechtsmonopol des EuGH zu entziehen sowie sich den Beitritt von Nicht-EU-Mitgliedern offen zu halten, für eine Nichtanwendung entschieden, obwohl wegen des klaren Wortlauts des Art. 220 EGV dessen An-

---

[123] EG-Entwurf, RabelsZ (38) 1974, S. 211.
[124] *Groeben/Thiesing/Ehlermann-Ivo Schwartz,* Art. 220 EGV, Rz. 65.
[125] Für andere Abkommen nach Art. 220 EGV wurde dies vom EuGH anerkannt, zum Beispiel EuGH, (Mund), amtl. Slg. I 1994, S. 467, 480, Ziffer 22
[126] *Groeben/Thiesing/Ehlermann-Ivo Schwartz,* Art. 220 EGV, Rz. 12.
[127] *Reithmann/Martiny,* Rz. 2.
[128] BGBl. II 1986, S. 809.
[129] *Groeben/Thiesing/Ehlermann-Ivo Schwartz,* Art. 220 EGV, Rz. 65 ff.

wendbarkeit nicht streitig sein könne[130]. Hiernach sei den Mitgliedstaaten nicht die Befugnis – auch nicht vorläufig – eingeräumt, Abweichungen von Art. 220 EGV zu vereinbaren, da dies der Verwirklichung der dort genannten Vertragsziele entgegen stehe.

Dem ist die tatsächliche Handhabung entgegenzustellen: Die Vertragsstaaten haben bei Beschlussfassung ausdrücklich auf eine Anwendbarkeit von Art. 220 EGV verzichtet. Zwar soll das EVÜ der Harmonisierung der jeweiligen Rechtsordnungen dienen und dabei vorrangig den Rechtsunterworfenen größere Sicherheit bei der Anwendung eines Rechtsstatutes gewährleisten. Daraus resultiert aber keineswegs, dass das EVÜ im Nachgang als Subsidiärvertrag aufgefasst werden muss. Durch Art. 220 EGV werden zwar die Mitgliedstaaten angehalten, zu den dort genannten Rechtsbereichen – soweit erforderlich – vereinheitlichende Verträge zu schließen. Eine Anordnung, dass solche Verträge immer dem Art. 220 EGV unterfallen, ist nicht enthalten. Auch durch Zustandekommen von Art. 220 EGV haben die Mitgliedstaaten nicht untereinander die Souveränität verloren, Völkerrechtsverträge abzuschließen[131], da sie diese ohnehin eingehen dürfen[132].

Die gemäß Art. 18 EVÜ/36 EGBGB vorgeschriebene einheitliche Vertragsauslegung richtete sich nach alledem lediglich an die Gerichte der Vertragsstaaten, soweit diese einzelne Bestimmungen des EVÜ und der jeweiligen nationalen Umsetzung anzuwenden hätten. Demgegenüber wäre der Gesetzgeber jedes Vertragsstaates jedenfalls faktisch frei, abweichende Regeln für die Rechtsanwendung auf seinem Territorium zu schaffen.

Dem wurde alsbald versucht, entgegenzuwirken: Am 19.12.1988 vereinbarten die Vertragsstaaten zwei „Brüsseler Protokolle" zum EVÜ. Inhalt des ersten Protokolls ist die Befugnis der obersten Gerichtshöfe der Vertragsstaaten, „... eine Frage, die bei ihnen in einem schwebenden Verfahren aufgeworfen wird und die sich auf die Auslegung von Regelungen bezieht, die ... (im EVÜ) enthalten sind...", dem EuGH zur Beant-

---

[130] *Groeben/Thiesing/Ehlermann-Ivo Schwartz,* Art. 220 EGV; Rz. 20, 69f.

[131] Es kann dahinstehen, ob es sich bei Art. 220 EGV „Muss-" oder nur Absichtsvorschrift an die Mitgliedstaaten handelt; für ersteres: *Groeben/Thiesing/ Ehlermann-Ivo Schwartz,* Art.220 EGV; Rz. 18 ff.; *Grabitz/Hilf-Schweitzer,* Art. 220 EGV, Rz. 5; a.A. *Geiger,* Art. 220 EGV, Rz. 1.

[132] *Grabitz/Hilf-Schweitzer,* Art. 220 EGV, Rz. 5.

wortung vorzulegen[133]. Das zweite Protokoll weist dem EuGH das Recht zu, über die ihm gemäß des ersten Protokolls vorgelegten Fragen zu entscheiden[134]. Deutschland hat beide Protokolle im Jahr 1995 ratifiziert, gleichwohl ist dieses Verfahren derzeit nicht in Kraft: Für die Wirksamkeit des ersten Protokolls bedarf es der Ratifizierung durch mindestens sieben Vertragsstaaten sowie des Inkrafttretens des 2. Protokolls[135], wozu dieses von allen Vertragsstaaten ratifiziert sein muss[136]. Bisher erfolgte eine Ratifizierung nur durch acht Vertragsstaaten[137].

Somit besteht zwar zur Zeit eine Kontrollinstanz betreffend die Wahrung der Einheitlichkeit der Vertragsauslegung und –anwendung durch alle Vertragsstaaten nicht. Jedoch wird deutlich, dass die Vertragsstaaten gewillt sind, diese Einheitlichkeit zu fördern und ihre nationalen Maßnahmen hieran messen zu lassen. Daraus folgt, dass auch der nationale Gesetzgeber zwingend an die Bestimmungen des EVÜ gebunden ist und diese nebst ihren Intentionen bei neuen Kollisionsnormen zu berücksichtigen hat. Zugleich sind die nationalen Gerichte gehalten, im Rahmen der ihnen zugewiesenen Rechtsanwendung für eine vertragskonforme Auslegung auch scheinbar widersprechender Normen zu sorgen. Daher mag es zur Zeit keine Kontrollinstanz geben, die diese Auslegung überwacht und gegebenenfalls abweichende nationale Bestimmungen für unvereinbar erklärt. Die mangelnde materielle Vertragskonformität solcher Normen bleibt aber unberührt.

cc) Konsequenz für die EVÜ-konforme Bestimmung und Auslegung nationaler „lex fori“

Daher steht es zur Zeit dem deutschen Gesetzgeber – auf innerstaatlicher Ebene – **faktisch** frei, nach eigenem Willen zu entscheiden, ob er die transformierten Völkerrechtsnormen auf Dauer akzeptiert oder durch Veränderungen ignoriert oder zu unterlaufen sucht. Für die praktische **Rechtsanwendung im Gesetzgebungsverfahren** ist das Gebot einheitlicher Vertragsauslegung, Art. 18 EVÜ, 36 EGBGB, bei dieser Be-

---

[133] Art. 2 des 1. Brüsseler Protokoll zum EVÜ, BGBl. 1995 II, S. 916.
[134] Art. 1 des 2. Brüsseler Protokoll zum EVÜ, BGBl. 1995 II, S. 923.
[135] Art. 6 des 1. Brüsseler Protokoll zum EVÜ, BGBl. 1995 II, S. 916.
[136] Als den EGV ändernde Vereinbarung, Art. 3 des 2. Brüsseler Protokoll zum EVÜ, BGBl. 1995 II, S. 923.
[137] *Soergel-von Hoffmann,* Art. 36 EGBGB, Rz. 17, Fn. 47.

trachtung in den Auswirkungen nur wenig mehr als ein sanktionsloser Appell an die Vertragsstaaten.
In der Konsequenz bedeutet dies, dass es jedem Vertragsstaat – auch Deutschland – tatsächlich möglich ist, unter Außerachtlassung des Gebots einheitlicher Vertragsauslegung kurzerhand alle oder wesentliche Teile des eigenen, national zwingenden Rechts zu „lex fori" zu erklären, mit der Folge der vollständigen beziehungsweise weitgehenden Verdrängung der Rechtsgeltung ausländischen Statuts (kraft Rechtswahl beziehungsweise Bezugsanknüpfung gemäß Art. 30 Abs. 2 EGBGB) im Falle der Inlandsberührung.
Für die allgemeinen Kollisionsregeln der Art. 27, 30 EGBGB heißt dies, dass ihre Wirkung auf die dispositiven Normen des gewählten oder gewöhnlich anzuwendenden Statuts sich beschränkt. Damit ist aber dem Gebot einheitlicher Vertragsauslegung nicht entsprochen, da die Kollisionsnormen grundsätzlich das gesamte Statut ergreifen sollen und Art. 7 Abs. 2 EVÜ/34 EGBGB nur Geltung für wenige, von ihrer Bedeutung besonders hervorgehobene Normen aus dem Gesamtbestand des zwingenden Rechts besitzen sollen[138]. Der Gesetzgeber jedes Vertragsstaates ist somit aufgerufen, bei der Bestimmung von „lex fori" größte Zurückhaltung walten zu lassen[139].
Jedoch ergibt sich aus dem Zusammenspiel des Gebotes einheitlicher Vertragsauslegung einerseits sowie den Bemühungen der Vertragsstaaten, eine gemeinsame Kontroll- und Wahrungsinstanz für die Rechtseinheitlichkeit zu schaffen, andererseits, dass schon jetzt die nationalen Gerichte berufen sind, bei der „lex fori"-Anwendung auf EVÜ-Konformität zu achten und vertragswidrige Normen im Lichte dieser Konformität auszulegen. Hierbei ist die Rechtssituation zu beachten, dass nur die Rechtsanwender des Forumsstaates verpflichtet sind, die „lex fori"-Normen zu berücksichtigen[140].

Für die weitere Diskussion der Anwendbarkeit von § 1 AEntG als „lex fori" sind diese Fragestellungen von größtem Interesse, sofern die gesetzgeberische Entscheidung vom Ergebnis einer einheitlichen Anwendungsauslegung abweicht. Es ist somit zu klären, welche deutschen Normen nach Art. 34 EGBGB beziehungsweise nach Art. 7 Abs. 2 EVÜ - bei einheitlicher Betrachtungsweise - als Eingriffsnormen anzusehen sind:

---

[138] *Staudinger-Magnus,* Art. 30 EGBGB, Rz. 194; *Palandt-Heldrich,* Art. 34 EGBGB, Rz. 3.
[139] *Palandt-Heldrich,* Art. 34 EGBGB, Rz. 3; *Mann,* NJW 1988, S. 3074, 3075.
[140] *Kegel/Schurig,* IPR, §16, S. 453; *Gamillscheg,* ZfA 1983, S. 307, 343.

Sofern, wie in der Vielzahl der Fälle deutscher „lex fori", sich ein ausdrücklicher gesetzgeberischer Wille der anzuwenden beabsichtigten Norm nicht entnehmen lässt, ist der Geltungswille durch Auslegung zu ermitteln[141]. Dabei ist der Frage nachzugehen, ob vorrangiger Zweck der Regelung die Steuerung des Wirtschafts- und Soziallebens kraft ordnungspolitischer Staatsinteressen oder aber die Förderung des Interessenausgleichs der Vertragsparteien ist[142]. Hierbei verdient die „ratio legislatoris" zu Art. 34 EGBGB/Art. 7 Abs. 2 EVÜ Beachtung: So ist unter Verweis auf die Gesetzesmaterialien zur Schaffung von Art. 34 EGBGB festzuhalten, dass ohne Rücksicht auf ihre privat- oder öffentlichrechtliche Natur wirtschafts- und sozialpolitische Normen in der Bedeutung hervorgehoben wurden[143]. Dies galt für Ein- und Ausfuhrbestimmungen, Kartellrechtsvorschriften einerseits sowie arbeitsrechtliche Mutterschutz- beziehungsweise soziale Mietrechtsnormen andererseits[144]. Daraus wird deutlich, dass bei der Bestimmung der "lex fori" maßgeblich ist, ob eine Gemeinwohlregelung beziehungsweise Verfolgung von Staatsinteressen vorliegt. Diese besteht, wenn mit der untersuchten Norm gezielt regulierende Eingriffe in private Rechtsverhältnisse durch Verbote einzelner Schuldverhältnisse beziehungsweise Genehmigungsvorbehalte betreffend bestimmter Vertragstypen verbunden sind[145]. Indiziell hierfür spricht, wenn der Staat sich die Durchsetzung dieser Normen selbst vorbehalten hat[146].
Entgegenstehendes Indiz für nur vertragsstatutsimmanenten Geltungswillen der Norm ist, wenn die notfalls gerichtliche Durchsetzung der Rechtsfolgen dem jeweils Begünstigten überantwortet wird[147].

Gleiche allgemeine Regeln gelten auch hinsichtlich Art. 7 Abs. 2 EVÜ, wonach ebenfalls nur diejenigen Normen als „lex fori" in Betracht kommen, die zur Verfolgung von Gemeinwohlinteressen erlassen wurden[148]. Dem Gebot einheitlicher Auslegung würde mit diesen zu Art. 34 EGBGB verwendeten Kriterien Rechnung getragen, so dass es der späteren

---

[141] BAGE 63, S. 17, 31f.; *MüKo-Martiny,* Art. 34 EGBGB, Rz. 91; *v.Hoffmann,* IPRax 1989, S. 261, 263f.
[142] *Reithmann/Martiny,* Rz. 391.
[143] BT-Dr. 10/504, S. 83.
[144] Vergl. BAGE 63, S. 17, 31.
[145] BAG ZIP 1993, S. 850, 857.
[146] BAGE 63, S. 17, 32.
[147] BAGE 63, S. 17, 31.
[148] *Giuliano/Lagarde,* BT-Dr. 10/503, S. 33, 36 ff.

Prüfung bedarf, ob speziell die §§ 1, 7 AEntG diesen Voraussetzungen standhalten.

Die Kriterien bedeuten für das Arbeitsrecht, dass als international zwingend diejenigen Vorschriften angesehen werden, die nicht nur den Ausgleich zwischen den beteiligten Parteien regeln wollen, sondern zudem „... deutlich auch aus Gemeinwohlinteressen unbedingte Geltung beanspruchen ..." [149]. Unbeachtlich ist dabei, ob die Normen dem Privat- oder öffentlichen Recht entstammen[150]; da Art. 34 EGBGB als Ausnahmetatbestand aber eng auszulegen ist, besitzt internationale Geltung nur ein kleiner Teil der nationalen Sachnormen[151].
Bedeutsam ist somit allein, ob aus gesamtstaatlicher Sicht in Deutschland für den jeweiligen Sachkomplex eine einheitliche Regelung gelten soll, die auf die Besonderheit des Auslandsbezuges keine Rücksicht nimmt[152].

b) *Der internationale Geltungswille des AEntG*

Sowohl gemäß des ursprünglichen als auch des jetzigen, nur redaktionell geänderten[153] Wortlautes des die internationale Geltung deutscher allgemeinverbindlich erklärter Bau-Tarifverträge bestimmenden § 1 Abs. 1 und 3 AEntG finden die Rechtsnormen eines solchen Tarifvertrages auf jedes Arbeitsverhältnis eines mit Sitz im Ausland ausgestatteten Arbeitsgebers und seinem im räumlichen Geltungsbereich dieses Tarifvertrages beschäftigten Arbeitsnehmers zwingend Anwendung. Ergänzend hierzu bestimmte der ehemalige, bis 31.12.1998 gültige § 1 Abs. 1 S.4 AEntG, dass die daraus resultierenden Pflichten auch einen im Inland ansässigen Arbeitgeber träfen. Selbiges bestimmt nunmehr der zum 01.01.1999 neu gefasste § 1 Abs. 1 S. 3 AEntG unabhängig davon, „... ob der Tarifvertrag kraft Tarifbindung ... oder aufgrund der Allgemeinverbindlichkeitserklärung Anwendung findet."
Die Gesetzesmaterialien geben über das vom Gesetzgeber gewollte Ziel wie folgt Aufschluss: In diesen heißt es, dass damit eine Erstreckung allgemeinverbindlicher, tariflicher Normen gemäß Art. 34 EGBGB in den

---

[149] *Staudinger-Magnus,* Art. 30 EGBGB, Rz. 193 mit Verweis auf BAGE 63, S. 17, 30 ff.
[150] BT-Drucksache, 10/504, S. 83.
[151] *Staudinger-Magnus,* Art. 30 EGBGB, Rz 194; *Mann,* NJW 1988, S. 3074, 3075; *Gamillscheg,* ZfA 1983, S. 307, 343.
[152] *Staudinger-Magnus,* Art. 30 EGBGB, Rz. 194.
[153] BT-Dr., 14/45, S. 25; *KaHbArbR-Braasch,* Bd. 1, S. 226, Rz. 260.

Fällen gewollt sei, in denen nach Art. 30 Abs. 2 EGBGB ausländisches Recht Geltung beanspruche[154]. Aus europarechtlicher Sicht sei dies nur unter zwei Einschränkungen möglich, nämlich nur hinsichtlich von Bestimmungen zu Lohn und Urlaub einerseits[155] sowie wenn andererseits sichergestellt sei, dass nur solche tariflichen Rechtsnormen einbezogen würden, „... die auch von inländischen Arbeitgebern verbindlich einzuhalten sind...“[156]. Diese zweite Einschränkung sei dahingehend enger zu fassen, dass nur solche Tarifnormen zu „lex fori“ zu erklären seien, „... für die das Arbeitsortprinzip eingreift. ...“[157]. Damit werde tarifvertraglich gewährleistet, dass auch bei nationalen Entsendungen von Arbeitnehmern vom räumlichen Geltungsbereich eines Tarifbezirkes in den eines anderen jedenfalls die dortigen Arbeitsbedingungen zwingend anzuwenden sind, soweit dem entsandten Arbeitnehmer günstiger. Nur hieran könne und wolle in Fällen internationaler Entsendung angeknüpft werden[158].

Regelungsziel des Gesetzes war mithin, Normen von Bau-Tarifverträgen, die diesen Voraussetzungen entsprechen und für allgemeinverbindlich erklärt worden sind, auch auf internationaler Ebene gegen fremdes Statut durchzusetzen.
Weiter ist aus den Gesetzmaterialien zu berücksichtigen, dass damit der Spaltung des deutschen Arbeitsmarktes und der Verschlechterung der wirtschaftlichen Situation von Klein- und Mittelbetrieben entgegengewirkt werden sollte. Diese sich verschärfende Wirtschaftssituation hatte schon zu einem erheblichen Arbeitsplatzabbau geführt[159]. Demgegenüber waren die Interessen der zu niedrigeren Löhnen in Deutschland tätigen ausländischen Arbeitnehmer ohne Bedeutung; diese wird man daher auch vergeblich in der Gesetzbegründung suchen. Die Regelung des Arbeitsrechts war somit nur Mittel zum Zweck, um durch mittelbare Maßnahmen künstlich eine einheitliche Wettbewerbsplattform im Inland konkurrierender Unternehmen/Arbeitgeber zu schaffen.

Der Geltungswille dieser Normen wird also maßgeblich von der gesetzgeberischen Absicht einer Gemeinwohlregulierung im Wettbewerbsbereich beeinflusst, unabhängig von den Interessen bestimmter Einzelner. Verbunden mit der Einführung umfangreicher Kontroll- und Prüfbefugnis-

---

[154] BT-Dr. 13/2414, Teil B, zu den einzelnen Vorschriften; zu § 1.
[155] Genannt, „der harte Kern der Mindestarbeitsbedingungen“.
[156] BT-Dr. 13/2414, Teil B, zu den einzelnen Vorschriften; zu § 1.
[157] BT-Dr. 13/2414, Teil B, zu den einzelnen Vorschriften; zu § 1.
[158] BT-Dr. 13/2414, Teil B, Zu den einzelnen Vorschriften; zu § 1.
[159] BT-Dr. 13/2414, Teil A, Allgemeiner Teil, I. Ziele des Gesetzentwurfes.

se staatlicher Stellen, §§ 2, 3 AEntG, sowie der Bußgeldbewehrung, § 5 AEntG, führt dies zu einem auch von der ausdrücklichen Anordnung losgelösten, durch Auslegung zu ermittelnden normimmanenten internationalen Geltungswillen.
§ 1 Abs. 1 und 3 AEntG stände insoweit im Einklang zu Art. 34 EGBGB/ Art. 7Abs. 2 EVÜ.

3. Die innerstaatliche Geltung einer möglichen „lex fori"; Vergleichbarkeit mit Art. 6 EGBGB - „ordre public"

Hinzutreten muss eine unabdingbare innerstaatliche Geltung in vergleichbaren Fällen:

a) Voraussetzungen

Neben diesen, unter Beachtung des Gebotes der einheitlichen Vertragsauslegung und –anwendung bestimmten internationalen Geltungswillen der Norm muss deren uneingeschränkte Anwendbarkeit im Inland bei Geltung innerstaatlichen Statuts treten[160]. Voraussetzung für die Bestimmung einer nationalen Norm zur „lex fori" ist somit, dass jene Norm bereits sämtliche vergleichbare, ausschließlich inlandsbezogene Sachverhalte unabdingbar ausgestaltet. Welchen Wirkungsumfang muss dabei die Eingriffsnorm innerstaatlich besitzen, um sich international durchsetzen zu können?
Beachtung verdient hierbei der historische Ursprung von Eingriffsnormen: Diese wurden entwickelt als „positiver" Teil des „ordre public", gemäß dessen eine Ersetzung eigentlich anzuwendender ausländischer Normen durch den identischen Regelungsgegenstand betreffende, inländische Bestimmungen erfolgte[161], um besonderen Interessen des Forumstaates Rechnung zu tragen[162]. Dieser Teilbereich des „ordre public" wurde in der Rechtsanwendung verselbstständigt und zur „lex fori"-Rechtsgestaltung ausgebaut[163], währenddessen der „negative" Teil, gemäß dessen im Einzelfall die Nichtanwendung einer zur Anwendung be-

---

[160] *Staudinger-Magnus,* Art. 34 EGBGB Rz. 193, 69 ff.; *Palandt-Heldrich,* Art. 34 EGBGB, Rz. 3; *Junker,* IPrax 1989, S. 69, 72.
[161] *Kegel/Schurig,* IPR, §16, S. 453; *Gamillscheg,* ZfA 1983, S. 307, 343f.
[162] *Soergel-v.Hoffmann,* Art. 34 EGBGB, Rz. 3.
[163] *Völker,* S. 60; zur historischen Entwicklung: *Gamillscheg,* ZfA 1983, S. 307, 343 m.w.N.

rufenen ausländischen Norm erfolgt, nunmehr als **der** „ordre public" – kodifiziert in Art. 6 EGBGB - aufgefasst wird[164].
Daraus leitet sich die Fragestellung ab, ob nicht die Heranziehung von nationalen Normen – als „lex fori" - es zusätzlich erfordert, dass auch die Voraussetzungen des negativen „ordre public" gegeben sind, das heißt die fremdstaatliche Norm den in den Eingriffsnormen typisierend wiedergegebenen Staatsinteressen krass zuwiderlaufen muss[165].
Eine Antwort erschließt sich, wenn die jeweiligen Voraussetzungen verglichen werden: Die Qualität einer Norm als **Eingriffsnorm** ergibt sich daraus, dass sie im Inland – zur staatlichen Interessenwahrung – **allgemein** unabdingbar gilt und den innerlichen Anspruch besitzt, sich auch auf internationaler Ebene gegen fremdes Statut durchzusetzen[166]. Der (negative) **„ordre public"** greift ein, wenn eine ausländische Norm bei ihrer inländischen Anwendung im **Einzelfall** zu einem untragbaren Ergebnis führt und deshalb – aus nationaler Sicht - verdrängt werden muss[167]. Beides mal kommt zum Ausdruck, dass fremdes Statut nicht angewendet werden kann, weil dies im Ergebnis nationalen Interessen zuwiderliefe[168]. Im Rahmen des (negativen) „ordre public" wird dies nur allgemein angesprochen und der Rechtsanwendung im Einzelfall vorbehalten; bei Eingriffsnormen hat der Gesetzgeber bereits eine Typisierung vorgenommen. Identisch ist aber, dass in beiden Fällen die Verdrängung fremden Statuts darauf basiert, dass dessen Anwendung zu einem Ergebnis führte, welches mit nationalen Grundsatzanschauungen unvereinbar ist[169].
Der Preis dafür, dass der Gesetzgeber – ohne das Ergebnis im Einzelfall zu kennen – berechtigt ist, typisierend grundsätzliche Staatsvorstellungen mit Hilfe von Eingriffsnormen zu schaffen, besteht darin, dass diese Bestimmung auf alle annähernd vergleichbare Situationen Anwendung finden muss. Nur dann ist der erforderliche Gleichklang gewahrt, der in der eindeutigen Erkennbarkeit unverzichtbarer Wert- und Ordnungsvorstellungen besteht. An die innerstaatliche Geltung von „lex fori" ist somit

---

[164] Deutlich wird dies daran, dass weiterhin streitig ist, ob die Anwendung von Eingriffsnormen zunächst den Anwendungsausschluss fremdstaatlicher Normen über den negativen „ordre public" voraussetzt oder diese Wirkung den Eingriffsnormen selbst immanent ist; vergl. *Soergel-v.Hoffmann,* Art. 34 EGBGB, Rz. 13, Fn. 22.
[165] Für dieses Erfordernis im Rahmen von Art. 6 EGBGB: BGHZ 50, S. 370, 375; *Soergel-Kegel,* Art. 6 EGBGB, Rz. 23.
[166] Siehe oben § 2 II 2. a) cc).
[167] *Soergel-Kegel,* Art. 6 EGBGB, Rz. 9; BAGE 27, S. 99, 111; 63, S. 17, 30; BGHZ 54, S. 132, 140.
[168] *Kegel/Schurig,* IPR, §16, S. 453 ff.
[169] *Kegel/Schurig,* IPR, §16, S. 455.

ein strenger Maßstab anzulegen, da nur dann solchen nationalen Grundvorstellungen tatsächlich Rechnung getragen wird.

b) Subsumtion der innerstaatlichen Geltung des AEntG

Diese weitere Voraussetzung der „lex fori" könnte deshalb zweifelhaft sein, da der Kern des AEntG

- nur im Bauhaupt- und –nebengewerbe sowie der Schifffahrtsassistenz gilt, § 1 Abs. 1 und 2, 7 Abs. 2 AEntG, und
- mit der Formulierung „... und auch inländische Arbeitgeber ihren im räumlichen Geltungsbereich des Tarifvertrages beschäftigten Arbeitnehmern mindestens die am Arbeitsort geltenden tarifvertraglichen Arbeitsbedingungen gewähren müssen..." anknüpft an eine nur in der Baubranche tarifvertraglich vereinbarte Besonderheit.

Damit ist die Frage aufgeworfen, wie hierdurch gewährleistet werden soll, dass sämtliche vergleichbare, inländische Sachverhalte geregelt werden. Auch in anderen Branchen, namentlich dem Groß- und Einzelhandel, gibt es ebenfalls üblicherweise für allgemeinverbindlich erklärte Tarifverträge und das Phänomen nationaler Entsendung, ohne dass es Mindestlöhne und ein System gäbe, welches den Arbeitgeber verpflichtete, dem Arbeitnehmer den jeweils günstigsten Lohn (der aktuellen Arbeitsstelle oder des Einstellungsortes) zu zahlen beziehungsweise an einem Urlaubskassensystem teilzunehmen[170].
Es stellt sich deshalb das Problem, ob es im Rahmen der innerstaatlichen Unabdingbarkeit der Norm genügt, dass diese zwingend in einer Branche gilt, oder ob es sich um ein Prinzip des inländischen Arbeitsrechts an sich handeln muss.
Ein Vergleich der Bau- mit anderen Branchen des Inlandes ergibt dabei folgendes:

aa) Arbeitsort- und Günstigkeitsprinzip nach deutschem Recht

Unter der Geltung deutschen Vertragsstatuts findet gemäß § 4 Abs. 1 TVG in Verbindung mit den §§ 3 Abs. 1, 5 Abs. 4 TVG der normative Teil

---

[170] Zu den Einzelheiten, vergl. § 2 III 1. d).

eines Tarifvertrages – als Gesetz im materiellen Sinne[171] – kraft Tarifbindung oder Allgemeinverbindlichkeitserklärung zwingende Anwendung auf unterworfene Arbeitsverhältnisse[172]. Welches Arbeitsverhältnis unterworfen sein kann und tatsächlich ist, bestimmt sich nach der Tarifzuständigkeit der Tarifvertragsparteien, der Tarifbindung sowie dem zeitlichen, räumlichen, betrieblichen, fachlichen und persönlichen Geltungsbereich, §§ 2 – 4 TVG[173]. Die Tarifzuständigkeit ist dabei die abstrakte Maximalbefugnis einer gemäß § 2 Abs. 1 TVG tariffähigen Vertragspartei, einen Tarifvertrag in vorgenannten Geltungshinsichten treffen zu können[174]. Jedoch ist es den vertragsschließenden Parteien unbenommen, innerhalb ihrer Tarifzuständigkeit den Geltungsbereich, zum Beispiel in räumlicher Hinsicht, zu begrenzen, da dieser sich nur aus dem Tarifvertrag selbst ergibt[175]. Der Geltungsbereich reicht daher nie weiter als die Tarifzuständigkeit. Demgegenüber ist die Tarifbindung gemäß § 3 Abs. 1 TVG nicht dispositiv[176].
Von der Möglichkeit, den Geltungsbereich gegenüber der Tarifzuständigkeit zu begrenzen, haben die Bau-Tarifvertragsparteien auch Gebrauch gemacht, indem beispielhaft verschiedene Lohntarifverträge betreffend das Gebiet der „alten“ und der „neuen“ Bundesländer geschlossen wurden[177]. Diese kamen aber nicht – wie vielleicht naheliegend – zwischen den jeweiligen Regionalverbänden der Tarifvertragsparteien zustande, sondern dieselben kamen überein, alle Tarifverträge direkt zwischen den bundesweit tätigen Interessenvertretungen abzuschließen[178].

Die Tarifvertragsparteien nutzten zugleich die ihnen nach dem TVG gegebene Möglichkeit, eigenständig zu vereinbaren, ob und anhand wel-

---

[171] BVerfGE 44, S. 322, 340 ff. = NJW 1977, S. 2255 ff.; dass. NJW 1981, S. 215, 216.

[172] Wegen der Einzelheiten zu der Wirkungsweise von Tarifverträgen wird auf § 3 I und II verwiesen.

[173] *Schaub,* HdbdArbR, § 199 I. 6. a.), Rz. 15 und § 203 I., Rz. 1; Einzelheiten hierzu unter § 3 I 1.) a) aa)(1).

[174] *Schaub,* HdbdArbR, § 199 I. 6. a.), Rz. 15; BAG NZA 1989, S. 561, 562; dass. NZA 1991, S. 21, 22.

[175] *Schaub,* HdbdArbR, § 203 I., Rz. 1.

[176] *Wiedemann-Oetker,* § 3 TVG, Rz. 9; *Schaub,* HdbdArbR, § 206 II 8., Rz. 24.

[177] Tarifvertrag zur Regelung der Löhne ... im Baugewerbe ... mit Ausnahme des Beitrittsgebietes vom 10.04.1996; Tarifvertrag zur Regelung der Löhne ... im Beitrittsgebiet vom 10.04.1996; *Kittner,* S. 264 ff.

[178] Auf Arbeitgeberseite: Zentralverband des Dt. Baugewerbes e.V., Hauptverband der Dt. Bauindustrie e.V.; auf Arbeitnehmerseite: Industriegewerkschaft Bauen-Agrar-Umwelt.

cher Merkmale ein an sich tarifgebundener Arbeitnehmer räumlich in einen Tarifvertrag eingebunden wird, ob er mithin beispielhaft der Region 1 oder 2 oder 3 zugehörig ist. Dabei wurde als grundsätzlicher Anknüpfungspunkt für die Einteilung in die verschiedenen räumlichen Geltungsbereiche paralleler Tarifverträge die **gewöhnliche** Arbeitsstelle des Arbeitnehmers gewählt[179].

Insoweit besteht Einklang mit anderen Branchen Deutschlands, deren Tarifverträge zwar einen räumlichen Geltungsbereich kennen, aber nicht bestimmen, wann ein tarifgebundenes Arbeitsverhältnis dem zugehört. Die Rechtsprechung, die sich mit der Auslegung derartiger Tarifverträge zu beschäftigen hatte, vertrat hierzu die Ansicht, dass derjenige Tarifvertrag räumlich Anwendung findet, der am Erfüllungsort des Arbeitsverhältnisses gilt[180]. Als Erfüllungsort wurde dabei regelmäßig der Betriebssitz des Arbeitgebers angesehen, an dem der Arbeitnehmer eingestellt wurde und überwiegend beschäftigt wird[181]. Wird der Arbeitnehmer vorübergehend auswärtig tätig, bleibt der „Betriebssitz-Tarifvertrag" unabhängig von den Bestimmungen des „Arbeitsort-Tarifvertrag" weiterhin einschlägig[182]. Für solche nationalen Entsendefälle werden daher die Grundsätze des interlokalen Arbeitsrechts angewandt, wie sie sich aus Art. 30 Abs. 2 EGBGB ergeben und bereits angesprochen wurden. Ein gesetzliches oder branchenübergreifend tarifliches, das heißt national allgemeingültiges System, wonach dem Arbeitnehmer immer die ihm günstigsten Arbeitsbedingungen zu gewähren sind, je nach aktuellem Einsatzort, ist daher nicht zu erkennen.

Daneben betraten die Tarifvertragsparteien der Baubranche „Neuland": Sie erweiterten diesen allgemeinen Anknüpfungspunkt für die Einteilung des räumlichen Geltungsbereiches um die Bestimmung, dass auswärts beschäftigte Arbeitnehmer, die jedenfalls Anspruch auf den Mindestlohn ihrer gewöhnlichen Arbeitsstelle haben, den Mindestlohn der auswärtigen Arbeitsstelle erhalten müssen, solange sie dort beschäftigt sind und

---

[179] Zum Beispiel § 3 TV-Mindestlohn vom 02.09.1996; vom 17.07.1997; vom 26.05.1999; *Kittner*, S. 264 ff.

[180] BAG AP Nr. 5 zu § 1 TVG Tarifverträge, Großhandel; LAG Hamm, DB 1971, S. 1822; LAG Frankfurt, BB 1990, S. 1977; *Birk*, FS für Beitzke, S. 831, 852 m.w.N.

[181] BAG AP Nr. 5 zu § 1 TVG Tarifverträge, Großhandel; LAG Hamm, DB 1971, S. 1822; LAG Frankfurt, BB 1990, S. 1977; *Birk*, FS für Beitzke, S. 852.

[182] LAG Hamm, BB 1970, S. 753; *Schaub*, HdbdArbR, § 203 III 1. b), Rz. 23.

der dortige Mindestlohn höher ist[183]. Für alle anderen Vergütungsgruppen und sonstigen Arbeitsbedingungen bestimmt § 5 Ziffer 6 BRTV-BAU[184] gleichfalls, dass auf ein im Geltungsbereich des BRTV-BAU begründetes Arbeitsverhältnis diejenigen Einzeltarifverträge anzuwenden sind, die am jeweils aktuellen Arbeitsort des Arbeitnehmers räumliche Geltung beanspruchen. Damit gilt – infolge der Erklärung der Allgemeinverbindlichkeit sämtlicher Tarifverträge des Baugewerbes – zunächst nur in dieser Branche, dass der Arbeitnehmer immer Anspruch auf die ihm günstigsten Arbeitsbedingungen hat, je nach dem Umstand, auf welcher Baustelle er von seinem Arbeitgeber im Rahmen dessen Direktionsrechts eingesetzt wird. Ob es sich dabei um ein Prinzip handelt, welches infolge seiner Beschränkungen auf den Bausektor als „lex fori" international erstreckt werden kann, ist nun Gegenstand nachstehender Erörterungen.

bb) Anwendung des AEntG auf nationale Entsendetatbestände

Hierzu wird vertreten, der Gesetzgeber baue nicht nur auf einem solchen tariflichen System des Bausektors auf, sondern verallgemeinere dieses sowohl auf nationaler als internationaler Ebene[185]. Das AEntG finde daher – abgeleitet aus § 1 Abs. 1 S. 1 Ziffer 2 und S. 3 AEntG in der bis zum 31.12.1998 gültigen Fassung - originär auch auf nationale Entsendetatbestände Anwendung. Gleiches gelte gemäß § 1 Abs. 1 S. 4 AEntG dieser Fassung für nichtentsendende Arbeitgeber im Verhältnis zu ihren Arbeitnehmern am Einstellungs- und Erfüllungsort.
Zur Begründung wird ausgeführt, aus den Formulierungen des Gesetzes, wonach der Normgeber nicht einfach an ausländisches Statut, sondern an den ausländischen Sitz des Arbeitgebers angeknüpft habe, um anschließend inländische Arbeitgeber gleichzustellen, ergebe sich, dass dadurch auch nationale Entsendefälle eigenständig mitgeregelt würden. Bezug genommen wird dabei auf die Gesetzesbegründung, gemäß derer § 1 Abs. 1 S. 3 und 4 AEntG die Bedeutung besitze, die sich schon aus §§ 1 Abs.1 S.1 und 2 AEntG, 5 Abs. 4 TVG ergebenden Rechtspflichten hervorzuheben und klarzustellen. Zugleich handele es sich um den systematischen Anknüpfungspunkt, die Ordnungswidrigkeitstatbestände

---

[183] § 3 TV-Mindestlohn vom 02.09.1996; vom 17.07.1997; vom 26.05.1999; *Kittner,* S. 264 ff.
[184] Bundesrahmentarifvertrag für die Bauwirtschaft; *Kittner,* S. 264 ff.
[185] *Hanau,* NJW 1996, S. 1369f.; ders., NZA 1998, S. 1249, 1249f.; auch AG Neubrandenburg, wistra 1999, S. 355.

des § 5 AEntG auch auf „deutsche" Vertragsmissachtungen auszudehnen.

Hierzu ist anzumerken, das der Mangel der Bezugnahme auf die Geltung ausländischen Statuts nicht zwangsläufig bedeutet, das AEntG beanspruche auch Regelungsgewalt auf rein innerstaatliche Sachverhalte: In § 1 Abs. 1 S. 3 AEntG n.F.[186], der gegenüber der ursprünglichen Fassung von § 1 Abs. 1 S. 1 Ziffer 2, S. 3 und 4 AEntG keinen eigenen konstitutiven Regelungsbereich haben soll[187], wird nämlich nur **deklaratorisch** festgestellt, dass die Mindestarbeitsbedingungen schon infolge Tarifbindung oder Allgemeinverbindlichkeitserklärung auf deutschem Recht unterliegende Verträge anzuwenden sind[188]. Dies entspräche auch der bereits zuvor gegoltenen Rechtslage, wonach mit dieser Norm – historisch ausgelegt - ebenfalls nur die rechtstechnische Anknüpfung der Bußgeldbewehrung des § 5 AEntG aus Gleichbehandlungsgesichtspunkten verbunden wurde[189].
Hinsichtlich des nationalen Geltungsumfanges tariflicher Normen enthält das AEntG somit nicht zwangsläufig eine eigene Aussage, da es zunächst nur die Bestimmungen des TVG klarstellen kann:
Dass letztlich nur eine deklaratorische Wiedergabe tariflicher Pflichten zur Überwälzung der Bußgeldbewehrung des § 5 AEntG gewollt war, ergibt sich daraus, dass es in Anbetracht der Tradition der Herbeiführung von Allgemeinverbindlichkeitserklärungen hinsichtlich bautariflicher Regelungen schlicht nicht nötig war, nochmals auf privatrechtlicher Ebene den zwingenden Charakter dieser Normen zu unterstreichen. Zudem richtet sich das Gesetz – bereits ausweislich seiner offiziellen Bezeichnung – auf der Ebene des Arbeitsrechts an internationale Sachverhalte und versucht, diese bei Vollzug im Inland auszugestalten[190].
Die Bestimmungen des AEntG, die den inländischen Arbeitgeber dem ausländischen gleichstellen, bewirken nur die Einbindung desselben in das Sanktionssystem.

---

[186] Neue, ab 01.01.1999 gültige Fassung des AEntG gemäß Änderungsgesetz vom 18.12.1998, BGBl. I1998, S. 3850 ff.
[187] BT-Dr. 14/45, S. 59; *Meyer,* NZA 1999, S. 121, 127.
[188] *Hanau,* NZA 1998, S.1249, 1249.
[189] BT-DR. 13/2414, Teil B, Zu den einzelnen Vorschriften, zu § 1; BGH, NJW 2000, S. 1880, 1882; OLG Naumburg, wistra 2000, S. 153; OLG Hamm, wistra 2000, S. 393, 394.
[190] OLG Düsseldorf, NZA 1998, S. 1286; *Böhm,* NZA 1999, S. 128, 129; deshalb billigte das BayObLG, NStZ 2000, S. 148, einem inländischen Unternehmer zu, sich bei der Nichtbeachtung von § 1 AEntG in einem unvermeidbaren Verbotsirrtum befunden zu haben.

Einen eigenen konstitutiven Wirkungskreis können diese Normen bestenfalls dort aufweisen, wo selbst bei einem Arbeitgeber mit Sitz im Inland ausländisches Recht gemäß Art. 30 Abs. 2 EGBGB anzuwenden ist: So bestehen Fallgruppen, in denen zwar ein Arbeitgeber einen inländischen Sitz aufweist, gleichwohl in Entsendefällen gemäß Art. 30 Abs. 2 EGBGB fremdes Vertragsstatut anzuwenden ist: Erfolgt nämlich die Beschäftigung des Arbeitnehmers überwiegend bei einer EU-ausländischen Niederlassung inländischer Arbeitgeber, ist das Arbeitsrecht des Niederlassungsstaates anzuwenden (lex loci laboris), auch wenn eine zeitweilige Entsendung in das Sitzland erfolgt.

Diese Auslegung berücksichtigt, dass hiermit ein Lückenschluss im Gesetz vollzogen wird, der den gesetzgeberischen Intentionen entspricht: Hierdurch werden ausländischem Statut unterfallende Arbeitsverträge in den Anwendungsbereich des AEntG einbezogen, wenn sie zu einem Arbeitgeber mit Sitz im Inland und einstellender Niederlassung im Ausland bestehen und Entsendung erfolgt. Zugleich bedarf es eines weitergehenden konstitutiven Wirkungskreises nicht, da der Gesetzgeber einen solchen der Bestimmung ohnehin nicht beimessen wollte[191] und von einer zwingenden Ausgestaltung deutscher Arbeitsverträge im Baugewerbe durch Tarifbindung oder Allgemeinverbindlichkeit ausging.

Bereits die ursprüngliche und unveränderte ratio legis ergibt mithin einen bloßen internationalen Regelungswillen; für Wortlaut und Systematik gilt daher weiter Folgendes:

Aus den Bestimmungen von § 1 Abs. 1 S. 1 Nr. 2 und S. 3 AEntG resultiert, dass die Verpflichtung gemäß S. 2 nur für Arbeitgeber kraft ausländischem Vertragsstatut und nur dann gilt, wenn und soweit **Tarifverträge** ein verbundenes **Arbeitsort- und Günstigkeitsprinzip** auch bei nationalen Entsendungen **vorschreiben**, § 1 Abs. 1 S. 1 Nr. 2 AEntG. Mithin sollten tarifliche Rechtsnormen für nationale Entsendungen auch auf internationale Sachverhalte im Rahmen der „lex fori" erstreckt werden.

Entgegen der geäußerten Kritik werden folglich nationale Entsendungen nicht mitgeregelt, sondern vielmehr darauf gerichtete tarifliche Bestimmungen vorausgesetzt[192]. Deswegen bestimmen auch die TV-Mindestlöhne in § 3 selbst, dass der Mindestlohn des Einstellungsortes gilt, es sei denn, derjenige der Baustelle ist höher, so dass Letzterer gilt[193].

---

[191] BT-Dr. 14/45, S. 25.

[192] BT-Dr. 13/2414; a.A. *Hanau,* NZA 1998, S.1249f.

[193] Zum Beispiel TV-Mindestlohn vom 02.09.1996.

Durch das AEntG wurde somit nicht ansatzweise versucht, die Freiheit der Tarifvertragsparteien hinsichtlich der Bestimmung des räumlichen Geltungsbereiches eines von ihnen ausgehandelten Tarifvertrages in Ergänzung zum TVG einzuschränken: Diesen blieb es weiter unbenommen, sowohl im Bausektor als auch in anderen Branchen den räumlichen Geltungsbereich und die Einordnung der tarifgebundenen Arbeitsverhältnisse hierin nach eigenen Erfordernissen zu gestalten.
Die Statuierung eines allgemeinen Tarifgrundsatzes des Arbeitsorts- und Günstigkeitsprinzips in allen Branchen - auch in der Baubranche - erfolgte durch den Gesetzgeber nicht selbst, sondern sollte nur in internationalen Fällen weiterverwandt werden, sofern die Tarifvertragsparteien davon zuvor in nationalen Fällen Gebrauch machten.

cc) Konsequenzen für die Anwendung des § 1 AEntG als „lex fori"

Als Zwischenergebnis ist somit festzuhalten, dass das AEntG kein Arbeitsort- und Günstigkeitsprinzip anordnete, so dass es in der Hand der Tarifvertragsparteien verbleibt, die Anknüpfungsmerkmale für ein Arbeitsverhältnis zum räumlichen Geltungsbereich eines Tarifvertrages festzulegen. Die Einführung eines solchen Prinzips geschah indes nur im Bausektor[194].
Dies führt zu der Konsequenz, dass ohne entsprechende Regel des Tarifvertrages - wie überwiegend in vielen Branchen -, der Lohntarif des Ortes gilt, an dem gewöhnlich die Arbeit (im Betrieb) verrichtet wird[195]. Folglich kann ein Arbeitgeber die Lohnhöhe nicht dadurch zu verändern versuchen, dass er seine Arbeitnehmer außerhalb des Betriebssitzes an einer Stelle mit „... einer gewissen betrieblichen Grundlage ..." beschäftigt[196].

Daraus ergibt sich deutlich, dass es - in vergleichbaren Entsendefällen anderer Branchen - national gerade nicht zwingend ist, die an der gerade aktuellen Arbeitsstelle tariflich geltenden Arbeitsbedingungen zu gewähren. Vielmehr verbleibt es außerhalb des Bausektors in Ausnutzung des überlassenen gesetzlichen Spielraums bei der räumlichen Geltung des Betriebssitztarifvertrages.

---

[194] §§ 5 Ziffer 6 BRTV-Bau; 3 Mindestlohn-TV; *Kittner,* S. 264 ff.
[195] *Kempen/Zachert,* § 4 TVG, Rz. 18f.; LAG Hamm BB 1970, S. 753; LAG Niedersachsen BB 1981, S. 848.
[196] LAG Hamm DB 1971, S. 1822f.

Der Gesetzgeber hat auch dergleichen nicht mit § 1 AEntG eingeführt, da selbes nicht gewollt war[197] und das Gesetz nur im Bereich des Bauhaupt- und -nebengewerbes sowie der Schifffahrtsassistenz gilt[198]; andere Branchen bleiben – im Gegensatz zur EG-Richtlinie 96/71/EG, die für alle Branchen gilt[199] - unberührt, § 7 Abs. 2 AEntG. Ein Einfluss auf deutsches Tarifrecht sollte mithin gerade nicht genommen werden. Damit sind aber unverzichtbare Normen deutschen Rechts, die auch im Inland zwingende Geltung für vergleichbare (Arbeits-)Verhältnisse besitzen, nicht zur „lex fori“ erhoben worden.
Eine grundsätzliche Wertentscheidung darüber, ob der Gesetzgeber das Arbeitsort- und Günstigkeitsprinzip als unverzichtbare nationale Wert- und Ordnungsvorstellung erachtet, fehlt weiterhin, da der Gesetzgeber seinen diesbezüglichen Willen an den der Tarifvertragsparteien akzessorisch ankoppelt.
Zugleich soll lediglich eine Wirkungserstreckung von Normen vorgenommen werden, die zwar in der Baubranche Deutschlands unabdingbar Anwendung finden, aber nicht in anderen Branchen. Dabei ist nicht erkennbar, dass es nicht auch in anderen Branchen (Handel, Banken, Versicherungen pp.) vorkommt, dass Arbeitnehmer vorübergehend für den gleichen Arbeitgeber in einem anderen Tarifgebiet mit anderen Tarifbestimmungen tätig sind, ohne dass jedoch nun die Bestimmungen jenes Tarifgebietes Geltung beanspruchten.

Sofern es aber innerhalb der Bundesrepublik Deutschland und bei Geltung deutschen Vertragsstatutes nicht branchenübergreifend aus gesetzgeberischer Sicht erforderlich erscheint, ein kombiniertes Arbeitsort- und Günstigkeitsprinzip vorzuhalten, fehlt es an der Grundlage, um ein solches typisierend durch eine Normanknüpfung an Art. 34 EGBGB zur „lex fori“ zu erheben.
Hier wird auch der nachhaltige Unterschied zu den Normen deutschen Statuts deutlich, die einer Anwendung im Rahmen der „lex fori" zugänglich sind: So ergreifen die Vorschriften des deutschen sozialen Mietrechts sämtliche inländische Mietverhältnisse über Wohnraum, die gewählt ausländischem Statut unterstellt wurden[200], und nicht nur solche in speziellen sozialen Brennpunkten, z. B Großstädten. Gleiches gilt für die Bereiche der arbeitsrechtlichen Mutter- oder Schwerbehindertenschutznormen, die ebenfalls sämtliche Arbeitsverhältnisse kraft Art. 34

[197] Siehe den Abschnitt zuvor.
[198] § 1 Abs. 1 und 2 AEntG.
[199] *Hanau,* NZA 1998, S. 1249.
[200] *Palandt-Heldrich,* Art. 34 EGBGB, Rz. 3 mit Verweis auf BT-Dr. 10/504, S. 84.

EGBGB mitbestimmen[201], ohne dabei auf diejenigen kraft ausländischen Statut beschränkt zu sein, die einzelnen Branchen unterfallen. Auch in den weiteren Fällen, in denen deutsche Normen „lex fori"-Status genießen, sind sie auf alle vergleichbaren Fälle anzuwenden und nicht nur sektoral[202].
Im Gegensatz hierzu wird im Rahmen von § 1 AEntG nur versucht, arbeitsrechtliche Bestimmungen auf internationaler Ebene durchzusetzen, die lediglich im Bausektor und in der Schifffahrtsassistenz gelten und die damit den erforderlichen weiten zwingenden Anwendungsbefehl auf nationale Sachverhalte nicht besitzen. § 1 Abs. 1 und 3 AEntG sind somit keine Normen, die den Voraussetzungen des Art. 34 EGBGB/Art. 7 Abs. 2 EVÜ gerecht werden[203]. Jedoch bleibt in Ermangelung einer Überprüfung der Vereinbarkeit durch den EuGH zum jetzigen Zeitpunkt die Bestimmung gleichwohl anwendbar. Allerdings sind die nationalen Gerichte aufgerufen, Wege der vertragsgerechten, einheitlichen Auslegung zu finden, zum Beispiel durch Nichtanwendung der in Bezug genommenen Tarifverträge.

III. Eine Sonderanknüpfung für deutsches internationales Privatrecht kraft europäischen Sekundärrechts und deren Vereinbarkeit mit dem EG-Vertrag

Vorstehende Ausführungen zeigten auf, dass der Gesetzgeber zur Umsetzung seines Vorhabens, zum Zwecke der Verbreiterung der Kostenbasis arbeitnehmerentsendender Baudienstleister deren arbeitsrechtliche Verpflichtungen deutschem Niveau anzupassen, einen Weg beschritt, mit dem er die international-privatrechtlichen Vorgaben ignorierte. Auch daher gab es für den Dienstleistungsbereich allgemein – wie in der Einleitung beschrieben – auf europäischer Ebene den Erlass von Rechtssetzungsakten, um die Mitgliedstaaten jenseits der Erfordernisse des EVÜ zu ermächtigen, solche Harmonisierungen unterschiedlicher Arbeitsrechtssysteme in Richtung des eigenen Niveaus zu ermöglichen.
Dabei könnte die Öffnungsklausel des Art. 20 EVÜ/Art. 3 Abs. 2 S. 2 EGBGB angewendet worden sein, nach der von den Bestimmungen des

---

[201] BAGE 63, S. 17, 33; *Reithmann/Martiny,* Rz. 741.
[202] Zum Beispiel §§ 130 Abs. 2 GWB; 34c GewO; 12 MaBV sowie die Vorschriften des Außenwirtschafts- und des Devisenbewirtschaftungsrechts.
[203] Eine Veränderung erbrachte auch nicht die Einfügung von § 7 AEntG zum 01.01.1999, da nach dessen Abs. 2 tarifliche Lohn- und Urlaubsbestimmungen nur gemäß § 1 AEntG durchgesetzt werden sollen.

Übereinkommens durch Rechtsakt der Europäischen Union abgewichen werden kann. Gemäß dieser Bestimmung bleiben Rechtsakte der Europäischen Union von den Vertragsregelungen unberührt. Dies könnte der deutsche Gesetzgeber mit Erlass des AEntG – als teilweise Umsetzung der Entsenderichtlinie im Bausektor und in der Schifffahrtsassistenz - genutzt haben.
Nach Ansicht des Europäischen Rates werde es hierdurch im Einklang mit der ständigen Rechtsprechung des EUGH den Mitgliedstaaten nämlich ermöglicht,

> **„ ... gesetzliche Vorschriften auf alle Personen auszudehnen, die in ihrem Staatsgebiet und sei es auch nur vorübergehend, eine selbstständige Erwerbstätigkeit ausüben, unabhängig davon, in welchem Land der Arbeitgeber ansässig sei. ... "**[204]

Ohne hierauf an dieser Stelle detailliert eingehen zu wollen, ist dem vorab entgegenzuhalten, dass dieser vielzitierte Satz des EUGH in allen verwendeten Fällen deutlich erkennbar als „obiter dictum" ausgesprochen wurde, indem – ohne konkreten Zusammenhang zu den sonstigen Urteilsgründen - die Formulierungen verwendet wurden:

> **„Es steht fest, ...", „Schließlich ist ... darauf hinzuweisen, ..."**[205]**.**

Ob dieser Leitsatz des EuGH, der zur Richtlinienbegründung herangezogen wurde, tatsächlich den Richtlinienerlass rechtfertigt, erscheint somit schon aus diesem Gesichtspunkt fraglich; zugleich betrafen die benannten Entscheidungen die Frage, ob das Gastland in Entsendefällen eine Aufenthaltserlaubnis oder die Zahlung von Sozialversicherungsbeiträgen verlangen darf. Die Frage der Gemeinschaftsrechtskonformität der Erstreckung nationaler Mindestlohn- und Urlaubsbestimmungen auf entsandte Arbeitnehmer ist vom EUGH in den Einzelheiten letztlich noch nicht entschieden worden[206].

---

[204] Richtlinie 96/71/EG, dort Erwägungen Ziffer 12 unter Verweis auf: EuGH, (Rush Portuguesa), EuZW 1990, S. 257 ff., Ziffer 18; ders., (Van der Elst), EuZW 1994, S. 600 ff., Ziffer 3.

[205] EuGH, (Rush Portuguesa), EuZW 1990, S. 257 ff., Ziffer 18; ders., (Van der Elst), EuZW 1994, S. 600 ff., Ziffer 23.

[206] *Selmayr*, ZfA 1996, S. 615, 648.

1. Verstoß gegen die EG-Grundfreiheiten

Nach der Rechtsprechung des EUGH besitzen die Grundfreiheiten des EGV, nämlich des Warenverkehrs, der Arbeitnehmerfreizügigkeit, der Niederlassung und Dienstleistung sowie des Kapital- und Zahlungsverkehrs, in die durch die Bestimmungen der Richtlinie 96/71/EG sowie des AEntG unzulässig eingegriffen worden sein könnte, nachstehend beschriebenen Schutzbereich; ein gerechtfertigter Eingriff hierin, auch durch nationale Maßnahmen, bestimmt sich nach den folgenden Anforderungen:

a) Gesetzliche Konzeption der Grundfreiheiten; Abgrenzung zueinander

Das System des EG-Vertrages, welches der Erreichung des Gemeinsamen Marktes unter anderem durch Schaffung eines Binnenmarktes dienen soll[207], ist von zwei Ausprägungen gekennzeichnet: Einerseits sind die Organe der Europäischen Gemeinschaft ermächtigt, zur Errichtung eines Gemeinsamen Marktes und seiner „Teilmenge"[208] Binnenmarkt unter weiteren Voraussetzungen Rechtsakte zur „Vereinheitlichung" der nationalen Rechtssysteme zu erlassen, andererseits sind die Mitgliedstaaten direkt verpflichtet, alle Angehörigen anderer Mitgliedstaaten, die ihrem Rechtssystem unterworfen sind, nicht zu diskriminieren[209] und entsprechend der eigenen Inländer gleich zu behandeln[210]. Hierzu dienen in erster Linie die Grundfreiheiten des EGV, Art. 7a Abs. 2 EGV. Diese schützen die Freiheit des Warenverkehrs, der Arbeitnehmerfreizügigkeit, der Niederlassung, der Dienstleistungen (Personenverkehrsfreiheiten)[211] und des Kapitalverkehrs[212]. Damit sind die fünf Teilbereiche hervorgehoben, die für Ansässige eines Mitgliedstaates einen freien Zugang zum Wirtschaftsmarkt anderer Mitgliedstaaten ermöglichen[213].
Durch die benannten Grundfreiheiten soll sichergestellt sein, dass alle Mitgliedstaaten Produktionsfaktoren und -ergebnisse aus anderen Mitgliedstaaten in ihrem Hoheitsgebiet zum Zwecke des innergemeinschaftlichen Freiverkehrs und Wettbewerbs zulassen und nicht gegenüber ein-

---

207 *Streinz,* EuropaR, §18 II, Rz. 954; *Fasshold,* S. 28.
208 *Streinz,* EuropaR, §18 II, Rz. 954.
209 *Seidel,* Rechtsangleichung, S. 61, 67 unter Verweis auf Art. 7a EGV.
210 *Schweitzer/Hummer,* EuropaR, § 14 D, Rz. 1075.
211 *Streinz,* EuropaR §12 I 2, Rz. 656.
212 *Seidel,* Rechtsangleichung, S. 61.
213 *Groeben/Thiesing/Ehlermann-Müller=Graff,* vor Art. 30 EGV, Rz. 3-8.

heimischen Anbietern durch gesetzliche und sonstige Maßnahmen benachteiligen[214]. Bei einem **Verstoß** nationaler Regelungen gegen diese **Grundfreiheiten** besteht – als Konsequenz des Prinzips der Sicherung der Funktionsfähigkeit der Gemeinschaften - ein **innerstaatliches Anwendungsverbot** für grenzüberschreitende Sachverhalte[215]. Die Grundfreiheiten – als europäisches Primärrecht – binden aber nicht nur die Mitgliedstaaten, sondern auch die Gemeinschaft selbst, insbesondere bei ihrer Rechtssetzung durch Richtlinien[216]. Die Maßstäbe für die Vereinbarkeit nationaler Bestimmungen mit den Grundfreiheiten gelten somit in gleicher Weise gegenüber EG-Richtlinien, so dass gewährleistet ist, dass nationale Maßnahmen, die in Erfüllung der Rechtssetzungspflicht infolge Richtlinienerlass ergehen, sich in identischer Weise an den Vertragsvorgaben messen lassen müssen[217]. Das AEntG als teilweise Umsetzung der Entsenderichtlinie in den Wirtschaftssektoren Bau und Schifffahrtsassistenz ist daher – ebenso wie die Richtlinie selbst – einer Vertragsvereinbarkeitsprüfung in materieller Hinsicht zugänglich.

Die Rechtsprechung des EuGH zu den einzelnen Grundfreiheiten ist umfangreich; dabei lassen sich folgende Leitlinien betreffend Umfang des Schutzbereiches und der Anforderungen an gerechtfertigte Eingriffe erkennen: Die vorgenannten vier Grundfreiheiten – unter Außerachtlassung der Kapitalverkehrsfreiheit - können in zwei Kategorien geteilt werden, nämlich danach,

- ob der Anbieter der Leistung in Ausnutzung der Grundfreiheit Zugang zum anderen Mitgliedstaat nicht beziehungsweise nur vorübergehend oder auf längere Sicht hin sucht[218] sowie
- welchen Garantiegehalt die jeweilige Grundfreiheit aufweist[219].

Während daraus folgend im Ergebnis an die Rechtfertigung von Freiheitseingriffen im Rahmen der Warenverkehrs- und Dienstleistungsfreiheit erhöhte Anforderungen gestellt werden, da hierbei der Anbieter besten-

---

[214] *Groeben/Thiesing/Ehlermann-Troberg,* vor Art. 59 EGV, Rz. 3.
[215] *Schweitzer/Hummer,* EuropaR, § 10 A. II., Rz. 849; *Streinz,* EuropaR § 3 VII 3, Rz. 200 ff.
[216] EuGH, (Kommission./.Deutschland), amtl. Slg. I 1989; S. 1021, 1042f., Ziffer 22; ders., (Kieffer und Thill), amt. Slg. I 1997, S. 3629, 3655, Ziffer 27; *Streinz,* EuropaR, § 12 II 4., Rz. 706.
[217] EuGH, (Kieffer und Thill), amt. Slg. I 1997, S. 3629, 3655, Ziffer 28 ff.
[218] EuGH, (Cassis de Dijon), amtl. Slg I 1979, S.649; *Seidel,* Rechtsangleichung, S. 61, 65.
[219] *Seidel,* Rechtsangleichung, S. 61, 65.

falls vorübergehenden Zugang zum anderen Mitgliedstaat erstrebt, genügen im Rahmen der Arbeitnehmerfreizügigkeit sowie der Niederlassungsfreiheit geringerwertige Zweckverfolgungen[220].

aa) Grundfreiheit des innergemeinschaftlichen Warenverkehrs, Art. 30 ff. EGV

Der Garantiegehalt der Grundfreiheit des innergemeinschaftlichen Warenverkehrs ergibt sich zunächst aus den vertraglichen Bestimmungen der Art. 12ff. EGV, insbesondere Art. 30ff. EGV. Danach ist die Beschränkung des freien Warenverkehrs innerhalb der Mitgliedstaaten durch die Erhebung von Ein- und/oder Ausfuhrzöllen sowie durch mengenmäßige Ein- und/oder Ausfuhrbestimmungen beziehungsweise Maßnahmen gleicher Wirkung verboten. Ausnahmen hiervon sind nur im Rahmen des Art. 36 EGV zur Erreichung von Zielsetzungen betreffend die öffentliche Sicherheit und Ordnung zulässig („ordre-public"-Vorbehalt)[221].

Die Warenverkehrsfreiheit erlangt hiervon ausgehend unter Berücksichtigung der Eigenart des Handels mit Gütern in der Rechtsprechung des EuGH die Ausgestaltung als Diskriminierungs- und allgemeines Beschränkungsverbot:

Der grenzüberschreitende Handel mit Gütern bringt es nicht zwangsläufig mit sich, dass sich die Beteiligten eines Warengeschäfts in den Staat des jeweiligen Vertragspartners begeben, um den Vertrag durchzuführen. Vielfach genügt Versendung. Das Recht des Lieferanten oder Empfängers einer Ware, sich in den Staat zu begeben, in dem nicht er, sondern sein Vertragspartner ansässig ist[222], bildet somit nur einen Nebenaspekt des Garantiegehaltes. Das Hauptaugenmerk ist auf die Anerkennung des Qualitätsstandards und die einhergehende Verkehrsfähigkeit des grenzüberschreitend gehandelten Gutes selbst gerichtet[223]. Das Regelungsanliegen besteht somit darin, für die Gewährleistung und Sicherung binnenmarktgleicher, jedenfalls binnenmarktähnlicher Verhältnisse für den grenzüberschreitenden Handel von Produkten als Folge ei-

---

[220] Mit gleicher Intention: *Groeben/Thiesing/Ehlermann-Troberg,* Art. 59 EGV, Rz. 5.

[221] Sehr eingeschränkt interpretiert und nicht als allgemeine Öffnungsklausel im Sinne eines sekundärrechtlichen Gesetzvorbehalt definiert: EuGH, (Kommission./.Irland), amtl. Slg. 1981, S. 1625, 1638, Ziffer 7f.

[222] Aktive beziehungsweise passive Warenverkehrsfreiheit.

[223] *Fasshold,* S. 123f.

ner gegebenen Allokation von Ressourcen zu sorgen, in dem ein von Hemmnissen freier Austausch von Gütern zugelassen wird[224].
Aus diesem Anliegen hat der EuGH geschlussfolgert, dass grundsätzlich eine Ware, die in einem anderen Mitgliedstaat nach dessen Rechtsvorschriften hergestellt und auf den Markt gebracht worden ist, in der gesamten Gemeinschaft verkehrsfähig zu sein hat. Jede Handelsregelung der Mitgliedstaaten ist „...als Maßnahme gleicher Wirkung wie mengenmäßige Beschränkungen..." gemäß Art. 30 EGV aufzufassen, sofern sie „...geeignet ist, den innergemeinschaftlichen Handel unmittelbar oder mittelbar, tatsächlich oder potentiell zu behindern..." (Dassonville-Formel)[225]. Eine (nationale) Abweichung von dem Grundsatz der Anerkennung des Rechts des Herstellungslandes bedarf besonderer Rechtfertigung durch ein zwingendes Allgemeininteresse (Cassis-Formel)[226], wobei die Maßnahme zur Zweckerreichung geeignet, erforderlich und verhältnismäßig zu sein hat[227].
Nicht als solche, der besonderen Rechtfertigung bedürfende „Maßnahmen gleicher Wirkung" werden aber gesetzliche Bestimmungen der Mitgliedstaaten aufgefasst, die „Verkaufsmodalitäten" regeln, das heißt Normen sind, die nicht das Produkt selbst bestimmen, sondern einen äußeren Handlungsrahmen hinsichtlich der Geschäftsdurchführung vorgeben (Keck-Formel)[228].

Für die im Raume stehende Prüfung der Vereinbarkeit nationaler Mindeststandards des Arbeitsrechts mit den Bestimmungen des europäischen Primärrechts besitzt die Ausgestaltung nur mittelbare Bedeutung, da die grenzüberschreitende (Bau-)Tätigkeit entsendender Arbeitgeber nicht vorrangig in Ausnutzung dieser Freiheit erfolgt. Vielmehr wird ein Handlungsbündel ohne fertiges Produkt unter Einsatz von Arbeitnehmern ins Ausland exportiert. Jedoch wird sich ergeben, dass Parallelen im Schutzbereich von Warenverkehr und Dienstleistung bestehen, so dass es notwendig wird, vergleichende Betrachtungen vorzunehmen[229].

---

[224] *Seidel,* Rechtsangleichung, S. 61, 65.
[225] EuGH, (Staatsanwaltschaft./.Dassonville), amtl. Slg. I 1974, S. 837, 852, Ziffer 5.
[226] EuGH, (Cassis de Dijon), amtl. Slg. I 1979, 649, 662, Ziffer 8; ders., (Vereinigte Familiapress./.Bauer Verlag), amtl. Slg. I 1997, S. 3589, 3713, Ziffer 8.
[227] EuGH, (Cassis de Dijon), amtl. Slg. I 1979, S. 649, Ziffer 8 und 13; *Groeben/Thiesing/ Ehlermann-Müller=Graff,* Art. 30 EGV, Rz. 99 m.w.N.
[228] EuGH, (Keck), amtl. Slg. I 1993, S. 6097, 6131, Ziffer 16,17.
[229] Siehe unten unter dd).

bb) Freizügigkeit der Arbeitnehmer, Art. 48 EGV

Demgegenüber besitzt das Recht der Freizügigkeit des Arbeitnehmers einen anderen Garantiegehalt und ein verschiedenes Regelungsanliegen: Hierbei handelt es sich um einen Teil der Herstellung der Freizügigkeit von Produktionsfaktoren, um die benannte Allokation der wirtschaftlichen Ressourcen begründen zu können[230].
Zu unterscheiden ist an dieser Stelle, ob der Arbeitnehmer nur vorübergehend oder auf Dauer grenzüberschreitende Freizügigkeit in Anspruch nehmen will[231]. Dabei ist sein Arbeitnehmerstatut zu berücksichtigen, das ihm ein soziales und rechtliches Abhängigkeitsverhältnis zu seinem Arbeitgeber begründet. Erfolgt diese Begründung erst in einem Aufnahmestaat, welcher vom bisherigen Aufenthaltsstaat des Arbeitnehmers verschieden ist, so gliedert sich der Arbeitnehmer vollständig in die dortige Rechts- und Gesellschaftsordnung ein. Um ihm diese Einordnung zu ermöglichen beziehungsweise zu erleichtern, ist es erforderlich, dass er – formell und materiell – den dort einheimischen Arbeitnehmern gleichgestellt und diesen gegenüber nicht benachteiligt wird[232]. Dazu dient die Arbeitnehmerfreizügigkeit[233].
Besteht demgegenüber bereits ein begründetes Arbeitsverhältnis, aus dem heraus eine grenzüberschreitende Entsendung des Arbeitnehmers erfolgt, geschieht dies einerseits in Ausübung der Warenverkehrs- und/oder Dienstleistungsfreiheit des Arbeitgebers, der den Arbeitnehmer entsendet[234]; andererseits verlangt der Arbeitnehmer keinen willentlichen Zugang zur Rechts- und Gesellschaftsordnung des Aufnahmestaates, da er nach Ausführung eines vorübergehenden Einzelauftrages in den Entsendestaat zurückkehrt und daher auch im Zwischenzeitraum zu diesem verbunden bleibt[235]. Die vorübergehende Tätigkeit eines Arbeitnehmers in einem anderen Mitgliedstaat ist daher speziell geschützt durch die Warenverkehrs- und/oder Dienstleistungsfreiheit seines Arbeitsgebers, der ihn zur Ausführung eines im Rahmen jener Freiheiten übernommenen

---

[230] *Seidel,* Rechtsangleichung, S. 61, 65.
[231] *Schiek,* Europ. ArbR., S. 129.
[232] Verbot unterschiedlicher Behandlung betreffend Beschäftigung, Entlohnung, sonstige Arbeitsbedingungen; *Streinz,* EuropaR, § 12 IV., Rz. 745.
[233] EuGH, (Kenny), amtl. Slg. I 1978, S. 1489, 1498, Ziffer 18 - 20; ders., (Levin), amtl. Slg. I 1982, S. 1035, 1047, Ziffer 7.
[234] EuGH, (Rush Portuguesa), EuZW 1990, S. 257 ff., Ziffer 11f.
[235] EuGH, (Van der Elst), EuZW 1994, S. 600 ff., Ziffer 21; ders., (Rush Portuguesa), EuZW 1990, S. 257 ff., Ziffer 14.

Geschäfts entsendet[236], jedoch nicht durch seine Arbeitnehmerfreizügigkeit[237].
Die Freizügigkeit des Arbeitnehmers ist daher vertraglich gemäß Art. 48 EGV nur dann gewährleistet, sofern eine Eingliederung des Arbeitsnehmers in das System des Aufnahmestaates erfolgt beziehungsweise erfolgen soll[238]. Dann besteht die selbstbestimmte Freiheit, gleich den im Aufnahmestaat ansässigen Arbeitnehmern zum dortigen Arbeitsmarkt Zugang zu erlangen und sich zu diesem Zweck im Aufnahmestaat anzusiedeln[239]. Die Arbeitnehmerfreizügigkeit gewährleistet deshalb nicht die Freiheit, zu den Bedingungen im Aufnahmestaat dauerhaft zu wirken, die im Heimatland gelten[240].

cc) Freiheit der Niederlassung, Art. 52 EGV

Vergleichbar der Garantiegehalt und der Regelungsbereich der Niederlassungsfreiheit: Diese bestehen nach den Feststellungen des EuGH[241] darin, den Niederlassungsberechtigten im Rahmen der Rechtsordnung des Niederlassungsstaates den dort Ansässigen gleichzustellen. Die Einzelheiten ergeben sich dabei aus Art. 52 Abs. 2 EGV, wonach die Niederlassungsfreiheit die Aufnahme und Ausübung selbstständiger Erwerbstätigkeiten in einem anderen Mitgliedstaat nach den Bestimmungen, die für die eigenen Angehörigen jenes Staates gelten, umfasst[242].
Dabei handelt es sich nicht um einen Unterfall einer weitergehenden, umfassenderen Niederlassungsfreiheit, vergleichbar der Grundfreiheit des Warenverkehrs, gemäß derer jegliche Beschränkung, welche die

---

[236] EuGH, (Van der Elst), EuZW 1994, S. 600 ff., Ziffer 21; ders., (Rush Portuguesa), EuZW 1990, S. 257 ff., Ziffer 15; *Koberski/Sahl/Hold,* §1 AEntG, Rz. 103 ff.; *Franzen,* DZWir 1996, S. 89, 96; *Oetker/ Preis-Feuerborn,* EAS B 2500, Rz. 61, 81.

[237] Siehe Fn. zuvor; a.A.: *Gerken/Löwisch/Rieble,* BB 1995, S. 2370, 2372f.; *Königs,* DB 1997, S. 225, 230; *Dauses-Hailbronner,* D.I, Rz. 23a mit der Einschränkung, dem Herkunftsstaat eine größere Handlungsbefugnis zu belassen.

[238] EuGH, (Kenny), amtl. Slg. I 1978, S. 1489 ff., Ziffer 18 - 20; ders. (Levin), amtl. Slg. I 1982, S. 1035 ff., Ziffer 7.

[239] Ganz allg. Meinung, *Hanau,* NJW 1996, S.1369, 1371; *Koberski/Sahl/Hold,* §1 AEntG, Rz. 103 ff.; *Gerken/Löwisch/Rieble,* BB 1995, S. 2370, 2374; *Oetker/Preis-Feuerborn,* EAS B 2500, Rz. 61.

[240] *Koberski/Sahl/Hold,* §1 AEntG, Rz. 103f.; *Franzen,* DZWir 1996, S. 89, 96.

[241] EuGH, (Costa./.ENEL), amtl. Slg. I, 1964, S. 1251, 1274.

[242] EuGH, (Gebhardt), NJW 1996, Seite 579, Ziffer 35f.

Ausübung des freien Warenverkehrs unattraktiver macht, unzulässig ist, sondern um deren Regelfall[243].

Die nationale Bestimmung von Mindestlöhnen steht nicht im Widerspruch zur Niederlassungsfreiheit. Deren Schutzbereich geht nur soweit, dass eine formelle und materielle Gleichbehandlung aller eine selbstständige Erwerbstätigkeit Ausübenden durch den Aufnahmestaat zu erfolgen hat, ohne Rücksicht auf die Ansässigkeit des sich Niederlassenden. Zugleich bedeutet die Begründung einer Niederlassung EU-ausländischer Staatsangehöriger im Inland aus arbeitsrechtlicher Sicht, dass bereits gemäß Art. 30 Abs. 2 EGBGB deutsches Arbeitsrecht zur Anwendung gelangt: In diesen Fällen wäre eine engere Verbundenheit der an diesen Niederlassungen tätigen (ausländischen) Arbeitnehmern zu anderen Rechtsstatuten nicht mehr erkennbar; vielmehr erfolgte eine Einstellung von Arbeitnehmern am Ort der Niederlassung nach dem dort gültigen (Arbeits-) Rechtssystem. Für den Fall einer abweichenden Rechtswahl der Parteien fände Art. 30 Abs. 1 EGBGB Anwendung, wonach diese Rechtswahl nicht dazu führen darf, dass dem Arbeitnehmer der Schutz entzogen wird, der ihm mangels Rechtswahl gebührt.
Und infolge der Allgemeinverbindlichkeit sämtlicher bedeutender Tarifverträge der Baubranche wäre in diesen Fällen zu verzeichnen, dass alle im Inland niedergelassenen Arbeitgeber dieses Sektors den identischen Verpflichtungen unterlägen, ungeachtet der Problematik[244], ob auch andere Branchen diese Verpflichtungen als Teil eines allgemeinen Wert- und Ordnungssystems beachten müssten.

dd) Freiheit der Dienstleistungen, Art. 59 EGV

Die Bestimmung des Schutzbereiches dieser Grundfreiheit setzt ebenso voraus, den Begriff der Dienstleistungen selbst sowie alsdann den Garantiegehalt der Freiheit zu definieren. Als eine Dienstleistung wird dabei jede gegen Entgelt erbrachte, selbstständige Tätigkeit einer (natürlichen oder juristischen) Person verstanden, in deren Ergebnis Handlungen oder Werke zu Gunsten Dritter, das heißt des Auftraggebers, ausgeführt

[243] *Seidel,* Rechtsangleichung, S. 61, 83; *Dauses-Roth,* E.I, Rz. 69f.; *Junker/ Wichmann,* NZA 1996, S. 505, 507; a.A. *Schweitzer/Hummer,* EuropaR, § 14 D II 2. b), Rz. 1175 unter Verweis auf EuGH, (Vlassopoulou), amtl. Slg. I 1991, S. 2357 ff., 2383, Ziffer 15 ff.
[244] Siehe oben §2 II, 3. a) und b).

oder hergestellt werden und diese nicht dem freien Waren- und Kapitalverkehr unterliegen[245].

(1) Schutzbereich der Dienstleistungsfreiheit

Unter Beachtung vorstehender Tatsachenbeschreibung betreffend den Begriff der Dienstleistung ergibt sich, dass eine Parallelität der Schutzrichtung dieser Freiheit zu der des Warenverkehrs besteht: Beide setzen nicht unabdingbar voraus, dass ein Beteiligter eines mehrseitigen, grenzüberschreitenden Dienstleistungsgeschäftes seinen Sitzstaat verlässt, um die Dienstleistung auszuführen beziehungsweise entgegenzunehmen. Vielfach genügt auch in diesem Bereich, dass die Ausführung der Leistungshandlung im Staat des Leistungserbringers erfolgt und nur ein zumeist geistiges Produkt übersandt wird. Daher ist es – wie bei der Warenverkehrsfreiheit – Kernbereich der Dienstleistungsfreiheit, dass die uneingeschränkte Zirkulation eines solchen Produktes im – durch die Verwirklichung des Binnenmarktes errichteten - Gemeinsamen Markt erfolgen kann, ohne dass zwangsläufig eine (vorübergehende) Einreise der Dienstleister in den Staat des Leistungsempfängers erfolgen müsste[246]. Lässt sich aber wegen der Eigenart der Leistung diese nur erbringen, sofern entweder der Erbringer und/oder der Empfänger – jeweils mit Hilfspersonen[247] - sich in das Land des jeweiligen Vertragspartners begibt, so genießt auch diese vorübergehende Auslandstätigkeit den Schutz der Dienstleistungsfreiheit[248]. Weitet sich aber die Aufenthältlichkeit im Ausland über das Maß des Vorübergehenden hinaus aus, erfolgt die Gründung einer Niederlassung; der Schutzbereich der Dienstleistungsfreiheit weicht dem der Niederlassungsfreiheit[249].
Daraus ergibt sich bereits begrifflich, dass der Dienstleistungserbringer auch bei vorübergehendem Auslandsaufenthalt nicht beabsichtigt, ständigen Zugang zum Rechts- und Gesellschaftssystem des Empfängerstaates zu erlangen[250]. Hauptzielrichtung der Dienstleistungsfreiheit ist daher ebenfalls die Erbringbarkeit der Dienstleistung als solcher zu bin-

---

[245] EuGH, (SPUC), NJW 1993, 776, 777, Ziffer 17.
[246] *Seidel,* Rechtsangleichung, S. 61, 68f.
[247] EuGH, (Rush Portuguesa), EuZW 1990, S. 257 ff., Ziffer 14 ff.
[248] EuGH, (Luisi), NJW 1984, 1288, 1289; ArbG Wiesbaden, Beschluss vom 15.02.2000, Az. 8 Ca 1427/98; *Scheffer,* Marktfreiheiten, S. 95; *Dauses-Roth,* E.I, Rz. 106.
[249] *Seidel,* Rechtsangleichung, S. 61, 82f.; EuGH, (Gebhardt), NJW 1996, S. 579, Ziffer 22.
[250] *Groeben/Thiesing/Ehlermann-Troberg,* Art. 60 EGV, Rz. 9.

nenmarktsgleichen beziehungsweise –ähnlichen Bedingungen im gesamten Raum des Gemeinsamen Marktes. Deshalb erscheint es interessengerecht, die zur Warenverkehrsfreiheit entwickelten Grundsätze und Leitlinien auch zu übertragen auf die Dienstleistungsfreiheit und deren Schutzbereich.

Ausgehend hiervon ist die ständige Rechtsprechung des EuGH zum Umfang und Schutzbereich der Dienstleistungsfreiheit gemäß der Art. 59, 60 EGV – auch auf arbeitsrechtlichem Gebiet - davon gekennzeichnet,

> **„ ... dass Art. 59 nicht nur die Beseitigung jeder Diskriminierung des in einem anderen Mitgliedstaat ansässigen Dienstleistenden aufgrund seiner Staatsangehörigkeit, sondern auch die Aufhebung aller Beschränkungen, selbst wenn sie unterschiedslos für einheimische Dienstleistende wie für Dienstleistende anderer Mitgliedstaaten gelten, verlangt, wenn sie geeignet sind, die Tätigkeit des Dienstleistenden, der in einem anderen Mitgliedstaat ansässig ist und dort regelmäßig ähnliche Dienstleistungen erbringt, zu unterbinden, zu behindern oder weniger attraktiv zu machen "[251].**

Hieraus resultiert, dass der Schutz der Dienstleistungsfreiheit auf mehreren Stufen wirkt:

(2) Arten des Eingriffs in die Dienstleistungsfreiheit; Rechtfertigungsanforderungen

Bezugnehmend auf vorstehendes Zitat kann unterschieden werden zwischen offener und verdeckter Diskriminierung sowie Beeinträchtigungen ohne Diskriminierungsgehalt[252]:

---

[251] Übertragene „Dassonville-Formel“: EuGH, (Säger/ Dennemeyer), NJW 1991, S. 2693, Ziffer 12; ders., (Van der Elst), EuZW 1994, S. 600 ff., Ziffer 14; ders., (Guiot), EuZW 1996, Seite 399, 400, Ziffer 10; ders., (Arblade), NZA 2000, S. 85, 87, Ziffer 33; ders. (Mazzoleni), Urteil vom 15.03.2001, Az. C-165/98, Ziffer 22.

[252] ArbG Wiesbaden, Beschluss vom 15.02.2000, Az. 8 Ca 1427/98.

Unter **offener Diskriminierung** wird eine nach der Staatsangehörigkeit des Betroffenen differenzierende Regelung verstanden, die nur in den Grenzen des „ordre public“-Vorbehaltes der Art. 66, 56 EGV zulässig ist[253]. Unter **verdeckter Diskriminierung** ist zu verstehen, wenn die Regelung zwar an scheinbar neutrale Gesichtspunkte anknüpft, letztlich aber doch zu einer Ungleichbehandlung von In- und Ausländern führt[254].
Eine (verbotene) **Beeinträchtigung ohne Diskriminierungsgehalt** liegt vor, wenn die Regelung zwar nicht differenziert oder ungleichbehandelt im vorgenannten Sinne, gleichwohl geeignet ist, die Ausübung der Dienstleistungsfreiheit weniger attraktiv zu machen[255]. Infolge der Eigenständigkeit der Dienstleistungsfreiheit als ein wesentlicher Grundsatz des Binnenmarktes ergibt sich, dass dabei ein Mitgliedstaat die Erbringung von Dienstleistungen nicht von den Voraussetzungen abhängig machen darf, die für die Errichtung einer Niederlassung einzuhalten sind. Andernfalls wäre der Dienstleistungsfreiheit die Wirksamkeit genommen[256].
Da letztere beiden Fallgruppen verbotener Maßnahmen unter den gleichen Bedingungen gerechtfertigte Einschränkungen erfahren können[257], kann letztlich eine genaue Differenzierung der Maßnahme in der Subsumtion dahinstehen. Dies ergibt auch das vorgenannte, in ständiger Rechtsprechung des EuGH genannte Zitat, welches ebenfalls diesbezüglich nicht differenziert.

Somit ist die Dienstleistungsfreiheit zwar über ein Diskriminierungs- zu einem Beschränkungsverbot ausgedehnt worden; jedoch bestehen Unterschiede zwischen den jeweils als Beschränkungsverboten aufgefassten Freiheiten der Dienstleistungen und des Warenverkehrs:
Während letztere in der freien Handelbarkeit eines körperlichen Gutes ihr Hauptziel verfolgt, besteht dieses bei ersterer meist in der Erbringung einer Handlung selbst. Die Prüfbarkeit des „Produkts“ durch den Abneh-

---

[253] EuGH, (Bond van Adverteerders), NJW 1989, S. 2189, 2191, Ziffer 31 ff.; *Hailbronner,* EuZW 1992, S. 105, 110.
[254] EuGH, (Säger/Dennemeyer), NJW 1991, S. 2693, Ziffer 12; ders., (Kommission./. Frankreich), EuZW 1991, S. 729, 730; ders., (Webb), amtl. Slg. I 1981, S. 3305, 3324, Ziffer 14; *Hailbronner,* EuZW 1992, S. 105, *111.*
[255] EuGH, (Säger/Dennemeyer), NJW 1991, S. 2693, Ziffer 12; ders., (Seco), amtl. Slg I 1982, S. 223, 235, Ziffer 8; ArbG Wiesbaden, Az. 8 Ca 1427/98, Beschluss vom 15.02. 2000; *Hailbronner,* EuZW 1992, S. 105, 110.
[256] EuGH, (Säger/Dennemeyer), NJW 1991, S. 2693, Ziffer 13; ders. (Mazzoleni), Urteil vom 15.03.2001, Az. C-165/98, Ziffer 23.
[257] EuGH, (Webb), amtl. Slg. I 1981, S. 3305 ff., Ziffer 17; ders., (Seco), amtl. Slg. I 1982, S. 223 ff., Ziffer 10; ders., (Säger/Dennemeyer), NJW 1991, S. 2693, Ziffer 15; ders., (Kommission./.Frankreich), EuZW 1991, S. 729 f., S. 730f.; ArbG Wiesbaden, Az. 8 Ca 1427/98., Beschluss vom 15.02.2000.

mer auf Qualität und Herstellungsweise ist deswegen bei Dienstleistungen ungleich schwieriger als bei Waren.
Hieraus werden – jedenfalls im Ansatz – unterschiedliche Konsequenzen gezogen: So wird vertreten[258], die vom Abnehmer ungleich schwieriger zu beurteilende Frage des Standards der Dienstleistung rechtfertige es, anzunehmen, dass nicht jede nationalstaatliche Maßnahme, die den Dienstleistungsaustausch weniger attraktiv macht beziehungsweise behindert, ipso iure die Dienstleistungsfreiheit unzulässig beeinträchtigt, sondern es diese Grundfreiheit nur gebiete, Zugang zu den Märkten aller Mitgliedstaaten nach den Bedingungen für die eigenen Angehörigen zu gewährleisten. Trotz der „Verwandtschaft" von Warenverkehrs- und Dienstleistungsfreiheit wäre letztere wieder von ihrem Schutzgehalt in die Nähe der Arbeitnehmerfreizügigkeit und der Grundfreiheit der Niederlassung gerückt. Um dieses Ergebnis zu vermeiden, wird – als Ausnahme vom Grundsatz – gefordert, mittels einer „wertenden Betrachtung" solche Rechtsnormen auf ihre Vereinbarkeit mit europäischem Recht zu überprüfen. Bestände das Ergebnis eines solchen Vergleiches darin, dass dem einzelnen Staat die Aufhebung seiner beschränkend wirkenden Norm nicht zugemutet werden kann, müsse sie bestehen bleiben dürfen als immanente Schranke der Dienstleistungsfreiheit. Abweichungen hierzu müssten im Wege koordinierender Rechtssetzungen europäischer Organe erfolgen. Als Grenzanforderung für eine gerechtfertigte, nationale und beschränkend wirkende Maßnahme wird dabei angesehen, ob der Maßnahmestaat einen legitimen Zweck verfolgt, auf den er nicht verzichten kann, ob die Maßnahme zur Zweckerreichung geeignet, erforderlich und im engeren Sinne angemessen ist[259].

Ähnlich die Herangehensweise des EuGH hinsichtlich der Ausnahmen zu dem postulierten Beschränkungsverbot: Gemäß dessen Rechtsprechung wird nicht davon ausgegangen, dass der Schutzbereich der Dienstleistungsfreiheit von vornherein nur soweit reiche, als dass nationalstaatliche Maßnahmen diesen begrenzten[260]; vielmehr wird eine Rechtsangleichung zur Warenverkehrsfreiheit bereits auf dieser Ebene vorgenommen und der Schutzbereich dahingehend erweitert, dass jede beschränkend wirkende Maßnahme unzulässig ist[261], es sei denn, sie besitze eine besondere Rechtfertigung. Als Rechtfertigungsgrund wird

---

[258] *Seidel,* Rechtsangleichung, S. 61, 66
[259] Zum Ganzen, *Seidel,* Rechtsangleichung, S. 61, 66f.
[260] EuGH, (Säger/Dennemeyer), NJW 1991, S. 2693, Ziffer 12.
[261] EuGH, (Schindler), amtl. Slg. I 1995, S. 1039, 1093, Ziffer 58; ders., (Guiot), EuZW 1996, S. 399 f., Ziffer 11 m.w.N.

dann – im Einklang mit der Voransicht – die Verfolgung eines „zwingenden Allgemeininteresses“ verstanden[262]. Ebenfalls nicht als solche der besonderen Rechtfertigung bedürfende „Maßnahmen gleicher Wirkung“ werden aber gesetzliche Bestimmungen der Mitgliedstaaten aufgefasst, die „Beschäftigungsmodalitäten“ regeln, das heißt Normen, die nicht die Dienstleistung selbst bestimmen, sondern einen äußeren Handlungsrahmen hinsichtlich der Dienstleistungserbringung vorgeben (auf die Dienstleistungsfreiheit übertragene: Keck-Formel)[263].
Unterschiede bestehen somit nur in der Herangehensweise an die Problemstellung der Vereinbarkeit nationaler Maßnahmen mit europäischem Primärrecht.

Offene Diskriminierungen sind damit ausschließlich gemäß des eng[264] auszulegenden „ordre public“-Vorbehaltes der Art. 66, 56 EGV gerechtfertigt; **nationale Maßnahmen**, die verdeckt diskriminierend beziehungsweise beschränkend wirken, sind nach dem EuGH dann gerechtfertigt, wenn sie **aus zwingenden Gründen des allgemeinen Wohls geboten** sowie **geeignet** sind, die Verwirklichung des mit ihnen verfolgten Zieles zu gewährleisten, und sie nicht über das hinausgehen, was zur Erreichung dieses Zieles **erforderlich** ist[265]. Diese allgemeinen Anforderungen wurden weiter präzisiert, dass Einschränkungen durch nationale Maßnahmen betreffend die Dienstleistungsfreiheit unter vorgenannten Voraussetzungen nur zulässig, da **erforderlich** sind,

> **„ ... als dem Allgemeininteresse nicht bereits durch die Vorschriften Rechnung getragen wird, denen der Dienstleistende in dem Mitgliedstaat unterliegt, in dem er ansässig ist. ...“**[266]

Dabei anerkennt der EuGH, dass zu den zwingenden Gründen des Allgemeininteresses der Schutz der Arbeitnehmer, insbesondere auch der

---

[262] EuGH, (van Binsbergen), amtl. Slg. I 1974, S. 1299, 1309, Ziffer 12.
[263] EuGH, (Bosman), amtl. Slg. I 1995, 4921, 5070 f., Ziffer 76; ders., (Alpine Investment), NJW 1995, 2541, 2542, Ziffer 36 ff.; Streinz, EuropaR, §12 II 2, Rz. 681.
[264] EuGH, (Bond van Adverteerders), NJW 1989, S. 2189 ff., Ziffer 36.
[265] EuGH, (van Binsbergen), amtl. Slg. I 1974, S. 1299 ff., Ziffer 16; ders., (Guiot), EuZW 1996, S. 399 f., Ziffer 11,13; ders., (Mazzoleni), Urteil vom 15.03.2001, Az. C-165/98, Ziffer 26; Becker, NJW 1996, S. 179, 180; *Junker/Wichmann,* NZA 1996, S. 505, 508; *Königs,* DB 1995, S. 1710, 1710; *Däubler,* DB 1995, S. 726, 727.
[266] EuGH, (Guiot), EuZW 1996, S. 399 f., Ziffer 11; ders., (Webb), amtl. Slg. I 1981, S. 3305 ff., Ziffer 17.

soziale Schutz der Arbeitnehmer des Baugewerbes, gehört[267]. Dieses Anerkenntnis findet das Interesse an einem fairen Wettbewerb unter einheimischen und vorübergehend tätigen, EU-ausländischen Dienstleistern nicht ungeteilt: Während der EuGH bereits entschieden hat, dass die Harmonisierung des Wettbewerbs eine Beschränkung der Dienstleistungsfreiheit nicht rechtfertigt[268], indem er nur den Schutz des Arbeitnehmers anerkannte, um seinem Arbeitgeber unter Beschränkung dessen Dienstleistungsfreiheit im Gastland weitergehende Verpflichtungen aufzuerlegen als im Heimatland[269], wird in der Literatur[270] vertreten, dass aus Wettbewerbsgesichtspunkten die Beschränkung der Dienstleistungsfreiheit möglich ist.
Jedenfalls können rein administrative Erwägungen es nicht rechtfertigen, dass ein Mitgliedstaat von den Vorschriften des Gemeinschaftsrecht abweicht, was um so mehr gilt, als dass hierdurch die Ausübung der Grundfreiheiten ausgeschlossen oder eingeschränkt würde[271].

Alsdann fasst der EuGH seine Prüfungsmethode betreffend verdeckte Diskriminierungen und beschränkend wirkender Maßnahmen mit den Worten zusammen, dass

> **„... somit ... erstens zu prüfen (ist), ob die Anforderungen des ... (nationalen) Rechts einschränkende Wirkungen auf den freien Dienstleistungsverkehr haben, und zweitens, ob gegebenenfalls in dem betreffenden Tätigkeitsbereich zwingende Gründe des Allgemeininteresses derartige Beschränkungen des freien Dienstleistungsverkehrs rechtfertigen. Ist dies der Fall, so ist außerdem zu prüfen, ob dem Allge-**

---

[267] EuGH, (Guiot), EuZW 1996, S. 399 f., Ziffer 11; ders., (Arblade), NZA 2000, S. 89 ff., Ziffer 36; ders., (Mazzoleni), Urteil vom 15.03.2001, Az. C-165/98, Ziffer 27; hinzu kommt das Anerkenntnis der Gründe des Verbraucherschutz, der Schutz des geistigen Eigentums, steuerliche Belange, Schutz des nationalen kulturellen Erbes incl. Rundfunkwesen, vergl. *Dauses-Roth,* E. I. Rz. 119; *Kort* JZ 1996, S. 132, 138.

[268] *Dauses-Roth,* E.I, Rz. 119 mit Verweis auf EuGH, (Kommission./. Niederlande), EuZW 1992, S. 56, 57, Ziffer 18; ders., (Antennenvoorzienning Gouda), EuZW 1991, S. 699, 700, Ziffer 14.

[269] EuGH, (Guiot), EuZW 1996, S. 399 f., Ziffer 21.

[270] Schiek, Europ. ArbR., S. 127; *Franzen,* DZWir 1996, S. 89, 94f.; so auch Generalanwalt beim EuGH Albert, in Rechtssache Mazzoleni, Az. C-165/98, Plädoyer vom 29.9.1999, Ziffer 32; a.A.: *Kort,* JZ 1996, S. 132, 138; *Dauses-Roth,* E.I, Rz. 119.

[271] EuGH, (Arblade), NZA 2000, S. 89 ff., Ziffer 37.

meininteresse nicht bereits durch die Vorschriften des Staates, in dem der Dienstleistende ansässig ist, Rechnung getragen wird und ob das gleiche Ergebnis nicht durch weniger einschränkende Vorschriften erreicht werden kann. ... "[272]

Wie die benannten Entscheidungen des EuGH zeigen, hat dieser sich schon mehrfach mit der Art und dem Umfang der Dienstleistungsfreiheit sowie rechtlich zulässigen Eingriffen hierein beschäftigt, und zwar auch insoweit, als die Dienstleistungsfreiheit des Arbeitgebers durch zwingende, gesetzliche Arbeitsvertragsbestimmungen berührt wird. Er hat daher bereits in diesem Teilbereich der Dienstleistungsfreiheit vorgenannte, allgemeine Prüfungsschritte weiter konkretisiert, und zwar wie folgt:

(3) Konkretisierung des Diskriminierungsbegriffs und des Verbots beschränkender Maßnahmen auf arbeitsrechtlichem Gebiet

Somit gebietet **Art. 59 Abs. 1 EGV** auch auf arbeitsrechtlichem Gebiet die **Beseitigung sämtlicher Diskriminierungen** der Leistungserbringung aufgrund der Staatsangehörigkeit des Erbringers oder des Umstandes, dass er in einem anderen Mitgliedstaat als demjenigen ansässig ist, in dem die Dienstleistung erbracht werden soll[273]. Damit verbietet – wie dargelegt - Art. 59 EGV nicht nur jede auf der Staatsangehörigkeit des Leistenden beruhende offene Diskriminierung, sondern auch alle verschleierten Formen von Diskriminierung und Beeinträchtigung, die zwar scheinbar auf neutralen Kriterien beruhen, tatsächlich jedoch zum selben Ergebnis führen und faktisch der Ausübung der Dienstleistungsfreiheit an Attraktivität nehmen[274]. Gleiches gilt hinsichtlich beschränkend wirkender Maßnahmen der Nationalstaaten.

Während eine offene Diskriminierung auch im Bereich des Arbeitsrechts nur zulässig ist, soweit sie vom „ordre public" – Vorbehalt der Art. 66, 56 EGV gedeckt ist, genügen im Rahmen mittelbarer (verdeckter) Diskrimi-

---

[272] EuGH, (Guiot), EuZW 1996, S. 399 f., Ziffer 13; ders., (Arblade), NZA 2000, S. 89 ff., Ziffer 39.

[273] arg. e contr.: EuGH, (Schindler), amtl. Slg. I 1995, S. 1039 ff., Ziffer 48.

[274] EuGH, (Guiot), EuZW 1996, S. 399 f., Ziffer 10; ders, (Säger/Dennemeyer), NJW 1991, S. 2693, Ziffer 12.

nierungen beziehungsweise beschränkend wirkender Maßnahmen erforderliche Allgemeininteressen[275].

Auf arbeitsrechtlichem Gebiet bestehen nunmehr solche mittelbaren Diskriminierungen/beschränkend wirkende Maßnahmen dann, wenn mit ihnen die für vergleichbare, im Inland ansässige Dienstleister/ Arbeitgeber bestehenden Verpflichtungen des Arbeitsrechts ausgedehnt werden auf Arbeitgeber, die in einem anderen Mitgliedstaat ansässig sind und die bereits nach den Vorschriften dieses Mitgliedstaates vergleichbare Regeln zu beachten haben[276]. Schon in der Überlagerung beziehungsweise sogar der Verdrängung von gesetzlichen und tarifvertraglichen Pflichten des Heimatlandes durch vergleichbare Bestimmungen des Aufnahmestaates ist daher eine Einschränkung der Dienstleistungsfreiheit zu erkennen, da der Dienstleister/Arbeitgeber gezwungen ist, statt bekanntem „eigenem" Recht das unbekannte eines fremden Staates anzuwenden[277].

Selbst bei Bestehen eines rechtfertigenden Allgemeininteresses ist eine solche Überlagerung/Verdrängung nur dann zulässig, da gerechtfertigt, wenn der überlagernden Verpflichtung zur Gewährung von Arbeitsbedingungen durch den Arbeitgeber ein Anspruch für den betreffenden Arbeitnehmer auf eine soziale Vergünstigung konkret gegenüber steht[278]. Nur wenn einer arbeitsrechtlichen Leistungspflicht des Dienstleisters eine soziale Vergünstigung des Arbeitnehmers gegenübersteht, kann die Verpflichtung geeignet sein, den legitimen Zweck des sozialen Schutzes des entsandten Arbeitnehmers zu erreichen (Ausschluss „parasozialer" Lasten)[279]. Um insofern nicht offen diskriminierend zu wirken, ist die Verpflichtung so zu gestalten, dass auch die im nationalen Hoheitsgebiet ansässigen, auf dem betreffenden Sektor tätigen Dienstleister vergleichbaren Anforderungen unterliegen[280].

---

[275] EuGH, (Van der Elst), EuZW 1994, S. 600 ff., Ziffer 23 ff.

[276] EuGH, (Seco), amtl. Slg. I 1982, S. 223 ff., Ziffer 9; ders., (Arblade), NZA 2000, S. 89 ff., Ziffer 51; ders., (Guiot), EuZW 1996, S. 399 f., Ziffer 16f; ders., (Mazzoleni), Urteil vom 15.03.2001, Az. C-165/98, Ziffer 24.

[277] Für den Parallelfall der Warenverkehrsfreiheit: EuGH (Brandsma), amtl Slg. I 1996, S. 3159 ff., *Grabitz/Hilf-Matthies/v.Borries*, Art. 30 EGV, Rz. 26; *Grabitz/Hilf-Randolzhofer*, Art. 60 EGV, Rz. 22.

[278] EuGH, (Arblade), NZA 2000, S. 89 ff., Ziffer 52, ders., (Seco), amtl. Slg. I 1982, S. 223 ff., Ziffer 10.

[279] EuGH, (Arblade), NZA 2000, S. 89 ff., Ziffer 54, ders., (Seco), amtl. Slg. I 1982, S. 223 ff., Ziffer 14.

[280] EuGH, (Arblade), NZA 2000, S. 89 ff., Ziffer 54.

Mit anderen Worten ist eine nationale Maßnahme nur dann nicht unzulässig, sofern sichergestellt ist, dass alle im Maßnahmestaat tätigen Dienstleister der identischen Verpflichtung unterliegen und sich aus derselben ein konkreter Vorteil für den beschäftigten Arbeitnehmer gegenüber dem Heimatland ergibt.
Dieser Vorteil für den Arbeitnehmer besteht jedoch dort nicht, wo entweder ihm der Vorteil bereits nach dem Recht des Herkunftsstaates gewährleistet wird oder aber aus sonstigen Umständen sich ergibt, dass auch trotz der Verpflichtungen im Maßnahmestaat sich ein Vorteil nicht einstellen kann.
Daher kann es auch eine unzulässige Diskriminierung (Beschränkung) darstellen, wenn Maßnahmen bestehen, die, obwohl sie unterschiedslos für einheimische Dienstleistende wie für solche anderer Mitgliedstaaten gelten, auf diese Weise geeignet sind, die Tätigkeit eines in einem anderen Mitgliedstaat ansässigen Dienstleistenden zu unterbinden oder zu behindern[281].

(4) Feststellung des rechtfertigenden Allgemeininteresses

Die Feststellung des zwingenden Allgemeininteresses beginnt bei der Berücksichtigung der gesetzgeberischen Intention, die zur Einführung der beschränkend wirkenden Maßnahme führte:
Der Gesetzesbegründung zum AEntG[282] ist zu entnehmen, dass der Gesetzgeber ein rechtfertigendes Allgemeininteresse in dreifacher Hinsicht verfolgen will: Zunächst wird das Ziel verfolgt,

- den sozialen Schutz entsandter Arbeitnehmer innerhalb des Geltungsbereiches des Gesetzes zu gewährleisten sowie
- faire Wettbewerbsbedingungen unter Dienstleistern/Arbeitgebern im Inland zu schaffen,

indem die Kostenbasis entsendender Arbeitgeber dadurch vergrößert wird, dass sie denselben Lohnzahlungs- und Urlaubsgewährungsansprüchen unterliegen wie inländische Arbeitgeber, für die deutsches Arbeitsvertragsrecht Anwendung findet.
Diese Zielsetzungen wurden – wie bereits vorstehende Ausführungen zeigten – vom EuGH nicht uneingeschränkt positiv als rechtfertigende

[281] EuGH, (Van der Elst), EuZW 1994, S. 600 ff., Ziffer 14.
[282] BT-Drucksache 13/2414, Begründung, A.Allgemeiner Teil, I. Ziele des Gesetzentwurfes.

Allgemeininteressen betreffend die Einschränkung der Dienstleistungsfreiheit anerkannt[283]. Dem ist im Grundsatz zuzustimmen:

(a) „Fairer“ Wettbewerb als Allgemeininteresse

Der Wettbewerb zwischen den Mitgliedstaaten und ihren jeweiligen Produktionsfaktoren ist das zentrale Element des Binnenmarktes der EG. Ihn aus nationalen Gesichtspunkten heraus dahingehend zu bestimmen, dass durch unterschiedliche Kostenfaktoren in den einzelnen Staaten im Ergebnis das bisherige Gleichgewicht in einem (Verbraucher-)Staat beeinträchtigt wird, hieße, die Bestimmungen der Dienstleistungsfreiheit der Disposition der Mitgliedstaaten preiszugeben[284]. Dies gilt nicht nur, wenn die Produktionsfaktoren am heimatlichen Standort zum Einsatz kommen, wo gegebenenfalls niedrige Lohnkosten mit niedriger Effizienz und Infrastruktur kombiniert sind – beziehungsweise umgekehrt -, sondern auch im Rahmen grenzüberschreitender Leistungserbringung.
Einerseits handelt es sich nicht um eine unzulässige, sondern gerade gewollte Ausübung des Binnenmarktes[285]. Es ist der Begrifflichkeit des damit gewollten Wettbewerbs geradezu eigen, dass jedes Unternehmen mit den Vorteilen, die das Heimatland bietet, versucht, gewinnbringend tätig zu sein[286]. Als Aufgabe des Binnenmarktes ist es anzusehen, in besonderem Maße innerhalb der EG dafür Sorge zu tragen, dass zwischen den Ländern eine stärkere internationale Arbeitsteilung in Richtung ressourcensparender und kostengünstiger Produktion erfolgt[287].
Andererseits stellt sich die Frage, ob durch die Entsendung überhaupt eine Wettbewerbsverzerrung vorliegen kann, da mit dem niedrigeren Lohnstandard in einigen EU-Mitgliedstaaten zwangsläufig geringere Effizienz und schlechteres „Know how“ verbunden ist. Diese Bedingungen resultieren vorrangig aus der Ausbildung der eingesetzten Arbeitnehmer, die sich aber nicht infolge ihrer Entsendung in Hochlohnländer ändert. Dem niedrigeren Lohn steht insoweit ein größerer und länger andauernder Einsatz von Arbeitnehmern gegenüber, der Kostenunterschiede teilweise wieder nivelliert.

---

[283] EuGH, (Guiot), EuZW 1996, S. 399 f., Ziffer 21; *Kort,* JZ 1996, S. 132, 138; *Dauses-Roth,* E.I, Rz. 119.
[284] *Königs,* DB 1995, S. 1710, 1711.
[285] So auch *Gerken/Löwisch/Rieble,* BB 1995, S. 2370; *Glismann/Horn/Nehring/ Vaubel,* Weltwirtschaftslehre, BD. I, Außenhandels- und Währungspolitik, S. 78 ff.
[286] ArbG Wiesbaden, Az. 8 Ca 1427/98., Beschluss vom 15.02.2000 unter Verweis auf Art. 3a Abs. 1, 102a EGV; *Königs,* DB 1995, S. 1710, 1711.
[287] *Cechini,* Europa ´92. Der Vorteil des Binnenmarktes, 1988.

Zudem bedeutete die Annahme derartiger Kriterien, dass es im Umkehrschluss ebenso ein „Produktivitäts- oder Know-how-Dumping“ von Firmen aus Hochlohnländern darstellen müsste, wenn diese sich in typischen Entsendeländern um technisch schwierig auszuführende Aufträge bemühen, hinsichtlich derer die dort einheimischen Anbieter wegen Effizienz- und Wissensmangel – und trotz geringerer Kosten – praktisch chancenlos blieben.
Unfairer Wettbewerb liegt daher nur vor, wenn das ausländische Unternehmen seine Leistung unterhalb des in seinem Heimatland geltenden Niveaus anbietet, nicht aber wenn es die sich aus diesem Niveau ergebenden Vorteile auf dem Weltmarkt nutzt[288]. Entsprechendes gilt für den Gemeinsamen Markt, da – wie die Art. 117 ff. EGV und das Abkommen über die Sozialpolitik zeigen – die Vereinheitlichung der Rechtsvorschriften der Mitgliedstaaten betreffend Lohn und Urlaub nicht beabsichtigtes Ziel der Gemeinschaft ist[289].
Der Wettbewerb und seine Harmonisierung in seiner hier verwendeten Ausprägung kann damit schwerlich einen Rechtfertigungsgrund bilden[290],[291].

(b) Arbeitnehmerschutz als Allgemeininteresse

Wie bereits dargelegt[292], anerkannte der EuGH den Arbeitnehmerschutz, insbesondere von Arbeitnehmern des Baugewerbes, als rechtfertigend wirkendes Allgemeininteresse für verdeckte Diskriminierungen beziehungsweise beschränkend wirkende Maßnahmen an[293].

---

[288] Art. VI Abs. 1 GATT, *Selmayr,* ZfA 1996, S. 615, 643; *Groeben/Thiesing/ Ehlermann-Wernig,* Art. 91 EGV, Rz. 3.
[289] *Königs,* DB 1995, S. 1710, 1711.
[290] *Dauses-Roth,* E.I, Rz. 119 mit Verweis auf EuGH, (Kommission./.Niederlande), EuZW 1992, S. 56, 57, Ziffer 18; ders., (Antennenvoorzienning Gouda), EuZW 1991, S. 699, 700, Ziffer 14.
[291] A.A. Generalanwalt beim EUGH Albert, in Rechtssache Mazzoleni, Az. C-165/98, Plädoyer vom 29.9.1999, Ziffer 32; demgegenüber hat der EuGH in seinem Urteil in gleicher Rechtssache vom 15.03.2001 den fairen Wettbewerb nicht als rechtfertigendes Allgemeininteresse geprüft, obwohl das herangezogene Allgemeininteresse des Arbeitnehmerschutzes nicht lückenlos zur Rechtfertigung des Eingriffs in die Dienstleistungsfreiheit genügte → EuGH, (Mazzoleni), Urteil vom 15.03.2001, Az. C-165/98, Ziffer 41.
[292] Siehe oben, Abschnitt „Schutzbereich der Dienstleistungsfreiheit“.
[293] EuGH, (Guiot), EuZW 1996, S. 399 f., Ziffer 11; ders., (Arblade), NZA 2000, S. 89 ff., Ziffer 36.

(c) Verhinderung der Arbeitsmarktspaltung als Allgemeininteresse

Darüber hinaus könne – so die Gesetzesbegründung zum AEntG - durch diese Regelung eine Spaltung des Arbeitsmarktes verhindert werden, die bereits dazu geführt habe, dass unter Verwendung ausländischer Arbeitgeber nebst ihrer entsandten Arbeitnehmer deutsche Arbeitnehmer in die Arbeitslosigkeit entlassen werden[294]. Diese Ziele könnten sich nur dadurch verwirklichen lassen, dass ein „harter Kern" grundlegender Arbeitnehmerschutzbestimmungen im Gastland einzuhalten sei[295].

Hierzu hat der EuGH bereits wie folgt geurteilt:

> **„ ... Die Arbeitnehmer, die in einem in einem Mitgliedstaat ansässigen Unternehmen beschäftigt sind und vorübergehend zur Erbringung einer Dienstleistung in einen anderen Mitgliedstaat entsandt werden, verlangen keinen Zutritt zum Arbeitsmarkt dieses zweiten Staates, da sie nach Erfüllung ihrer Aufgabe in ihr Herkunfts- und Wohnland zurückkehren. ..."**[296]

Wenn nun aber entsandte Arbeitnehmer aufgrund des vorübergehenden Charakters ihrer Tätigkeit im Gastland zum dortigen Arbeitsmarkt weder Zutritt verlangen noch erlangen, kann eine Spaltung des dortigen Arbeitsmarktes, wie vom Gesetzgeber behauptet, nicht eintreten. Der zu bekämpfen versuchte Umstand der erhöhten Arbeitslosenrate unter Arbeitnehmern der Baubranche beruht also nicht darauf, dass ausländische Arbeitnehmer – zu Bedingungen ihres Heimatlandes – Zugang zum deutschen Arbeitsmarkt zu erlangen versuchen, indem sie um Einstellung bei in Deutschland ansässigen Unternehmen nachsuchen, sondern dass solche Arbeitnehmer im Zuge der vorübergehenden Tätigkeit ihrer ausländischen Arbeitgeber hier zum Einsatz gelangen. Primäre Konsequenz ist insoweit „nur", dass deutsche Dienstleister preislich unterboten

---

[294] BT-Drucksache 13/2414, Begründung, Teil B. Zu den einzelnen Vorschriften.
[295] BT-Drucksache 13/2414, Begründung, Teil B. Zu den einzelnen Vorschriften.
[296] EuGH, (Rush Portuguesa), EuZW 1990, S. 257 ff., Ziffer 15; ders., (Van der Elst), EuZW 1994, S. 600 ff., Ziffer 21; dem folgend, da der freie Wille des Arbeitnehmers zur Arbeitsaufnahme im Gastland fehle, *Koberski/Sahl/Hold,* § 1 AEntG, Rz. 103 ff.; *Franzen,* DZWir 1996, S. 89, 96; *Oetker/Preis-Feuerborn,* EAS B 2500, Rz. 61, 81.

werden können, für ihre Angebote keine Nachfrage mehr besteht und daher ihrerseits ein Arbeitsplatzabbau erfolgt. Deshalb handelt es sich bei der „Arbeitsmarktspaltung" nur um eine Sekundärfolge.
Sofern ein Arbeitsplatzabbau unter deutschem Vertragsrecht unterliegenden Arbeitnehmern erfolgte, beruht dies nicht auf einer „Spaltung" des Arbeitsmarktes, sondern bestenfalls einer Spaltung des Wettbewerbsmarktes betreffend die Erteilung von Bauaufträgen innerhalb der einzelnen (deutschen und ausländischen) Anbieter.

Bei der (scheinbaren) Begründung mit der Spaltung des Arbeitsmarktes handelt es sich somit um nichts anderes als das zusätzlich benannte Allgemeininteresse betreffend die Harmonisierung des Wettbewerbs. Der Zweck der mit § 1 AEntG verbundenen Maßnahmen beschränkt sich daher auf die Allgemeininteressen des Arbeitnehmerschutzes sowie der nicht anerkennenswerten Wettbewerbsharmonisierung unter den Unternehmen. Dies hat die EG - Rechtssetzung ausweislich der Erwägungen zur Richtlinie 96/71/EG vom 16.12.1996, dort Ziffer 13, erkannt.

(5) Geeignetheit und Erforderlichkeit nationaler Regelungen zur Erreichung des allgemeinen Interesses

Die nationale Regelung muss darüber hinaus zur Erreichung des vorgenannten Allgemeininteresses **geeignet und erforderlich** sein. An der notwendigen Geeignetheit fehlt es, sofern das Mittel das zwingende Allgemeininteresse nicht umzusetzen vermag; an der Erforderlichkeit mangelt es, wenn weniger einschränkende Maßnahmen zur Erreichung des angestrebten Ziels zur Verfügung stehen (mildere Mittel)[297]. Insofern kommt es zu Überschneidungen mit dem Begriff der Diskriminierung, zur Bestimmung dessen schon teilweise diese Fragen aufgeworfen wurden.

Zur **Geeignetheit** der Überwälzung deutscher Arbeitsvertragsbestimmung betreffend Lohnhöhe und Urlaub ist festzuhalten, dass diese sicherlich in der Lage ist, der nicht anerkennenswerten Wettbewerbsharmonisierung zu dienen. Fraglich erscheint dies indes betreffend den Arbeitnehmerschutz: Durch die Verdrängung fremden Vertragsstatuts, welches gegebenenfalls niedrigere Standards enthält als gleichgerichtete deutsche Bestimmungen, ergibt sich, dass einerseits zwar die Kostenbasis des zur Gewährung herangezogenen Dienstleisters verbreitert wird; andererseits erwirbt der Arbeitnehmer ein Mehr an

[297] EuGH, (Arblade), NZA 2000, S. 89 ff., Ziffer 39.

Schutz und Rechten nur, sofern tatsächlich zur Verpflichtung ein Anspruch des Arbeitnehmers korrespondiert[298].

Hinsichtlich der **Erforderlichkeit** eines Eingriffs in die Grundfreiheit der Dienstleistung zur Erreichung eines anerkannten zwingenden Allgemeininteresses wurde bereits hervorgehoben, dass diese nur besteht, wenn alle im Maßnahmestaat ansässigen Dienstleister/ Arbeitgeber der identischen Pflicht unterliegen und sich der zur Verpflichtung des Arbeitgebers korrespondierende Vorteil des Arbeitnehmers tatsächlich in einem „Mehr" an Schutz gegenüber seiner Rechtsstellung im Sinne des Statuts seines Heimatstaates niederschlägt[299].

Daher geht der EuGH innerhalb der Prüfung, ob das mildeste Mittel zur Zweckerreichung verwandt wurde, – ebenfalls bereits kurz angesprochen - der Frage nach, ob nicht schon durch Regelungen des Heimatstaates die Erreichung des zwingenden Allgemeininteresses verwirklicht ist[300]. Dabei räumt der EuGH ein, dass das Allgemeininteresse am sozialen Schutz der Arbeitnehmer des Bausektors wegen der besonderen Bedingungen dieser Branche ein zwingender Grund sein kann, der eine Beschränkung des freien Dienstleistungsverkehrs rechtfertigt[301]. Jedoch könne dies nicht der Fall sein, wenn die betreffenden Arbeitnehmer bereits im Heimatstaat

> **„ ... den gleichen oder einen im wesentlichen vergleichbaren Schutz genießen... "[302],**

oder

> **„ ... dem Allgemeininteresse ... bereits durch die Rechtsvorschriften Rechnung getragen ist, denen der Leistungserbringer in dem Staat unterliegt, in dem er ansässig ist. ... "[303]**

---

[298] Wegen der Details wird auf die Subsumtion der Mindestlohn- und Urlaubsrechtsbestimmungen im Anschluss verwiesen.
[299] siehe oben, § 2 II 1. a) dd) (2).
[300] EuGH, (Guiot), EuZW 1996, S. 399 f., Ziffer 16, 17; ders., (Arblade), NZA 2000, S. 89 ff., Ziffer 34, 39; ders., (Webb), amtl. Slg. I 1981, S. 3305 ff., Ziffer 17; ders., (Mazzoleni), Urteil vom 15.03.2001, Az. C-165/98, Ziffer 30 ff.
[301] EuGH, (Arblade), NZA 2000, S. 89 ff., Ziffer 36.
[302] EuGH, (Guiot), EuZW 1996, S. 399 f., Ziffer 17.
[303] EuGH, (Webb), amtl. Slg. I 1981, S. 3305 ff., Ziffer 17.

Hierunter wird seitens des EuGH verstanden, dass die Erforderlichkeit einer nationalen Maßnahme, die durch zusätzliche Aufwendungen zu Gunsten der Arbeitnehmer die Kostenbasis der beschäftigenden Arbeitgeber vergrößert, nicht besteht, wenn der Arbeitnehmer dieses Vorteils nicht bedarf, um hinreichend geschützt zu sein.
In diesem Zusammenhang hat der EuGH bereits anerkannt, dass **grundsätzlich** jedes Arbeitsrechtssystem eines EU-Mitgliedstaates geeignet ist,

> **„ ... eine ernstliche Gefahr der Ausbeutung von Arbeitnehmern und der Verfälschung des Wettbewerbs zwischen den Unternehmen auszuschalten.** “[304]

Gemeint ist damit, dass neben den Kriterien, dass die Verpflichtung für alle Dienstleister im Maßnahmestaat zu gelten und dem Arbeitnehmer einen zusätzlichen Vorteil zu beschaffen hat, hinzutreten muss die Prüfung, ob dieser (entsandte) Arbeitnehmer überhaupt dieses Vorteils bedarf. Wenn bereits nach allgemeingültiger Auffassung – auch des Maßnahmestaates, weil dieser seinen staatsangehörigen Arbeitnehmern auch üblicherweise keinen weitergehenden Schutz gewährt – der Schutz des Arbeitnehmers sowieso durch Maßnahmen des Herkunftslandes gesichert ist, kann die Maßnahme ebenfalls nicht erforderlich sein. Betrachtung verdient hierbei nicht nur die Bruttolohnhöhe, vielmehr hat eine Gesamtbetrachtung unter Einschluss des anzuwendenden Sozialversicherungs- und Lohnsteuerrechts zu erfolgen. Daher ist dem Arbeitnehmerschutz schon dann gedient, wenn dem im Herkunftsland gezahlten Bruttolohn niedrigere Sozial- und Steuerlasten gegenüberstehen, so dass der Nettoverdienst sich den gewöhnlichen Bedingungen im Maßnahmestaat annähert[305]

In diesem Zusammenhang ist der vielzitierte Satz des EuGH,

> **„ ... dass das Gemeinschaftsrecht nach ständiger Rechtsprechung des Gerichtshofs den Mitgliedstaaten (es) - grundsätzlich[306] - nicht verwehrt, ihre Rechtsvorschriften oder die Tarifverträge der Sozial-**

---

[304] EuGH, (Van der Elst), EuZW 1994, S. 600 ff., Ziffer 25.
[305] EuGH, (Mazzoleni), Urteil vom 15.03.2001, Az. C-165/98, Ziffer 35 ff., anders noch Generalanwalt Albert in der identischen Rechtssache, Plädoyer vom 29.9.1999, Ziffer 49 - 52; zu den rechtstatsächlichen Verhältnissen im Vergleich Deutschland - Portugal siehe im Anschluss unter § 2 II 1.) c) und § 3 I 3.) .
[306] EuGH, (Arblade), NZA 2000, S. 89 ff., Ziffer 42.

> **partner über die Mindestlöhne, unabhängig davon, in welchem Land der Arbeitgeber ansässig ist, auf alle Personen auszudehnen, die in ihrem Hoheitsgebiet, und sei es auch nur vorübergehend, eine unselbstständige Erwerbstätigkeit ausüben; ... "**[307]

zu verstehen:
Der EuGH „fängt" diese weitgehende Äußerung mit der weiteren Ausführung „ein", dass prinzipiell jedes Arbeitsrechtssystem eines EU-Mitgliedstaates geeignet ist, den mit der Einführung von Mindestlöhnen im Gastland verbundenen Zweck zu gewährleisten[308]. Dies folgt aus der Erkenntnis, dass es nach der Konzeption des EGV keine Einteilung der Vertragsstaaten in solche 1. beziehungsweise 2. Klasse gibt.

Den Mitgliedstaaten, die dennoch Mindestlohn- und Urlaubsvorschriften zur „lex fori" im Sinne von Art. 34 EGBGB/7 Abs. 2 EVÜ erheben wollen, ist daher die Aufgabe auferlegt, zu prüfen, ob sie tatsächlich von der ihnen eingeräumten Möglichkeit der internationalen Geltung von Mindestlöhnen Gebrauch machen können oder aber bereits die Regelungen des Herkunftslandes die damit verbundenen Ziele (Arbeitnehmerschutz, Wettbewerbsharmonisierung unter Unternehmern) erreichen.
Zugleich werden auch die solche (gesetzliche und/oder tarifvertragliche) Maßnahmen berücksichtigenden Rechtsanwender, insbesondere nationale Gerichte, in die Pflicht genommen,

> **„ ... im Lichte dieser Erwägungen zu prüfen, welches die einschlägigen Bestimmungen ... (des) nationalen Rechts sind, die auf einen Arbeitgeber eines anderen Mitgliedstaates angewandt werden können ..."**[309]**.**

Untermauerung findet diese Ausführung in der Tatsache, dass bereits zurückliegend auf europäischer Ebene vielfache Rechtssetzung durch Verordnungen und Richtlinien[310] erfolgte, um einen annähernd vergleichbaren Standard aller Arbeitnehmer innerhalb der Gemeinschaft zu erreichen. Dabei geschah insbesondere der Richtlinienerlass nicht nur, um

---

[307] EuGH, (Van der Elst), EuZW 1994, S. 600 ff., Ziffer 23; ders. (Rush Portuguesa), EuZW 1990, S. 257 ff., Ziffer 18; ders. (Guiot), EuZW 1996, S. 399 f., Ziffer 12; ders., (Arblade), NZA 2000, S. 89 ff., Ziffer 41.
[308] EuGH, (Van der Elst), EuZW 1994, S. 600 ff., Ziffer 25.
[309] EuGH, (Arblade), NZA 2000, S. 89 ff., Ziffer 44; ähnlich ders., (Mazzoleni), Urteil vom 15.03.2001, Az. C-165/98, Ziffer 37 - 39.
[310] Übersicht bei *Pougin,* Deutsche Kritik, S. 38 ff.

die Ausübung der nach Art. 48 EGV den Arbeitnehmern garantierten Freizügigkeit tatsächlich zu realisieren[311], sondern bestand auch darin, ein vergleichbares Mindestniveau an Arbeits-(schutz-)bedingungen in allen Mitgliedstaaten zu erlangen[312] beziehungsweise – im Interesse des Funktionierens des Gemeinsamen Marktes – durch Vereinheitlichung des Arbeitsrechtes den innergemeinschaftlichen Wettbewerb zu harmonisieren[313].
Damit sind bereits wesentliche Teilgebiete des Rechts, die Einfluss auf Arbeitverhältnisse nehmen[314], innerhalb der Staaten des Gemeinsamen Marktes angeglichen mit der Folge, dass namhafte Unterschiede in der Ausgestaltung der Arbeitsverhältnisse nicht mehr bestehen. Im Rahmen der Entsendung kommt hinzu, dass auch nach den Bestimmungen des EVÜ gerade die Erfüllungsmodalitäten des Rechtsstatuts anzuwenden sind, in dessen Einzugsbereich die Erfüllung vertraglicher Pflichten erfolgt, Art. 32 Abs. 2 EGBGB.

Daraus ergibt sich, dass eine aus europarechtlicher Sicht zu beurteilende Erforderlichkeit der weiteren Erstreckung von Mindestarbeitsbedingungen infolge der bereits vorangetriebenen Vereinheitlichung der Arbeitsrechtssysteme der Mitgliedstaaten nicht besteht. Insoweit handelt es sich nur um einen Teilbereich eines Arbeitsverhältnisses, welcher – selbst bei größeren Differenzen zwischen den Systemen der Mitgliedstaaten insoweit – nicht nivelliert werden kann mit der Begründung, die Arbeitsrechtssysteme der Mitgliedstaaten seien insgesamt zu unterschiedlich.

Eine **Ausnahme** gilt nach der ständigen Rechtsprechung des EuGH nur dann, wenn die Bestimmungen des in Entsendefällen beständig bleibenden Arbeitsvertragsstatuts des Heimatlandes, Art. 30 Abs. 2 Ziffer 1 EGBGB, gegen die dem „ordre public" zuzurechnenden innerstaatlichen Vorschriften des Gastlandes verstoßen und daher die dortigen, den vergleichbaren Teilbereich des Arbeitsvertrages berührenden Vorschriften

---

[311] Gestützt auf Art. 49 EGV: Richtlinie 1612/68 EWG.

[312] In Ausführung von Art. 118a Abs. 2 EGV: Rahmen – und Einzelrichtlinien zur Verbesserung der Sicherheit und des Gesundheitsschutzes der Arbeitnehmer, vergl. *Pougin,* Deutsche Kritik, S. 38 ff.

[313] Gestützt auf Art. 100 EGV: Gleichberechtigungs-Richtlinien Nr. 75/117/ EWG, Nr. 86/378/EWG, Nr. 86/613/EWG sowie soziale und technische Arbeitsschutzrichtlinien; Übersicht bei *Pougin,* Deutsche Kritik, S. 41 ff.

[314] Zum Beispiel Mutterschutz, Schutz vor Massenentlassungen und bei Betriebsübergang, Gleichstellung zwischen Mann und Frau, (technischer) Arbeitsschutz und –hygiene pp.

anzuwenden sind[315]. Damit wird im Ergebnis – zumindest im Teilbereich „Arbeitsrecht" der Dienstleistungsfreiheit – eine Angleichung mittelbarer Diskriminierungen/beschränkend wirkender Maßnahmen an offene Diskriminierungen erreicht: Sofern nur diejenigen erforderlichen Allgemeininteressen zugelassen werden, die dem „ordre public" des Maßnahmestaates zuzurechnen sind, ist eine Differenz zur Rechtfertigung gemäß Art. 66, 56 EGV nicht mehr zu erkennen. Diese Identität ist vom EuGH gewollt und nicht nur als terminologische Ungenauigkeit zu bewerten:
Beim Arbeitsrecht handelt es sich – wie bereits gezeigt - um eine Rechtsmaterie, die – trotz aller verbliebenen Unterschiede in den Mitgliedstaaten – weitestgehend von Harmonisierungsmaßnahmen des Gemeinschaftsgesetzgebers im Sachnormenbereich durchzogen ist[316]. In mannigfacher Weise wurde mithin schon gemeinschaftsweit dafür gesorgt, dass zwar kein einheitlicher, aber ein vergleichbarer Standard besteht. Dies resultiert daraus, dass weniger auf dem Verordnungs-, als vielmehr auf dem Richtlinienwege der Gemeinschaftsgesetzgeber aktiv wurde und damit den Mitgliedstaaten ein Gestaltungsspielraum verblieb. Sofern nunmehr gemeinschaftsweit ähnliche Arbeitsrechtssysteme bereits geschaffen wurden, ist es folgerichtig, die Mitgliedstaaten zu verpflichten, dieselben gegenseitig in besonders umfangreichem Maße anzuerkennen. Ausnahmen von diesem Prinzip der Anerkennung des Herkunftslandstandards kann es nur dann geben, wenn im Einzelfall bei der Anwendung der ausländischen Norm bei innerstaatlicher Sachverhaltsberührung ein schlicht untragbares Ergebnis erzielt wird und der „ordre public" eingreift.

Nunmehr stellt sich die Frage, in welchem Sinn der EuGH den Begriff des „ordre public" versteht, nämlich nur in seiner „negativen" Ausprägung, wie in Art. 6 EGBGB beschrieben, oder auch in seiner „positiven", das heißt als Eingriffsnormen beziehungsweise „lex fori".
Für die erste Alternative spricht eindeutig, dass nach heutigem Rechtsverständnis dem Bereich des „ordre public" nur zugerechnet wird die negative Wirkung der Verdrängung einer eigentlich anzuwendenden ausländischen Norm im Einzelfall[317]. Im Rahmen der „lex fori" bildet der „ordre public" nur noch einen historischen Anknüpfungspunkt. Zugleich widerspräche eine mit der „lex fori" verbundene, typisierte Form der Fremdnormverdrängung der Intention der gegenseitigen Anerkennung

[315] EuGH, (Van der Elst), EuZW 1994, S. 600 ff., Ziffer 25.
[316] Vergl. die Übersicht bei *Pougin*, Deutsche Kritik, S. 38 ff.
[317] *Kegel/Schurig*, IPR, §16, S. 453 ff.

des (harmonisierten) Arbeitsrechtssystems, da die Durchsetzung des inländischen Rechts nur akzeptiert werden kann, wenn im Einzelfall ein dem „ordre public“ entgegenstehendes Ergebnis erreicht wird.
Für die vorliegende Auseinandersetzung steht dies aber letztlich im Hintergrund, da bereits festgestellt werden musste[318], dass § 1 Abs. 1 und 3 AEntG nicht den national zwingenden Regelungsgehalt aufweisen, der notwendig ist, um dieser Norm den „lex fori“ – Status beizumessen.

Die Geeignetheits- und Erforderlichkeitsprüfung im Rahmen der Rechtfertigung von Grundfreiheitseingriffen hat daher in vier Abschnitten zu erfolgen, nämlich ob

- alle im Maßnahmestaat tätigen Dienstleister der identischen Branche gleichmäßig der Verpflichtung unterliegen,
- mit dieser Verpflichtung ein (Zusatz-) Vorteil des Arbeitnehmers korrespondiert, der ihm ohne die Verpflichtung nach dem fortgeltenden Recht des Heimatlandes nicht zuteil würde,
- der Arbeitnehmer dieses Zusatzvorteils bedarf, um vor „Ausbeutung“ geschützt zu sein sowie
- nicht ausnahmsweise der Schutzstandard des Heimatlandes dem „ordre public“ des Maßnahmestaates zuwider läuft.

(6) Angemessenheit im Einzelfall

Mit der Frage der Angemessenheit von nationalen Regelungen, die ihr Arbeitsrecht auf Entsendefälle und ausländisches Arbeitsvertragsstatut überwälzen, hat sich der EuGH bisher nicht beschäftigt, da er die entsprechenden Regelungen in den aufgegriffenen Entscheidungen bereits als nicht geeignet/nicht erforderlich erachtete.

Zugleich wird man jedoch auch an der Verhältnismäßigkeit des AEntG im engeren Sinne äußerste Zweifel haben müssen, da beispielsweise die abrupte Erhöhung des Lohnniveaus sowie die unvermittelte Einführung der Urlaubskassenbeitragspflicht dazu führt, dass EU-ausländische Mitbewerber vollständig vom inländischen Markt verdrängt werden. Die Regelung wirkt daher nicht nur einschränkend, sondern die Dienstleistungsfreiheit ausschließend. Wegen dieser Finalität des Eingriffs steht die damit angestrebte Förderung des Allgemeininteresses, sofern man diese nicht ohnehin als unvereinbar mit den Wertentscheidungen des

---

[318] Siehe oben, § 2 I 3. b) cc).

Gemeinschaftsrechts verwirft, außer Verhältnis zu dem Eingriff und seinen Konsequenzen selbst[319].

Hinsichtlich der Subsumtion der Mindestlohn- und Urlaubskassenbeitragsvorschriften des § 1 Abs. 1 und 3 AEntG ergibt dies Nachstehendes, wobei vorab auf eine Besonderheit bei der Anwendung der durch das AEntG in Bezug genommenen Tarifverträge einzugehen ist:

b) Änderungen bei der Einordnung in den betrieblichen Geltungsbereich durch § 1 Abs. 4 AEntG

Die Wirkungsweise des AEntG ist davon geprägt, dass mit ihm die Anwendbarkeit bestimmter deutscher Tarifverträge erreicht werden soll, wenn bei im Inland vollzogenen Arbeitverhältnissen ausländisches Recht zur Anwendung gelangt. Eine durch das AEntG erweiterte Anwendung dieser Tarifverträge setzt aber voraus, dass die am Arbeitsverhältnis beteiligten Personen dem betrieblichen beziehungsweise persönlichen[320] Geltungsbereich zuzuordnen sind, § 4 Abs. 1 TVG.

Die Einordnung in den betrieblichen Geltungsbereich setzt in Fällen der unmittelbaren Anwendbarkeit des Tarifvertrages gemäß §§ 3 Abs. 1, 5 Abs. 4, 4 Abs. 1 TVG voraus, dass – bezogen auf den Zeitraum eines Kalenderjahres - die Arbeitszeit der im baugewerblichen Sektor beschäftigten Arbeitnehmer die Arbeitszeit der im nichtbaugewerblichen Sektor beschäftigten Arbeitnehmer **eines** Arbeitgebers überwiegt[321]. Liegt dieser zeitliche Überhang vor, unterfällt ein Mischbetrieb als Ganzes dem betrieblichen Geltungsbereich des Tarifvertrages[322]. Auf die räumliche Belegenheit der Arbeits- und Betriebsstätten kommt es nicht an.
Demgegenüber bestimmt § 1 Abs. 4 AEntG für den Anwendungsbereich dieses Gesetzes, dass für die Einordnung eines Entsendearbeitgebers zum betrieblichen Geltungsbereich eines räumlich einschlägigen Tarifvertrages ausreichend ist, wenn aus der Gesamtheit der entsandten Arbeitnehmer mehrheitlich betrieblich einschlägige Tätigkeiten erbracht werden. Der Umfang der Arbeitszeit der im Heimatland für den identischen Arbeitgeber tätigen Arbeitnehmer bleibt demgegenüber unberücksichtigt.

---

319 *Selmayr,* ZfA 1996, S. 615, 649 f.
320 Zu den Einzelheiten: § 3 I 1.
321 BAG AP Nr. 82, 106, 181 zu § 1 TVG, Tarifverträge: Bau.
322 ArbG Wiesbaden, Beschluss vom 10.02.1998, Az. 1 Ca 1672/97, (Tenor abgedruckt in DB 1998, S. 888); ders., Beschluss vom 15.02.2000, Az. 8 Ca 1427/98.

Hierbei handelt es sich um eine offene Diskriminierung: Hinsichtlich dieser Unterscheidung wird angeknüpft an die unterschiedliche Staatsangehörigkeit beziehungsweise Ansässigkeit grenzüberschreitend dienstleistender Arbeitgeber, da nur im Falle ihres Auslandsstatus diese Norm eingreift: Handelt es sich um inländische Arbeitgeber, finden automatisch deutsches Arbeitsrecht und damit die einschlägigen Tarifverträge originär Anwendung, Art. 30 EGBGB. Der Anwendungsbereich des AEntG ist dann nicht berührt, folglich auch nicht die erweiterte Anwendungsfiktion des § 1 Abs. 4 AEntG. Diese Bestimmung wirkt mithin offen diskriminierend und ist zugleich nicht durch Art. 66, 56 EGV – „ordre-public"-Vorbehalt – gerechtfertigt: Hierfür fehlen jegliche Anhaltspunkte, da die Norm Weiterungen enthält, die nicht von deutschen Staatsinteressen gedeckt sein können, weil bei Vereinbarung deutschen Rechts durch die Entsendeparteien, Art. 27 EGBGB, diese Bestimmung legal umgangen werden kann.

c) Rechtssituation betreffend Mindestlohn, § 1 Abs. 1 Nr. 1 AEntG n.F.

§ 1 Abs. 1 AEntG in seiner ursprünglich gültigen Form bestimmte, dass die Rechtsnormen eines für allgemeinverbindlich erklärten Tarifvertrages des Baugewerbes im Sinne der §§ 1 u. 2 der Baubetriebeverordnung vom 28.10.1980 Anwendung finden auf ein Arbeitsverhältnis, für welches nicht ohnehin deutsches Recht maßgeblich ist, zwischen einem Arbeitgeber mit Sitz im Ausland und seinem im räumlichen Geltungsbereich des Tarifvertrages beschäftigten Arbeitsnehmers, wenn und soweit der Tarifvertrag für alle unter seinen Anwendungsbereich fallenden Arbeitnehmer ein einheitliches Mindestentgelt enthält und auch inländische Arbeitgeber, die ihren Sitz außerhalb des räumlichen Geltungsbereich dieses Tarifvertrages haben, ihren im räumlichen Geltungsbereich beschäftigten Arbeitnehmern mindestens diese am Arbeitsort geltende tarifvertragliche Arbeitsbedingung gewähren müssen[323]. Durch die Neufassung zum 01.01.1999 hat sich hieran inhaltlich für Entsendearbeitsverhältnisse nichts geändert[324].
Der Gesetzgeber hatte mithin nur die Grundentscheidung der Tarifvertragsparteien auf internationale Ebene übernommen, dass im Bereich

---

[323] Als „ auch für Fachleute kaum zu durchschauende Regelung" sowie „hermeneutisch undurchdringlich" bezeichnet von *Blanke,* AuR 1999, S. 417, 419f. und ähnlich von *Büdenbender,* RdA 2000, S. 193, 199.
[324] BT-Dr. 14/45, S. 25.

des Baugewerbes der Mindestlohn nach dem Arbeitsortprinzip zu zahlen ist. Darüber hinaus hat er die Höhe des am Arbeitsort geltenden Mindestlohnes ebenfalls der Entscheidung der Tarifvertragsparteien überantwortet.
Wie bei anderen Lohngruppen des Baugewerbes auch, setzt sich der Mindestlohn als Gesamttarifstundenlohn (GTL) aus Tarifstundenlohn (TL) und Bauzuschlag (BZ) zusammen[325]. Seit dem 01.01.1997 gestaltete sich die Tarifsituation in der untersten Lohngruppe, der „Berufgruppe VII 2 / Mindestlohn" wie folgt:

aa) Alte Bundesländer

Zeitraum	TL /DM	BZ / DM	GTL / DM
01.01. – 31.08.1997	16,05	0,95	17,00[326]
01.09.1997 – 31.08.1999	15,11	0,89	16,00[327]
01.09.1999 – 31.08.2000	17,47	1,03	18,50[328]
01.09.2000 – 31.08.2001	17,82	1,05	18,87[329]
01.09.2001 – 31.08.2002	18,11	1,06	19,17[330]

325 §1 des Anhanges zum BRTV-Bau.
326 Mindestlohn-TV vom 02.09.1996; Bundesanzeiger Nr. 215 vom 16.11.1996, S. 12102.
327 Mindestlohn-TV vom 17.07.1997; Bundesanzeiger Nr. 157 vom 23.08.1997, S. 10909.
328 Mindestlohn-TV vom 26.05.1999; Verordnung über zwingende Arbeitsbedingungen im Baugewerbe vom 25.08.1999; BGBl. I1999, S. 1894.
329 Mindestlohn-TV vom 02.06.2000; Verordnung über zwingende Arbeitsbedingungen im Baugewerbe vom 17.08.2000, BGBl. I2000, S. 1290 ff.
330 Mindestlohn-TV vom 02.06.2000; Verordnung über zwingende Arbeitsbedingungen im Baugewerbe vom 17.08.2000, BGBl. I2000, S. 1290 ff.

bb) Neue Bundesländer

Zeitraum	TL /DM	BZ / DM	GTL / DM
01.01. – 31.08.1997	14,77	0,87	15,64[331]
01.09.1997 – 31.08.1999	14,30	0,84	15,14[332]
01.09.1999 – 31.08.2000	15,37	0,91	16,28[333]
01.09.2000 – 31.08.2001	15,68	0,92	16,60[334]
01.09.2001 – 31.08.2002	15,93	0,94	16,87[335]

Die Vereinbarung dieser Tarifverträge und die Erstreckung ihrer Wirkung gemäß § 1 AEntG auf internationale Ebene im Sinne einer „lex fori" gemäß Art. 34 EGBGB, die, da sie unterschiedslos für inländische wie ausländische Arbeitgeber gelten soll, jedenfalls keine offene Diskriminierung ist[336], war jedoch **nicht erforderlich** im vorgenannten europarechtlichen Sinne zur Erreichung des Zwecks des Arbeitnehmerschutzes.
Es ist nicht in Zweifel zu ziehen, dass hierdurch die Rechte des entsandten Arbeitnehmers vergrößert werden, er einen weitergehenden Schutz erhält, aber es ermangelt der Erforderlichkeit:
Wie bereits dargelegt, ist es ständige Rechtsprechung des EuGH, dass das Arbeitsrechtssystem eines jeden EU-Mitgliedstaates geeignet ist, den Schutz der sozialen Rechte von Arbeitnehmern zu gewährleisten[337]. Daraus ergibt sich ein prinzipiell anzuerkennender Schutzstandard zu Gunsten des Arbeitnehmers, so dass dieser eines weiteren Vorteils nicht bedarf, zumal sein Lebensmittelpunkt im Entsendeland bleibt und er weiterhin nur mit den dortigen Lebenshaltungskosten konfrontiert ist.

---

[331] Mindestlohn-TV vom 02.09.1996; Bundesanzeiger Nr. 215 vom 16.11.1996, S. 12102.

[332] Mindestlohn-TV vom 17.07.1997; Bundesanzeiger Nr. 157 vom 23.08.1997, S. 10909.

[333] Mindestlohn-TV vom 26.05.1999; Verordnung über zwingende Arbeitsbedingungen im Baugewerbe vom 25.08.1999; BGBl. I1999, S. 1894.

[334] Mindestlohn-TV vom 02.06.2000; Verordnung über zwingende Arbeitsbedingungen im Baugewerbe vom 17.08.2000, BGBl. I2000, S. 1290 ff.

[335] Mindestlohn-TV vom 02.06.2000; Verordnung über zwingende Arbeitsbedingungen im Baugewerbe vom 17.08.2000, BGBl. I2000, S. 1290 ff.

[336] Hierfür halten das AEntG: *Junker/Wichmann,* NZA 1996, S. 505, 508 ff., da es durch kraft deutschem Statut gebundene Vertragsparteien und ihre Interessenvereinigungen infolge der Vereinbarung anderweitiger Tarifverträge mit speziellerem Inhalt unterlaufen werden könne; a.A. mit unterschiedlicher Begründung: *Bieback,* RdA 2000, S. 207, 212; *Ossenbühl,* Tarifautonomie und staatliche Gesetzgebung, S. 67; vergl. auch § 4 II und III.

[337] EuGH, (Van der Elst), EuZW 1994, S. 600 ff., Ziffer 25.

Ausnahmen sind nach der Rechtsprechung des EuGH nur dann zulässig, wenn sie im Rahmen des nationalen (negativen) „ordre public“ zwingend erforderlich sind[338].
Stellt sich daher die Frage der Notwendigkeit der Verdrängung ausländischer Arbeitsvertragsbestimmungen – bei gleichzeitiger Verwendung inländischer Normen – im Einzelfall unter dem Gesichtspunkt des (negativen) „ordre public“:

Der Anwendungsbereich von Art. 6 EGBGB ist auf besonders krasse Verstöße gegen die Grundsätze des deutschen Rechts begrenzt, wobei entscheidend ist, ob bei genügender Inlandsbeziehung im Einzelfall untragbare Ergebnisse eintreten würden[339]. Außer einer Unvereinbarkeit mit den Grundrechten kommen vor allem Verstöße gegen Grundwertungen des deutschen Arbeitsrechts in Betracht[340]. Allgemeinprivatrechtlich formulierte der BGH 1968, es werde

> **„ ... als Maßstab dafür, wann ein Verstoß gegen den Zweck des deutschen Gesetzes anzunehmen ist, darauf abzustellen sein, ob das Ergebnis der Anwendung des ausländischen Rechts zu den Grundgedanken der deutschen Regelung und der in ihnen liegenden Gerechtigkeitsvorstellungen in so starkem Widerspruch steht, dass es für uns für untragbar gehalten wird.[341]“**

Hieran hat sachlich die Gesetzesreform von 1986 nichts geändert[342].
Da nicht jede Abweichung genügt, sondern lediglich ein besonders schwerer Verstoß in Betracht kommt, ist zu Art. 6 EGBGB anerkannt, dass dieser nur mit größter Zurückhaltung anzuwenden ist[343]. Nunmehr sind jedoch die Lohnunterschiede beispielhaft zwischen Portugal und Deutschland nicht derartig erheblich, als dass es aus deutscher Sicht schlechterdings unerträglich erschiene, auch bei Entsendungen von Arbeitnehmern ins Inland das Recht des Heimatlandes weiter gelten zu lassen. Die Abweichung portugiesischer Löhne von den vereinbarten Mindestlöhnen des Baugewerbes nach unten mag zwar erheblich sein, allerdings ist dies vor dem Hintergrund des „ordre public“ unbeachtlich,

---

[338] EuGH, (Van der Elst), EuZW 1994, S. 600 ff., Ziffer 25.
[339] *Reithmann/Martiny,* Rz. 136.
[340] *MüHbdArbR-Birk,* § 18, Rz. 98 ff.
[341] BGHZ 50, S. 370, 375.
[342] *Soergel-Kegel,* Art. 6 EGBGB, Rz. 23.
[343] *Soergel-Kegel,* Art. 6 EGBGB, Rz. 25 mit weiteren Nachweisen.

da auf Grundwertungen abzustellen ist[344]: Auch in Deutschland gibt es Branchen und Lohngruppen, die erheblich unterhalb des Mindestbruttostundensatzes der Baubranche angesiedelt sind. Wenn nun aber innerhalb der Bundesrepublik Deutschland, wenngleich in anderen Branchen als dem Baugewerbe, Löhne anerkannt sind, die erheblichst unter dem Mindestlohnes des Baugewerbes trotz gleicher Arbeitsbelastung liegen, so kann ein Verstoß gegen den „ordre public", das heißt wesentliche Grundsätze des deutschen Rechts, nicht vorliegen, selbst wenn von diesen niedrigeren deutschen Lohnbranchen noch geringfügig nach unten abgewichen wird.
Für die Einschätzung, ob die ausländischen Normen dem inländischen „ordre public" unterfallen, kommt es nicht allein auf die Baubranche, sondern das Arbeitsrechtssystem im Inland allgemein an, da nur aus diesem nationale Wertvorstellungen ableitbar sind[345].
Während in den alten Bundesländern der Facharbeiterlohn der Bauwirtschaft im Jahr 1996 DM 24,48 brutto pro Stunde betrug, lag er in der Papierindustrie im gleichen Zeitraum bei brutto DM 17,06, in der Schuhindustrie sogar nur bei DM 13,70[346]. Hierbei handelte es sich aber um Facharbeiterlöhne.
Auch gegenwärtig erreichen im Bereich des Handwerks[347] beziehungsweise der Bekleidungsindustrie[348], insbesondere auch in den neuen Bundesländern, die tariflichen Stundenlöhne der untersten Lohngruppe nur ein Niveau, welches der in der Schuhindustrie vergleichbar ist[349]: So werden namentlich in der Bekleidungsbranche Löhne gezahlt, die bei 46,9 % des deutschen Lohnmittelwertes belegen sind, gegenüber 121,3 % des Mittelwertes in der Baubranche. Damit liegt das Baugewerbe in der Lohnrangliste an dritter, die Bekleidungsindustrie an letzter Stelle[350].

Es kann mithin nicht dem deutschen „ordre public" entsprechen, zu verlangen, dass der vereinbarte Mindestlohn des Baugewerbes dementsprechende internationale Geltung besitzen muss. Hierbei handelt es sich um eine Lohnanspruchshöhe, die sich selbst innerhalb der Bundes-

---

[344] *MüHbdArbR-Birk,* § 19, Rz. 98.
[345] *MüHbdArbR-Birk,* § 19, Rz. 98.
[346] *Selmayr,* ZfA 1996, S. 615, 644.
[347] DM 1493,00 brutto monatlich, mithin (DM 1493,00 / 160 h =) 9,33 DM/h.
[348] DM 1563,00 brutto monatlich, mithin (DM 1563,00 / 160 h =) 9,77 DM/h.
[349] Deshalb wehrte sich der im Tarifausschuss gemäß § 5 TVG vertretene Arbeitgeberverband Textil zunächst, die Allgemeinverbindlichkeit für den Mindestlohn-TV mitzutragen, da „Nachahmungseffekte" befürchtet wurden.; BT-Dr. 13/3155, S. 14.
[350] Vergl. Informationen des Bundesministeriums für Arbeit und Sozialordnung auf dessen Internet-Homepage; www.bma.bund.de.

republik Deutschland nicht verfestigt hat, so dass es folglich auch nicht gegen fundamentale Grundsätze des deutschen (Arbeits-) Recht verstößt, niedrigere, dem in den EU - „Niedriglohnländern" bestehenden Lohnniveau entsprechende Löhne zu zahlen[351].
Das Allgemeininteresse „Arbeitnehmerschutz" taugt daher nicht, den vorgenommenen Eingriff in die Grundfreiheit der Dienstleistungen des Art. 59 EGV zu rechtfertigen[352].

Gleiches gilt auch betreffend das – vom EuGH nicht anerkannte - Allgemeininteresse „fairer Wettbewerb": Durch das Gesetz wird eine Branche reglementiert, die wie keine andere auf die Nutzung der Dienstleistungsfreiheit angewiesen ist und nicht auf die Nutzung anderer Grundfreiheiten ausweichen kann: Anders als durch die Ausnutzung der Dienstleistungsfreiheit ist ein EU-weiter Wettbewerb im originären Bausektor über die Grenzen der Mitgliedstaaten hinaus nicht denkbar, da ein Wettbewerb im Bereich des Warenhandels, der gemäß Art. 30 EGV im gleichen Umfang geschützt ist wie die Dienstleistungsfreiheit[353], wegen der Eigenart des Bausektors nicht möglich ist, da es begrifflich nahezu ausgeschlossen ist, dass Baugewerke im Heimatstaat gefertigt und anschließend als gemäß Art. 30 EGV geschützte Waren in den Empfängerstaat versandt werden[354].

Bei der Herstellung und Versendung von demgegenüber beweglichen Waren ist es jedoch anerkannt, dass sich ein deutscher Hersteller eines ausländischen Subunternehmers beschränkungslos bedienen darf, auch wenn er in der Lage ist, aufgrund des niedrigeren Lohnniveaus mit dem dortigen Unternehmer eine an deutschen Maßstäben gemessen niedrigere Vergütung zu vereinbaren. Auch in diesen Fällen gibt es keine rechtlichen Regeln, schon gar nicht im Sinne des „ordre public", die es geböten, dass der Auftraggeber dem ausländischen Unternehmen eine an deutschen Maßstäben gemessene Vergütung zu zahlen hat, um damit deutsche Zulieferer (und die dort beschäftigten deutschen Arbeitnehmer) zu schützen. Indem jedoch in diesem Bereich des freien Warenverkehrs vergleichbare Regeln weder bestehen noch gemäß der „Beschränkungsverbots"-Rechtsprechung des EuGH wirksam wären, kann –

---

[351] Ein solcher „orde public" – Verstoß kann frühestens angenommen werden, wenn das ausländische Recht im Schutzstandard die „Hälfte" der zwingenden deutschen Vorschriften unterschreitet, *MüHbdArbR-Birk*, § 19, Rz. 100.
[352] So auch AG Neubrandenburg, wistra 1999, S. 355, 356.
[353] EuGH, (Staatsanwaltschaft./.Dassonville), amtl. Slg. I 1974, S. 837 ff., Ziffer 5 ff.
[354] Eine besondere Schutzbedürftigkeit des Bausektors verneinend: *MüHbdArbR-Löwisch/Rieble*, 2.Auflage, § 268, Rz. 115, 122.

infolge der Vergleichbarkeit dieser Grundfreiheiten - ein System des Wettbewerbsschutzes durch staatlich zwangsweise Anhebung des Lohnniveaus nicht erkannt werden[355].
Aber noch nicht mal diese Ungleichbehandlung mit anderen Industriebranchen, die vom Verwendungsort unabhängig produzieren können, ist letztlich vor dem Beschränkungsverbot bedeutsam, da – in Ausnahmefällen - selbst innerhalb des Baugewerbes derartige Unterschiede hervortreten können, selbst unter Geltung des AEntG: Auch Bestandteile von Fertighäusern können in Portugal zu den dortigen Löhnen hergestellt werden, bevor sie nach Deutschland transportiert werden. Diese Beispiele haben die Konsequenz, dass eine europarechtlich bedeutsame Wettbewerbsverfälschung gerade nicht gegeben ist: Es ist dem europäischen Binnenmarkt gerade eigen, dass Waren und Dienstleistungen frei zirkulieren können, sofern sie den Anforderungen des Heimatlandes entsprechen[356]. Hieran scheitert mithin die europarechtliche Zulässigkeit tarifvertraglicher Bestimmungen über Mindestlohn im Sinne einer „lex fori“. Infolge des geltenden Grundprinzips der Funktionsfähigkeit der Gemeinschaften ergibt sich ein europarechtliches Anwendungsverbot hinsichtlich des § 1 Abs. 1 S. 1AEntG[357].

Die Folge dessen ist, dass in Entsendefällen ausländisches Arbeitsvertragsstatut im Bereich bautariflicher Mindestlöhne nicht teilweise durch deutsche „lex fori“ verdrängt wird.

d) Rechtssituation betreffend Urlaub und beim Urlaubskassenverfahren, § 1 Abs. 1 Nr. 2, Abs. 3 AEntG

Entsprechend gekennzeichnet ist die Situation hinsichtlich der Art und des Umfangs der zu „lex fori“ erklärten Urlaubsbestimmungen inklusive Urlaubsgeld, zusätzliches Urlaubsgeld sowie Urlaubskassenverfahren gemäß § 1 Abs. 1 Satz 2, Abs. 3 AEntG.
Insofern wirken diese Maßnahmen teilweise als nicht gerechtfertigte, offene Diskriminierungen. Im übrigen gibt es ebenfalls kein aus europarechtlicher Sicht beständiges zwingendes Allgemeininteresse:

---

[355] Im Sinne dieser Argumentation ebenfalls kritisch: *Büdenbender,* RdA 2000, S. 193, 196
[356] *Gerken/Löwisch/Rieble,* BB 1995, S. 2370, 2372 m.w.N.
[357] Vergl. oben 1. a).

Es ist nicht erforderlich, auf ausländische, zum Beispiel portugiesische Arbeitsverträge die Höhe des deutschen Urlaubsanspruchs noch die Vorschriften über die Gewährung der Lohnfortzahlung im Urlaubszeitraum und die Zahlung eines zusätzlichen Urlaubsgeldes sowie die Durchführung eines „Urlaubskassenpools" überzuwälzen: Wie bereits im Rahmen der Mindestlohnbestimmungen ausgeführt, ist zunächst das Arbeitsrechtssystem jedes Mitgliedstaates geeignet, den Arbeitnehmerschutz (und einen fairen Wettbewerb) zu garantieren[358]. Ausnahmen sind nur im Rahmen des „ordre public" gemeinschaftsrechtlich zulässig[359].

Es ist daher das ausländische, hier beispielhaft das portugiesische Arbeitsrecht des Baugewerbes dem des deutschen gegenüberzustellen.

aa) Urlaubsdauer; Rechtsvergleich Deutschland - Portugal

Während gemäß § 8 Ziffer 1.1. des BRTV-BAU für das Baugewerbe in der deutschen Baubranche der Urlaub 30 Tage (sechs Wochen) beträgt, besitzt in Portugal ein Arbeitnehmer (des Bausektors) einen gesetzlichen Mindestanspruch auf 22 Werktage pro Kalenderjahr[360]. Dabei ist aber zu beachten, dass gemäß Art. 4 Abs. 5 LFFF unter dem Begriff Werktage die Tage Montag bis Freitag unter Ausschluss der Sams-, Sonn- und Feiertage verstanden werden[361]. Gewöhnlich enthalten aber einschlägige Tarifverträge dem Arbeitnehmer günstigere Regeln.
Damit ist zwar eine Unterschreitung des Urlaubsdauerniveaus gegenüber der deutschen Baubranche gegeben, allerdings bleibt hinter der portugiesischen Regelung die deutsche nach dem BUrlG zurück:
Gemäß § 3 BUrlG muss der jährliche Urlaub **unter Einschluss der Samstage** lediglich ein Minimum von 24 Kalendertagen umfassen. Daraus ergibt sich nach deutschem Recht ein Mindesturlaubsanspruch von vier Wochen, in Portugal von mehr als vier Wochen. Ein krasses Missverhältnis bei Anwendung der ausländischen Norm zu nationalen Wertvorstellungen kann daher nicht erkannt werden[362].

---

[358] EuGH, (Van der Elst), EuZW 1994, S. 600 ff., Ziffer 25.
[359] EuGH, (Van der Elst), EuZW 1994, S. 600 ff., Ziffer 25.
[360] *Wollmann,* Rz. 109 mit Verweis auf Art. 4 Abs. 1 des port. Gesetzes über Urlaub, Feiertage und Fehlzeiten (LFFF).
[361] Mithin vier Wochen, zwei Tage: *Wollmann,* Rz. 109.
[362] Eine Angleichung des Minimums erfolgte EU-weit bereits durch die Arbeitszeitrichtlinie 93/104/EWG vom 23.11.1993, Abl. EG 1993 Nr. L 307/18.

bb) Urlaubslohnfortzahlung und zusätzliches Urlaubsgeld; Rechtsvergleich Deutschland - Portugal

Auch betreffend die Urlaubsvergütung sowie die Zahlung des zusätzlichen Urlaubsgeldes ist eine abweichende Stellung zwischen deutschen und portugiesischen Arbeitnehmern nicht erkennbar: Während gemäß § 8 Ziffer 4.1 BRTV-BAU ein deutscher Arbeitnehmer Lohnfortzahlung im Urlaubszeitraum[363] von insgesamt 14,25 % des Jahresbruttolohnes erhält, mithin ca. 171% des Monatsbruttolohnes[364], hat der portugiesische Arbeitnehmer gesetzlichen Anspruch auf Gewährung eines Monatsgehaltes Lohnfortzahlung[365] sowie eines weiteren Monatsgehaltes zusätzliches Urlaubsgeld (subsidio de ferias)[366]. Wenn mithin im Urlaubszeitraum von sechs Wochen der deutsche Arbeitnehmer insgesamt das 2,23-fache des Bruttolohnes erhält, hat der portugiesische Arbeitnehmer in dem kürzeren Zeitraum Anspruch auf den doppelten Monatslohn[367].
Eine Schlechterstellung des portugiesischen Arbeitnehmers, die eine Überwälzung deutschen Urlaubsrechts rechtfertigte, ist damit nicht erkennbar[368].

cc) Urlaubskassensystem; offene Diskriminierung und mangelnde Erforderlichkeit

Dies gilt – unter Weiterungen - auch für die Urlaubskassenregelung gemäß § 1 Abs. 3 AEntG in Verbindung mit den §§ 55 ff. VTV[369]. An dieser Stelle erscheint es erforderlich, Sinn und Zweck des „Urlaubskassenpools“ an einem kurzen historischen Exkurs zu erläutern:

---

[363] Das heißt sechs Wochen oder eineinhalb Monate.

[364] Als Urlaubsvergütung, was nichts anderes als gewöhnliche Lohnfortzahlung im Umfang bedeutet; hinzu kommt ein zusätzliches Urlaubsgeld von 30% der Urlaubsvergütung, § 8 Ziffer 6 BRTV-BAU, so dass der dt. Arbeitnehmer insg. Erhält (1,71 Monatsgehälter x 1,3 =) 2,23 Monatsgehälter für eineinhalb Monate.

[365] Für gut vier Wochen Urlaub, also ebenfalls gewöhnliche Lohnfortzahlung.

[366] *Wollmann*, Rz. 168 mit Verweis auf Art. 6 Abs. LFFF (13. Monatsgehalt).

[367] Zudem besitzt jeder Arbeitnehmer gesetzlichen Anspruch auf Weihnachtsgeld (14. Monatsgehalt), Dl. N. 88/96 vom 03.07.1996.

[368] Das BUrlG schreibt zugleich ein zusätzliches Urlaubsgeld nicht vor; *Dersch/ Neumann,* § 11 BUrlG, Rz. 71 ff.

[369] In der bis zum 31.12.1999 gültigen Form; alsdann wurde durch neugefasste VTV vom 20.12.1999 zum 01.01.2000 das Urlaubskassensystem vollständig reformiert, in seinen Grundstrukturen aber beibehalten, vergl. § 3 II und III.

(1) Das Urlaubskassenverfahren nach deutschem Statut

In den zurückliegenden Jahrzehnten war innerhalb des deutschen Baugewerbes das soziologische Phänomen zu verzeichnen, dass deutsche Arbeitnehmer häufig sowohl die Baustelle, an der sie arbeiteten, als auch den Arbeitgeber, zu dem sie ein Arbeitsverhältnis hatten, wechselten[370].
Hieraus folgte, dass den Arbeitnehmern ein voller Urlaubsanspruch, der gemäß § 4 BUrlG erst nach sechsmonatigem Bestehen des Arbeitsverhältnisses fällig wird, nicht anfiel, da die Arbeitsverhältnisse häufig früher beendet waren.
Mithin hätte der Arbeitnehmer nie Anspruch auf einen zusammenhängenden Jahresurlaub besessen, sondern zumeist nur Urlaubsabgeltung gemäß § 7 Abs. 4 BUrlG erhalten.
Deshalb enthält § 13 Abs. 2 BUrlG die Öffnungsklausel, dass im Baugewerbe durch Tarifvertrag von der Bestimmung des § 4 BUrlG abgewichen werden kann, soweit dies zur Sicherung eines zusammenhängenden Jahresurlaubs für alle Arbeitnehmer erforderlich ist. Derartige, abweichende Tarifbestimmungen haben aber zwingend den Mindestanspruch des § 3 BUrlG zu berücksichtigen[371]
Hiervon wurde durch § 8 BRTV-BAU Gebrauch gemacht und es dem Arbeitnehmer ermöglicht, in verschiedenen Arbeitsverhältnissen kürzerer Dauer erworbene Urlaubsansprüche „anzusparen" und dann innerhalb eines (weiteren) Arbeitsverhältnisses diesen Urlaubsanspruch einzulösen.
Hierdurch würden jedoch die wirtschaftlichen Interessen des zur Urlaubsgewährung verpflichteten Arbeitgebers benachteiligt, da die Wartefrist des § 4 BUrlG nicht eingehalten wäre und er Urlaubszeiten früherer Arbeitsverhältnisse kostenpflichtig bedienen müsste.

Daher enthalten die Vorschriften der §§ 1 ff. VTV die zu § 8 BRTV-BAU spiegelbildliche Regelung des „Urlaubskassenpools":
Danach ist jeder Arbeitgeber verpflichtet, monatlich einen bestimmten Prozentsatz des dem Arbeitnehmer gezahlten Bruttolohnes bei der ZVK-Bau als Einzugsstelle für die Urlaubs- und Lohnausgleichskasse des Baugewerbes (ULAK)[372] zu hinterlegen, § 24 VTV.

---

[370] *Dersch/Neumann,* §13 BUrlG, Rz. 79 ff.
[371] *Dersch/Neumann,* § 7 BUrlG, Rz. 104 m.w.N.
[372] Gegründet 1949 als gemeinsame Einrichtung der Tarifvertragsparteien im Sinne von § 4 Abs. 2 TVG in Form eines wirtschaftlichen Vereins, § 22 BGB, mit Sitz in Wiesbaden; am 20.07.1950 verlieh der Hess. Minister des Innern die Rechtsfähigkeit; ArbG Wiesbaden, Az. 8 Ca 1427/98., Beschluss vom 15.02.2000.

Zugleich erwächst diesem Arbeitgeber für jeden Fall, in dem er einem seiner Arbeitnehmer Urlaub unter Lohnfortzahlung zu gewähren hat, der Anspruch, wegen dieser Aufwendung bei der ULAK Regress nehmen zu können, mithin von dieser hierfür schadlos gestellt zu werden, § 19 VTV.
Im deutschen Urlaubskassenverfahren hat mithin der Arbeitgeber für seinerseits erbrachte Lohnfortzahlungen im Urlaubszeitraum einen Refinanzierungsanspruch gegenüber der ULAK.

Sinn und Zweck der Urlaubskassenregelung war es zurückliegend innerhalb Deutschlands mithin *nicht*, dem Arbeitnehmer für die während des Urlaubszeitraumes zu zahlende Vergütung einen zusätzlichen Zahlungsschuldner zu verschaffen (da er auch eigene Ansprüche an die ULAK nicht erhielt), sondern ihm lediglich die Möglichkeit einzuräumen, unter Umgehung der Sperrzeit gemäß § 4 BUrlG auch bei kurzfristigen und häufig wechselnden Arbeitsverhältnissen einen zusammenhängenden Jahresurlaub von ca. drei bis vier Wochen nehmen zu können.

(2) Das Urlaubskassenverfahren in Entsendefällen gemäß §§ 1 Abs. 3 AEntG, 55ff. VTV

Dieses Ziel wird jedoch auch innerhalb des EU-ausländischen, hier portugiesischen Arbeitsrechts verwirklicht:
Weder gibt es dort das (vor allem klimabedingte) soziologische Phänomen, dass portugiesische Arbeitnehmer häufig und kurzfristig von Arbeitsverhältnis zu Arbeitsverhältnis fluktuieren, noch macht es eine § 4 BUrlG vergleichbare Sperrzeitenregelung erforderlich, davon abweichende Regeln zu schaffen:
Die Ermangelung der Voraussetzungen des die Ausnahme- und Öffnungsbestimmung rechtfertigenden § 13 Abs. 2 BUrlG ergibt sich auch – jedenfalls in den (vorübergehenden) Entsendefällen – **erstens** daraus, dass die entsandten Arbeitnehmer im Inland nur gezielt punktuell zur Erfüllung eines Auftrages eingesetzt werden, mithin in dieser Zeit nicht unter mehreren Arbeitgebern wechseln[373]. Anderenfalls läge eine Entsendung nicht mehr vor, und das neu begründete Arbeitverhältnis unterläge ohnehin deutschem Recht, Art. 27 Abs. 3, 30 Abs. 2 EGBGB.

Zweitens ist eine dem § 4 BUrlG vergleichbare Sperrzeitenregelung, wonach ein zusammenhängender Jahresurlaub erst nach einer gewissen Arbeitszeit, hier sechs Monate, genommen werden kann, im portu-

373 ArbG Wiesbaden, Az. 8 Ca 1427/98, Beschluss vom 15.02.2000.

giesischen Arbeitsrecht unbekannt[374]. Schon nach 60 effektiven Arbeitstagen besteht ein Anspruch auf Gewährung von acht Tagen Urlaub, die der Arbeitnehmer zusätzlich zu seinem erst später fällig werdenden Jahresurlaub von 22 Tagen beanspruchen kann[375]. Außerdem werden bei vielen Arbeitgebern Betriebsferien, vorzugsweise im Kalendermonat August, abgehalten. Ein hierdurch bedingter Urlaub, der jedem betroffenen Arbeitnehmer gewährt wird, gleich wie lange er zu diesem Zeitpunkt beschäftigt ist, darf nicht auf den Urlaubsanspruch von 22 Werktagen angerechnet werden[376].
Damit mag zwar das portugiesische Urlaubsrechtssystem anders gestaltet sein als das deutsche, jedoch bestehen Anhaltspunkte dafür, dass nach nationalen Gesichtspunkten auch im Einzelfall untragbare Ergebnisse erzielt werden, nicht[377].

Dies ist **drittens** bereits vom EuGH anerkannt: Zwar billigte dieser – unter den genannten Voraussetzungen – die Ausdehnung von **Mindest**arbeitsbedingungen[378] durch die Mitgliedstaaten auf aus anderen Mitgliedstaaten entsandte Arbeitnehmer. Zugleich führte er aus, dass eine tarifliche Zahlungspflicht des Arbeitgebers, die sich an der dem Arbeitnehmer geschuldeten Lohnsumme orientiere und zusätzlich anfalle, nicht zu den ausdehnbaren Mindestarbeitsbedingungen zu zählen ist[379]. Begründet wird diese Einschätzung, dass die Auferlegung einer derartigen Zahlungspflicht gegen die Dienstleistungsfreiheit des EGV verstoße, damit, dass es begrifflich ausgeschlossen ist, dass es sich bei einer am erstreckbaren (Mindest-) Lohn ausrichtenden zusätzlichen Zahlungspflicht selbst um einen Mindestlohnbestandteil handelt[380].
Nunmehr orientiert(e) sich die Zahlungspflicht ausländischer Arbeitgeber gegenüber der Urlaubs- und Lohnausgleichskasse aber mit 14,25 % an dem dem entsandten Arbeitnehmer geschuldeten (Mindest-) Lohn, so dass es sich hierbei selbst nicht um ausdehnbare Mindestlohnbestandteile handeln kann.

---

374 *Wollmann*, Rz. 113 ff.
375 *Wollmann*, Rz. 114.
376 *Wollmann*, Rz. 115.
377 BAG, NJW 1977, S. 2039, 2040.
378 Hierzu zählt die Entsenderichtlinie 96/71/EG nur den bezahlten Mindestjahresurlaub, nicht aber ein Urlaubskassenverfahren, Art. 3 Abs. 1 lit. b der Richtlinie.
379 EuGH, (Arblade), NZA 2000, S. 89 ff., Ziffer 46f.
380 EuGH, (Arblade), NZA 2000, S. 89 ff., Ziffer 46f.

Viertens fehlt es an dem für eine Erstreckung erforderlichen Zusatzvorteil für den Arbeitnehmer: Dieser hatte zwar – bis 31.12.1999[381] -, anders als der zu deutschem Statut beschäftige Arbeitnehmer, für die Urlaubsdauer **während** der Entsendung einen Zahlungsanspruch gegen die ULAK in Höhe von Urlaubsentgelt und zusätzlichem Urlaubsgeld, § 65 VTV; dieser bestand aber nur neben dem inhaltsgleichen Anspruch gegen seinen Arbeitgeber, so dass es ein „Mehr" an Rechten nicht gab[382]. Nach Neufassung des VTV zum 01.01.2000 ist dieser Anspruch des Arbeitnehmers zudem in Wegfall geraten, so dass ein Zusatzvorteil erst recht nicht mehr besteht[383].

Eine gemeinschaftsrechtliche Erforderlichkeit im Sinne der Eliminierung von „Sozialdumping" bei portugiesischen Arbeitsverträgen ist daher auch im Bereich Urlaub, Urlaubsentgelt sowie Urlaubskassensystem nicht gegeben. Insoweit besteht ein aus § 59 EGV abgeleitetes Anwendungsverbot betreffend die deutsche Norm des § 1 Abs. 1 S. 2 und Abs. 3 AEntG, denn wenn insoweit ungleiche Arbeitsbedingungen nicht existent sind, war eine nationale Regel nicht erforderlich.
Vielmehr bestätigt sich, dass jedes Rechtssystem eines EU-Mitgliedstaates geeignet ist, den sozialen Schutz des Arbeitnehmers und einen fairen Wettbewerb unter den Unternehmen zu garantieren.

Fünftens tritt hinzu, dass die konkrete Ausgestaltung des Urlaubskassenverfahren für ausländische Arbeitgeber erheblich von dem für inländische Arbeitgeber geltenden abwich und hinsichtlich der Abweichungen anknüpfte an den Ort der Niederlassung beziehungsweise die Staatsan-

---

[381] Wegen der Einzelheiten der Neufassung des VTV zum 01.01.2000 vergl. § 3 II und III.

[382] Zahlung erfüllungshalber durch die ULAK, § 65 VTV.

[383] Vielmehr war mit der bisherigen Regelung des Direktauszahlungsanspruchs des Arbeitnehmers ein nicht zu rechtfertigender Nachteil für den entsendenden Arbeitgeber in Fällen verbunden, in denen der Arbeitgeber während oder kurz nach der Entsendung Urlaub gewährte, da der Arbeitnehmer diesen Anspruch tatsächlich nicht kannte, der Arbeitgeber aber weiterhin zur Gewährung der Urlaubsvergütung verpflichtet war und die im Ausland zuständigen Arbeitsgerichte nicht verpflichtet waren, die durch das AEntG auf das Arbeitsverhältnis anzuwenden deutschen „lex fori" - Normen zu berücksichtigen. So kam es, dass der Arbeitgeber in Portugal gerichtlich auf diese Leistungen in Anspruch genommen und zur Gewährung verurteilt wurde, zugleich keine Möglichkeit für ihn bestand, Regress bei der ULAK zu nehmen; selbst der Auszahlungsanspruch des Arbeitnehmers nach § 65 VTV war nicht an ihn abtretbar, § 8 Ziffer 16 BRTV-Bau.

gehörigkeit, so dass eine offene, nicht gemäß Art. 66, 56 EGV gedeckte Diskriminierung bestand[384].

Anders als beim inländischen Urlaubskassensystem enthält der Arbeitgeber aufgewendete Urlaubsvergütung beziehungsweise bei Beendigung des Arbeitsverhältnisses zu gewährende Urlaubsabgeltung nicht von der ULAK erstattet, vielmehr leistete die ULAK bis 31.12.1999 an den entsandten Arbeitnehmer erfüllungshalber, mit folgenden Besonderheiten:

Erfolgte die Urlaubsgewährung – wie beschrieben – während der Entsendung, kam es zur Leistung durch die ULAK erfüllungshalber zu der weiterbestehenden Arbeitgeberpflicht betreffend Urlaubsvergütung, §§ 8 Ziffer 4 BRTV-BAU, 65 VTV.

Erfolgt dagegen – wie fast immer – die Urlaubsgewährung nicht in der Entsendezeit, ist zu differenzieren: Geschah die Urlaubsgewährung bereits vor der Entsendung, wird die Urlaubszeit monatsweise angerechnet, § 8 Ziffer 15 BRTV-BAU, und hat der Arbeitgeber bei Beendigung dieses Zeitraumes Anspruch auf Erstattung seiner Beiträge insoweit, als er gegenüber dem Arbeitnehmer für diesen Zeitraum in Vorlage trat, § 64 Abs. 2 VTV. In diesen Fällen muss der Arbeitgeber also Beiträge zahlen, obwohl er bereits seinem langfristig beschäftigten Arbeitnehmer vollen Urlaub gewährte. Es besteht somit eine Doppelbelastung, die zu Liquiditätsproblemen führt und erst zum Ende des Entsendezeitraumes ausgeglichen wird. Nahm der entsandte Arbeitnehmer seinen Urlaub nach der Entsendezeit – wie häufig, da die Entsendung gerade das Ziel verfolgte, einen einzelnen Auftrag auszuführen – in Anspruch, entsteht für diesen Zeitraum ein Anspruch auf Urlaubabgeltung, sofern der Arbeitnehmer nicht innerhalb von drei Monaten erneut entsendet wird, § 8 Ziffer 7.1 lit. i) BRTV-BAU, in Höhe der Urlaubsvergütung. Dieser ist von der ULAK zu gewähren, §§ 8 Ziffer 7.3 S. 2 BRTV-BAU, 66 VTV, unabhängig davon, ob

- das Arbeitsverhältnis im Ausland weiterbesteht oder nicht beziehungsweise
- der Arbeitnehmer zu diesem Zeitpunkt gerade Urlaub in Anspruch nimmt.

Daraus ergibt sich – **sechstens** - ein weiteres, die Ausübung der Dienstleistungsfreiheit beeinträchtigende Problem: Hat der Arbeitgeber vor und während der Entsendung für das betreffende Kalenderjahr seinem Arbeitnehmer noch keinen Urlaub gewährt gehabt und besteht eine

---

[384] ArbG Wiesbaden, Az. 8 Ca 1427/98, Beschluss vom 15.02.2000; zu den Einzelheiten: § 3 II.

der ULAK vergleichbare Einrichtung im Heimatland nicht, besteht eine uneingeschränkte Beitragspflicht, § 61 VTV[385]. Kehrt der entsandte Arbeitnehmer zurück und besteht das Arbeitsverhältnis fort, ist es eigentlich Angelegenheit der Vertragsparteien, eine Einigung über den Urlaubszeitraum zu erzielen. In dieser Situation zahlt nunmehr – auf Antrag des Arbeitnehmers und ohne Wissen sowie Einflussnahmemöglichkeit des Arbeitgebers – die ULAK die während der Entsendezeit angesparte Urlaubsvergütung als Abgeltung an den Arbeitnehmer erfüllungshalber aus, § 66 VTV. Somit wird faktisch das einheitliche Arbeitsverhältnis als aus zwei Teilen bestehend fingiert, wobei der eine – Entsendezeitraum – als mit der Rückkehr beendet angesehen wird. Gewährt nun der Entsendearbeitgeber zu einer anderen Zeit den Urlaub, kann der Arbeitnehmer erneut – gegebenenfalls unter gerichtlicher Hilfe im Entsendestaat – die Urlaubsvergütung vom Arbeitgeber verlangen, ohne dass eine Berücksichtigung des Abgeltungsbetrages erfolgen muss. Als Konsequenz der Ausgestaltung von § 1 Abs. 3 AEntG als „lex fori" ist die Rechtsprechung des Entsendestaates nicht gezwungen, diese Bestimmungen des BRTV-BAU und des VTV zu berücksichtigen.

Demgegenüber ist es dem Entsendearbeitgeber unmöglich, die eingezahlten Beiträge zurückzuerhalten, wenn er den Urlaub nicht während, sondern nach der Entsendung gewährt[386], obwohl für ihn das Risiko verbleibt, im Heimatland in Anspruch genommen zu werden, ohne dass Zahlungen der ULAK an den Arbeitnehmer zu berücksichtigen wären. Zugleich liefe in diesen Fällen eine Zahlung „erfüllungshalber" leer, da nicht feststeht, ob zu dieser Zeit der Entsendearbeitgeber tatsächlich Urlaubsvergütung erfüllen muss. Der Entsendearbeitgeber ist folglich darauf angewiesen, dass ein Gericht im Heimatland, obgleich nicht verpflichtet, die zunächst rechtsgrundlose[387] Leistung eines Dritten (ULAK) -

[385] Die Beitragspflicht wird nur dadurch verdrängt, dass der Arbeitgeber verpflichtet ist, im Heimatland Beiträge an eine vergleichbare Einrichtung zu zahlen, § 8 Ziffer 11.2 BRTV-BAU. Damit wird § 1 Abs. 3 Ziffer 1 AEntG Rechnung getragen. Hat der Arbeitgeber bereits vor der Entsendung Urlaubsleistungen erbracht, kommt es zu einer Doppelbelastung für ihn: Einerseits liegt diese Erfüllung bereits vor, andererseits muss er gleichwohl den vollen Beitrag an die ULAK leisten, § 61 ABs. 1 VTV, und mithin abermals in Vorlage treten. Lediglich im Rahmen der Auszahlung der Vergütung oder Abgeltung an den Arbeitnehmer wird eine Anrechnung vorgenommen, gemäß derer es zu einer Erstattung von Beiträgen an den Arbeitgeber kommen kann, § 64 Abs. 2 VTV, jedenfalls aber mit zeitlicher Verspätung und einhergehenden Liquiditätsproblemen.

[386] Abtretung des Herauszahlungsanspruch des Arbeitnehmers gegen die ULAK an den Arbeitgeber nicht möglich, § 8 Ziffer 16 BRTV-BAU.

[387] Da das Arbeitsverhältnis fortbesteht, liegt aus ausländischer Sicht ein Grund für eine Abgeltung nicht vor.

Urlaubsabgeltung – anerkennt als später gegebenenfalls fällig werdende Urlaubsvergütung. Neben dieser Rechtsunsicherheit trifft den Entsendearbeitgeber als Schuldner die nicht zu erbringende Last, substantiiert darzulegen und nachzuweisen, in welcher Höhe die anzurechnende, rechtsgrundlose Leistung eines Dritten erfolgt ist, sofern das dortige Gericht überhaupt gewillt ist, einer bisher unbekannten Rechtskonstruktion, die sich nur auf allgemeine Gerechtigkeitserwägungen zu stützen vermag, zu folgen.

Siebentens erhebt sich die Frage, ob dieser Urlaubsgewährungsanspruch überhaupt besteht, da das Arbeitsverhältnis im Entsendezeitraum doch durch die deutschen „lex fori"-Normen bestimmt war und damit ein Abgeltungsanspruch für diese Zeit entstand. Jedenfalls ist aber ein im Ausland ansässiges Arbeitsgericht auch insoweit nicht gehalten, diese gegebenenfalls Umwandlung eines Urlaubsgewährungs- in einen Urlaubsabgeltungsanspruch zu berücksichtigen, so dass letztlich den Entsendearbeitgeber eine Doppelbelastung trifft. Unterstellte man aber die Umwandlung des Gewährungs- in einen Abgeltungsanspruch für den Entsendezeitraum durch deutsches Tarifrecht, bedeutete dies einen Widerspruch sowohl gegen § 7 Abs. 4 BUrlG als auch gegen Art. 7 Abs. 2 der Arbeitszeitrichtlinie 104/93/EG, wonach es nur bei tatsächlicher Beendigung des Arbeitsverhältnisses zulässig ist, den Urlaubsgewährungs- in einen Abgeltungsanspruch umzuwandeln. Zwar ist es den Tarifvertragsparteien scheinbar gemäß § 13 Abs. 1 BUrlG gewährt, von § 7 Abs. 4 BUrlG auch zu Ungunsten des Arbeitnehmers abzuweichen, jedoch liegt in einer Einengung des Abgeltungsverbots zugleich ein mittelbarer Eingriff in den in den §§ 1, 3 BUrlG niedergelegten Anspruch des Arbeitnehmers auf bezahlte Freizeit[388].
Die von den Tarifvertragsparteien angestrebte, gewöhnliche Abgeltung während der Entsendezeit erworbener Urlaubsansprüche verstößt somit gegen gesetzliche Verbote und ist unwirksam, § 134 BGB. Die Abgeltungsregelung des § 7 Abs. 4 BUrlG/Art. 7 Abs. 2 Richtlinie 104/93/EG ist daher tariffest.
Zugleich bleiben die Probleme der fehlenden Anerkennung gegenläufiger Praxis durch ausländische Gerichte.

Vergleichbare Schwierigkeiten bestehen in Fällen des „deutschen" Urlaubkassensystems nicht, innerhalb dessen der Arbeitgeber einfach die aufgewendete Urlaubsvergütung beziehungsweise –abgeltung von der ULAK erstattet erhält und keine aus einem „Dreiecksverhältnis" herrüh-

---

[388] BAG AP Nr. 7, 22 zu § 7 BUrlG; *Dersch/Neumann,* § 7 BUrlG, Rz. 104 m.w.N.

rende Rechtsunsicherheiten vorliegen. Die offene Diskriminierung ist daher evident.

e) Erweiterter Anwendungsbereich deutscher Arbeitsrechtsbestimmungen gemäß § 7 AEntG

aa) Allgemeines

Durch die zweite Korrektur des AEntG wurde mit Wirkung zum 01.01.1999 der Versuch unternommen, die Richtlinie 96/71/EG in weiteren Teilen in deutsches Recht umzusetzen. Zu diesem Zweck wurde ein neuer § 7 in das AEntG eingefügt[389].
In dessen Abs. 1 wird zunächst bestimmt, dass alle Rechts- und Verwaltungsvorschriften, die die Bereiche der in den dortigen Nummern 1 bis 7 beschriebenen Arbeitsbedingungen regeln, auch auf alle Arbeitsverhältnisse zwischen einem ausländischen Arbeitgeber und seinen im Inland beschäftigten Arbeitnehmern zwingend Anwendung finden. Gemäß Abs. 2 gilt dies auch für alle allgemeinverbindlichen Tarifnormen dieser Rechtsbereiche, mit Ausnahme derjenigen gemäß § 7 Abs. 1 Nr. 2 und 3 AEntG: bezahlter Mindestjahresurlaub und Mindestentgeltsätze. Insofern gelten – beschränkt auf die Baubranche und die Schifffahrtsassistenz - die Normen des § 1 Abs. 1 und 3 AEntG.

Daraus ergibt sich, dass die Entsenderichtlinie nur unzureichend umgesetzt wurde[390]:
Zwar entspricht der Bedingungskatalog des § 7 Abs. 1 AEntG demjenigen des Art. 3 Abs. 1 lit. a) – g) der Entsenderichtlinie, jedoch bestimmt diese, dass die im Aufnahmestaat geltenden Arbeitsbedingungen unabhängig vom Statut des jeweiligen Arbeitsverhältnisses zu gewähren sind, Art. 3 Abs. 1 der Richtlinie. Dem wird formal die nationale Regelung in zweierlei Hinsicht nicht gerecht:

Erstens beschränkt sich die Umsetzung der Bereiche Mindesturlaub und –entgeltsätze, die in Deutschland regelmäßig durch die Tarifpartner in Tarifverträgen bestimmt werden, auf die Branchen der Bauwirtschaft und der Schifffahrtsassistenz, §§ 7 Abs. 2, 1 AentG. Zweitens werden von § 7 AEntG nur diejenigen Arbeitsverhältnisse erfasst, die zwischen ei-

---

[389] BGBl. I 1998, S. 3843.
[390] Zu der Frage der Vereinbarkeit mit Europäischem Primärrecht insoweit, vergl. die folgenden Ausführungen.

nem mit Sitz im Ausland ausgestatteten Arbeitgeber und einem im Inland tätigen Arbeitnehmer bestehen. Findet auf einen solchen Vertrag ohnehin deutsches Recht Anwendung[391], bedarf es eines Rückgriffs auf § 7 AEntG nicht; unterliegt dagegen der Vertrag ausländischem Recht trotz eines Inlandssitzes des Arbeitgebers[392] findet § 7 AEntG ebenfalls keine Anwendung, so dass in diesen Fällen wiederum eine „Insel fremden Rechts“ in Deutschland besteht[393].
Jedenfalls sollen durch § 7 AEntG erweitert Normen des deutschen Arbeitsrechts auf ausländischem Statut unterliegende Verträge bei Inlandsvollzug im Wege der Eingriffsnormen, Art. 34 EGBGB, angewendet werden[394].

bb) Die anzuwendenden Bereiche im einzelnen; Darstellung und Kritik

Es soll nunmehr der Blick gelenkt werden auf die einzelnen Felder der Arbeitsbedingungen, die sich bei Inlandsvollzug gegen ausländisches Statut durchsetzen sollen, gleich ob der Entsendetatbestand erfüllt ist oder nicht[395]. Sodann wird der jeweilige Normenkomplex einer Prüfung anhand der tangierten Dienstleistungsfreiheit, Art. 59 ff. EGV, unterworfen.

(1) Höchstarbeits- und Mindestruhezeiten, § 7 Abs. 1 Nr. 1 AEntG

Hierdurch werden erfasst die Normen der ArbZG, dort insbesondere §§ 3 ff. Diese setzten sich auch bisher bereits bei Inlandsvollzug gegen ausländisches Recht durch, und zwar sowohl über Art. 34 EGBGB als auch als Erfüllungsmodalität gemäß Art. 32 Abs. 2 EGBGB. Eine Veränderung des Rechtslage ist hierdurch nicht zu erkennen.
Dabei beschränkt sich die Anwendbarkeit dieser Arbeitsschutznormen auf dasjenige Mindestmaß, welches Resultat der Umsetzung europäischer Richtlinien in nationales Recht ist, zum Beispiel der Arbeitszeitrichtlinie Nr. 93/104/EG[396]. Denn durch die europäische Harmonisierung

---

[391] Zum Beispiel infolge Rechtswahl, Art. 27 EGBGB.
[392] Zum Beispiel infolge engerer Verbindung zum Ausland, Art. 30 Abs. 2 2.HS. EGBGB, § 21 Abs. 4 FlRG.
[393] Zum Problem auch: *Däubler*, RIW 1999, S. 255, 257.
[394] *Däubler*, RIW 1999, S. 255, 257f.; *Blanke*, AuR 1999, S. 417, 421.
[395] *Däubler*, RIW 1999, S. 255, 257.
[396] *MüHbdArbR-Birk*, § 19, Rz. 89.

wurde bereits ein einheitliches, allseits anerkanntes Mindestmaß geschaffen[397], so dass dem die Dienstleistungsfreiheit gegebenenfalls einschränkenden Allgemeininteresse des Arbeitnehmerschutzes hinreichend Rechnung getragen wurde. Für weitere Erstreckungen inländischer Normen, die auf grenzüberschreitend tätige Dienstleister beschränkend wirken, mangelt es anderenfalls an der nötigen Erforderlichkeit der Regelung.

(2) Bezahlter Mindestjahresurlaub, § 7 Abs. 1 Nr. 2 AEntG

Durch diese Normen sollen deutsche Rechtsvorschriften betreffend den bezahlten Jahresurlaub, insbesondere § 3 BUrlG, gegen ausländisches Recht durchgesetzt werden. Hierzu wird erweiternd vertreten, auch die sonstigen Bestimmungen des BUrlG, insbesondere das Lebensstandardprinzip des § 11 BUrlG, wirkten verdrängend[398].

Dem ist jedoch nicht zu folgen: Auch der Bereich des bezahlten Mindesturlaubs wurde bereits europäisch harmonisiert, Art. 7 der Arbeitszeitrichtlinie. Danach haben die Mitgliedstaaten dafür Sorge zu tragen, dass jeder Arbeitnehmer in jedem Mitgliedstaat einen bezahlten Mindesturlaub von vier Wochen pro Kalenderjahr erhält. Somit liegt auch in diesem Bereich ein einheitliches, allseits anerkanntes Mindestniveau vor, das einzelstaatliche Weiterungen im Rahmen grenzüberschreitender Dienstleistungserbringung ausschließt[399]. In diesem Zusammenhang sei daran erinnert, dass auch im Inland erst aufgrund der Arbeitszeitrichtlinie in 1994 die Erhöhung des Mindesturlaubs gemäß § 3 BUrlG von 18 auf 24 Werktage – inklusive Samstage – erfolgte. Damit überstieg das in der Arbeitszeitrichtlinie vorgegebene Niveau zu deren Erlasszeitpunkt das in Deutschland gesetzlich garantierte um immerhin ein Drittel.
Hieraus ergibt sich, dass auch aus deutscher Sicht die Erforderlichkeit zur Überwälzung deutscher Bestimmungen nicht besteht. Soweit hierdurch die Entsenderichtlinie nicht umgesetzt wird, verhält sich Deutschland nicht gemeinschaftswidrig, da diese Richtlinie mangels Ermächtigungsgrundlage unwirksam ist[400].

---

[397] Rechtsgrundlage war Art. 118a Abs. 2 EGV (Maastrichter Fassung).
[398] *Däubler*, RIW 1999, S. 255, 258.
[399] *MüHbdArbR-Birk*, § 19, Rz. 89.
[400] Vergl. hierzu unten § 2 III 4.

(3) Mindestentgeltsätze, § 7 Abs. 1 Nr. 3 AEntG

Diese Vorschrift läuft weitestgehend leer, da staatliche Mindestlohnvorgaben nicht bestehen. Hintergrund ist, dass dieser Bereich der Arbeitsbedingungen zum „Kernbereich" der Tarifautonomie gehört und damit der Normsetzungsprärogative der Tarifvertragsparteien unterliegt. Der Gesetzgeber hat sich deshalb bisher einer eigenen Normierung enthalten[401].

Hinsichtlich allgemeinverbindlicher Tarifnormen findet diese Vorschrift aber keine Anwendung, § 7 Abs. 2 AEntG, mit Ausnahme des § 1 Abs. 1 Nr. 1 AEntG; hierzu wird auf Vorstehendes verwiesen.

(4) Die Arbeitsschutzbestimmungen inklusive Arbeitnehmerüberlassung, Mutterschutz und Gleichbehandlung von Mann und Frau; § 7 Abs. 1 Nr. 4 – 7 AEntG

In dieser Kategorie ist eine Veränderung der Rechtssituation nicht zu erkennen, da auch sonstige Arbeitsschutzbestimmungen bereits bisher über die Art. 34, 32 Abs. 2 EGBGB Anwendung fanden[402].
Es gilt auch insoweit, dass es an der Erforderlichkeit der Überwälzung des deutschen Standards auf ausländischem Statut unterliegende Arbeitsverhältnisse fehlt, da eine europäische Harmonisierung vorliegt[403]. In diesen Fällen sind zugleich weitergehende nationale Vorschriften präkludiert, da ein allseits anerkanntes Mindestniveau besteht und für Weiterungen kein schützenswertes Interesse vorliegt.

Als **Zwischenergebnis** ist festzuhalten, dass die Bestimmungen des § 7 AEntG - soweit europarechtlich zulässig - keine Veränderung der bisher geltenden Rechtslage bewirken und die dort benannten Arbeitsbedingungen sich auch bereits bisher gemäß Art. 34, 32 Abs. 2 EGBGB gegen ausländisches Statut durchsetzten. Im übrigen fehlt es an einer für die Einschränkung der Dienstleistungsfreiheit notwendigen Erforderlichkeit eines rechtfertigenden Allgemeininteresses.

---

[401] Vergl. hierzu insgesamt unten § 4 II 1. a).
[402] *MüKo-Martiny*, Art. 30 EGBGB, Rz. 72 f.
[403] Vergl. *Pougin*, Deutsche Kritik, S. 38 ff.

f) Konsequenzen

Als Ergebnis bleibt deswegen festzuhalten, dass weder die Erstreckung nationaler Mindestlohnbestimmungen, ebensolcher Urlaubsrechtsverpflichtungen sowie sonstiger Schutzbestimmungen europarechtlich erforderlich waren, um die mit ihrer Einführung verfolgten Zwecke zu erreichen. Dadurch verstoßen diese Bestimmungen des Maßnahmestaates gegen die Dienstleistungsfreiheit EU-ausländischer Arbeitgeber, die vorübergehend Arbeitnehmer ins Inland entsenden.
Hierbei könnte es sich jedoch nicht um den einzigen Verstoß gegen europäisches Primärrecht handeln:

2. Vereinbarkeit des AEntG mit europäischem Wettbewerbsrecht, Art. 85 ff. EGV

In jüngster Zeit sah sich der EuGH veranlasst, zu der Frage Stellung zu nehmen, ob tarifliche Vereinbarungen sowie der Erstreckung deren Normwirkung auf nicht den Tarifvertragsparteien angehörende Arbeitsvertragsparteien durch Allgemeinverbindlichkeitserklärung gegen europäisches Wettbewerbsrecht verstoßen wird, insbesondere bei Vereinbarung des Tarifvertrages verbunden mit der Abrede der gemeinsamen Antragstellung für eine Allgemeinverbindlichkeit eine Übereinkunft vorliegt, die eine „ ... Verhinderung, Einschränkung oder Verfälschung des Wettbewerbs innerhalb des Gemeinsamen Marktes bezwecke(n) oder bewirke(n) ... ", Art. 85 Abs. 1 EGV[404]. Gemäß Art. 85 Abs. 2 EGV sind derartige Abreden nichtig, worin sich die Wichtigkeit der Bestimmungen für den Gemeinsamen Marktes – nach Vorstellung der Vertragsverfasser - wiederspiegelt[405]. Dabei sei die Anwendung der Wettbewerbsbestimmungen nicht von vornherein auf den Wirtschaftssektor des Binnenmarktes beschränkt, da Art. 85 Abs. 1 EGV auf den Gemeinsamen Markt verweise und somit – durch Art. 3 lit g) und i) EGV – auch die Sozialpolitik vor Verfälschung zu schützen ist[406]. Denn nach Art. 2 EGV sei es Aufgabe der Gemeinschaft, sowohl ein hohes Beschäftigungsniveau als auch hohes Maß an sozialem Schutz zu fördern. In diesem Zusammen-

---

[404] EuGH, (Albany), amtl. Slg. I 1999, S. 5751 ff.; ders., (Bokken), amtl. Slg. I 1999, S. 6121 ff.
[405] EuGH, (Albany), amtl. Slg. I 1999, S. 5751 ff., Ziffer 53, ders., (Bokken amtl. Slg. I 1999, S. 6121 ff, Ziffer 40.
[406] EuGH, (Albany), amtl. Slg. I 1999, S. 5751 ff., Ziffer 54, ders., (Bokken), amtl. Slg. I 1999, S. 6121 ff, Ziffer 41.

hang bestimme Art. 118 EGV die Aufgabe der Kommission, auch auf dem Gebiet der Kollektivverhandlungen von Arbeitgebern und –nehmern die Zusammenarbeit zwischen den Mitgliedstaaten zu fördern, sowie Art. 118b EGV den Dialog zwischen den Sozialpartnern zu entwickeln[407]. Zugleich unterlägen sowohl die Gemeinschaft als auch die Mitgliedstaaten der aus Art. 1 des Abkommens über Sozialpolitik[408] resultierenden Verpflichtung, die Lebens- und Arbeitsbedingungen und den sozialen Dialog zu verbessern.

Daraus wird geschlussfolgert, dass Tarifverträge zwar zwangsläufig wettbewerbsbeschränkende Wirkungen aufweisen, jedoch die Erreichung der mit solchen Verträgen angestrebten sozialen Ziele es bedinge, Art. 85 EGV nicht hierauf anzuwenden, da anderenfalls diese Ziele, die die Gemeinschaft anerkenne, ernstlich gefährdet wären[409]. Tarifverträge unterfallen damit nicht den Wettbewerbsregeln des Gemeinsamen Marktes, sofern sie unmittelbar zur Verbesserung einer der Arbeitsbedingungen der Arbeitnehmer beitragen[410]. Gleiches gilt auch hinsichtlich der Allgemeinverbindlichkeit solcher Tarifnormen:
Zwar erkannte der EuGH an, dass ein Mitgliedstaat keine Maßnahmen treffen dürfe, die praktische Wirksamkeit der für Unternehmen geltenden Wettbewerbsbedingungen aufheben könnten[411]. Diese Maßnahmen können sowohl darin bestehen, dass ein Mitgliedstaat gegen Art. 85 EGV verstoßende Kartellabsprachen vorschreibt als auch darin, dass er solche Maßnahmen den Entscheidungen privater Wirtschaftsteilnehmer überträgt[412]. Eine derartige Duldung/Übertragung einer Kartellabsprache besteht aber nicht in der Beantragung und Erteilung der Allgemeinverbindlichkeitserklärung tariflicher Normen, da sich diese Möglichkeit der Rechtssetzung von Arbeitsbedingungen

---

[407] EuGH, (Albany), amtl. Slg. I 1999, S. 5751 ff., Ziffer 55f., ders., (Bokken), amtl. Slg. I 1999, S. 6121 ff, Ziffer 42f.
[408] Abl. EG Nr. C 191/1992, S. 91.
[409] EuGH, (Albany), amtl. Slg. I 1999, S. 5751 ff., Ziffer 59, ders., (Bokken), amtl. Slg. I 1999, S. 6121 ff, Ziffer 46.
[410] EuGH, (Albany), amtl. Slg. I 1999, S. 5751 ff., Ziffer 63, ders., (Bokken), amtl. Slg. I 1999, S. 6121 ff, Ziffer 50.
[411] EuGH, (Van Eycke), amtl. Slg. I 1988, S. 4769, Ziffer 16; dem folgend: ders., (Albany), amtl. Slg. I 1999, S. 5751 ff., Ziffer 68; ders., (Bokken), amtl. Slg. I 1999, S. 6121 ff, Ziffer 55.
[412] EuGH, (Meng), amtl. Slg. I 1993, S. 5751, 5797, Ziffer 14; ders., (Reiff), amtl. Slg. I 1993, S. 5801, 5847, Ziffer 14; ders., (Corsica Ferries) amtl. Slg. I 1998, S. 3949, 3994, Ziffer 35, 36, 49.

„... in eine in mehreren nationalen Rechtssystemen vorgesehene Regelung einfügt, die die Ausübung der Befugnis zum Erlass von Verordnungen in sozialen Fragen betrifft. ...“[413]

Daher stehe es den Mitgliedstaaten frei, tarifliche Bestimmungen für Personen, die nicht originär gebunden sind, verbindlich vorzuschreiben, ohne hierdurch die praktische Wirksamkeit der Art. 3 lit g), 5 und 85 EGV zu beeinträchtigen[414].

(Allgemeinverbindliche) Tarifverträge verstoßen daher nicht gegen europäisches Wettbewerbsrecht, sondern sind – im Rahmen der sonstigen Rechtsordnung – zulässig.

Als **vorläufiges Ergebnis** der europarechtlichen Betrachtungen ist zu konstatieren, dass der Inhalt des AEntG sowie der insoweit identischen Entsenderichtlinie gegen europäisches Primärrecht in Gestalt der Grundfreiheit der Dienstleistung, Art. 59 ff. EGV verstoßen, jedoch – auch unter Berücksichtigung der Einbeziehung nationaler, allgemeinverbindlicher Tarifverträge - nicht gegen europäisches Wettbewerbsrecht.

3. Vereinbarkeit der Entsenderichtlinie 96/71/EG mit dem EG-Vertrag, Bestehen einer Ermächtigungsgrundlage

Eine Rechtfertigung der nationalen Regelungen ergibt sich auch nicht daraus, dass die Mitgliedstaaten durch die Richtlinie 96/71/EG verpflichtet waren, dem AEntG vergleichbare Umsetzungen zu schaffen. Denn diese regelungsidentische Richtlinie kam zudem unter Verstoß gegen ihre Ermächtigungsgrundlage zustande:

Bei der Anwendung der benannten Öffnungsklausel des Art. 20 EVÜ stellt sich die Frage, ob von dieser mit der Entsenderichtlinie formal wirksam Gebrauch gemacht werden konnte.
Nach Art. 20 EVÜ/Art. 3 Abs. 2 S. 2 EGBGB werden von den Regelungen des EVÜ – beziehungsweise seiner nationalen Umsetzung im

---

[413] EuGH, (Albany), amtl. Slg. I 1999, S. 5751 ff., Ziffer 66, ders., (Bokken), amtl. Slg. I 1999, S. 6121 ff, Ziffer 56.

[414] EuGH, (Albany), amtl. Slg. I 1999, S. 5751 ff., Ziffer 66, 69, ders., (Bokken), amtl. Slg. I 1999, S. 6121 ff, Ziffer 56, 59.

EGBGB – die Rechtsakte der Europäischen Union und ihrer nationalen Transformation nicht berührt; letzteren gebührt der Vorrang[415]. Als ein Rechtsakt, der die staatsvertraglichen Bestimmungen des EVÜ verdrängte, kommt die bereits aufgegriffene europäische Entsenderichtlinie Nr. 96/71/EG in Betracht. Dabei wird die mögliche Rechtfertigung des AEntG durch die regelungstechnisch identische, vom Anwendungsumfang weitergehende Entsenderichtlinie gegenüber der Grundfreiheit der Dienstleistungen zurückgestellt.

Die Richtlinien-Initiatoren, der Europäische Rat und weitere Organe der EU, verstehen sie dennoch als Bindeglied zwischen den Bestimmungen des EVÜ und der vom EuGH aus gemeinschaftsrechtlicher Sicht gebilligten Möglichkeit der Mitgliedstaaten, ihre gesetzlichen und tariflichen Normen betreffend Mindestlohn und Urlaub auf alle Arbeitgeber und –nehmer auszudehnen, gleich ob sie nur vorübergehend oder auf Dauer in dem jeweiligen Mitgliedstaat tätig sind[416]. Mit der Entsenderichtlinie werde das Ziel verfolgt, aus Gründen des Arbeitnehmerschutzes und der Wettbewerbsharmonisierung[417] die Bestimmungen der Mitgliedstaaten hinsichtlich ihrer kollisionsrechtlichen Normen über die Anwendbarkeit ihres Arbeitsvertragsstatuts in Entsendefällen zu koordinieren. Eine Angleichung von Rechtsvorschriften stand daher im Vordergrund. Diese Angleichung ist dergestalt von den Mitgliedstaaten vorzunehmen, dass ihre jeweiligen Mindestbedingungen in den Teilbereichen Arbeitszeit, bezahlter Urlaub, Lohn, Arbeitnehmerüberlassung, Arbeitsschutz und –hygiene, Mutter- und Jugendarbeitsschutz sowie Gleichbehandlung von Mann und Frau auf alle Arbeitsvertragsverhältnisse Anwendung zu finden haben, gleich ob sie auf Dauer oder nur vorübergehend dort ausgeübt werden[418].
Zugleich wurden die Mitgliedstaaten verpflichtet, innerhalb von drei Jahren nach Richtlinienerlass für eine Umsetzung in ihr nationales Recht Sorge zu tragen[419].

Die Entsenderichtlinie könnte sowohl deswegen nicht im Einklang mit dem EG-Vertrag stehen, weil sie nicht auf die zutreffende Ermächtigungsgrundlage des EG-Vertrages gestellt wurde, als auch infolgedes-

---

415 *Palandt-Heldrich,* Art. 3 EGBGB, Rz. 9.
416 Richtlinie 96/71/EG, dort Erwägungen Nr. 8, 9, 12, 13.
417 Richtlinie 96/71/EG, dort Erwägungen Nr.13.
418 Richtlinie 96/71/EG, dort Art. 3; *Birk,* RdA 1999, S. 13, 17.
419 Richtlinie 96/71/EG, dort Art. 7.

sen, weil sie einen Regelungsgehalt aufweist, der unzulässig in die Grundfreiheiten des EG-Vertrages eingreift:
Gemäß den Erwägungen des Europäischen Rates zu dieser Richtlinie soll die zutreffende Ermächtigungsgrundlage Art. 57 Abs. 2 EGV in Verbindung mit Art. 66 EGV, jedoch nicht Art. 100 EGV oder Art. 100a EGV oder Art. 118a EGV beziehungsweise Art. 235 EGV, sein. Gestützt wird diese Ansicht darauf, dass hierdurch ein zentrales Element der Dienstleistungsfreiheit in den Rechtssystemen der Mitgliedstaaten harmonisiert werde, nämlich die Bedingungen der Ausübung der Dienstleistungsfreiheit mit Hilfspersonen, das heißt Arbeitnehmern.
Nunmehr ergibt sich aber aus der vorstehenden Prüfung der Vereinbarkeit des AEntG, welches die Richtlinie 96/71/EG für den sachlichen Bereich des(r) Baugewerbes und –industrie in nationales Recht umsetzt, mit europäischem Primärrecht die Problemstellung, dass dessen Bestimmungen die Grundfreiheit der Dienstleistungen unzulässig beeinträchtigt. Hieraus leitet sich dann die Frage ab, ob nicht auch die Richtlinie selbst, die vom Bestimmungsgehalt her identische Ziele verfolgt, einen unzulässigen Primärrechtsverstoß beinhaltet oder ob die Grundfreiheiten des EGV durch einen solchen Rechtsakt zulässigerweise beschränkt werden können.

Dies lässt sich in folgenden zwei Fragen zusammenfassen:

- Welche Konsequenzen ergeben sich, wenn eine Richtlinie nicht den Erfordernissen ihrer Ermächtigungsgrundlage – und auch sonst keiner in Betracht kommenden – entspricht?

- Kann eine Richtlinie gleichen Inhalts wie eine nationalstaatliche Maßnahme, die unzulässig in die Dienstleistungsfreiheit eingreift, ihrerseits mit europäischem Primärrecht in Einklang stehen und so die nationale Bestimmungen rechtfertigen?

a) Bestimmung der Ermächtigungsgrundlage

Der die Richtlinie beschließende Europäische Rat vertrat die Auffassung, mit ihr zulässigerweise die Rechts- und Verwaltungsvorschriften der Mitgliedstaaten koordinieren zu können. Er stützte ihren Erlass daher auf die Art. 66, 57 Abs. 2 EGV.
Gemäß dem Wortlaut des Art. 57 Abs. 2 EGV ist der Europäische Rat – unter Beschlussfassung mit qualifizierter Mehrheit - zur Koordinierung

der Rechts- und Verwaltungsvorschriften der Mitgliedstaaten berechtigt, Richtlinien zu erlassen, die die **Ausübung der Grundfreiheiten** der Niederlassung und – gemäß Art. 66 EGV - der Erbringung von Dienstleistungen **erleichtern.** Das Richtliniengebungsverfahren erfolgt dabei primär durch den Europäischen Rat gemäß Art. 189b EGV unter Mitwirkung des Europäischen Parlaments.

Dem gegenüber verfolgt die ebenfalls in Betracht kommende Ermächtigungsgrundlage des Art. 100 EGV, die Einstimmigkeit unter den Mitgliedstaaten (im Gegensatz zu Art. 57 Abs. 2 EGV) voraussetzt, das Ziel der Angleichung der Rechtsvorschriften, die sich unmittelbar auf das Funktionieren des Gemeinsamen Marktes auswirken[420].

Als weitere mögliche Ermächtigungsgrundlagen des EGV sind zu nennen Art. 100a Abs. 1 und 118a Abs. 2 EGV beziehungsweise – subsidiär – Art. 235 EGV[421].

aa) Ziele der Richtlinie 96/71/EG

Zur Lösung des Problems, welche Ermächtigungsgrundlage von ihrem Regelungsgehalt einschlägig ist und welche Voraussetzungen für das wirksame Zustandekommen einer Richtlinie hieraus folgen, ist zuvörderst aus den zur Richtlinie 96/71/EG vom 16.12.1996 ergangenen Erwägungen zu zitieren:

> „ ...
> **(1.) Die Beseitigung der Hindernisse für den freien Personen- und Dienstleistungsverkehr zwischen den Mitgliedstaaten gehört ... zu den Zielen der Gemeinschaft.**
> **(2.) Für die Erbringung von Dienstleistungen sind ... seit Ende der Übergangszeit Einschränkungen unzulässig.**
> **(3.) Die Verwirklichung des Binnenmarktes bietet einen dynamischen Rahmen für die länderübergreifende Erbringung von Dienstleistungen.**
> ...

[420] *Pougin,* Deutsche Kritik, S. 22.
[421] *Pougin,* Deutsche Kritik, S. 18 ff.

(5.) Voraussetzung für eine echte Förderung des länderübergreifenden Dienstleistungsverkehrs sind ein fairer Wettbewerb sowie Maßnahmen, die die Wahrung der Rechte der Arbeitnehmer garantieren.

...

(8.) In Art. 3 des Übereinkommens (das heißt des EVÜ; Anm. d. Verf.) wird als allgemeine Regelung die freie Rechtswahl der Parteien festgelegt. Mangels einer Rechtswahl ist nach Art. 6 Abs. 2 auf den Arbeitsvertrag das Recht des Staates anzuwenden, in dem der Arbeitnehmer in Erfüllung des Vertrages gewöhnlich seine Arbeit verrichtet, selbst wenn er vorübergehend in einen anderen Staat entsandt ist.

(9.) Nach Art. 6 Abs. 1 dieses Übereinkommens darf die Rechtswahl der Parteien nicht dazu führen, dass dem Arbeitnehmer der Schutz entzogen wird, der ihm durch die zwingenden Bestimmungen des Rechts gewährt wird, das nach Abs. 2 mangels einer Rechtswahl anzuwenden wäre.

...

(12.) Das Gemeinschaftsrecht hindert die Mitgliedstaaten nicht daran, ihre Gesetze oder die von den Sozialpartnern geschlossenen Tarifverträge auf sämtliche Personen anzuwenden, die auch nur vorübergehend in ihrem Hoheitsgebiet beschäftigt werden, selbst wenn ihr Arbeitgeber in einem anderen Mitgliedstaat ansässig ist.

(13.) Gesetze der Mitgliedstaaten müssen koordiniert werden, um einen Kern zwingender Bestimmungen über ein Mindestmaß an Schutz festzulegen, der im Gastland von Arbeitgebern zu gewährleisten ist, die Arbeitnehmer für eine zeitlich begrenzte Arbeitsleistung in das Hoheitsgebiet eines Mitgliedstaates entsenden, in dem eine Dienstleistung zu erbringen ist ...

...

(17.) Die im Gastland geltenden zwingenden Bestimmungen über ein Mindestmaß an Schutz dürfen jedoch nicht der Anwendung von Arbeitsbedingungen, die für die Arbeitnehmer günstiger sind, entgegenstehen.

...

(25.) Spätestens 5 Jahre nach Annahme dieser Richtlinie hat die Kommission die Anwendung dieser Richtlinie zu überprüfen und falls erforderlich, Änderungsvorschläge zu unterbreiten. ... "

Die mit der Einführung der Richtlinie vom Europäischen Rat verfolgten Ziele lassen sich dahingehend zusammenfassen, dass die Beseitigung von Hemmnissen bei der grenzüberschreitenden Erbringung von Dienstleistungen dem Funktionieren des Gemeinsamen Marktes förderlich ist, gleichwohl eine echte Marktgewährleistung nur dann besteht, wenn annähernd vergleichbare Wettbewerbsbedingungen für Unternehmen und ein „harter Kern" an Arbeitsbedingungen für die grenzüberschreitend tätigen Arbeitnehmer bestehen.

bb) Der Regelungsgehalt in Betracht kommender Ermächtigungsgrundlagen und ihre Voraussetzungen

Zu der Frage, ob mit dieser Zielbestimmung und dem aufgezeigten Regelungsgehalt die Entsenderichtlinie zutreffenderweise auf Art. 66, 57 Abs. 2 EGV gestützt werden konnte, gibt es ein weitgefächertes Meinungsspektrum:

(1) Art. 66, 57 Abs. 2 EGV als Ermächtigungsgrundlage

(a) Voraussetzungen der Art. 66, 57 Abs. 2 EGV

Art. 66, 57 Abs. 2 EGV bestimmen, dass zur **Erleichterung** der Ausübung der Dienstleistungsfreiheit der Europäische Rat berechtigt ist, im Wege der Richtliniengebung die Rechts- und Verwaltungsvorschriften der Mitgliedstaaten zu koordinieren.

(aa) Begriff der Koordination

Zunächst bietet sich an, den Begriff der Koordination aus seinem Wortsinn heraus zu interpretieren dafür, welche Befugnisse mit ihm für den Richtliniengeber verbunden ist. Dabei fällt jedoch auf, dass der Begriff der Koordination – wie auch die Begriffe der Harmonisierung und Anglei-

chung – unterschiedlich und wechselhaft im EGV verwendet werden und auch in den sprachlich verschiedenen Ausgaben des Vertragstextes nicht einheitlich übersetzt wurden[422]. Vorrangige Verwendung findet der Begriff der Koordination im Bereich der Abstimmung der Politik der Mitgliedsländer[423]; im Zusammenhang mit der Vereinheitlichung der Rechts- und Verwaltungsvorschriften der Mitgliedstaaten wird er nur im Rahmen der Bestimmungen zur Niederlassungs- und Dienstleistungsfreiheit verwendet[424].
Ein Begriffsbestimmungsversuch aus dem Wortlaut heraus ist - auch infolge des Umstandes, dass im EGV eine terminologische Beständigkeit grundsätzlich nicht zu erkennen ist – daher ergebnislos. Interpretationshilfe bietet allein die Aufgabe der Norm[425].
Im Rahmen der damit einhergehenden Aufgabenbestimmung von Art. 66, 57 Abs. 2 EGV ist festzustellen, dass die Koordination der Erleichterung der Ausübung des Dienstleistungsfreiheit erfolgen soll, was am ehesten gewährleistet erscheint, wenn im gesamten Gemeinsamen Markt vergleichbare Bedingungen herrschen. Koordination heißt folglich Angleichung beziehungsweise Harmonisierung[426].

(bb) Sachlicher Koordinationsgegenstand im Rahmen der Niederlassungsfreiheit gemäß Art. 52, 57 Abs. 2 EGV

Zudem erhebt sich die Frage, welche Rechtsvorschriften der Koordinierung unterliegen können, und zwar einerseits in formeller sowie andererseits in sachlicher Hinsicht:
In formeller Betrachtungsweise gehören zu den koordinierbaren Normen alle formellen und materiellen Rechtssätze einschließlich der hiervon abgeleiteten Rechtsvorschriften sowie alle verwaltungsrechtlichen Bestimmungen (zum Beispiel Ministerialerlasse, Verwaltungsanweisungen pp.)[427].
Sachlich unterliegen zunächst – im Rahmen des originären Anwendungsbereiches des Art. 57 Abs. 2 innerhalb der Grundfreiheit der Niederlassung – dieser Koordinationsmöglichkeit alle Bestimmungen, die

---

422 *Groeben/Thiesing/Ehlermann – Troberg*, Art. 57 EGV, Rz. 31.
423 Zum Beispiel Art. 109c EGV.
424 *Groeben/Thiesing/Ehlermann – Troberg,* Art. 57 EGV, Rz. 31.
425 *Groeben/Thiesing/Ehlermann – Troberg*, Art. 57 EGV, Rz. 31.
426 Beliebig austauschbar: *Groeben/Thiesing/Ehlermann-Taschner,* Art. 100 EGV, Rz. 1; *Grabitz/Hilf-Langeheine,* Art. 100 EGV, Rz. 8; ähnlich: *Dauses-Roth,* E.I, Rz. 145f.
427 *Groeben/Thiesing/Ehlermann – Troberg*, Art. 57 EGV, Rz. 33.

die fortlaufende Ausübung einer selbstständigen Tätigkeit beeinflussen und gegebenenfalls erleichtern. Die hierdurch in Betracht kommenden Vorschriften können sich nun einerseits auf das Unternehmen selbst und dessen Ansässigkeit beziehen, andererseits vermag auch das von ihnen hergestellte Produkt im Vordergrund zu stehen. Die Frage der Umlauffähigkeit des herzustellenden Produkts - und damit die Attraktivität der Herstellung selbst – bezieht sich aber auf einen Vorgang, der selbst nicht mehr von der Grundfreiheit der Niederlassung geschützt ist, so dass die insoweit bestehende Koordinierungsmöglichkeit diesen Bereich nicht als Aufgabenfeld haben kann: Wie bereits einleitend dargestellt, reicht der Schutzbereich und Regelungsgehalt der Niederlassungsfreiheit nur soweit, sich zu den identischen Bedingungen in einem anderen Mitgliedstaat niederlassen zu dürfen wie die dortigen eigenen Staatsangehörigen[428]. Damit steht im Mittelpunkt der Vorschriften des EGV zur Grundfreiheit der Niederlassung die Möglichkeit der Ansässigkeit zu identischen Bedingungen[429]. Hierauf bezieht sich dann – konsequenterweise – die Befugnis des Richtliniengebers, koordinierend (angleichend) tätig zu sein[430].

(cc) Übernahme und Erweiterung des Koordinationsbegriffes für die Dienstleistungsfreiheit im Rahmen des Verweises des Art. 66 EGV

Vorliegend beansprucht der Umstand Beachtung, dass auf die Koordinationsmöglichkeit des Art. 57 Abs. 2 EGV aus den Vorschriften über die Grundfreiheit der Dienstleistung heraus verwiesen wird: Dadurch könnte sich auch der Gegenstand der Koordinierung auf sachlicher Ebene ändern. Diese Annahme gründet sich darauf, dass auch der Schutzbereich der Dienstleistungsfreiheit eine andere Gestaltung aufweist als der der Niederlassungsfreiheit[431]. Die Dienstleistungsfreiheit gewährt nämlich erweiternd, dass der Dienstleister zu den Bedingungen grenzüberschreitend tätig sein darf, die in seinem Heimatland gelten, das heißt der Empfängerstaat zur Anerkennung der Normen des Dienstleister-Heimatlandes verpflichtet ist (Verbot von Maßnahmen gleicher Wirkung wie mengenmäßige Beschränkungen)[432]. Ausnahmen hiervon, die die

---

[428] Siehe § 2 III 1. a) cc); EuGH, (Gebhardt), NJW 1996, S. 579, Ziffer 33 ff.; ders. (COSTA./.ENEL), amtl. Slg. I 1964, S. 1274.

[429] *Seidel*, Rechtsangleichung, S. 61, 83; *Dauses-Roth*, E.I, Rz. 69 f.

[430] *Dauses-Roth*, E.I, Rz. 148.

[431] Siehe oben unter § 2 III 1. a) cc) und dd).

[432] EuGH, (Van der Elst), EuZW 1994, S. 600 ff., Ziffer 14; ders., (Rush Portuguesa), EuZW 1990, S. 257 ff., Ziffer 11f.; ders., (Arblade), NZA 2000, S. 89 ff., Ziffer 33.

Verkehrsfähigkeit des nach dem Statut des Heimatlandes geschaffenen Produktes im Gemeinsamen Markt beeinträchtigen, bedürfen eines rechtfertigenden „zwingenden Allgemeininteresses"[433], es sei denn, sie bilden eine „Beschäftigungsmodalität", die vom Tatbestand der Dienstleistungsfreiheit ausgeschlossen ist[434]. Daraus ergibt sich, dass im Vordergrund der Dienstleistungsfreiheit der Schutz des durch die Dienstleistung zu schaffenden Produkts steht.

Hierdurch bedingt sich die Konsequenz, im Rahmen von Art. 66, 57 Abs. 2 EGV den sachlichen Koordinierungsgegenstand – anhand seiner erweiternden Aufgabe – anders zu bestimmen: Gegenstand der Harmonisierung/Angleichung nationaler Rechts- und Verwaltungsvorschriften könnten somit auch Normen sein, die die Art und Weise der Herstellung oder der Qualität des Produkts bedingen. Aber auch hierbei handelt es sich um ein weites Gebiet, da die Art und Weise einerseits betroffen sein kann durch persönliche Merkmale des Dienstleistungserbringers selbst sowie durch Anforderungen an das Leistungsergebnis, auch aus Rechtsgebieten, die mit dem Produkt nicht in unmittelbaren Zusammenhang stehen[435].
Deshalb stellt sich hier das Problem, weiter differenzieren zu müssen, um eine geeignete Abgrenzungslinie zu finden: Maßstab insoweit ist wiederum der Schutzbereich der Dienstleistungsfreiheit, zu deren erleichterten Ausübung die Richtliniengebung führen soll. Daraus ergibt sich, dass der sachliche Anwendungsbereich der Koordinierungsbefugnis nicht weiter reichen kann, als was der Schutzbereich der Dienstleistungsfreiheit selbst umfasst.
Deshalb zählen zum sachlichen Koordinierungsbereich jedenfalls die persönlichen Notwendigkeiten des Dienstleisters, eine Tätigkeit erbringen zu dürfen; wenn jeder Mitgliedstaat über ähnliche Standards betreffend die persönliche Fähigkeit und Eignung des Dienstleisters verfügt, ergibt sich eine Erleichterung der Ausübung der Dienstleistungsfreiheit von selbst, da Differenzen nicht mehr erwachsen.

---

[433] EuGH, (Binsbergen) amtl. Slg. I 1974, S. 1299, 1309, Ziffer 12, 16; ders., (Seco), amtl. Slg. I 1982, S. 223 ff., Ziffer 10; ders., (Van der Elst), EuZW 1994, S. 600 ff., Ziffer 16f.; ders., (Arblade), NZA 2000, S. 89 ff., Ziffer 34.

[434] Siehe oben unter §2 III 1. a) dd); Streinz, EuropaR, §12 II 2, Rz. 681; EuGH (Bosman), amtl. Slg. I 1995, S. 4921 ff., Ziffer 76 ff.; ders., (Alpine Investment), NJW 1995, S. 2541 f., Rz. 36 ff.

[435] Zum Beispiel bestimmt sich das Produkt eines Architekten – Bauantrag – einerseits nach seiner persönlichen Qualifikation sowie andererseits nach der Berücksichtigung des zu beachtenden Baurechts.

Gleiches gilt hinsichtlich der unmittelbaren Qualität des Dienstleistungsprodukt: Auch bietet es sich an, Anerkennungsschwierigkeiten, die auf dem unterschiedlichen Standard in den Mitgliedstaaten beruhen, durch Angleichung/Harmonisierung zu beseitigen. Demgegenüber ist es keineswegs Inhalt der Dienstleistungsfreiheit und somit auch der Koordinierungsmöglichkeit, die gesamte Rechtsordnung der Mitgliedstaaten zu vereinheitlichen, um somit jede nur mittelbare Einflussnahme auf das Ergebnis und die Handelbarkeit eines Produkts zu beseitigen. Hierbei handelt es sich um die benannten „Beschäftigungsmodalitäten", die unter entsprechender Anwendung der zur Warenverkehrsfreiheit entwickelten „Keck-Formel" vom Tatbestand der Dienstleistungsfreiheit ausgeschlossen sind[436].

(dd) Anforderungen an die Erleichterung durch Koordination

Besteht nunmehr ein sachlicher Koordinationsgegenstand, so ist weiter zu prüfen, ob der Richtliniengeber tatsächlich mit dem Ergebnis koordinierte, dass die Ausübung der Dienstleistungsfreiheit **erleichtert** wurde.
Eine Koordination – auch Harmonisierung/Angleichung – verfolgt einen doppelten Zweck: Zum einen wird eine Sockelregulierung EG-weit vorgenommen, das heißt ein Mindeststandard gilt in allen Mitgliedstaaten gleichermaßen. Zum zweiten werden umgekehrt auch alle nationalen Bestimmungen, die einen darüber hinaus gehenden Standard verlangen, verdrängt, so dass sie auf grenzüberschreitende Sachverhalte unanwendbar sind[437]. Eine Harmonisierungsrichtlinie bewirkt daher immer auch, dass jeder Anbieter um den Preis einer Sockelregulierung „ ... von einem mehr an Regulierung freigestellt ... "[438] ist.
Die die Freiheitsausübung erleichternde Koordination hat somit zu bewirken, dass eine Rechtsangleichung unter den Mitgliedstaaten in Beziehung auf das Produkt erfolgt, um Anerkennungsschwierigkeiten aus Differenzen der Rechtssysteme zu vermeiden.

---

[436] EuGH, (Bosman), amtl. Slg. I 1995, S. 4921 ff., Ziffer 76; *Streinz,* EuropaR, §12 II 2, Rz. 681.
[437] *Grundmann,* 3.60 Arbeitnehmerentsenderichtlinie, Rz. 15.
[438] *Grundmann,* 3.60 Arbeitnehmerentsenderichtlinie, Rz. 15.

(b) Einordnung der Entsenderichtlinie anhand vorstehender Erfordernisse

(aa) Ansicht Däublers

Däubler vertritt die Rechtsansicht[439], dass die Richtlinie 96/71/EG deswegen rechtmäßig erlassen wurde, da man die für die Ermächtigungsgrundlage des Art. 57 Abs. 2 EGV notwendige qualifizierte Mehrheit des Verfahrens nach Art. 189b EGV berücksichtigte und es sich bei jener Ermächtigungsgrundlage um die zutreffende handelt. Dazu wird ausgeführt, dass die den ausländischen Anbietern gewährte Dienstleistungs- und Niederlassungsfreiheit dadurch geregelt wird, dass das zwischen jenen ausländischen Anbietern als Arbeitgebern und den von ihnen ins Inland entsandten Arbeitnehmern bestehende Arbeitsvertragsstatut Modifizierungen erfährt. Die nunmehrige Richtlinie koordiniere diejenigen arbeitsrechtlichen Voraussetzungen, die die Dienstleistungserbringer zu beachten hätten. Dabei handele es sich um rechtliche Ausgestaltungen, die sich auf die im grenzüberschreitenden Dienstleistungswege geschaffenen Produkte/Ergebnisse selbst beziehen.
Soweit dies dadurch erfolge, dass das „Innenverhältnis" zwischen Arbeitgeber und -nehmer teilweise neu bestimmt wird, so handele es sich in Anbetracht des Umstandes, dass der Einsatz von Arbeitnehmern neuerdings vermehrt grenzüberschreitend erfolge, geradezu um das zentrale Element der Dienstleistungsfreiheit. Daher sei der Schluss gerechtfertigt, dass die benannte Richtlinie dem Art. 57 Abs. 2 EGV unterfalle[440].

Die mit Koordination der Rechts- und Verwaltungsvorschriften der Mitgliedstaaten einhergehende Erleichterung der Dienstleistungsfreiheit sei dadurch erreicht, dass nunmehr einheitliche Kollisionsnormen betreffend die Anwendbarkeit eines Rechtsstatuts im Falle vorübergehender Arbeitnehmerentsendung beständen. Dies bedeute für den entsendenden Arbeitgeber/Dienstleister Rechtssicherheit hinsichtlich der für ihn gültigen Rechtsbedingungen[441]. Zugleich sei vereinheitlicht, dass entsendende Arbeitgeber/Dienstleister die am jeweiligen Einsatzort ihrer Arbeitnehmer gültigen Mindestbedingungen kraft teilweiser Anwendbarkeit des dortigen Statuts berücksichtigen müssten. Daraus ergebe sich eine für solche Dienstleister erleichternde Wirkung der Entsenderichtlinie.

---

[439] *Däubler,* EuZW 1997, S. 613 f.; ders., EuZW 1993, S. 370 ff.

[440] Dem folgend: *Hanau,* NJW 1996, S. 1369, 1373; *Birk,* RdA 1999, S. 13, 17; *Müller,* Entsendung, S. 55 ff.

[441] Richtlinie 96/71/EG, dort Erwägungen Ziffer 6.

(bb) Eigene Meinung

Um vorstehende Meinung einordnen zu können, ist es notwendig, die Entsenderichtlinie unter Einschluss der zu ihr ergangenen Erwägungen an den Voraussetzungen der Art. 66, 57 Abs. 2 zu messen, wie sie entwickelt wurden.

So stellt sich zunächst die Frage nach dem **sachlichen Koordinierungsgegenstand**. Dieser wurde als der Schutzbereich der Dienstleistungsfreiheit im Sinne von Art. 59, 60 EGV herausgearbeitet. Der Schutzbereich gewährt zunächst ein umfassendes Beschränkungsverbot, jedoch zugleich – wie aufgezeigt – nicht die Möglichkeit, frei von sämtlichen nationalstaatlichen Bestimmungen eines Empfängerlandes dort Dienstleistungen auszuführen. Vielmehr sind von nicht dort Niedergelassenen diejenigen (Beschäftigungs-) Modalitäten zu akzeptieren[442], die – obgleich sie die Leistungserbringung behindern oder weniger attraktiv gestalten – den allgemeinen Handlungsrahmen des Empfängerstaates bilden, das heißt das dortige Wertsystem als solches.
Hierzu gehört jedoch das Arbeitsrecht inklusive seiner Kollisionsnormen nicht: Das nationale Arbeitsrecht bildet keinen Rahmen für die Dienstleistung, sondern bestimmt deren Erbringung. Durch das Arbeitsrecht wird nicht etwa eine Dienstleistung als solche verboten, sondern nur dasjenige geregelt, was der Dienstleistende im Verhältnis zu seinen Hilfspersonen – Arbeitnehmer – zu beachten hat. Die Bestimmungen des Arbeitsrechts haben sich daher am Gehalt der Dienstleistungsfreiheit messen zu lassen[443]. Sie sind daher auch sachlicher Koordinierungsgegenstand im Sinne der Art. 66, 57 Abs. 2 EGV.

Folgt nunmehr das Problem der **Koordinierung**: Eine Koordinierung beziehungsweise Angleichung der Rechts- und Verwaltungsvorschriften der Mitgliedstaaten erfolgt dann, wenn um den Preis einer einheitlichen Basisregulierung die Befugnis der Staaten nach einem höheren Stan-

---

[442] Übertragene „Keck-Formel"; EuGH (Bosman), amtl. Slg. I 1995, S. 4921 ff., Ziffer 76; ders., (Alpine Investment), NJW 1995, 2541 f., Ziffer 36 ff.

[443] EuGH, (Guiot), EuZW 1996, S. 399 f., Ziffer 9; ders., (Arblade), NZA 2000, S. 89 ff., Ziffer 40 ff.

dard verdrängt wird[444]. Vorliegend fehlt es schon an der Basisregulierung, da eine Einheitlichkeit der Rechtsordnung weder angestrebt noch bewirkt wurde:
Die Einheitlichkeit eines Lohnniveau innerhalb aller Mitgliedstaaten scheidet schon deswegen aus, weil lediglich die Verpflichtung eingeführt wurde, dass alle Dienstleister, die auch nur vorübergehend am gleichen Ort mit Arbeitnehmern tätig sind, die dortige Lohnhöhe beachten sollen. Die Bestimmungen in ihrem Heimatland blieben, obwohl abweichend, demgegenüber unberührt. Eine Sockelregulierung für alle Mitgliedstaaten ist daher der Richtlinie nicht zu entnehmen.

Die prinzipiellen Voraussetzungen erkennt auch der Europäische Rat, indem er in Ziffer 13 der Erwägungen davon spricht, dass „ ... die Gesetze der Mitgliedstaaten ... **koordiniert** werden ... " müssen, um ein Mindestmaß an Schutz festzulegen.
Gleichwohl führt jedoch der angestrebte Erlass von Gesetzen, die im Gastland eine scheinbare Gleichstellung sowohl dort wohnansässiger als auch dahin entsandter Arbeitnehmer bewirken und somit die Vorgaben der Entsenderichtlinie umsetzen, nicht dazu, dass die „Lohn-" Gesetze der Mitgliedstaaten koordiniert werden. Denn diese Regelung entfaltet nur in diesem Gastland Wirkung.
Zwar ist das Lohnniveau der Baubranche innerhalb der Mitgliedstaaten der Gemeinschaft unterschiedlich, ohne dass jedoch von einer Lohn- und Wettbewerbsverzerrung gesprochen werden könnte, da die Unterschiede auf einem selbst für die EU-„Hochlohnländer" ungewöhnlich hohen Niveau beruhen[445]. Gleichwohl wird diesem Unterschied nicht angleichend gemeinschaftsweit entgegengetreten, wenn lediglich die Gesetze eines Mitgliedstaates erweitert werden, **ohne dass eine länderübergreifende Angleichung** durch Sockelregulierung erfolgt[446]. Die wirkliche Koordination der Gesetze der Mitgliedstaaten könnte nur so erfolgen, dass im Entsendeland dasjenige Niveau geschaffen wird, was im Gastland bereits vorliegt.
Ausweislich der Bestimmungen der Richtlinie 96/71/EG, Art. 3, ist dies weder der Fall noch gewollt.

---

[444] *Grundmann,* 3.60 Arbeitnehmerentsenderichtlinie, Rz. 15; ders., 3.60 Arbeitnehmerentsenderichtlinie, 1. Teil, Rz. 110 – 120; ähnlich: *Birk,* RdA 1992, S. 68, 73, wonach infolge eines Richtlinienerlasses, der nicht nur Mindeststandards gemäß Art. 118a Abs. 2 EGV vorgibt, der nationale Gesetzgeber verpflichtet ist, sich der Setzung richtlinienwidrigen Rechts zu enthalten, was im Umkehrschluss voraussetzt, dass die Richtlinie präkludierend wirkt.
[445] Siehe oben, § 2 III 1. b) und c).
[446] Kritisch auch *Krimphove,* Arbeitsrecht, S. 206.

Hinzu tritt, dass auch die weitere Voraussetzung einer Koordinierung, die Präklusion weitergehenderer Erfordernisse, nicht erreicht wird: Die Entsenderichtlinie als Teil des europäischen Sekundärrechts bestimmt selbst nicht, welche nationalen Gesetze jedenfalls nicht mehr auf grenzüberschreitende Sachverhalte angewendet werden dürfen, weil sie eine Sockelregulierung überschreiten. Vielmehr hat es sein Bewenden damit, dass ein „Mehr" an nationalen Bestimmungen nur an den Vorgaben des europäischen Primärrechts gemessen werden kann[447].

Folglich sind die Art. 1 ff., insbesondere Art. 3, der Richtlinie 96/71/EG nicht geeignet, die in den Erwägungen enthaltene, als Ziel deklarierte Koordination herbeizuführen.
Sofern gemäß Art. 3 der Richtlinie die Mitgliedstaaten dennoch dafür sorgen sollen, dass die zwingenden Bestimmungen ihres Rechts den in ihr Land entsandten Arbeitnehmern zu garantieren sind, führte dies zu einer nicht hinnehmbaren Ungleichbehandlung: Diese **Ungleichbehandlung** knüpft an die Staatsangehörigkeit beziehungsweise den Wohnsitz der Arbeitnehmer an.
Während – bei gleicher Verwurzelung im Heimatland - diejenigen Arbeitnehmer eines Niedriglohnlandes, die ihre Arbeitsleistung für einen aus ihrer Sicht im Inland tätigen Arbeitgeber erbringen, auf das dort vorherrschende Lohnniveau angewiesen bleiben, besäßen ihre Arbeitskollegen, die beim selben Arbeitgeber beschäftigt sind, jedoch von diesen im Rahmen seines Direktionsrechts in ein Hochlohnland entsandt werden, den Anspruch, gemäß der dort geltenden Bestimmungen beschäftigt zu werden. Dadurch wird jedoch ein „Mehr" proklamiert, als für einen Kern zwingender Bestimmungen über ein Mindestmaß an Arbeitnehmerschutz erforderlich ist. Denn dieser „Kern" des Arbeitnehmerschutzes müsste, konsequent gedacht, ebenso im Entsendeland gewährleistet werden, was jedoch weder mit der Richtlinie erreicht würde noch gewollt ist[448].

In Betracht kommt nur, dass der Richtliniengeber beabsichtigte, die Kollisionsnormen der Mitgliedstaaten in arbeitsrechtlichen Entsendefällen zu vereinheitlichen. Doch liegt bereits die Einheitlichkeit der Kollisionsnormen aufgrund des von allen Mitgliedstaaten geschlossen EVÜ mit der Pflicht zur einheitlichen Anwendung auch von Eingriffsnormen,

---

[447] So auch *Grundmann*, 3.60 Arbeitnehmerentsenderichtlinie, Rz. 15.
[448] Richtlinie 96/71/EG, dort Erwägungen Ziffer 12.

Art. 18 EVÜ/36 EGBGB, vor, so dass es einer abermaligen „Koordination" nicht bedurfte.

Dieser Bestand an Kollisionsnormen wurde wegen des Fehlens eines besonderen Tatbestandes betreffend die vorübergehende Arbeitnehmerentsendung für unzureichend erachtet; die Anknüpfung in derartigen Fällen an das Recht des Heimatstaates erschien nicht geeignet, vermeintlichen Arbeitnehmerschutz- und Wettbewerbsdefiziten zu begegnen[449].

Weil die Schaffung gleicher Standards in allen Mitgliedstaaten, die das gesamte Wirtschaftssystem einzelner Mitgliedstaaten, insbesondere mit niedrigerem Lohnniveau revolutionierte, im Sinne einer einstimmigen Entscheidung aller Mitglieder nicht zu erreichen war, wählte man wegen der weitgehenden Übereinstimmung über die „Notwendigkeit" dieser Richtlinie auf politischer Ebene[450] den eingeschlagenen Weg, wohlwissend einen mangels Koordination rechtlich nicht beschreitbaren zu gehen, nur um politisch gewollte Mindestauswirkungen zu erlangen. Wenn schon ein vergleichbarer Lohn- und Gehaltsstandard – im Sinne einer Sozialcharta – europaweit nicht einzuführen ist, so sollte wenigstens versucht werden, die in Folge regionaler Unterschiede bestehenden, durch den Hemmnisabbau des Gemeinsamen Marktes offen zu Tage tretenden Wettbewerbsvorteile von Anbietern aus Niedriglohnländern im Gastland durch den Aufbau neuer Schranken auszuschalten.

Ungeachtet dessen, dass es sich hierbei um einen einmaligen Vorgang in der Geschichte der EU (EWG, EG) handelt, muss darauf verwiesen werden, dass es sich hierbei nicht nur um eine Maßnahme handelt, der Koordinierungsqualität abzusprechen ist, sondern die ebenfalls nicht der Erleichterung der grenzüberschreitenden Dienstleistungserbringung dienen kann.

Gemeint ist damit Folgendes: Eine **Erleichterung** im Sinne des Art. 57 Abs. 2 EGV – als Teil der Niederlassungsfreiheit - ist dann zu beobachten, wenn es einem ausländischen Anbieter/ Dienstleister im Gastland ermöglicht wird, wenigstens zu **gleich günstigen** Konditionen tätig zu werden wie die vor Ort Niedergelassenen, oder Anforderungen abgebaut werden, die trotz Gleichbehandlung bestehen[451]. Art. 66, 57 Abs. 2 EGV

---

[449] *Oetker/Preis-Feuerborn,* EAS B 2500, Rz. 129f. mit Verweis auf den 1. Vorschlag der Kommission für eine Entsenderichtlinie, Ziffer 17, BR-Dr. 547/91, S. 11.

[450] *Oetker/Preis-Feuerborn,* EAS B 2500, Rz. 134.

[451] *Geiger,* Art. 57 EGV, Rz. 5; *Lenz-Scheuer,* Art. 47 EGV (Amsterdamer Fassung), Rz. 1.

– als Konsequenz der Dienstleistungsfreiheit - will alsdann den gemeinsamen Binnenmarkt verwirklichen, der nur dann funktioniert, wenn die in einem Mitgliedstaat ansässigen Dienstleister beschränkungslos die Möglichkeit haben, auf den Markt eines anderen Mitgliedstaates vorzudringen[452]. Art. 66, 57 Abs. 2 EGV sind daher keine Ermächtigungsgrundlage dergestalt, dass auf ihnen basierend Richtlinien erlassen werden könnten, die die Mitgliedstaaten berechtigten, durch nationale Gesetzes- und/oder Verwaltungsmaßnahmen die garantierte Dienstleistungsfreiheit einzuschränken beziehungsweise die Attraktivität zu nehmen[453]. Die Ermächtigungsgrundlage dient somit nicht dazu, den Mitgliedstaaten zu gestatten, neue Hemmnisse für die Dienstleistungsfreiheit zu schaffen, sondern berechtigt ausschließlich die Organe der Europäischen Union, die Mitgliedstaaten ihrerseits durch Richtlinienvorgaben anzuhalten, Einschränkungen abzubauen und bei mangelnder Umsetzung Vertragsverletzungsverfahren einzuleiten. Die Art. 66, 57 Abs. 2 EGV besitzen somit den alleinigen Zweck, Richtlinien zur Steigerung der Attraktivität grenzüberschreitender Dienstleistungserbringung zu erlassen, indem durch Anerkennung des Heimatstandards ein System einer quasi gemeinschaftsweiten Zulassung geschaffen wird[454] .
Eine Steigerung der Attraktivität der Dienstleistungserbringung vermag auch nicht darin erblickt zu werden, dass nunmehr jenseits der möglichen unterschiedlichen Handhabung des EVÜ in den Mitgliedstaaten Rechtssicherheit[455] für die Dienstleister dahingehend besteht, als nunmehr zwingend das dortige Lohnniveau anzuwenden ist. Hierbei ist eine „Erleichterung" durch Rechtssicherheit nur dergestalt zu beobachten, dass nunmehr jedenfalls dasjenige verboten ist, was ohne Entsenderichtlinie erlaubt und durch die Dienstleistungsfreiheit geschützt war: das heißt die Entsendung von Arbeitnehmern zu den im Heimatstaat gültigen Arbeitsbedingungen[456]. Unter diesen Voraussetzungen der sachlichen Rechtseinschränkung ist der formale Gesichtspunkt der Rechtssicherheit kein Wert und keine Erleichterung an sich.

Die Grundkonzeption der Erleichterung/Steigerung der Attraktivität wurde infolge des Erlasses der Entsenderichtlinie konterkariert, in dem nunmehr die Mitgliedstaaten verpflichtet wurden, zeitgebunden[457] gesetzliche

---

[452] *Grabitz/Hilf-Randolzhofer,* Art. 66 EGV, Rz. 7.
[453] *Grabitz/Hilf-Randolzhofer,* Art. 66 EGV, Rz. 8.
[454] *Grabitz/Hilf-Randolzhofer,* Art. 66 EGV, Rz. 8.
[455] Für keinen Anwendungsfall der Dienstleistungsfreiheit erachtet dies: *Steck,* EuZW 1994, S. 140, 141.
[456] So auch *Grundmann,* 3.60 Arbeitnehmerentsenderichtlinie, Rz. 15.
[457] Art. 7 der Richtlinie 96/71/EG, Frist: 16.12.1999.

Maßnahmen zu ergreifen, um Barrieren für die grenzüberschreitende Dienstleistung, namentlich im Baugewerbe, zu errichten. Damit wurde das Grundprinzip, dass jeder Mitgliedstaat parallel laufende Bestimmungen eines anderen Mitgliedstaates als grundsätzlich gleichwertig anzuerkennen hat, ins Gegenteil verkehrt.
Dies wird von der benannten Ermächtigungsgrundlage nicht gedeckt.

Zugleich befasst sich Art. 57 Abs. 2 EGV nicht damit, dem innerhalb eines Mitgliedstaates ansässigen Dienstleister diejenigen Vorteile zu verschaffen, die gegebenenfalls in einem anderen Mitgliedstaat gegeben sind und im eigenen Staat aufgrund nationaler Regelungen nicht bestehen. Dies ist alleinig das Problem der dort ansässigen Dienstleister und weder beabsichtigte noch rechtlich zulässige Materie des Europarechts. Plakativ gesagt bedeutet dies, dass es europarechtlich unbeachtlich ist, wenn ein Mitgliedstaat seinen Staatsangehörigen im eigenen Staatsterritorium Nachteile auferlegt, die in anderen Mitgliedstaaten für deren Staatsangehörige nicht gelten.
Die Voraussetzungen der Koordinierungsmöglichkeit der Art. 66, 57 Abs. 2 EGV sind somit nicht erfüllt.

(2) Art. 100a EGV als Ermächtigungsgrundlage

Nach der Bestimmung des Art. 100a Abs. 1 EGV kann abweichend von Art. 100 EGV zur Erreichung des in Art. 7a EGV bestimmten Zwecks – Verwirklichung des Binnenmarktes – der Europäische Rat gemäß des Verfahrens nach Art. 189b EGV Maßnahmen zur Angleichung der Rechts- und Verwaltungsvorschriften der Mitgliedstaaten erlassen, „... welche die Errichtung und das Funktionieren des Binnenmarktes zum Gegenstand haben. ... "
Der zu regelnde Belang (des Arbeitsrechts) muss folglich dem Begriff des Binnenmarktes zuzuordnen sein, wobei dieser sich wiederum – ausweislich der Bezugnahme auf Art. 7a Abs. 2 EGV – an den Grundfreiheiten orientiert[458].
Dabei ist zweierlei zu beachten:
Zunächst enthält Art. 100a EGV eine Subsidiaritätsklausel, gemäß derer er nur dann anzuwenden ist, wenn keine vorrangig anzuwendende Er-

---

458 Wegen der Einzelheiten und der Frage, ob sich der Binnenmarkt auf die Grundfreiheiten reduziert (so: *Schweitzer/Hummer,* EuropaR, Rz. 1069f.) beziehungsweise dem des Gemeinsamen Marktes gleicht (so: *Grabitz/Hilf-Langeheine,* Art. 100a EGV, Rz. 23), vergl. *Pougin,* Deutsche Kritik, S. 26.

mächtigung in Betracht kommt. Vorrangig sind insoweit auch die Art. 66, 57 Abs. 2 EGV[459], die eine parallele Anwendung ausschließen[460]. Sind die Voraussetzungen der Art. 66, 57 Abs. EGV nicht erfüllt, bleibt Art. 100a EGV gleichwohl anwendbar[461]
Hinzu tritt aber, dass die Ermächtigung sachlich nicht für alle Bereiche, die Auswirkungen auf den Binnenmarkt besitzen, gilt: Art. 100a Abs. 2 EGV bestimmt, dass diese Ermächtigungsgrundlage nicht anwendbar ist hinsichtlich der Freizügigkeit und der Rechte und Interessen von Arbeitnehmern. Hierzu ist auch die Bedeutung dieses Begriffspaares streitig, besonders hinsichtlich der Reichweite: Zunächst ergibt sich aus Art. 100a Abs. 3 EGV, dass die Aspekte der Gesundheit und Sicherheit der Arbeitnehmer nicht unter Art. 100a Abs. 2 zählen, mithin im Anwendungsbereich des Art. 100a Abs. 1 EGV verbleiben[462]. Alsdann stellt sich die Frage, ob Art. 100a Abs. 2 EGV – unstreitig eine Ausnahme zu Art. 100a Abs. 1 EGV[463] – eng[464] oder weit[465] auszulegen sei.
Für die enge Auslegung spricht nur, dass nach der Rechtsprechung des EuGH gewöhnlich Ausnahmevorschriften restriktiv anzuwenden sind[466], was aus der Rechtsprechung des EuGH zu Art. 48 Abs. 4 EGV resultiere[467].
Dagegen und für eine extensive Anwendung des Art. 100a Abs. 2 EGV im Bereich des Arbeitsrechts spricht, dass gerade dessen generalklauselartige Formulierung sich gegen eine Einengung seiner Anwendbarkeit wendet. Zudem liefe – aus systematischer Sicht – der Geltungsbereich des Art. 100a Abs. 3 EGV leer, gemäß dessen als „Ausnahme-Ausnahme" bestimmte Teilgebiete positiv formuliert in den Geltungsbereich des Art. 100a Abs. 1 EGV „zurückgeholt" werden. Alsdann führte eine restriktive Anwendung des Art. 100a Abs. 1 EGV dazu, dass über ihn die originäre „Arbeitsrechts-" Ermächtigungsgrundlage des Art. 118a EGV untergraben werden könnte, die ihrerseits von der vertraglichen Intention – nur Einführung von Mindeststandards – geprägt ist, die Aus-

---

[459] *Grabitz/Hilf-Langheine,* Art. 100a EGV, Rz. 15, *Lenz-Röttinger,* Art. 95 EGV (Amsterdamer Fassung), Rz. 2; *Groeben/Thiesing/Ehlermann-Pipkorn,* Art. 100a EGV, Rz. 46.
[460] *Groeben/Thiesing/Ehlermann-Pipkorn,* Art. 100a EGV, Rz. 46.
[461] *Dauses-Lukes,* B.II, Rz. 78.
[462] *Pougin,* Deutsche Kritik, S. 26f.
[463] *Pougin,* Deutsche Kritik, S. 27.
[464] *Groeben/Thiesing/Ehlermann-Pipkorn,* Art. 100a EGV, Rz. 53; *Birk,* RdA 1992, S. 68, 72; *Wlotzke,* RdA 1992, S. 85, 87f.
[465] *Grabitz/Hilf-Langeheine,* Art. 100a EGV, Rz. 31; *Steinmeyer,* ZIAS 1989, S. 208, 209.
[466] *Groeben/Thiesing/Ehlermann-Pipkorn,* Art. 100a EGV, Rz . 53.
[467] *Groeben/Thiesing/Ehlermann-Wölker,* Art. 48 EGV, Rz. 121.

gestaltung der Sozialpolitik überwiegend der Souveränität der Mitgliedstaaten zu überlassen[468].

Da infolge der Richtlinie 96/71/EG die Rechte der entsandten Arbeitnehmer derartig gestaltet werden, dass auch bei vorübergehender Entsendung immer das Recht des Gaststaates anwendbar ist, ist eine Tangierung des ausgeschlossenen Rechtskreises offensichtlich, auch wenn dies innerhalb der Zielsetzung – Verbreiterung der Kostenparameter für entsendende Arbeitgeber – nur Sekundärzweck war[469].

Die Anwendbarkeit dieser Ermächtigungsgrundlage scheidet aus.

(3) Art. 118a Abs. 2 EGV als Ermächtigungsgrundlage

Während die Art. 118, 118a Abs. 1 EGV lediglich Programmsätze auf sozialpolitischem Gebiet enthalten[470], handelt es sich bei Art. 118a Abs. 2 EGV um die eigentliche Ermächtigungsgrundlage des EGV auf arbeits- und sozialrechtlichem Terrain[471].
Danach ist die EG berechtigt, die Verbesserung der Arbeitsumwelt zu fördern, um die Sicherheit und Gesundheit der Arbeitnehmer zu schützen, sowie hierzu durch Richtlinien Mindestvorschriften zu erlassen, die schrittweise anzuwenden sind.
Streitig ist dabei, ob der Begriff der „Arbeitsumwelt" lediglich die in Art. 118a Abs. 1 EGV benannten Teilbereiche der Sicherheit und Gesundheit der Arbeitnehmer umfasst[472] oder darüber hinaus den gesamten Bereich sozialer Grundnormen einschließt[473]. Vorzugswürdig ist die restriktive Auslegung von Art. 118a Abs. 2 EGV, da durch das Begriffspaar der Rechte und Interessen der Arbeitnehmer die „Arbeitsumwelt" im Sinne von Art. 118a Abs. 1 EGV abschließend konkretisiert wird und die Vertragsintension davon geleitet ist, den Mitgliedstaaten in sozialpoliti-

---

[468] Vergl. *Pougin*, S. 27f.; *Wlotzke*, RdA 1992, S. 85, 88.

[469] *Grundmann*, 3.60 Arbeitnehmerentsenderichtlinie, Rz. 15; *MüHbArbR-Birk*, § 19, Rz. 73.

[470] EuGH, (Defrenne), amtl. Slg. 1978, S. 1365, 1378, Ziffer 19 - 23; *Grabitz/Hilf-Langeheine*, Art. 118a EGV, Rz. 3, *Pougin*, Deutsche Kritik, S. 16f.

[471] *Birk*, RdA 1992, S. 68, 70; *Groeben/Thiesing/Ehlermann-Pipkorn*, Art. 118a, Rz.. 1, *Grabitz/Hilf-Langenfeld/Jansen*, Art. 118a EGV Rz. 4, *Pougin*, Deutsche Kritik, S. 17.

[472] *Grabitz/Hilf-Langeheine*, Art. 118a EGV, Rz 5f.; *Groeben/Thiesing/ Ehlermann-Pipkorn*, Art. 118a EGV, Rz. 26f.; *Pougin*, Deutsche Kritik, S. 18, 20 m.w.N. (Fn. 95); *Birk*, RdA 1992, S. 68, 71; *Wlotzke*, RdA 1992, S. 85, 88.

[473] *Zachert*, AuR 1989, S. 161, 162f.

schen Fragen die Souveränität zu belassen: Eine Erweiterung des Anwendungsbereiches des Art. 118a Abs.2 EGV, gemäß dessen das Zustandekommen von Richtlinien im Verfahren des Art. 189c EGV – Beschlussfassung durch den Rat mit qualifizierter Mehrheit[474] - erfolgt, hieße, die Ausnahmebestimmung des Art. 100a Abs. 1 EGV aufzuweichen. Wie dargestellt ist dessen Anwendung auf arbeitsrechtlichem Gebiet weitestgehend ausgeschlossen, Art. 100a Abs. 2 EGV, so dass es in diesen Fällen – auch zur Wahrung der Souveränität der Mitgliedstaaten – bei der Einschlägigkeit des die Einstimmigkeit im Rat voraussetzenden Art. 100 EGV verbleibt. Eine extensive Nutzung von Art. 118a Abs. 2 EGV bedeutete, diesen Einstimmigkeitsvorbehalt aufzulockern und den – entgegenstehenden - Willen überstimmter Mitgliedstaaten in Bereichen zu übergehen, für den dies im Hinblick auf die zeitgleiche Einführung der Art. 100a und 118a EGV von den Vertragsstaaten nicht gewollt war[475].

Folglich gehören zu diesem Angleichungsgegenstand des Art. 118 a Abs. 2 EGV nicht der Bereich von Urlaub und Lohn oder gar international-privatrechtliche Kollisionsnormen[476], da hierdurch nicht die Rahmenbedingungen der Arbeitsausführung, insbesondere der technische und gesundheitserhaltende Arbeitsschutz, Arbeitszeitregelungen sowie Hygienevorschriften[477] geregelt werden.
Art. 118a EGV scheidet damit als Ermächtigungsgrundlage aus.

(4) Art. 100 EGV als Ermächtigungsgrundlage

(a) Voraussetzungen

Nach Art. 100 Abs. 1 EGV ist der Europäische Rat berechtigt, auf Vorschlag der Europäischen Kommission sowie nach Anhörung des Europäischen Parlaments und des Wirtschafts- und Sozialausschusses **einstimmig** Richtlinien zu erlassen, die die Rechts- und Verwaltungsvorschriften der Mitgliedstaaten angleichen, die „ ... sich unmittelbar auf die Errichtung oder das Funktionieren des Gemeinsamen Marktes auswirken. ... "
Auch diese Richtliniensetzungsbefugnis des Europäischen Rates ist auf eine Vereinheitlichung der Rechtssysteme der Mitgliedstaaten gerichtet;

[474] Art. 189c lit. e).
[475] Ähnlich auch *Pougin,* Deutsche Kritik, S. 20f.
[476] *Grundmann,* 3.60 Arbeitnehmerentsenderichtlinie, Rz. 15.
[477] *Lenz-Coen,* Art. 137 EGV (Amsterdamer Fassung), Rz. 9 ff.

die Verwendung des Begriffes „Angleichung" weicht nicht ab von der Bedeutung des innerhalb von Art. 57 Abs. 2 EGV genutzten Wortes „Koordination"[478]. Auch insoweit ist nicht der Wortlaut, sondern die Aufgabe der Norm entscheidend: Sowohl aus der voranstehenden Kapitels- als auch der einleitenden Titelüberschrift ergibt sich, dass in Folge der niedergelegten Vorschriften eine europäische Harmonisierung nationaler Bestimmungen bezweckt ist. Außerdem bestimmte Art. 100b EGV, zwischenzeitlich aufgehoben, als erleichternde Ergänzung zu Art. 100a EGV und damit ebenfalls als Ausnahme zu Art. 100 EGV[479], dass einzelne Vorschriften von Mitgliedstaaten zu denen anderer Staaten als gleichwertig anerkannt werden können, so dass es einer nochmaligen Angleichung (Vereinheitlichung) nicht bedarf. Daraus ergibt sich im Umkehrschluss, dass die Art. 100 - und 100a - EGV es ermöglichten, Rechts- und Verwaltungsvorschriften an ein einheitliches Maß anzupassen.
Beide Bestimmungen unterscheiden sich unter anderem dadurch, dass Art. 100 EGV die Errichtung und das Funktionieren des Gemeinsamen Marktes, Art. 100a EGV demgegenüber die Errichtung und das Funktionieren des Binnenmarktes zum Ziel hat[480].
Damit besteht gleichzeitig zwischen Art. 100a EGV einerseits und Art. 66, 57 Abs. 2 EGV andererseits eine gewisse Parallelität: Beide Normen beinhalten Normerlassermächtigungen, die sich auf den Binnenmarkt auswirken sollen. Insofern muss daran erinnert sein, dass auch die Grundfreiheiten – und die einhergehende Koordinierungsbefugnis zur erleichterten Ausübung – der Durchsetzung des Binnenmarktes dienen[481] und ihn bestimmen, Art. 7a Abs. 2 EGV. Ihr jeweiliger Anwendungsbereich ergänzt sich aber infolge der Subsidiaritätsklausel des Art. 100a EGV nur, so dass für jede Ermächtigungsnorm ein ihr eigener Anwendungsbereich verbleibt. Art. 100a Abs. 1 EGV gilt daher für Rechtsgebiete, die dem Binnenmarkt zugehörig sind, ohne in den Bereich der Grundfreiheiten zu fallen, hinsichtlich derer speziellere Ermächtigungen bestehen[482].
Diese Parallelität zeigt zugleich auf, dass ein nachhaltiger Regelungsunterschied zu Art. 100 EGV besteht: Hier steht der Gemeinsame Markt im Vordergrund. Dieser umfasst neben der „Teilmenge" Binnenmarkt auch die Rechtsbereiche Agrarpolitik, allgemeine Verkehrspolitik, Wettbewerbspolitik, Sozialpolitik, spezifische Umweltpolitik und die gemein-

---

[478] Beliebig austauschbar: *Groeben/Thiesing/Ehlermann-Taschner,* Art. 100 EGV, Rz. 1; *Grabitz/Hilf-Langeheine,* Art. 100 EGV, Rz. 8.
[479] *Groeben/Thiesing/Ehlermann-Pipkorn,* Art. 100 EGV, Rz. 5.
[480] *MüHbArbR-Birk,* §18, Rz. 32.
[481] *Lenz-Lenz,* Art. 14 EGV (Amsterdamer Fassung), Rz. 2.
[482] *Grabitz/Hilf-Langeheine,* Art. 100a EGV, Rz. 15 – 17, 92 ff.

same Handelspolitik[483]. Sofern nunmehr Angleichungsgegenstand die Harmonisierung eines Bereiches ist, der dem Binnenmarkt „angehört", so zählt dies ebenfalls zum Bereich des Gemeinsamen Marktes. Gleichwohl sind die Ermächtigungsnormen der Art. 100a beziehungsweise Art. 66, 57 Abs.2 EGV dann – jeweils als lex specialis gegenüber Art. 100 EGV[484] - einschlägig, wenn sie den Teilbereich „Binnenmarkt" betreffen und ihre Voraussetzungen erfüllt sind. Im übrigen verbleibt es bei der Anwendbarkeit des Art. 100 EGV[485].
Dessen Anwendbarkeit auf arbeitsrechtlichem Gebiet wird jedenfalls dann bejaht, wenn unter Berücksichtigung seines „ökonomischen Schwergewichtes" arbeitsrechtliche Angleichungen erfolgen, um als primäres Ziel auf die Verwirklichung des Gemeinsamen Marktes einzuwirken[486]. Für rein sozialpolitisches Vorgehen ist Art. 100 EGV demgegenüber nicht geeignet.
Für den wirksamen Erlass von Richtlinien nach Art. 100 EGV bedarf es der Einstimmigkeit der Mitgliedstaaten bei der Beschlussfassung im Europäischen Rat.

(b) Einordnung

(aa) Ansicht Löwischs u.a.

Ausgehend hiervon wird die Ansicht vertreten, ausschließlich Art. 100 Abs. 1 EGV enthalte die Ermächtigungsgrundlage, die Entsenderichtlinie zu erlassen: Nach Ziffer 5 der zitierten Erwägungen der Richtlinie 96/71/EG sei es beabsichtigtes Ziel derselben, einen fairen Wettbewerb durch Stärkung der Rechte der in einem anderen Mitgliedstaat entsandten Arbeitnehmer zu gewährleisten[487]. Zu diesem Zweck, so Ziffer 13 der Erwägungen, sollten Gesetze der Mitgliedstaaten dahingehend koordiniert werden, einen „harten Kern" zwingender Bestimmungen für ein Mindestmaß an Schutz für in einen anderen Mitgliedstaat entsandte Arbeitnehmer festzulegen.
Um jene Rechte der entsandten Arbeitnehmer zu gewährleisten, belasse es die Richtlinie jedoch nicht dabei, einheitliche Mindestvorschriften allen

---

[483] *Streinz,* EuropaR, §18 II, Rz. 954, a.A. im Sinne einer Idendität: *Pougin,* Deutsche Kritik, S. 25f.
[484] *MüHbArbR-Birk,* §18, Rz. 34; *Grabitz/Hilf-Langheine,* Art. 100a EGV, Rz. 39.
[485] *MüHbArbR-Birk,* §18, Rz. 39; *Lenz-Röttinger,* Art. 95 EGV (Amsterdamer Fassung), Rz. 3.
[486] *Groeben/Thiesing/Ehlermann-Taschner,* Art. 100 EGV, Rz. 33.
[487] Richtlinie 96/71/EG, dort Erwägungen Ziffer 5.

Mitgliedstaaten vorzugeben, sondern erteile die Möglichkeiten / Verpflichtungen an die Mitgliedstaaten, auch den in das nationale Rechtsgebiet entsandten Arbeitnehmern die dort geltenden Arbeits- und Beschäftigungsbedingungen zu garantieren, gleich ob sie sich aus Rechts- oder Verwaltungsvorschriften oder aus für allgemeinverbindlich erklärten Tarifverträgen ergeben. Ziel und Zweck der Richtlinie sei, einigen Mitgliedstaaten eine eigenständige Protektion vor „Sozialdumping" zu ermöglichen. Daraus folge, dass die Richtlinie es den Mitgliedstaaten mit hohem Tarifniveau eröffne, die Beseitigung von Wettbewerbsnachteilen ihrer eigenen Dienstleister/Arbeitgeber vorzunehmen und hierzu widerspiegelnde Wettbewerbsvorteile ausländischer Dienstleister / Arbeitgeber, die Arbeitnehmer in Hochlohnländer entsenden, zu beseitigen. Dabei beruhten aber die Wettbewerbsvorteile ausschließlich darauf, dass es den entsandten Arbeitnehmern aufgrund ihres Lebensschwerpunktes im Heimatstaat möglich sei, mit geringeren Löhnen pp. auszukommen.
Mithin verfolge die Richtlinie 96/71/EG zuvörderst die Zielrichtung, den Wettbewerb im Gemeinsamen Markt zu regeln, jedoch nicht den entsandten Arbeitnehmern einen gewissen Sozialstandard zu sichern.

Damit bestände eine die Einstimmigkeit des Richtlinienerlasses voraussetzende Regelungsmaterie des Art. 100 EGV[488].

(bb) Eigene Meinung

Die genaue Betrachtung der der Richtlinie 96/71/EG vorangestellten Erwägungen ergibt eindeutig, dass eine Regelungsmaterie (**sachlicher Koordinierungsgegenstand**) gegeben ist, die dem Anwendungsbereich des „Gemeinsamen Markt" angehört und mithin dem Art. 100 EGV unterfällt.
Dessen Voraussetzung zum wirksamen Zustandekommen einer Richtlinie, Einstimmigkeit der Mitgliedstaaten bei der Beschlussfassung, sind jedoch nicht gegeben, da die Mitgliedstaaten Republik Portugal und Vereinigtes Königreich von Großbritannien und Nordirland die Entsenderichtlinie abgelehnt haben[489].

---

[488] *Königs,* DB 1997, S. 225, 228f.; *Selmayr,* ZfA 1996, S. 615 ff.; *Löwisch,* FS für Zeuner 1994, S. 496f., *Gerken/Löwisch/Rieble,* BB 1995, S. 2370, 2372f.; *Beissiegel/ Moosbach/Lepanthe,* JZ 1996, S. 668, 670f.
[489] *Schiek,* Europ. ArbR., S. 129.

Die Einschlägigkeit des Art. 100 EGV ergibt sich aus Nachstehendem:
Die vorstehend zitierten Erwägungen der Richtlinie leiten damit ein, dass der freie Personen- und Dienstleistungsverkehr vorrangiges Ziel der Gemeinschaft ist und die Erbringung von Dienstleistungen nach dem Ende der Übergangszeit[490] nicht aufgrund der Staatsangehörigkeit oder des Wohnsitzes des Dienstleisters eingeschränkt werden darf[491]. Gemäß Art. 221 EGV endete die Übergangszeit, in der solche Einschränkungen noch möglich waren, am 31.12.1969[492]; sie ist mithin längst vorüber.
Zugleich wird anerkannt, dass die gewollte Verwirklichung des Binnenmarktes – als Teil der Errichtung des Gemeinsamen Marktes - einen dynamischen Rahmen für die länderübergreifende Erbringung von Dienstleistungen bietet[493]. Die Förderung des länderübergreifenden Dienstleistungsverkehrs soll dabei von einem fairen Wettbewerb sowie Maßnahmen, die die Wahrung der Rechte der Arbeitnehmer garantieren, flankiert sein[494]. Ebenso wird vom Rat der Europäischen Gemeinschaft zugestanden, dass es hierfür bereits völkerrechtliche Verträge, insbesondere das Übereinkommen von Rom vom 19.06.1980 über das auf vertragliche Schuldverhältnisse anzuwendende Recht (EVÜ)[495] gibt. Darin ist als allgemeine Regel die freie Rechtswahl der Parteien (Arbeitgeber/Arbeitnehmer) festgelegt.
Gemäß Art. 6 Abs. 2 EVÜ/Art. 30 Abs. 2 EGBGB ist auf den Arbeitsvertrag das Recht des Staates anzuwenden, in dem der Arbeitnehmer gewöhnlich seine Arbeit verrichtet, selbst wenn er vorübergehend in einen anderen Staat entsandt wird. Insofern ergibt sich in Fällen der Entsendung von Arbeitnehmern ins Inland die Anwendung ausländischen Arbeitsrechtes, insbesondere des dortigen Lohnniveaus. Sofern darüber hinaus Art. 6 Abs. 1 EVÜ/ Art. 30 Abs. 1 EGBGB ausführen, dass dem Arbeitnehmer der Schutz nicht entzogen werden darf, der ihm durch zwingende Bestimmung des Rechts gewährt wird, welches nach Abs. 2 mangels einer Rechtswahl anzuwenden wäre, ergibt dies ebenfalls nur, dass vorliegend zwingende Bestimmungen ausländischen Rechts anzuwenden sind, da die Rechtswahl der Parteien nicht von der Auffangbestimmung des Art. 6 Abs. 2 EVÜ/ Art. 30 Abs. 2 EGBGB abweicht.
Daraus ist zu schließen, dass der Europäische Rat sehr wohl erkannt hat, dass zur Wahrung fairen Wettbewerbs sowie der Rechte der Arbeitnehmer grundsätzlich nur die zwingenden Bestimmungen nicht unter-

---

[490] Richtlinie 96/71/EG, dort Erwägungen Ziffer 2.
[491] Siehe oben, zu Ziffer 2.).
[492] *Selmayr*, ZfA 1996, S. 615, 645.
[493] Richtlinie 96/71/EG, dort Erwägungen Ziffer 3.
[494] Richtlinie 96/71/EG, dort Erwägungen Ziffer 3 und 5.
[495] BGBl. 1986 II, S. 809 ff.

laufen werden dürfen, die im entsendenden Staat Anwendung finden müssen.
Daraus zieht dann Ziffer 13 der Erwägungen die logische Konsequenz, dass ein „harter Kern" zwingender Bestimmungen ein Mindestmaß an Schutz festlegen muss, welches im Gastland von Arbeitgebern zu gewährleisten ist, die ihre Arbeitnehmer in jenes Gastland vorübergehend entsenden. Aus der Systematik zu dem in Bezug genommenen Art. 6 EVÜ/Art. 30 EGBGB ergibt sich, dass die Erwägung Ziffer 13 selbst lediglich davon ausgeht, dass die Gesetze der Mitgliedstaaten dahingehend koordiniert werden müssen, dass im Gastland dem Arbeitnehmer zumindest der gleiche Status gewährt wird, wie er ihn im Entsendestaat bereits besitzt, sofern dies nicht schon aus dem EVÜ resultiert. Deshalb führt dann Ziffer 17 der Erwägungen aus, dass die im Gastland geltenden zwingenden Bestimmungen über Arbeitsbedingungen nicht anzuwenden sind, wenn die für den Arbeitnehmer im Entsendestaat geltenden ihm günstiger sind.

Dieses Maß an Mindestbestimmungen, beginnend mit dem Niveau der „Niedriglohnländer" der Gemeinschaft, hat der Europäische Rat jedoch für unzureichend erachtet, weshalb es zur Beschlussfassung über die Entsenderichtlinien kam. Indessen fragt sich, ob durch Erlass der Entsenderichtlinie die angeführte Erleichterung der Ausübung der Dienstleistungsfreiheit als Teil des Binnenmarktes erreicht werden konnte. Die Vertreter der Ansicht, die die verwandte Ermächtigungsgrundlage der Art. 66, 57 Abs. 2 EGV für einschlägig erachtet, führen hierzu aus, der Schutz der Arbeitnehmer und die Wahrung eines fairen Wettbewerbs auf den Teilmärkten der einzelnen Mitgliedstaaten erfordere eine Regelung, die ein vertragsstatutsunabhängiges Arbeitsortprinzip vorschreibe (Gleicher Lohn für gleiche Arbeit am gleichen Ort). Durch gesetzliche Bestimmungen, die dieses Prinzip einführen, wird aber weder eine Koordinierung im Sinne der Art. 66, 57 Abs. 2 EGV noch eine Erleichterung der Freiheitsausübung als Teil des Binnenmarktes herbeigeführt[496], so dass auch eine Förderung des Gemeinsamen Marktes nicht zu erkennen ist[497]. Art. 100 EGV stellt daher ebenfalls keine geeignete Ermächtigungsgrundlage dar.

---

[496] Siehe oben, § 2 III 3. a) bb) (1) (b) (bb).
[497] So auch *Steck*, EuZW 1994, S. 140, 141.

(5) Art. 235 EGV als „Auffang-" Ermächtigungsgrundlage

Zur Rechtfertigung des Erlasses der Entsenderichtlinie kann ebenfalls Art. 235 EGV dienen: Danach kann der Rat – in unvorhergesehenen Fällen – einstimmig Vorschriften erlassen, um – soweit erforderlich – im Rahmen des Gemeinsamen Marktes und seiner Ziele den- beziehungsweise dieselben zu verwirklichen. Die Zielvorgaben resultieren aus der Präambel des Vertrages[498], Art. 2 EGV[499] und Art. 117 EGV[500]. Ihre Umsetzung ist möglich, wenn durch sie weder die Grundelemente des Gemeinsamen Marktes beeinträchtigt noch die Verbandskompetenzen der Gemeinschaft verletzt werden[501]. Hieraus folgt als Konsequenz auf arbeitsrechtlichem Gebiet, dass eine Normsetzung dann möglich ist, wenn positiv das Fehlen einer speziellen Ermächtigungsgrundlage festgestellt ist und ein bisher nicht kodifiziertes arbeitsrechtliches Ziel der Gemeinschaft verwirklicht werden soll, welches sich nicht negativ auf den Gemeinsamen Markt auswirkt[502].

Vorliegend erfolgte die Beschlussfassung der Entsenderichtlinie weder einstimmig[503] noch verwirklichte die Richtlinie Ziele des Vertrages unter Beachtung des Gemeinsamen Marktes: Durch die Art der kollisionsrechtlichen Anknüpfung wird einerseits negativ Einfluss genommen auf den Gemeinsamen Markt[504], andererseits verstößt diese Vorgehensweise gegen die Zielsetzung des Vertrages, den Mitgliedstaaten im Bereich des Sozial- und Arbeitsrechts – jenseits der positiv formulierten Aufgaben der Gemeinschaft – weitestgehend ihre Souveränität zu belassen. Art. 235 EGV scheidet damit ebenfalls aus.

---

[498] *Grabitz/Hilf-Grabitz,* Art. 235 EGV, Rz. 25; *Pougin,* Deutsche Kritik, S. 31.

[499] *Groeben/Thiesing/Ehlermann-Ivo Schwartz,* Art. 235, Rz. 139, *Lenz-Röttinger,* Art. 308 EGV (Amsterdamer Fassung), Rz. 5; *WEGS-Wohlfahrt,* Art. 235 EGV, Rz. 2; *Pougin,* Deutsche Kritik, S. 31f.

[500] EuGH, (Defrenne), amtl. Slg. I 1978, S. 1378, Ziffer 19, ders., (Zaera), amtl. Slg. I, 1987, S. 3697, 3698, 2.Leitsatz.

[501] *Grabitz/Hilf-Grabitz,* Art. 235 EGV, Rz. 62 m.w.N.; *Pougin,* Deutsche Kritik, S. 34.

[502] *Pougin,* Deutsche Kritik, S. 37f.

[503] *Schiek,* Europ. ArbR., S. 129.

[504] Siehe oben § 2 III 1. a). dd) (3); *Gerken/Löwisch/Rieble,* BB 1995, S. 2370; *Steck,* EuZW 1994, S. 140,142.

cc) Konsequenzen einer ermächtigungsnormlosen EG-Richtlinie

Hieraus ergibt sich als Rechtsfolge, dass die Entsenderichtlinie ermächtigungslos ergangen ist[505] und mithin gegen das Prinzip der beschränkten Einzelermächtigung (Verbandskompetenz der EG), Art. 3b Abs. 1, 4 Abs. 2 EGV, verstößt[506]. Hieraus folgt prinzipiell deren Nichtigkeit[507]. Eine Ausnahme besteht nur insoweit, als der Richtlinienerlass, wenn er die Voraussetzungen der zitierten Vorschrift nicht erfüllt, auf eine andere Ermächtigungsnorm gestützt werden kann, deren materiellen Erfordernisse er erfüllt und ein identisches Verfahren zur Verabschiedung vorgeschrieben ist[508]. Selbst niedrigere Erfordernisse auf verfahrensrechtlicher Ebene vermögen nicht, eine nicht auf diese Norm gestützte Maßnahme der Gemeinschaft zu rechtfertigen, da insoweit nicht ausgeschlossen werden kann, dass die Heranziehung dieser Norm bei den Mitgliedstaaten zu einem anderen Stimmverhalten geführt hätte[509].

Die Entsenderichtlinie erfüllt jedoch keinen Tatbestand, der als Ermächtigung hierzu in Betracht kommt. Sie ist daher nichtig. Eine entsprechende Feststellung kann vor dem EuGH innerhalb eines Vertragsverletzungs-[510] oder Vorabentscheidungsverfahren[511] getroffen werden.

b) Vereinbarkeit der Entsenderichtlinie mit materiellen europäischem Primärrecht

Daraus ergibt sich zwangsläufig, dass die Entsenderichtlinie – aus formalen Gründen - nicht in der Lage ist, den Primärrechtsverstoß des AEntG, welches die Wirkung der Richtlinie in Deutschland vorzog beziehungsweise nun im Teilbereich Bausektor und Schifffahrtsassistenz umsetzt, zu rechtfertigen.
Unterstellte man aber, es handele sich infolge der Entsenderichtlinie um eine wirksame Koordination der Verwaltungs- und Rechtsvorschriften der Mitgliedstaaten zur Erleichterung der Dienstleistungsfreiheit, ergäbe sich gleichwohl, dass – nunmehr auf materieller Ebene – ein Primärrechts-

---

[505] *Königs,* DB 1995, S. 1710, 1710.
[506] *Lenz-Langguth,* Art. 5 EGV (Amsterdamer Fassung), Rz. 5f.; *Grabitz/Hilf-von Bogdandy Nettesheim,* Art. 3b EGV, Rz. 17.
[507] EuGH, (Kommission./.Rat), amtl. Slg. I 1987, S. 1493, 1522, Ziffer 22.
[508] EuGH, (Kommission./.Rat), amtl. Slg. I 1988, S. 5545, 5562, Ziffer 19.
[509] *Grabitz/Hilf-von Bogdandy/Nettesheim,* Art. 3b EGV, Rz. 18.
[510] Art. 173 EGV.
[511] Art. 177 EGV.

verstoß gegen Art. 59 Abs. 1 EGV bliebe: Denn eine Richtlinie als europäisches Sekundärrecht unterliegt denselben Vereinbarkeitskriterien hinsichtlich des europäischen Primärrechts wie nationale Maßnahmen[512]. Durch die Richtlinie erfolgt nicht die Einteilung in erlaubte beziehungsweise verbotene Beschränkungen. Vielmehr rezipiert die Richtlinie nur den aus den Primärrechtsvorgaben resultierenden Maßstab[513]. In Bezug auf diese wurde bereits festgestellt, dass mit einer solchen Kollisionsregel in Entsendefällen ein Prinzip verankert wird, welches die Dienstleistungsfreiheit einschränkt, zur Erreichung eines in rechtmäßiger Weise einschränkt wirkenden Allgemeininteresses nicht erforderlich ist und welches sich auch nicht im Sinne des inländischen „ordre public", Art. 6 EGBGB, zwingend durchsetzen muss, da mögliche Ungleichgewichte nicht von dem erforderlich krassen Ausmaß sind.

4. Rechtsfolge

Wenn zunächst die EU-Richtlinie unwirksam wäre, bliebe hiervon das deutsche „Ausführungsgesetz" (AEntG) in seiner formalen Wirksamkeit unberührt. Es offenbarte sich jedoch in formeller und materieller Hinsicht ein Verstoß des AEntG gegen bestehende völker- und europarechtliche Bindungen des deutschen Gesetzgebers, der zu einem Anwendungsverbot dieser Normen bei grenzüberschreitenden Sachverhalten führt[514].

Den Tarifverträgen des Baugewerbes im Gebiet der Bundesrepublik Deutschland fehlte mithin das „Transportband" des § 1 AEntG, so dass es in EU-ausländischen Arbeitsverträgen eine „Insel deutschen Rechts" nicht gäbe.

IV. Tarifverträge - ipso iure zwingende Regeln nach Art. 34 EGBGB

Es stellt sich dann nur noch die Frage, ob nicht bereits allgemeinverbindliche Tarifverträge deutschen Rechts sowieso zwingende Regeln im Sin-

---

[512] EuGH, (Kommission./.Deutschland), amtl. Slg. I 1989; S. 1021, 1042f., Ziffer 22; ders., (Kieffer und Thill), amtl. Slg. I 1997, S. 3655, Ziffer 27; *Streinz,* EuropaR, § 12 II 4., Rz. 706; *Scheffer,* Marktfreiheiten, S. 101.

[513] EuGH, (Kommission./.Frankreich), amtl. Slg. I, 1991, S. 659, 688, Ziffer 24; ders., (Kommission./.Griechenland), amtl. Slg. I 1991, S. 727, 743, Ziffer 28; ders., (Kommission./.Spanien), EuZW 1995, S. 256; *Scheffer,* Marktfreiheiten, S. 101.

[514] *Schweitzer/Hummer,* EuropaR, §10 A. II., Rz. 849; *Streinz,* EuropaR, §3 VII 3, Rz. 200 ff.

ne des Art. 34 EGBGB sind. Aus ihrer Allgemeinverbindlichkeit könnte sich ergeben, dass es sich hierbei um Arbeitsvertragsbestimmungen handelt, die den von Art. 34 EGBGB vorausgesetzten internationalen Geltungswillen besitzen sowie die Ordnungs- und Wertvorstellungen der Bundesrepublik Deutschland widerspiegeln.
Nachdem sowohl international-privatrechtliche als auch europarechtliche Gesichtspunkte dagegen sprechen, § 1 Abs. 1 und 3 AEntG als „lex fori" im Sinne von Art. 34 EGBGB anzuwenden, wenn aus EU-Mitgliedstaaten vorübergehend Arbeitnehmer zur Erbringung von Dienstleistungen ins Inland entsandt werden[515], stellt sich das Problem, ob nicht bereits aus der Allgemeinverbindlichkeit inländischer Tarifverträge (im Bausektor) zu schließen ist, dass die Normen dieser Verträge selbst den Status der „lex fori" genießen.
Die Anwendung der Normen allgemeinverbindlicher Tarifverträge als Sonderanknüpfungen begegnet verschiedenen Bedenken.

1. Tarifverträge mit „lex fori"-Geltung?

a) Fehlen der unabdingbaren innerstaatlichen Geltung bei vergleichbaren Sachverhalten

Wie im Rahmen der Prüfung der Vereinbarkeit von § 1 AEntG mit den Voraussetzungen des Art. 34 EGBGB/Art. 7 Abs. 2 EVÜ bereits aufgezeigt[516], enthalten die zur internationalen Durchsetzung gegenüber ausländischem Statut berufenen Normen der Bautarifverträge ein Günstigkeits- und Arbeitsortprinzip, welches für das deutsche Arbeits- und Tarifrechtssystem ungewöhnlich ist: So gilt im Bausektor die Verpflichtung zur Lohnzahlung in Abhängigkeit vom aktuellen Arbeitsplatz des Arbeitnehmers, so dass dessen Lohnhöhe sich daran orientiert, wo er gerade für seinen Arbeitgeber tätig ist. Demgegenüber gilt in sonstigen Branchen das Prinzip, dass die Lohnhöhe zu gewähren ist, die am Ort der Einstellung des Arbeitnehmers tarifliche Geltung beansprucht, unabhängig davon, ob der Arbeitnehmer tatsächlich am Einstellungsort tätig war oder vorübergehend in ein anderes Tarifgebiet entsandt wurde. Somit handelt es sich bei den zu erstrecken beabsichtigten, (allgemeinverbind-

---

[515] Für Entsendungen aus dem Nicht-EU-Ausland gilt dies nur hinsichtlich der internationale-privatrechtlichen Probleme, da die Art. 30, 34 EGBG in Bezug auf die Gestaltung der dortigen Rechtssystemskollissonen ebenso Geltung besitzen.

[516] Siehe oben, § 2 II 3.

lichen) Normen um solche, denen die notwendige unabdingbare Geltung bei rein inländischen, vergleichbaren Sachverhalten fehlt.
Gleiches gilt hinsichtlich der Erstreckung tariflicher Normen betreffend Urlaubsumfang, zusätzliches Urlaubsgeld und Urlaubskassensystem, da es sich ausschließlich um Bestimmungen handelt, die ebenfalls keine unabdingbare Geltung für alle nach deutschem Statut begründeten Arbeitsverhältnisse besitzen.
Die Normen der Bautarifverträge vermögen daher aus diesen Gründen keine „lex fori" sein.

b) Der internationale Geltungswille von tariflichen Normen

Zweifelhaft ist weiterhin, ob die (allgemeinverbindlichen) tariflichen Normen[517] internationalen Geltungswillen im Sinne von Art. 34 EGBGB aufweisen, das heißt der Durchsetzung unabdingbarer Staatsinteressen dienen[518]. Der Lösung nähert man sich dadurch, dass zunächst die mögliche Durchsetzung „einfacher"[519] Tarifnormen gegen ausländisches Vertragsstatut untersucht wird:

aa) Der internationale Geltungswille einfacher tariflicher Normen

Die Auslegung, ob innerstaatliche Normen den international zwingenden Geltungsanspruch der „lex fori" besitzen, richtet sich übereinstimmend gemäß Art. 7 Abs. 2 EVÜ und Art. 34 EGBGB danach, ob mit ihnen unabdingbare Staatsinteressen Durchsetzung erfahren sollen, wobei als Indiz hierfür die Möglichkeit der Normdurchsetzung mittels staatlichen Zwanges gewertet wird[520]. Besteht der Sinn und Zweck der Norm demgegenüber darin, lediglich für einen Interessenausgleich der Vertragsparteien untereinander zu sorgen und bleibt die Durchsetzung der mit der Norm verbundenen Vorteile dem Begünstigten – unter Zuhilfenahme

---

517 Als Gesetze im materiellen Sinne (BVerfGE 44, S. 322, 341; ders., E 55, S. 7, 21) auch taugliche „Bestimmungen" gemäß Art. 2, 34 EGBGB; *Deinert,* RdA 1996, S. 344; *Palandt-Heldrichs,* Art. 2 EGBGB, Rz. 1; *Birk,* FS für Beitzke, S. 831, 860.

518 Zu den Einzelheiten der Erfordernisse des internationalen Geltungswillen, vergl. oben § 2 II 2. a).

519 Im folgenden werden die nicht auch allgemeinverbindlichen Tarifnormen so bezeichnet.

520 Zum Ganzen, § 2 II 2. a); BT-Dr. 10/504, S. 83 ff.; *Giuliano/Lagarde,* BT-Dr, 10/503, S. 33, 36 ff.; BAGE 63, S. 17, 31, dass., ZIP 1993, S. 850, 857; *Staudinger-Magnus,* Art. 30 EGBGB, Rz. 193.

gerichtlicher Institutionen – überlassen, scheidet eine Anwendung als „lex fori“ aus[521].

Mit der vertraglichen Festlegung tariflicher Normen ist ausschließlich eine Regelung der Arbeits- und Wirtschaftsbedingungen der beiderseits tarifgebundenen, § 3 Abs.1 TVG, Arbeitsvertragsparteien verbunden, Art. 9 Abs. 3 GG, § 1 Abs. 1 TVG. Insofern dient der Tarifvertrag der Kompensation der typischen Unterlegenheit des Arbeitnehmers durch kollektive (Vor-) Vertragsgestaltung[522]. Zugleich ist es nur originäre Aufgabe der Tarifvertragsparteien, die Interessen ihrer Mitglieder gegenüber dem sozialen Gegenspieler wahrzunehmen. Zwingende Staatsinteressen formuliert er selbst[523].
Daher können einfache Tarifnormen keine „lex fori“ sein[524].

bb) Der internationale Geltungswille allgemeinverbindlicher Tarifnormen

Anders beurteilt sich gegebenenfalls die Situation, wenn der Tarifvertrag gemäß § 5 Abs. 1 TVG für allgemeinverbindlich erklärtwurde. Hierzu werden unterschiedliche Ansichten und Lösungsansätze vertreten:

(1) Ansichten in der Literatur

Deinert[525] führt hierzu aus, dass die Allgemeinverbindlichkeit eines Tarifvertrages nur erteilt werden dürfe, wenn sie im öffentlichen Interesse geboten erscheine, § 5 Abs. 1 Nr. 2 TVG, weswegen bei Erteilung derselben durch einen staatlichen Akt zum Ausdruck komme, dass der Staat den Inhalt legitimiere und zur Herstellung einer Gemeinwohlregulierung

---

[521] BAGE 63, S. 17, 31 m.w.N.; *Deinert,* RdA 1996, S. 344.
[522] BVerfG DB 1991, S. 1678, 1680; *Däubler,* TV-Recht, Rz. 18; *Löwisch/Rieble,* Grundlagen-TVG, Rz. 4.
[523] *Deinert,* RdA 1996, S. 344.
[524] H.M.; BAG, DB 1990, S. 1698, *Kempen/Zachert,* § 4 TVG, Rz. 74; *Wiedemann-Wiedemann,* § 1 TVG, Rz. 73; *Däubler,* TV-Recht, Rz. 1698; ders., DB 1995, S. 726, 728; ders., AuR 1990, S. 1, 10, *Hanau,* ArbR der Gegenwart, Bd. 28, S. 89, 93; *Deinert,* RdA 1996, S. 344f.; *Hönsch,* , NZA 1988, S. 113, 117; *Gerken/Löwisch/Rieble,* BB 1995, S. 2370, 2374f.; *MüHbArbR-Löwisch,* § 247, Rz. 5f.; a.A: (für die Einbeziehung „betriebsfassungsrechtlicher“ Tarifnormen in Art. 34 EGBGB) *Soergel-v.Hoffmann,* Art. 30 EGBGB, Rz. 24.
[525] *Deinert,* RdA 1996, S. 345.

für erforderlich erachte[526]. Es stelle sich dann nur das Problem, dass bisher häufig der räumliche Geltungsbereich des Tarifvertrages so gefasst worden sei, dass die damit verbundene Tarifgeltung nur für Betriebe bestehe, die ihren Sitz innerhalb des Geltungsbereiches – maximal die Bundesrepublik Deutschland – haben. Für Arbeitnehmer entsendende, mit Sitz im Ausland ausgestattete Arbeitgeber könne ein solcher Tarifvertrag mangels einschlägigem Geltungsbereich keine Anwendung erfahren, da die Allgemeinverbindlichkeit nur die Tarifbindung, nicht den Geltungsbereich erweitere. Die Lösung liege darin, ein kombiniertes Arbeitsort- und Günstigkeitsprinzip zu vereinbaren, wonach jedenfalls die Arbeitsbedingungen zu gewähren sind, die an der jeweils aktuellen Einsatzstelle des Arbeitnehmers gelten, soweit keine anderen, für ihn günstigeren bestehen.

Löwisch[527] wendet hiergegen zweierlei ein: Einerseits bedeute der Umstand der staatlichen Legitimierung tariflicher Normen durch Allgemeinverbindlichkeitserklärung nicht zwangsläufig, dass hiermit ein Geltungswille verbunden ist, der diesen Tarifnormen zur Durchsetzung gegen ausländisches Statut verhelfe, andererseits bedeute ein derartiger internationaler Geltungswille einen Verstoß gegen die einheitliche Anwendung und Auslegung des dem Art. 34 EGBGB zugrunde liegenden Art. 7 Abs. 2 EVÜ und dem darin kodifizierten Grundsatz der gegenseitigen Nichteinmischung in fremde Sozialordnungen. Daraus folgert *Birk*[528], dass ein Staat, dessen Arbeitsrechtssystem durch allgemeinverbindliche Tarifverträge eines anderen Staates verdrängt wird, diese Verdrängung als „unfreundlichen Akt“ empfinden müsse, da zum Ausdruck komme, dass der andere Staat das Arbeitsrecht des ersteren für unzureichend erachte.
Zugleich werde allein durch die Allgemeinverbindlichkeitserklärung nicht klar, dass der Staat die tariflichen Regeln für so bedeutsam erachte, dass eine internationale Durchsetzung für nötig gehalten werde, da er die Durchsetzung dieser Normen im Einzelfall gleichwohl bei den Begünstigten belassen und für eigenes Handeln keine Eingriffsnormen vorhalten werde. Außerdem werde mit der Allgemeinverbindlichkeit nur das Ziel der Durchsetzung individuellen Interessen dienender Vorschriften in jenen wirtschaftlichen Sektoren gefördert, in denen diese nicht bereits

---

[526] Ebenso *Däubler,* TV-Recht, Rz. 1698, ders., DB 1995, S. 726, 728; ders., AuR 1990, S. 1, 10; *Hanau,* FS für Everling, S. 415, 428; *Wimmer,* S. 208f.; *Kempen/Zachert,* § 4 TVG, Rz. 65; (offenlassend) *Hönsch,* NZA 1988, S. 113, 117.
[527] *Löwisch in Gerken/Löwisch/Rieble,* BB 1995, S. 2370, 2374f.
[528] *Birk,* FS für Beitzke, S. 831, 861.

durch umfangreichere Tarifbindung gemäß § 3 Abs. 1 TVG beziehungsweise gewöhnlicher Bezugnahme auf Tarifverträge in Arbeitsverträgen erfolgt sei[529]. Einen solchen, Individualinteressen dienenden Geltungswillen als international durchsetzungsfähig aufzufassen bedeute, sich in Widerspruch zu Art. 34 EGBGB/7 Abs. 2 EVÜ zu setzen, die von einer Durchsetzung staatlicher Gemeinwohlinteressen ausgingen[530].
Eine Erstreckung tariflicher Normen auf ausländische Arbeitsvertragsstatute könne durch Allgemeinverbindlichkeit derselben nicht erreicht werden[531].

(2) Die Rechtsprechung des BAG

Das *BAG*[532] hatte in seiner „Baukassenentscheidung“, die im Jahr 1977 und vor der Neufassung des EGBGB zum internationalen Schuldrecht erging, geurteilt, dass durch die Vereinbarung ausländischen Rechts die Anwendung eines deutschen, allgemeinverbindlichen Tarifvertrages ausgeschlossen wird: Begründet wurde dies damit, dass durch Rechtswahl dem Arbeitnehmer nicht der Schutz entzogen werden dürfe, der ihm bei objektiver Rechtsanknüpfung zustehe. Wenn nunmehr auch die objektive Betrachtung ergebe, dass ausländisches Vertragsstatut anzuwenden sei, bedeute dies den kompletten Ausschluss der Anwendung inländischer Normen. Hinsichtlich der Bestimmungen zu dem Sozialkassenverfahren im Bausektor verstoße dies auch nicht gegen den nationalen „ordre public“.
Nicht geprüft wurde, ob ein allgemeinverbindlicher Tarifvertrag eine Eingriffsnorm darstellen kann, wenngleich diese nicht kodifiziert, jedoch richterrechtlich anerkannt[533] waren.

---

529 Weder die einzelvertragliche Vereinbarung untertariflicher Löhne noch daraus sich gegebenenfalls ergebende Wettbewerbsunterschiede rechtfertigen das öffentliche Interesse an der Allgemeinverbindlichkeit; *Königs,* DB 1997, S. 225, 226; BAG DB 1979, S. 1365 = AP Nr. 16 zu § 5 TVG, dass., NJW 1977, S. 2039, 2040.

530 Ebenso *Franzen,* DZWir 1996, S. 89, 91; *Müller,* Entsendung, S. 142; *Wiedemann-Wiedemann,* § 1 TVG, Rz. 73; *Schlachter,* NZA 2000, S. 57, 64; *Birk,* FS für Beitzke, S. 831, 861f., ders., RabelsZ (46) 1982, S. 385, 405; *Friedrich,* RdA 1980, S. 109, 115.

531 Im Ergebnis auch: *Junker/Wichmann,* NZA 1996, S. 505, 506; *Theelen,* S. 34f.

532 BAG AP Nr. 30 zu § 1 TVG Bau-Tarifverträge = NJW 1977, S. 2039f.

533 *Deinert,* RdA 1996, S. 345; zur historischen Entwicklung: *Gamillscheg,* ZfA 1983, S. 307, 343.

(3) Eigene Meinung

Für die *eigene Meinung* ist primärer Gesichtspunkt, dass für eine Einordnung allgemeinverbindlicher Tarifverträge als „lex fori" zunächst zu untersuchen ist, welchen Geltungswillen diese Normen beanspruchen. Dabei ist zu berücksichtigen,
- welche Rechtsnatur und Wirkungsweise die Allgemeinverbindlichkeit aufweist und
- welchen Gehalt § 5 Abs. 1 TVG, der die Allgemeinverbindlichkeit gewöhnlich[534] ermöglicht, besitzt[535].

(a) Die Rechtsnatur der Allgemeinverbindlichkeit in der Rechtsprechung von BVerfG und BAG

Hinsichtlich der Rechtsnatur der Allgemeinverbindlichkeit herrschte ein Meinungsstreit[536], dessen sich im Jahr 1977 das BVerfG annahm und entschied, dass es sich hierbei gegenüber den nicht Tarifgebundenen um einen Rechtssetzungsakt eigener Art handele, der seine eigenständige Grundlage in Art. 9 Abs. 3 GG finde[537]. Damit folgte es – soweit es das Verhältnis des allgemeinverbindlichen Tarifvertrages zu den gemäß § 5 Abs. 4 TVG einbezogenen „Außenseitern" betrifft – der Rechtsprechung des BAG[538], welches der Allgemeinverbindlichkeit einen Doppelcharakter beimisst: Zu dieser Komponente im Außenverhältnis tritt der Charakter als Verwaltungsentscheidung im Innenverhältnis gegenüber den am Tarifvertrag beteiligten Vertragsparteien[539]. Der zuvor bestandene Meinungsstreit ist damit praktisch entschieden.

---

534 Unberücksichtigt bleibt zunächst die neugeschaffene Ausnahme des § 1 Abs. 3 a AEntG für eine Allgemeinverbindlichkeitserklärung.

535 Anzuknüpfen ist dabei an das Merkmal der Gebotenheit kraft öffentlichem Interesse: so auch *Deinert,* RdA 1996, S. 344f.

536 Darstellung bei *Schaub,* HdbdArbR, §207 IV. 1., Rz. 17; BVerfGE 44, S. 322, 338f.

537 BVerfG, 44, S. 322, 340; relativiert in BVerfG, SAE 2000, S.265f.=NJW 2000, S. 3704f.

538 BAG AP Nr. 12, 13, 14, 25 zu § 5 TVG; dem folgend: *Schaub,* HdbdArbR, § 207 IV. 1., Rz. 17f.

539 BAG AP Nr. 12, 13, 14, 25 zu § 5 TVG; dem folgend: *Schaub,* HdbdArbR, § 207 IV. 1., Rz. 18; den Tarifvertragsparteien wird es damit ermöglicht, bei (Nicht-) Erteilung der Allgemeinverbindlichkeit durch den Bundesminister für Arbeit um Verwaltungsrechtsschutz nachzusuchen, BVerwG NJW 1989, S. 1495, 1496, wobei das BVerwG die Qualifizierung der Allgemeinverbindlichkeit als Verwaltungsakt ausdrücklich ablehnt, BVerwG, NJW 1989, S. 1495, 1497.

Begründet wird das gefundene Ergebnis mit der weiten Zurücknahme der Befugnisse des Staates zur Rechtssetzung im Bereich der Arbeits- und Wirtschaftsbedingungen durch Art. 9 Abs. 3 GG und der einhergehenden Übernahme durch die Koalitionen. Diesen ist die Befugnis eröffnet,

> **„... Löhne und sonstige materielle(n) Arbeitsbedingungen ... in eigener Verantwortung und im wesentlichen ohne staatliche Einflussnahme durch unabdingbare Gesamtvereinbarungen sinnvoll zu ordnen. ...“[540]**

Das TVG präzisiere seinerseits die in Art. 9 Abs. 3 TVG angelegte Normsetzungsbefugnis der Tarifvertragsparteien und gebe diesen für die Aufgabe das Mittel des generell-abstrakt und normativ wirkenden Tarifvertrages an die Hand. Ausgehend hiervon werde durch die Allgemeinverbindlichkeitserklärung die Normwirkung der tarifvertraglich geschaffenen Regeln auf diejenigen erweitert, denen die Tarifbindung bisher fehlte[541]. Da während der Laufzeit der Allgemeinverbindlichkeit[542] neue Arbeitsverhältnisse in die durch sie geschaffene Verbindlichkeit hineinwachsen beziehungsweise alte aus ihr herausfallen können, handele es sich bei ihr ebenfalls um Normsetzung. Diese von staatlichen Stellen ausgehende Normsetzung sei aber nicht durch die „Normsetzungsprärogative“ der Koalitionen gemäß Art. 9 Abs. 3 GG präkludiert, da diese einerseits nicht schrankenlos bestehe[543] und andererseits sich nur auf deren Autonomiebereich, den Kreis der jeweiligen Mitglieder, beschränke[544]. Daher habe der Staat – ausgehend von seiner allgemeinen Normsetzungsbefugnis – im sachlichen Anwendungsbereich des Art. 9 Abs. 3 GG die subsidiäre Möglichkeit, dann Arbeitsbedingungen zu schaffen, wenn die Koalitionen die ihnen übertragene Aufgabe der Normsetzung im Einzelfall nicht allein erfüllen können **und** die soziale Schutzbedürftig-

---

[540] BVerfGE 44, S. 322, 340f. mit Verweis auf BVerfGE 4, S. 96, 106f.; dass., 18, S. 18, 26 ff.; dass., 38, S. 281, 306; neuerding: BVerfGE 94, S. 268, 283; dass., NZA 1999, S. 992, 993.

[541] BVerfGE 44, S. 322, 341.

[542] Die akzessorisch zu der des Tarifvertrages ist, *Schaub*, HdbdArbR, § 207 VI. 2., Rz. 25.

[543] BVerfG NZA 1999, S. 992, 993.

[544] *Hueck/Nipperdey*, ArbR, Bd. II/1, S. 167; *Zöllner*, RdA 1962, S. 452, 458; *Mayer-Maly*, BB 1965, S. 829, 832.

keit der Arbeitnehmer oder ein sonstiges öffentliches Interesse das Eingreifen des Staates es erfordert[545].

(b) Konsequenzen für den „lex fori"-Status allgemeinverbindlicher Tarifnormen

Daraus ergibt sich, dass die staatliche Normsetzungsbefugnis für nicht Tarifgebundene im Betätigungsraum des Art. 9 Abs. 3 GG – Arbeits- und Wirtschaftsbedingungen - von diesen zwei kumulativ zu erfüllenden Verfassungsvoraussetzungen abhängt, die - im Wege verfassungskonformer Auslegung - bei der Anwendung des Tatbestandes des § 5 Abs. 1 TVG Berücksichtigung zu finden haben[546]. Vorrangig erfolgt die Beachtung verfassungsrechtlicher Vorgaben dadurch, dass ihnen im Rahmen der Anwendung einfachgesetzlichen Rechts – und dort zuvörderst in Generalklauseln – Rechnung getragen wird[547]. Im Rahmen von § 5 Abs. 1 TVG, der die Voraussetzungen der Allgemeinverbindlichkeit bestimmt, zielt dies auf eine Anwendung beim Tatbestandsmerkmal „... im öffentlichen Interesse geboten ..." ab.
Folglich ist das öffentliche Interesse nur dann „geboten", wenn den Koalitionen im Einzelfall die Durchsetzung des von ihnen geschaffenen Rechts aus real sachlichen, nicht rechtlichen Gründen nicht möglich ist, gleichzeitig aber ein staatliches Interesse besteht, den Normen zur Durchsetzung zu verhelfen. Für letzteres besteht seitens des Bundesministers für Arbeit ein weiter, gerichtlich nur eingeschränkt überprüfbarer Beurteilung- und Gestaltungsraum[548].
Dieser weite Freiraum entbindet aber nicht von der Prüfung des Fehlens der Durchsetzungsmöglichkeit tariflicher Normen im Einzelfall durch die Koalitionen selbst.

Hierzu ist zu berücksichtigen, dass die Ausgangsfrage dahin ging, festzustellen, ob die Allgemeinverbindlichkeit die Durchsetzung inländischem Statut angehörender Tarifnormen gegen fremdes Statut als „lex fori" bewirkt. Damit der der Allgemeinverbindlichkeit beigegebende, staatliche Wille als internationaler Geltungswille aufgefasst werden kann,

---

[545] BVerfGE 44, S. 322, 342.
[546] Unberücksichtigt bleiben die Regelungsbefugnisse des Staates in Bereichen, in denen ihm die originäre Rechtssetzungsbefugnis zusteht und in Erfüllung derselben zwangsläufig Arbeits- und Wirtschaftsbedingungen mitgeregelt werden, *Maunz/Dürig-Scholz*, Art. 9 GG, Rz. 128.
[547] BVerfG NJW 1997, S. 513, 514.
[548] BAG AP Nr. 23 zu § 5 TVG; *Löwisch/Rieble*, § 5 TVG, Rz. 38 m.w.N.

ist daher die Frage aufzuwerfen, ob der primäre Wille der Tarifvertragsparteien, der sich nur im Einzelfall nicht durchzusetzen vermag, grundsätzlich in der Lage ist, insoweit normgestaltend zu wirken. Dies wurde bereits einhellig verneint[549].
Tarifverträge dienen der Durchsetzung individueller (Arbeitnehmer-) Interessen durch Vorformulierung von Arbeitsbedingungen in Kollektivvereinbarungen. Ihre Geltung – als einfache Tarifnormen – ist daher abhängig von der Vereinbarung desjenigen Vertragsstatutes, dem auch diese Tarifnormen angehören. Eine Durchsetzung einfacher Tarifnormen als „lex fori" schied aus. Gleiches Ergebnis besteht auch hinsichtlich allgemeinverbindlicher Tarifnormen, da zunächst die subsidiäre Normsetzungsbefugnis des Staates in Bereichen, die gewöhnlich der Tarifautonomie der Koalitionen vorbehalten ist, nicht weiter reichen kann, als deren Normsetzungsbefugnis selbst[550]. Dies gilt jedenfalls hinsichtlich des staatlichen Instrumentariums, welches darauf abstellt, nur die Normsetzungsbefugnis der Koalitionen zu ergänzen und im Einzelfall bei „Außenseitern" zur Durchsetzung zu verhelfen. Daneben hat der Gesetzgeber kraft seiner allgemeinen Normsetzungsbefugnis die Möglichkeit, selbst durch gesetzliche Maßnahmen Arbeitsbedingungen zu schaffen. Jedoch auch dabei hat er die primäre Rechtssetzungsbefugnis der Koalitionen zu beachten. Ist der Bereich der Tarifautonomie nicht tangiert, besteht folglich kein Subsidiärerfordernis.

Somit ist allgemeinverbindlichen Tarifnormen ein „lex fori"-Status nicht anzuerkennen, da sich der verbundene Regelungswille nur auf Bereiche beziehen kann, die der Normsetzung durch die Koalitionen zugänglich ist, was hinsichtlich fremder Rechtssysteme zu verneinen ist.

Außerdem stellte sich die Frage, ob tatsächlich eine Durchsetzung tariflicher Normen auf Arbeitsverhältnisse entsandter Arbeitnehmer fehlt: Diese unterliegen einer nach dem Kollisionsrecht zu bestimmenden Rechtsordnung, die ihrerseits Regeln kennt, nach denen sich die Normsetzung für Arbeitsverhältnisse bestimmt. Diese kann entweder so gestaltet sein, dass die Normen über Arbeits- und Wirtschaftsbedingungen originäre Staatsaufgabe sind, oder aber es besteht eine Tarifautonomie, die der innerhalb Deutschlands geltenden vergleichbar, zumindest ähnlich ist: Besteht nun innerhalb des Rechtssystems, dem das Arbeitsverhältnis des entsandten Arbeitnehmers unterliegt, eine solche Tarifautonomie und hat sich gegebenenfalls der Träger jenes Rechtssystems, ein ande-

---

[549] Vergl. § 2 IV 1. b) aa).
[550] BVerfGE 94, S. 268, 284; dass. NZA 1999, S. 992, 993.

rer Staat, vorbehalten, seinerseits der in seinem Hoheitsbereich praktizierten Tarifautonomie im Einzelfall zur Durchsetzung zu verhelfen, genießt dieses System, dem das Arbeitsverhältnis unterliegt, Vorrang vor anderen. Dann – wie auch beim staatlichen Vorhalten von Mindestarbeitsbedingungen - ist bereits sichergestellt, dass den schützenswerten Interessen des Arbeitnehmers durch vorformulierte Arbeitsbedingungen, die unabdingbar gelten, Rechnung getragen wird. Ein Mangel an Durchsetzung der Tarifmacht[551] im Einzelfall kann dann nicht bestehen.
Hierbei ist unbeachtlich, auf welchem Weg dieser Staat die Subsidiärbefugnisse verwirklicht – im Wege der Allgemeinverbindlichkeitserklärung oder durch gesetzliche Mindestarbeitsbedingungen -, da auch das deutsche System letzteres infolge des 1952 geschaffenen MindestarbeitsbedingungsG[552] kennt. Wenngleich hiervon bisher kein Gebrauch gemacht wurde[553], so ist auch dem inländischen System ein solches Vorgehen bekannt, so dass ein vergleichbares fremdes System hiermit im Gleichklang steht.
Aus dem MindestarbeitsbedingungsG ergibt sich außerdem, dass der Gesetzgeber diesen Subsidiärcharakter seiner Rechtssetzungsbefugnis und die Beschränkung deren Reichweite auf das den Koalitionen Mögliche anerkannte, da die staatliche Festsetzung der Arbeitsbedingungen nur erfolgen darf, wenn in dem betroffenen Bereich keine Tarifvertragsparteien existieren, die Bedürfnisse der Arbeitnehmer gleichwohl ein Eingreifen erfordern und die Allgemeinverbindlichkeit von Tarifverträgen nicht zulässig ist, § 1 Abs. 2 MindestarbeitsbedingungsG. Ergänzend bestimmt § 8 Abs. 2 MindestarbeitsbedingungsG ausdrücklich, dass – in- und ausländische – Tarifregeln Vorrang genießen. Daraus wird im Umkehrschluss deutlich, dass auch die Bedingungen nach diesem Gesetz nicht weiter reichen dürfen, als tariflich vereinbart und durch Allgemeinverbindlichkeit erstreckt.

Selbst wenn in Entsendefällen das gemäß Art. 30 Abs. 2 EGBGB anzuwendende Recht eine Tarifautonomie nicht kennt und die Arbeitsbedingungen staatlich vorgegeben sind, resultiert hieraus nicht, dass diese nur deswegen nicht anzuwenden und durch tarifliche Bestimmungen des eigenen Statuts zu verdrängen sind. Denn im Rahmen von Entsendung verlangt weder ein Arbeitgeber noch ein entsandter Arbeitnehmer Zu-

---

[551] Art. 9 Abs. 3 GG schützt als „jedermann"-Grundrecht auch die ausländische Tarifautonomie; *Gerken/Löwisch/Rieble,* BB 1995, S. 2370, 2375; vergl. auch unter § 4 III 2. a).
[552] BGBl. I1952, S. 17f.
[553] *Schaub,* HdbdArbR, § 31 IV 5., Rz. 28.

gang zum deutschen Bereich der Tarifautonomie, so dass das mit der Allgemeinverbindlichkeit verbundene Ziel der Stärkung der Tarifautonomie nicht erreicht werden kann. In solchen Fällen beschränkt sich die Durchsetzung der Rechtsregeln des Forumstaates inhaltlich auf die Normen, die der Verfolgung von Staatsinteressen allgemein („lex fori") oder im Einzelfall („ordre public") dienen.

Somit ist ergebnishalber festzustellen, dass die Allgemeinverbindlichkeit deutscher Tarifnormen keinen internationalen Geltungswillen in sich tragen kann, folglich solche Tarifnormen keinen „lex fori"-Status genießen. Eine Anwendung derselben im Rahmen von Art. 34 EGBGB scheidet aus.

2. Das europarechtliche Anwendungsverbot

Dessen ungeachtet steht einer Anwendung allgemeinverbindlicher tariflicher Normen auf EU-ausländischer Ebene auch entgegen, dass hiermit ein dem AEntG vergleichbarer Verstoß gegen die Beschränkungs- und Diskriminierungsverbote der Grundfreiheit der Dienstleistungen, Art. 59, 60 EGV, gegeben ist[554]. Insoweit handelte es sich ebenfalls um beschränkend wirkende, nationale Maßnahmen, die durch kein Allgemeininteresse gerechtfertigt sind. Hierzu ist der Vergleichsmaßstab identisch zu dem, dem das AEntG unterliegt, da selbiges nur das Ziel verfolgt, die für allgemeinverbindliche Tarifverträge strittige Wirkung als „lex fori" klarzustellen und zu konkretisieren.

Als Zwischenergebnis ist somit festzuhalten, dass sich allgemeinverbindliche Tarifnormen weder gegen EU- noch sonstiges ausländisches Vertragsstatut als „lex fori" durchsetzen können, da sie ebenfalls einem europäischen Anwendungsverbot unterliegen und außerdem nicht die Voraussetzungen von Eingriffsnormen erfüllen.

---

[554] Schon aus der Entscheidung des EuGH, (Guiot), EuZW 1996, S. 399 f., Ziffer 13 ff., ergibt sich, dass die vertragsstatutsunabhängige Anwendung zwingender nationaler Arbeitsrechtsvorschriften unter dem Vorbehalt der Vereinbarkeit mit dem EGV steht: *Birk*, RdA 1999, S. 13, 17.

V. Ergebnis zu § 2

Nach alledem bleibt festzuhalten, dass weder § 1 Abs. 1 und 3 AEntG noch allgemeinverbindliche oder einfache Tarifnormen zulässigerweise und bei einheitlicher Auslegung Eingriffsnormen/„lex fori" im Sinne von Art. 34 EGBGB/7 Abs. 2 EVÜ sein können. Parallel besteht für tarifliche Normen, die für Arbeitsverträge kraft ausländischem Statut inländische, bausektorale Vorgaben betreffend Mindestlohn, Urlaubsdauer und -geld sowie Urlaubskassenverfahren treffen, ein europäisches Anwendungsverbot.

§ 3 Vereinbarkeit der vom AEntG in Bezug genommenen Tarifverträge mit einfachgesetzlichem nationalem Recht

Ungeachtet vorstehender Ausführungen betreffend die Wirksamkeit des AEntG sowie der Richtlinie 96/71/EG, erfolgt eine Wirkungserstreckung deutscher Arbeitsrechtsnormen auf ausländischem Statut unterstehende Arbeitsverhältnisse nur, wenn entweder durch (zulässige) gesetzliche Regeln selbst oder durch ebensolche Erstreckung gültiger tarifvertraglicher Bestimmungen „lex fori"-Normen geschaffen wurden. Diese schlössen „Inseln fremden Rechts" innerhalb der Bundesrepublik Deutschland aus, so dass hinsichtlich der Vergütungs- und Urlaubsansprüche entsandter Arbeitnehmer eine Anhebung und Anlehnung an inländisches Tarifniveau erfolgte. Damit die entsandten Arbeitnehmer diese Erweiterung der Rechte realisieren können, ergänzte der Gesetzgeber späterhin die materiell-rechtlichen Bestimmungen um die Einführung eines nationalen Gerichtsstandes, § 8 AEntG, da letztlich nur die Gerichte des Forumstaates verpflichtet sind, dessen „lex fori" anzuwenden[555].

Wie bereits gesehen[556], entschloss sich der deutsche Gesetzgeber zur „lex fori"-Setzung auf dem Weg der Geltungserstreckung, wohl in der Überzeugung, dass die staatliche Vorgabe von Arbeitsbedingungen betreffend Entgelt, Urlaubsdauer und –geld auf verfassungsrechtliche Bedenken stößt. Die Möglichkeit, die der Gesetzgeber bereits mit dem MindestarbeitsbedingungsG 1952 schuf, nämlich Mindestanforderungen durch Fachausschüsse gemäß § 4 Abs. 2 MindestarbeitsbedingungsG beschließen zu lassen, wurde dabei nicht in nähere Betrachtung gezogen, weil die Voraussetzungen des § 1 Abs. 2 MindestarbeitsbedingungsG nicht erfüllt waren. Diese bestimmen, dass Festsetzungen nur möglich sind, wenn Tarifvertragsparteien in diesem Wirtschaftszweig nicht bestehen, die Festsetzung zur Befriedigung der notwendigen sozialen und wirtschaftlichen Belange der Arbeitnehmer erforderlich erscheint **und** eine Regelung nicht bereits durch die Allgemeinverbindlichkeit eines Tarifvertrages erfolgt ist.
Dieses Gesetz knüpft damit an rein inländisch zu beurteilende Sachverhalte an, welche weder einzeln noch kumulativ erfüllt waren. Zur Zeit des Erlasses des AEntG gab es im Bausektor sowohl wirkungsvolle Tarifvertragsparteien und es lagen allgemeinverbindliche Tarifverträge[557] vor.

---

[555] *Kegel/Schurig,* IPR, §16, S. 453; *Gamillscheg,* ZfA 1983, S. 307, 343.
[556] Siehe oben § 2 II.
[557] Zum Beispiel BRTV-Bau, VTV, Lohn-Tarifverträge; im einzelnen: *Kittner,* S. 264 ff.

Deshalb wählte der Gesetzgeber die gesetzliche Wirkungserstreckung der Bestimmungen für allgemeinverbindlich erklärter deutscher Tarifverträge[558]; der Vollzug dessen durch die so angesprochenen Tarifvertragsparteien in den Bereichen Entgelt, Urlaub und Urlaubskassensystem[559] wirft jedoch ebenfalls erhebliche Fragen auf:

I. Unwirksamkeit (Leerlaufen) des Tarifvertrages über Mindestlohn und seiner Allgemeinverbindlichkeitserklärung

Die Art der Vereinbarung der Mindestlohntarifverträge und ihres Inhalts zwingt zu der Fragestellung, ob selbige den gesetzlichen Vorgaben entsprechen beziehungsweise so gestaltet sind, dass sie einen eigenständigen Anwendungsbereich besitzen:

1. Verstoß gegen das Tarifvertragsgesetz

§ 1 Abs. 1 AEntG erstreckt nur diejenigen Lohntarifverträge des Baugewerbes auf ausländische Arbeitsvertragsstatute, die Tarifvertragsqualität besitzen, deren jeweiliger Geltungsbereich auch ausländische Vertragsverhältnisse erfasst und die ihrerseits wirksam für allgemeinverbindlich erklärt worden sind[560].
Es stellt sich somit die Frage, welche Voraussetzungen erfüllt sein müssen, damit

- ein Tarifvertrag vorliegt und
- dieser wirksam für allgemeinverbindlich erklärt werden konnte

sowie ob diese Bedingungen im Einzelfall tatsächlich beachtet wurden.

---

[558] *Koberski/Sahl/Hold,* § 1 AEntG, Rz. 43.

[559] Art und Umfang der tariflichen Regeln wurden bereits dargelegt, vergl. § 2 III 1 c) und d).

[560] *KaHbArbR-Braasch,* Bd. 1, S. 226, Rz. 260; *Wiedemann-Wiedemann,* § 1 TVG, Rz. 74; *Kempen/Zachert,* § 5 TVG, Rz. 33.

a) Tarifvertragsqualität des Mindestlohntarifvertrages?

aa) Abgrenzung der Begriffsmerkmale als Mindestvoraussetzungen eines Tarifvertrages von dessen Wirksamkeit

Hinsichtlich der angesprochenen Mindestlohntarifverträge ergibt sich der „Verdacht", es handele sich nicht um Tarifverträge beziehungsweise sie seien nicht wirksam, daraus, dass ihr Adressatenkreis stark determiniert sein könnte: Insbesondere könnten einzelne Tarifnormen, deren Wirkung gemäß § 1 Abs. 1 S. 1 AEntG auf internationale Ebene erstreckt werden sollte, sowohl auf Arbeitgeber- wie –nehmerseite adressatenlos sein. Fehlen nunmehr einzelnen tariflichen Bestimmungen die Normadressaten ohne eine staatliche „Hilfe" (Allgemeinverbindlichkeitserklärung, sonstige Erstreckungsnormen), besteht die Möglichkeit, dass schon ein auf Normwirkung zielender Tarifvertrag nicht vorliegt:
In Anlehnung an § 1 Abs. 1 TVG ist nach allgemeingültiger Definition ein „Tarifvertrag der schriftliche Vertrag zwischen einem oder mehreren Arbeitgebern oder Arbeitgeberverbänden und einer oder mehrerer Gewerkschaften zur Regelung von Rechten und Pflichten der Tarifvertragsparteien (obligatorischer Teil) und zur Festsetzung von Rechtsnormen über Inhalt, Abschluss und Beendigung von Arbeitsverhältnissen sowie über betriebliche oder betriebsverfassungsrechtliche Fragen und gemeinsame Einrichtungen der Tarifvertragsparteien (normativer Teil)[561].
Daraus ergibt sich, dass nicht jeder schriftliche[562] Vertrag zwischen Tarifvertragsparteien im Rechtssinne ein Tarifvertrag mit normativem Teil ist. Ein solcher kann sich auch in der Vereinbarung obligatorischer Rechte und Pflichten der vertragsschließenden Parteien erschöpfen[563].
Im ersteren Fall erscheint jedenfalls unabdingbar und – bereits begrifflich – Voraussetzung für einen Tarifvertrag, dass durch den Vertrag unmittelbar geltende Rechtnormen, die die Arbeits- und Wirtschaftsbedingungen regeln, §1 Abs. 1 TVG, geschaffen werden[564]. Insofern könnte es sich ge-

---

[561] Urteil des ArbG Wiesbaden vom 04.08.1999, Az. 3 Ca 225/99; *Hueck/Nipperdey,* ArbR; Bd. II/1, S. 207; *Stein,* Tarifvertragsrecht, Rz. 3 ff.; kritisch: *Plander,* ZTR 1997, S. 145 ff.

[562] Mangel der Schriftlichkeit bewirkt Nichtigkeit, § 125 S. 1 BGB; *Wiedemann-Wiedemann,* § 1 TVG, Rz. 244; *Löwisch/Rieble,* § 1 TVG, Rz 380.

[563] Zum Beispiel betreffend Friedenspflicht, Schaffung gemeinsamer Einrichtungen im Sinne von § 4 Abs. 2 TVG; str.: so BAGE 6, S. 321, 340 f.; *Stein,* Tarifvertragsrecht, Rz. 4; *Wiedemann-Wiedemann,* § 1 TVG, Rz. 13; *Däubler,* TV-Recht, Rz. 178; *Beuthien,* ZfA 1983, S. 141 ff.; kritisch: *Plander,* ZTR 1997, S. 145, 148 ff.

[564] *Schaub,* HdbdArbR; § 198 III 1., Rz.16f.; ders, HdbdArbR; § 206 II 8., Rz. 24.; *Wiedemann-Wiedemann,* § 1 TVG, Rz. 1.

rade um das Spezifikum des Normenteils eines Tarifvertrages handeln, weswegen er sich von den traditionellen Vertragstypen des öffentlichen und privaten Rechts unterscheidet[565].

Das Zustandekommen tariflicher Normen durch Privatparteien lässt nunmehr besondere Voraussetzungen notwendig erscheinen, weswegen es sich anbietet zu unterscheiden zwischen der Einordnung als Tarifvertrag anhand seiner Begriffsmerkmale (als Mindestvoraussetzungen) und seiner Vereinbarkeit mit höherangigem Recht, das heißt seiner Wirksamkeit[566].
Der erste Begriff charakterisiert einen Vertrag als Normentarifvertrag; der zweite bestimmt, ob ein solcher Tarifvertrag wirksam oder nichtig ist[567].
Zu den Begriffsmerkmalen – „essentialia negotii" – eines Normentarifvertrages gehört es, dass

- durch ihn die Beschäftigungsbedingungen sozial abhängig Tätiger[568] oder die Rechte der Vertragspartner selbst im Blick auf ihre Aufgabe, derartige Beschäftigungsbedingungen auszuhandeln[569], gestaltet werden,

- dass derartige Beschäftigungsbedingungen aus dem Bereich der Arbeits- und Wirtschaftsbedingungen resultieren[570],

---

[565] *Plander,* ZTR 1997, S. 145, 148; ArbG Wiesbaden, Urteil vom 04.08.1999, Az. 3 Ca 225/99; ders., Urteil vom 29.09.1999, Az. 3 Ca 671/99.
[566] Hier ergibt sich eine Parallele zum allgemeinen Vertragsrecht: Ein Kaufvertrag bleibt ein Kaufvertrag, wenn sich die Parteien auf dessen „essentialia negotii" einigten, mag er im Einzelfall infolge anfänglicher objektiver Unmöglichkeit, § 306 BGB, Sittenwidrigkeit, § 138 BGB, Verstoßes gegen ein gesetzliches Verbot, § 134 BGB, oder sonsigter Nichtigkeitsgründe von Anfang an unwirksam sein. Vergl. *Plander,* , ZTR 1997, S. 145, 146.
[567] Dementsprechend muss derjenige, der sich auf eine tarifliche Bestimmung beruft, im Prozess darlegen, das diejenige Vereinbarung, in der die „berufene" Bestimmung enthalten ist, unter Beachtung der Begriffsmerkmale zustande kam; der Gegner hat dann darzulegen, dass diese Vereinbarung gegebenenfalls keine Wirksamkeit besitzt. Entsprechend ist auch die Beweislast verteilt. Vergl. *Plander,* ZTR 1997, S. 145, 146f.
[568] Der Arbeitnehmerbegriff ist infolge § 12a TVG – Erweiterung des Anwendungsbereiches auf arbeitnehmerähnliche Personen – zu eng, *Plander,* ZTR 1997, S. 145, 147.
[569] *MüHbdArbR-Löwisch,* § 270, Rz. 28 ff.
[570] *Plander,* ZTR 1997, S. 145, 147.

- dass die beteiligten Vertragspartner tariffähig[571] und –zuständig[572] sind und

- dass die Regelung der Beschäftigungsbedingungen mit normativer Wirkung erfolgt[573].

Weitere Erfordernisse richten sich demgegenüber an die Wirksamkeit des Tarifvertrages, lassen aber dessen Einordnung unberührt.
Während durch die in Rede stehenden Mindestlohn-Tarifverträge unstreitig Arbeits- und Wirtschaftsbedingungen geregelt wurden, die Einfluss auf die Beschäftigung der Arbeitnehmer finden, bedarf es hinsichtlich der weiteren Begriffsmerkmale nachstehender Erläuterungen: Neben der Tariffähig- und –zuständigkeit rückt dabei in den Vordergrund, ob die getroffenen Bestimmungen nicht infolge einer Beschränkung des Adressatenkreises die ihnen beigemessene Normqualität verlieren, so dass auch die Normenvertragseigenschaft fehlt.

(1) Abgrenzung zwischen Tariffähigkeit und Tarifzuständigkeit

Unter **Tariffähigkeit** ist die Eigenart einer (natürlichen oder juristischen) Person oder Personenvereinigung zu verstehen, aufgrund ihrer Unabhängigkeit von Dritten, ihrer Mächtigkeit und Dauerhaftigkeit, ihrer demokratischen Binnenstruktur[574] sowie ihrer Tarifwilligkeit[575] Tarifverträge abschließen, ihre Einhaltung überwachen und ihre Geltung – zum Beispiel durch Kündigung – beenden zu können[576].
Demgegenüber wird als **Tarifzuständigkeit** die Befugnis tariffähiger Personen (-vereinigungen) aufgefasst, innerhalb eines selbst gewählten, autonomen Bereiches[577] tarifliche Normen aushandeln und abschließen zu wollen[578]. Es handelt sich mithin um den Geschäftsbereich der „Tarifvertrags-" Partei, der zugleich den maximalen Geltungsbereich eines ab-

---

[571] *Plander,* ZTR 1997, S. 145, 147; *Wiedemann-Wiedemann,* § 1 TVG, Rz. 6 m.w.N.; *Löwisch/ Rieble,* § 2 TVG, Rz. 1f.
[572] *Wiedemann-Wiedemann,* § 1 TVG, Rz. 6.
[573] *Plander,* ZTR 1997, S. 145, 148.
[574] Gilt nur bei Interessenvereinigungen: *Löwisch/Rieble,* § 2 TVG, Rz. 19.
[575] Zu den einzelnen Voraussetzungen: *Löwisch/Rieble,* § 2 TVG, Rz. 1 ff.
[576] *Löwisch/Rieble,* § 2 TVG, Rz. 30f.
[577] Zum Beispiel Branche, räumliches Gebiet, Personenkreis.
[578] BAG AP Nr. 4 und 7 zu § 2 TVG; *Löwisch/Rieble,* § 2 TVG, Rz. 87; *Wiedemann-Oetker,* § 2 TVG, Rz. 47.

persönlicher Hinsicht vorgibt[579]. Bereits das Fehlen einer dieser Voraussetzungen bei Abschluss eines Tarifvertrages führt zu dessen begrifflichen Wegfall[580], da der Tarifvertrag hierdurch als solcher qualifiziert wird. Die Bestimmung der Tariffähigkeit und insbesondere der –zuständigkeit der tarifvertragsschließenden Parteien ist außerdem notwendig, weil sich hieran die Rechtsfolge des „Verhandlungsprodukts" bemisst: Der normative Teil eines Tarifvertrages wirkt, sofern er einen Regelungsbereich betrifft, für den beide Tarifvertragsparteien Tarifzuständigkeit besitzen[581], unmittelbar und zwingend zwischen den beiderseits Tarifgebundenen, § 3 Abs. 1 TVG, soweit sie unter den Geltungsbereich des Tarifvertrages fallen, § 4 Abs. 1 TVG.
Diese aus Tarifbindung und Geltungsbereich resultierende Normwirkung - Tarifgeltung[582] - ist unabdingbar, § 4 Abs. 3 TVG, sowie sich ergebende Rechte unverzicht- und unverfallbar, § 4 Abs. 4 TVG[583].

Ausgehend von der Tariffähigkeit und –zuständigkeit der Vertragspartner ist daher die von Tarifnormen ausgehende Tarifbindung einerseits sowie der Geltungsbereich des Vertrages anderseits, die zusammen die Tarifgeltung ergeben, zu bestimmen:

(2) Abgrenzung zwischen Tarifbindung und Geltungsbereich; Umfang der Tarifgeltung

Hinsichtlich der Wirkung eines „Verhandlungsprodukts" der Tarifvertragsparteien, welche innerhalb der beidseitigen Tarifzuständigkeit die Arbeits- und Wirtschaftsbedingungen normativ Unterworfener unmittelbar regelt, spricht man von **Tarifbindung**.
Die Tarifbindung ergibt sich aus dem TVG selbst (§ 3 TVG) und bestimmt, für welche Personen (-gruppen) die Tarifvertragsparteien Normsetzungs*befugnis* besitzen[584]. Diese Befugnis, deren Umfang nicht der Disposition der Tarifvertragsparteien unterliegt[585], ist zu trennen von der

---

[579] *Wiedemann-Oetker,* § 2 TVG, Rz. 47.
[580] BAG AP Nr. 1, 2, 5, 7 zu § 2 TVG; *Wiedemann-Oetker,* § 2 TVG, Rz. 45; *Kempen/Zachert,* § 2 TVG, Rz. 109 ff.
[581] *Wiedemann-Oetker,* § 2 TVG, Rz. 50; *Löwisch/Rieble,* § 2 TVG, Rz. 88; *Staudinger-Richardi,* vor §§ 611 ff. BGB, Rz. 614.
[582] *Staudinger-Richardi,* vor §§ 611 ff. BGB , Rz. 686 ff.
[583] *Kempen/Zachert,* § 3 TVG, Rz. 1.
[584] *Kempen/Zachert,* § 3 TVG, Rz. 2.
[585] *Schaub,* HdbdArbR; § 206 II 8., Rz. 24; *Wiedemann-Oetker,* § 3 TVG, Rz. 9; *Hueck/Nipperdey,* ArbR, Bd. II, § 23 B VIII.

Disposition der Tarifvertragsparteien unterliegt[585], ist zu trennen von der Normqualität der Regelung selbst. Befugnis bedeutet Recht, Möglichkeit, Chance und lässt offen, ob der Berechtigte im Einzelfall Gebrauch hiervon macht. Mithin wird durch diesen Begriff umschrieben, welche Personen den ausgehandelten Normen maximal unterliegen können. Ob die Regelung aber selbst eine Norm ist, bleibt hiervon unberührt. Um eine tarifliche Regel als Norm qualifizieren zu können, ist auf die allgemeinen Begriffsmerkmale einer Norm zurückzugreifen. Danach liegt eine Norm vor, wenn in abstrakt-genereller Weise im voraus eine gleichartige Regelung für einen unbekannten Personen- und Sachverhaltskreis getroffen wird.

Besteht eine Norm kraft tariflicher Vereinbarung, liegt einerseits ein Tarifvertrag vor[586]; andererseits ist gesetzlich vorausbestimmt, hinsichtlich welches Personenkreises die Regelung gesetzesgleiche Wirkung entfaltet[587], das heißt wer die Normadressaten sein können[588]. Insoweit handelt es sich aber nur um eine subjektive Wirkungs-, nicht Begriffsvoraussetzung des Tarifvertrages, die sich nach dem in § 3 Abs. 1 TVG beschriebenen Personenkreis richtet. Normadressaten sind nur die Mitglieder der Tarifvertragsparteien beziehungsweise der Arbeitgeber als Tarifvertragspartei selbst[589].

Obgleich der Kreis, an den sich der normative Teil eines Tarifvertrages unmittelbar richten kann, daher sowohl durch Tarifvertrag als auch durch Satzungsbestimmungen der Tarifvertragsparteien weder erweiter- noch einschränkbar ist[590], bedeutet der Umstand einer Determination dieses Adressatenkreises durch Verwendung anderer einengender Merkmale nicht den Verlust der Normqualität:

So liegt ein normsetzender Tarifvertrag zwar begrifflich bereits nur vor, wenn durch ihn normative, tarifliche Rechte und Pflichten tarifunterworfener Arbeitnehmer und -geber unmittelbar begründet werden können[591], eine Einschränkung des Adressatenkreises durch abweichenden (einengenden beziehungsweise ausschließenden) Geltungsbereich lässt diese Qualität unberührt. Insoweit genügt es für die Begrifflichkeit „Tarifver-

---

585 *Schaub,* HdbdArbR; § 206 II 8., Rz. 24; *Wiedemann-Oetker,* § 3 TVG, Rz. 9; *Hueck/Nipperdey,* ArbR, Bd. II, § 23 B VIII.

586 Bei Bestehen der anderen genannten Begriffsmerkmale.

587 *Staudinger-Richardi,* vor §§ 611 ff. BGB, Rz. 623.

588 *Wiedemann-Oetker,* § 2 TVG, Rz. 7.

589 Die beidseitige Tarifbindung kraft Mitgliedschaft des Arbeitgebers hinsichtlich betrieblicher Normen nach § 3 Abs. 2 TVG und die Einbindung gemeinsamer Einrichtungen gemäß § 4 Abs. 2 TVG bleiben an dieser Stelle unberücksichtigt.

590 *Schaub,* HdbdArbR, § 206 III 8., Rz. 24; *Wiedemann-Oetker,* § 2 TVG, Rz. 7.

591 BAG AP Nr. 20 zu §1 TVG; *Wiedemann-Wiedemann,* §1 TVG, Rz. 7; *Löwisch/ Rieble,* §1 TVG, Rz. 8 ff.

trag", dass er in seinem normativen Teil auch tatsächlich Normen enthält, die – vorbehaltlich der §§ 3 Abs. 2; 5 Abs. 4 TVG; 1 Abs. 3a AEntG – auf die Einzelarbeitsverträge der beiderseits Tarifgebundenen[592] prinzipiell Anwendung finden können. Fehlt eine Normadressierung / Tarifbindung vollständig, besitzt der Tarifvertrag keine Wirkung. Wird auf ihn durch einen Arbeitsvertrag Bezug genommen, ist der Mangel unschädlich[593].
Der Adressatenkreis kann demgegenüber aber insoweit ergänzt werden, als dass einzelne Rechte aus unterworfenen Arbeitsverhältnissen Dritten zugedacht werden und ein unmittelbarer Zusammenhang zwischen Arbeitsverhältnis und dem Dritten besteht. Ein Tarifvertrag zu Lasten Dritter ist aber infolge fehlender Tarifmacht unzulässig[594].

Strikt zu trennen von der Tarifbindung ist der **Geltungsbereich** eines Tarifvertrages[595], da dieser bestimmt, welche tarifgebundenen Personen tatsächlich durch einen ausgehandelten Tarifvertrag rechtsgebunden sind, § 4 Abs. 1 TVG. Unterschieden wird zwischen persönlichem, fachlichem, räumlichem, betrieblichem und zeitlichem Geltungsbereich, wobei die terminologische Einteilung teils streitig ist[596]. Eine Systematisierung dieser Einteilung ergibt, dass sich der persönliche und fachliche Geltungsbereich an der Person des Arbeitnehmers ausrichtet[597], der betriebliche Geltungsbereich unter tarifgebundenen Arbeitgebern selektiert[598] sowie der räumliche und zeitliche Geltungsbereich die Ausgestaltung des Arbeitsverhältnisses als solches betreffen[599].
Der Geltungsbereich eines Tarifvertrages bestimmt somit, für welche Arbeitsverhältnisse, die der Normsetzungsbefugnis (Tarifbindung) der Tarifvertragsparteien kraft Tarifzuständigkeit unterliegen, der Tarifvertrag tatsächlich Anwendung finden soll. Damit können kraft Tarifbindung als Normadressaten Berufene von dieser Wirkung ausgenommen werden. Die Determinierungsmöglichkeit des Anwendungsbereiches von ausgehandelten Tarifnormen untersteht der Disposition der Vertragsparteien, in dem sie festlegen (können), welche Personen dem Tarifvertrag tat-

---

[592] *Kempen/Zachert,* § 3 TVG, Rz. 1; *MüHbArbR-Löwisch,* Bd. 3, § 260, Rz. 1, S. 319.
[593] *Löwisch/Rieble,* § 3 TVG, Rz. 89.
[594] *Löwisch/Rieble,* § 1 TVG, Rz. 117.
[595] *Schaub,* HdbdArbR, § 203 I, Rz. 1.
[596] Vergl. Meinungsstand bei *Wiedemann-Wank,* § 4 TVG, Rz. 96 ff.; *Schaub,* HdbdArbR, §203 VI 1. a), Rz.33f.
[597] *Schaub,* HdbdArbR, § 203 V, VI, Rz. 41 ff.
[598] *Schaub,* HdbdArbR, § 203 IV, Rz. 33 ff.
[599] *Schaub,* HdbdArbR, § 203 II, III, Rz. 2 ff.

sächlich unterworfen sein sollen[600]. Dies ist Teil der Tarifpolitik, deren Bestimmung den Tarifvertragsparteien allein obliegt. Grenzen ergeben sich nur aus höherrangigem Recht[601]. Gemeint sind damit Fälle, in denen selektiv und ohne sachlichen Grund Ausschlüsse erfolgen, so dass ein Verstoß gegen den arbeitsrechtlichen Gleichbehandlungsgrundsatz besteht[602]. Sofern ein Anwendungsausschluss für alle Tarifgebundenen vereinbart wird, stellt sich diese Frage mangels Ungleichbehandlung jedoch nicht.

(3) Konsequenzen der Systematisierung; Rechtsfolgen

Im Grundmodell stehen sich demzufolge auf einer Basisebene – neben anderen - zwei Begriffe gegenüber: die Tariffähigkeit und die Tarifzuständigkeit. Beide sind Begriffsmerkmale und (Minimum-) Voraussetzungen für das Bestehen eines wirksamen Tarifvertrages. Hinzutreten muss, dass der Inhalt eines auf normative Wirkung abzielenden „Verhandlungsergebnisses" tatsächlich Normen aufweist.
Dies alleinig gewährleistet die eindeutige Bestimmung des Anwendungsbereiches tariflicher Normen aber nicht: Zunächst bewirkt die nichtdispositive Regelung der Tarifbindung gemäß § 3 Abs. 1 TVG, dass für den normativen Teil eines Tarifvertrages aus dem Kreis aller im Rahmen der Tarifzuständigkeit tätigen Arbeitgeber und –nehmer Adressaten bestimmt werden können. Alsdann kann dieser weite Kreis betroffener Personen[603] durch Bestimmung eines Geltungsbereiches des Tarifvertrages (weiter) eingeschränkt werden.
Von der Basisebene aufbauend engt somit der Begriff der Tarifbindung den der Tarifzuständigkeit ein, um sodann selbst vom Geltungsbereich beschränkt zu werden. Die durch den Geltungsbereich verbleibende Schnittmenge von Tarifzuständigkeit und –bindung bestimmt den normativen Anwendungsbereich eines Tarifvertrages, die Tarifgeltung[604].

An das Vorliegen dieser Tatbestandsmerkmale der Tarifgeltung wird ein unterschiedliches Maß an Anforderungen gestellt:

---

[600] BAG AP Nr. 1 zu § 3 TVG; *Wiedemann-Oetker,* § 3 TVG, Rz. 8, *Wiedemann-Wank,* § 4 TVG, Rz. 107.
[601] *Wiedemann-Wank,* § 4 TVG, Rz. 108.
[602] BAG NJW 1993, S. 874, 876f.
[603] Die bisher einzige Begrenzungswirkung besaß die Bestimmung der Tarifzuständigkeit.
[604] *Staudinger-Richardi,* vor §§ 611 ff. BGB, Rz. 686 ff.

Während Tariffähigkeit und -bindung, welche das Entstehen einer Tarifvertragspartei und ihre Eingebundenheit in spätere tarifliche Normen regeln, durch Gesetz und Rechtsprechung zwingend ausgestaltet wurden[605], bestimmen die so Tariffähigen ihren Tätigkeitsbereich in abstrakter (Tarifzuständigkeit) wie auch konkreter Hinsicht (Geltungsbereich) autonom[606].
Allerdings bewirkt das Fehlen von Tariffähigkeit und/oder –zuständigkeit das Nichtvorliegen eines Tarifvertrages. Demgegenüber führt das Fehlen originär Tarifgebundener durch Ausschluss derselben sowie die Überdehnung des Geltungsbereiches über die Tarifzuständigkeit und -bindung hinaus nur einen „normativen Leerlauf"[607].

Ausgehend hiervon sind die eingangs gestellten Fragen wie folgt zu beantworten:

bb) Subsumtion der Normen des Mindestlohn-TV

Dem Vorliegen und der Wirksamkeit der Mindestlohntarifverträge stehen trotz der Besonderheit, dass die Tarifgruppe „Mindestlohn" Normadressaten auf Arbeitnehmerseite nur eingeschränkt besitzt, rechtliche Zweifel nicht entgegen:
Die tätigen Tarifvertragsparteien besaßen sowohl Tariffähigkeit als auch satzungsgemäß –zuständigkeit für den Bereich der (des) Bauindustrie und –gewerbes. Zugleich erfolgte die Bestimmung einer Arbeitsbedingung (Lohn) in generell-abstrakter, das heißt normativer Weise. Damit sind die minimalen Begriffsmerkmale eines Tarifvertrages erfüllt. Unter Beachtung des Schriftformerfordernisses ist der jeweilige Tarifvertrag auch nicht formunwirksam, § 125 S. 1 BGB.
Es ist jedoch die Besonderheit zu beobachten, dass der in den Mindestlohntarifverträgen vom 02.09.1996, 17.07.1997 und 26. 05.1999 neu eingeführten „Tarifgruppe VII, 2/Mindestlohn" originär, das heißt ohne Allgemeinverbindlichkeitserklärung und § 1 Abs. 1 AEntG, nur wenige Arbeitnehmer unterfallen. In den Tarifverträgen über ein einheitliches Mindestentgelt im Sinne des AEntG ist Nachstehendes bestimmt:

---

[605] *Staudinger-Richardi,* vor §§ 611 ff. BGB, Rz. 623 ff.
[606] *Wiedemann-Oetker,* § 2 TVG, Rz. 47; ders., § 3 TVG, Rz. 8.
[607] *Löwisch/Rieble,* § 3 TVG, Rz. 89; *MüHbArbR-Löwisch,* Bd. 3, § 260, Rz. 45; *Staudinger-Richardi,* vor §§ 611 ff. BGB, Rz. 692.

- jeweils § 3 des Tarifvertrages

Der Lohn der „Tarifgruppe VII, 2./Mindestlohn" beträgt im Gebiet der alten Bundesrepublik einschließlich des Bauzuschlags DM 17,00, im Bereich der neuen Bundesländer DM 15,64; ab 01.09.1997 DM 16,00 beziehungsweise DM 15,14; ab 01.09.1999 DM 18,50 beziehungsweise DM 16,28[608].

Parallel wurde durch Tarifvertrag vom 02.09.1996 der Bundesrahmentarifvertrag für das Baugewerbe vom 03.02.1981 in der Fassung vom 30.11.1995 in § 5 dahingehend geändert, dass die Berufsgruppe VII in die Berufsgruppen „Gruppe VII, 1/ Bauwerker" und „Gruppe VII, 2/Mindestlohn" aufgespaltet wird[609]. Ergänzt wurden diese Änderungen um einen Anspruch für diejenigen Arbeitnehmer, die am 30.09.1996 nach den zu dieser Zeit geltenden Tarifverträgen Anspruch auf Eingruppierung in die Berufsgruppe „Gruppe VII" hatten[610], nach dem sie ab Inkrafttreten dieses Änderungstarifvertrages in die Berufsgruppe „VII, 1", einzugruppieren sind[611].
Weiter wurde bestimmt, dass Anspruch auf Eingruppierung in Tarifgruppe VII 2/Mindestlohn alle Arbeitnehmer haben, die einfache Bauarbeiten verrichten. Nach sechsmonatiger Beschäftigung besteht jedoch Anspruch auf Eingruppierung in die (später neu geschaffene) „Tarifgruppe VII, 1a", nach 18-monatiger Beschäftigung auf Eingruppierung in die „Tarifgruppe VII, 1".

Daraus ergibt sich, dass die Arbeitnehmer, die bis dahin in „Berufsgruppe VII" eingeordnet wurden, mit Wirkung des ersten Mindestlohn-TV in die „Berufsgruppe VII, 1" einzugruppieren waren.
Dies betraf, da es bis zu diesem Zeitpunkt einen Tarifvertrag zur Regelung des Mindestlohnes im Sinne des AEntG im Baugewerbe nicht gab, nur Arbeitnehmer, die sowieso dem Tarifvertrag unterfielen, also nach deutschem Statut Beschäftigte.
Diese wurden nunmehr mit der Einführung der Mindestlohntarifverträge in die „Lohngruppe VII, 1" eingruppiert, die einen Stundenbruttolohn in-

---

[608] Siehe oben § 2, III, 1 b.).
[609] Später aufgespaltet in „Tarifgruppe VII, 1/Bauwerker", „Tarifgruppe VII, 1 a" und „Tarifgruppe VII, 2/Mindestlohn"; *Kittner*, S. 68.
[610] § 1 zum Anhang des BRTV-Bau, *Kittner*, S. 68.
[611] Änderungstarifvertrag vom 02.09.1996 betreffend § 1 zum Anhang des BRTV-Bau.

klusive Zuschläge von 20,62 zum 01.01.1997 beziehungsweise DM 21,20 zum 01.04.1998 festlegt[612].
Im Beitrittsgebiet beträgt die Lohnhöhe in der „Berufsgruppe VII, 1“, inklusive von Zuschlägen, DM 18,98 brutto zum 01.01.1997 sowie DM 19,59 zum 01.04.1998 beziehungsweise DM 19,88 zum 01.10. 1998[613].
Sie ist somit jeweils höher als der Mindestlohn.

Da jedoch die deutschen Bauwerker gemäß des Änderungstarifvertrages vom 02.09.1996 Anspruch darauf hatten, dass sie in die höher bezahlte „Tarifgruppe VII, 1“ eingeordnet werden, bedeutete dies, dass – von Neueinstellungen deutscher Bauwerker abgesehen - die entsandten Arbeitnehmer die „Tarifgruppe VII, 2“ allein ausfüllen mussten.
Durch die Aufnahme der Bestimmung, dass zunächst alle Arbeitnehmer, die einfache Bauarbeiten ausführen (Bauwerker), Anspruch nur auf die „Vergütungsgruppe VII 2/ Mindestlohn“ haben, wurde aber sichergestellt, dass es auch nach deutschen Arbeitsvertragsstatut (neue) Beschäftigungsverhältnisse geben kann, die in diese Tarifgruppe einzuordnen sind.
Damit sind alle gewerkschaftlichen organisierten Bauwerker in den ersten sechs Monaten ihrer Beschäftigung Normadressaten der „Tarifgruppe VII,2/Mindestlohn“, so dass arbeitnehmerseits Normadressaten bestehen (können).
Der Mindestlohn-TV läuft daher – auch ohne Allgemeinverbindlichkeitserklärung – bei Geltung deutschen Vertragsstatuts nicht „leer“.

Fraglich ist jedoch, ob nicht eine übermäßige Determination der Tarifbindung durch den vereinbarten Umfang des persönlichen Geltungsbereichs besteht[614]:

---

612 Tarifverträge zur Regelung der Löhne im Baugewerbe pp. vom 10.04.1996 und 05.06. 1998, *Kittner,* S. 264.

613 Tarifverträge zur Regelung der Löhne im Baugewerbe pp. vom 10.04.1996 und 03.05. 1998, *Kittner,* S. 271.

614 Gleichlautend mit § 1 der BRTV-Bau sowie den Lohntarifverträgen, zum Beispiel vom 10.04.1996 und 05.06.1998; *Kittner,* S. 7, 264.

- **jeweils § 1 des Mindestlohn-Tarifvertrages – persönlicher Geltungsbereich[615] -**

In § 1 Abs. 3 der Mindestlohn-Tarifverträge – ebenso wie in (fast) allen anderen Tarifverträgen des Bausektors – wird der persönliche Geltungsbereich, der die Tarifgeltung dieser Tarifverträge auf bestimmte tarifgebundene Arbeitnehmer beschränken kann, wie folgt beschrieben:

> **„ ... Persönlicher Geltungsbereich: Gewerbliche Arbeitnehmer (Arbeiter), die eine nach den Vorschriften des Sechsten Buches Sozialgesetzbuch – Gesetzliche Rentenversicherung - (SGB VI) versicherungspflichtige Tätigkeit ausüben. ...“**

Damit wird der persönliche Geltungsbereich des Tarifvertrages auf Arbeitnehmer eingeschränkt, die zwar tarifgebunden sind, jedoch zudem auch eine gesetzlich - rentenversicherungsrechtlich bedeutsame Tätigkeit ausüben. Dieser persönliche Geltungsbereich führt nicht zu einer Kollision mit den zwingenden Normen der Tarifbindung, da er nur zwangsläufig an diese anknüpft und deren Wirkungsumfang näher bestimmt, jedoch mit dem verwendeten Kriterium der Rentenversicherungspflicht nicht die Tarifbindung selbst neu regelt[616].
Ist nun diese Bestimmung so auszulegen, dass

- alle Arbeitnehmer, die – natürlich betrachtet – eine dem SGB VI unterfallende Tätigkeit ausüben, dem Geltungsbereich des Tarifvertrages zugehörig sind,

oder besagt diese Norm, dass

- nur Arbeitnehmer einbezogen werden, die rechtlich einer Rentenversicherungspflicht nach dem SGB VI unterliegen?

Die Auslegung eines Tarifvertrages hat sich vorrangig an dem Willen der vertragsschließenden Parteien und der ihrerseits den Begriffen beigegebenen Bedeutung zu orientieren; erst wenn dies nicht zu einem Ergebnis

---

[615] Die hierzu folgenden Ausführungen gelten ebenso für die Bereiche Urlaubsdauer und Urlaubsvergütung beziehungsweise –abgeltung gemäß § 8 BRTV-BAU, da der Geltungsbereich dieses Tarifvertrages der identischen Vertragsparteien inhaltsgleich gefasst ist.

[616] Zur Zulässigkeit differenziernder Klauseln insoweit: *Gamillscheg,* S. 363f.

führt, ist die abstrakte Bedeutung der verwendeten Begriffe maßgeblich[617].

Um sich der Lösung dieses Problems[618] nähern zu können, verdient Beachtung, dass sämtliche Tarifverträge des Bausektors – mit Ausnahme des VTV - den persönlichen Geltungsbereich danach bestimmen, ob der gewerbliche Arbeitnehmer eine nach dem SGB VI rentenversicherungspflichtige Tätigkeit ausübt. Diese Übereinkunft der Tarifvertragsparteien hinsichtlich des persönlichen Geltungsbereichs der Bautarifverträge bestand zudem bereits zu einer Zeit, als eine Wirkungserstreckung tariflicher Normen auf ausländischem Recht unterliegende Arbeitsverhältnisse weder öffentlich diskutiert wurde noch infolge der Realität erforderlich schien. Beispielhaft sei auf den BRTV-Bau in der 1989 gültigen Fassung verwiesen, der schon eine gleichlautende Klausel enthielt[619].

Daraus ergibt sich, dass die Tarifvertragsparteien einen im Tarifvertrag manifestierten Willen schon zuvor entwickelten und auch infolge des AEntG nicht änderten.

Der mit der Formulierung des persönlichen Geltungsbereiches verbundene Wille der Parteien ging dahin, an eine rechtlich bestehende Sozialversicherungspflicht anzuknüpfen, wobei nur die Arbeitsverhältnisse einbezogen sein sollten, hinsichtlich derer (auch) Rentenversicherungspflicht gemäß SGB VI besteht; der Anknüpfung an die Rentenversicherungspflicht kommt mithin entscheidende Bedeutung zu: Hintergrund waren die schon bei Formulierung dieser Norm bestehenden Unterschiede in der Beitragsbemessungsgrenze zu den einzelnen Versicherungszweigen. Zunächst geben die §§ 1 – 6 SGB IV vor, dass die dort benannten Beschäftigungsverhältnisse gleichmäßig der Versicherungspflicht zu allen sachlichen Versicherungszweigen unterstehen. Einer besonderen Hervorhebung der Rentenversicherungspflicht bedurfte es mithin nicht. Allerdings besteht in der Kranken- und Pflegeversicherung gemäß § 6 SGB V Versicherungsfreiheit für Arbeitnehmer, deren jährliches Arbeitsentgelt 75 % der Beitragsbemessungsgrenze der gesetzlichen Rentenversicherung[620] übersteigt. Bei einer allgemeinen Anknüpfung an die ge-

---

[617] BAG AP Nr. 135 zu § 1 TVG (Auslegung).

[618] Die besondere Bedeutung dieser Einschränkung, die wegen des Sachzusammenhanges an dieser Stelle erläutert wird, ergibt sich daraus, dass die Tarifgeltung dieses Tarifvertrages durch die erteilte Allgemeinverbindlichkeitserklärung und § 1 Abs. 1 AEntG erweitert wurde auf nicht tarifgebundene – inländischem wie ausländischem Recht unterfallende – Arbeitsverhältnisse, wobei die Arbeitnehmer dieser Verträge gegebenenfalls keiner Rentenversicherungspflicht in Deutschland unterliegen, der Tarifvertrag insoweit leerliefe.

[619] BRTV-Bau in der Fassung vom 29.04.1988, dort § 1 Abs. 3.

[620] Gemäß §§ 159 f. SGB VI.

setzliche Versicherungspflicht im Sinne des SGB IV hätte aufgrund dieser Sachlage das Problem vorgelegen, ob Tarifgeltung besteht, wenn in der Kranken- und Pflegeversicherung Versicherungsfreiheit und in der Rentenversicherung Versicherungspflicht vorherrscht.
Parallel sollte bereits nach damaliger Rechtslage die Tarifgeltung ausgeschlossen sein, wenn zum Beispiel infolge geringfügiger Beschäftigung, § 5 Abs. 2 SGB VI, in Bezug auf das Arbeitsverhältnis Versicherungsfreiheit bestand[621].
Die gewählte Formulierung des persönlichen Geltungsbereiches des Tarifvertrages verfolgte damit das Ziel, auch von der Kranken- und Pflegeversicherungspflicht befreite Arbeitnehmer der Tarifgeltung zu unterstellen, soweit diese rentenversicherungspflichtig sind, beziehungsweise geringfügig Beschäftige auszunehmen.

Demgegenüber scheidet die vom BAG vertretene Auslegung dahingehend, dass ohne eine rechtliche Wertung an die natürliche Beschäftigung angeknüpft wird, die gewöhnlich zur Versicherungspflicht führt, aus[622]:
Das BAG begründet seine Ansicht damit, dass die Tarifvertragsparteien nur auf die jeweilige Tätigkeit und nicht auf eine persönliche Versicherungspflicht abstellen wollten. Der Hinweis diene nur dazu, dass es sich prinzipiell um eine von der Versicherungspflicht erfassbare Tätigkeit handeln muss. Ansonsten diene die Bestimmung des persönlichen Geltungsbereiches „gewerbliche Arbeitnehmer" nur dazu, diese von technischen und kaufmännischen Angestellten sowie Polieren und Schachtmeistern zu unterscheiden[623].

Dies vermag nicht zu überzeugen, da es hierzu einer Hervorhebung der Rentenversicherungspflicht des Arbeitnehmers nicht bedurft hätte. Vielmehr genügte eine Anknüpfung an § 2 Abs. 2 S. 1 SGB IV, wonach alle „... Personen, die gegen Arbeitsentgelt ... beschäftigt sind ...", der Sozialversicherung unterliegen. Allein damit wäre der persönliche Geltungsbereich des Tarifvertrages an der Beschäftigung des (gewerblichen) Arbeitnehmers als Tatsache ausgerichtet gewesen, ohne Rückgriff auf sozialversicherungsrechtliche Wertungen. Der Klammereinschub „(Arbeiter)" bewirkt zudem eine hinreichende Unterscheidung zu Angestellten und Polieren sowie Schachtmeistern, die auf die gewählte Weise nicht erreicht werden kann, da diese Einteilung nach Tätigkeitsmerkmalen so

---

[621] A.A.: BAGE 59, S. 346, 348 ff., dass., NJW 1977, S. 2039.
[622] So BAGE 59, S. 346, 348.
[623] Zum Ganzen: BAGE 59, S. 346, 348.

in Bezug auf rentenversicherungsrechtliche Tatbestände keine Entsprechung findet.
Eine ausweitende Bestimmung des persönlichen Geltungsbereiches bedeutete zugleich, den Inhalt dieser Norm zu verharmlosen: Bereits aus dem an eine entgeltliche Beschäftigung anknüpfenden Arbeitnehmerbegriff ergibt sich ein identischer Tarifgeltungsumfang, da während einer Beschäftigung nur (entgeltlich beschäftigte) **Arbeitnehmer** als Gewerkschaftsmitglieder tarifgebunden sein können. Somit ergibt sich - im Umkehrschluss - aus der Tatsache der Vereinbarung eines einengenden persönlichen Geltungsbereiches, dass eine an die tatsächliche Rentenversicherungspflicht angelehnte Determination der aus der Tarifbindung resultierenden Tarifgeltung beabsichtigt war.
Die verwendete Formulierung beweist mithin, dass der Geltungsbereich nur betroffen ist, wenn eine Rentenversicherungspflicht nach dem SGB VI besteht. Auf diese Fälle ist die Tarifgeltung aller gleichlautenden Tarifverträge des Bausektors beschränkt[624].

Da der überwiegende Teil der deutschem Vertragsstatut unterliegenden Arbeitsverhältnisse wegen der Kollisionsnormen des Sozialrechts[625] auch deutschem Sozialversicherungsrecht zuzurechnen ist, wurde die Tarifbindung durch die Norm des persönlichen Geltungsbereiches nicht soweit „ausgehöhlt", dass sich Geltungsbereich und Tarifbindung gegenseitig ausschlössen. Der Mindestlohntarifvertrag inklusive seiner Änderungen ist somit wirksam.

b) Die Allgemeinverbindlichkeit nach § 5 TVG[626]

aa) Der Tarifvertrag ohne originäre Normadressaten

Durch eine Allgemeinverbindlichkeitserklärung eines Tarifvertrages gemäß § 5 Abs. 1 TVG vergrößert sich der Kreis der Adressaten, an den sich die Tarifnormen richten, um diejenigen Arbeitgeber und –nehmer, die nicht bereits zuvor infolge einer Mitgliedschaft im jeweiligen Interessenverband der Tarifbindung und -geltung des Tarifvertrages gemäß

---

[624] Im Ergebnis auch: *Kretz*, Arbeitnehmerentsendegesetz, Rz. 32.
[625] §§ 3 ff. SGB IV; Art. 13f. Verordnung Nr. 1408/71 EWG, siehe auch oben § 2 I 1.a).
[626] Die hierzu folgenden Ausführungen gelten ebenso für die Bereiche Urlaubsdauer und Urlaubsvergütung beziehungsweise –abgeltung gemäß § 8 BRTV-BAU, da die Regelungen dieses Tarifvertrages der identischen Vertragsparteien inhaltsgleich betreffend inländische und ausländische Vertragsverhältnisse gefasst sind.

§§ 3 Abs. 1, 4 Abs. 1 TVG[627] unterfielen. Es kommt zu einer Erweiterung des Umfangs der Tarifgeltung[628], das heißt der Schnittmenge von Tarifbindung und Geltungsbereich.
Begriffliche Voraussetzung für die Allgemeinverbindlichkeitserklärung ist daher, dass es bereits kraft Mitgliedschaft an den Tarifvertrag gebundene Normadressaten gibt[629]. Durch Allgemeinverbindlichkeitserklärung wird dann erreicht, dass die bestehende Normwirkung tariflicher Bestimmungen auf nichtgebundene Arbeitsvertragsparteien erstreckt wird, die auf originär Tarifgebundene bereits gemäß § 3 Abs. 1 TVG anzuwenden sind. Somit besteht im Ergebnis für die Tarifvertragsparteien keine Möglichkeit, Sonderrecht für nicht tarifgebundene Arbeitgeber und -nehmer, genannt Außenseiter, zu vorzuformulieren[630].
Daraus folgt, dass nur solche Rechtsnormen mit dem Ergebnis der Normerstreckungswirkung für allgemeinverbindlich erklärt werden können, die – über das Erfordernis ihrer Entstehung durch einen (begrifflichen) Tarifvertrag hinaus -

- Teil eines mit originären Normadressaten ausgestatteten Tarifvertrages sind[631] und
- auch in Beachtung aller sonstigen Rechtsumstände Wirksamkeit aufweisen, da die Allgemeinverbindlichkeit keine Heilung eines unwirksamen Tarifvertrages bewirkt[632].

Mithin knüpft die Wirkung der Allgemeinverbindlichkeit an einen wirksamen Tarifvertrag an und erweitert den Bereich der Normgeltung auf die Fälle aus, für die die Tarifvertragsparteien Normsetzungsbefugnis nicht besaßen[633]. Daraus ergibt sich im Umkehrschluss, dass durch die Allgemeinverbindlichkeit eines Tarifvertrages nicht dessen Geltungsbereich erweitert beziehungsweise verändert werden kann[634], da die Tarifvertragsparteien ihre Normsetzungsbefugnis insoweit zurücknahmen; dieser bleibt von der Normerstreckungswirkung des § 5 Abs. 4 TVG unberührt.

---

627 Innerhalb des vereinbarten Geltungsbereiches.
628 BVerfGE 44, S. 322, 327; BAG AP Nr. 1 zu § 8 TVG 1969; *Schaub,* HdbdArbR, § 207 V, Rz. 21.
629 ArbG Wiesbaden, Urteil vom 04.08.1999, Az. 3 Ca 225/99; ders., Urteil vom 29.09.1999, Az. 3 Ca 671/99.
630 *Gamillscheg,* § 19 7., S. 899.
631 *Schaub,* HdbdArbR; § 207 II 3., Rz. 8.
632 BAG AP Nr. 13 zu § 5 TVG; *Schaub,* HdbdArbR, § 207 II 3. Rz. 8; *Gamillscheg,* § 19 7., S. 899.
633 BVerfGE 44, S. 322, 327.
634 BVerfGE 44, S. 322, 327; *Schaub,* HdbdArbR, § 207 V, Rz. 21.

Daher ist es für die Erreichung der Wirkungen der Allgemeinverbindlichkeitserklärung nach § 5 Abs. 4 TVG unabdingbar, dass der Tarifvertrag auf Differenzierungsklausel verzichtet. Anderenfalls bestehen Normen, die adressatenlos sind. Dies berührt – wie aufgezeigt – zwar das Bestehen des Tarifvertrages nicht, da dies die Nutzung der den Tarifvertragsparteien überantworteten Bestimmung des Geltungsbereiches ihres „Verhandlungsproduktes“ ist. Andererseits führt ein solches „Leerlaufen“ des Tarifvertrages zwangsläufig dazu, dass auch die ihm folgende Allgemeinverbindlichkeit adressatenlos bleibt, weil diese Vertragsgestaltung verhindert, dass der Adressatenkreis ausgehend von einem bestehenden Umfang größer Null **erweitert** wird[635].

Für den Mindestlohn-Tarifvertrag, soweit er gemäß § 5 Abs. 1 TVG für allgemeinverbindlich erklärt wurde, ergibt eine Subsumtion folgendes:
Die Normwirkung des mit originären Adressaten ausgestatteten Mindestlohntarifvertrages trifft aufgrund der Allgemeinverbindlichkeitserklärung zunächst nur diejenigen (inländischem Vertragsstatut unterliegenden) Arbeitsverhältnisse, die ohne Tarifbindung die Kriterien des – u. a. persönlichen – Geltungsbereiches des TV erfüllen. Daher werden vom allgemeinverbindlichen TV auch solche deutschem Vertragsrecht zugehörenden Arbeitsverhältnisse erfasst, für die – ohne originäre Tarifbindung – auch Rentenversicherungspflicht gemäß des SGB VI besteht, so dass ein originärer Adressatenkreis vorliegt.

Eine Allgemeinverbindlichkeitserklärung des Mindestlohn-TV, der sowohl wirksam ist als auch eigene Normadressaten aufweist, bewirkt somit, dass die von ihm ausgehende Tarifbindung entsprechend § 5 Abs. 4 TVG erweitert wird auf „Außenseiter“. Sie ist mithin aus diesen Gründen weder nichtig noch ihrerseits adressatenlos.

bb) Fehlende Erfüllung des Mindestquorums des § 5 Abs. 1 TVG

Gegebenenfalls konnte dieser Tarifvertrag aber nicht gemäß § 5 Abs. 1 TVG für allgemeinverbindlich erklärt werden.
Gemäß § 5 Abs. 1 TVG kann der Bundesminister für Arbeit und Sozialordnung einen Tarifvertrag im Einvernehmen mit einem aus je drei Vertretern der Spitzenorganisation der Arbeitgeber und der Arbeitnehmer

---

[635] *Wiedemann-Wiedemann,* § 1 TVG, Rz. 652; *Wiedemann-Wank,* § 5 TVG, Rz. 152; *Hueck/Nipperdey,* ArbR, Bd. II/1, S. 668.

bestehenden Ausschuss auf Antrag derselben für allgemeinverbindlich erklären, wenn

- die tarifgebundenen Arbeitgeber nicht weniger als 50 vom Hundert der unter den Geltungsbereich des Tarifvertrages fallenden Arbeitnehmer beschäftigen **u n d**
- die Allgemeinverbindlichkeitserklärungen im öffentlichen Interesse geboten erscheint.

Bereits die erste Voraussetzung, dass die tarifgebundenen Arbeitgeber nicht weniger als 50 vom Hundert der unter den Geltungsbereich des Tarifvertrages fallenden Arbeitnehmer beschäftigen dürfen, ist nicht gegeben.
Hieran bestehen zunächst – auch bei bloßer Berücksichtigung deutschem Vertragsstatut unterfallenden Arbeitsverhältnisse - infolge der äußerst geringen Tarifbindung kraft Mitgliedschaft in dem vertragschließenden Interessenverband auf Arbeitgeberseite erheblichste Zweifel. Bisher wurde aufgrund von Schätzungen angenommen, dass das erforderliche Quorum erfüllt sei. Dies erscheint aber aufgrund neuerer Erhebungen – auch bereits zurückliegend – unzutreffend gewesen zu sein[636].

Zudem wird bei dieser Betrachtung nur berücksichtigt, ob die kraft originärer Tarifbindung betroffenen Arbeitgeber mindestens 50 % aller dem Geltungsbereich angehörenden Arbeitnehmer (deutschen Vertragsstatutes) beschäftigen. Nicht berücksichtigt werden die von der zu erlassenden Allgemeinverbindlichkeitserklärung (in Verbindung mit § 1 Abs.1 AEntG) betroffenen, ausländischem Vertragsstatut unterliegenden Arbeitnehmer.
Hierzu wird die Ansicht vertreten, diese seien auch nicht bei der Erfüllung des 50%-Quorums zu berücksichtigen, da deren Einbeziehung nicht unmittelbar auf der zu erlassenden Allgemeinverbindlichkeitserklärung beruhe, sondern erst aus der hieran anknüpfenden Gesetzesbestimmung des § 1 Abs. 1 AEntG resultiere[637]. Zudem stelle § 5 Abs. 1 Nr. 1 TVG auf den (persönlichen) Geltungsbereich des Tarifvertrages ab, so dass in typischen Entsendefällen kürzerer Dauer, in denen in Deutschland infolge Art. 14 Abs. 1 VO Nr. 1408/71 EWG keine (Renten-) Versicherungspflicht besteht, entsandte Arbeitnehmer nicht dem Geltungsbereich angehörten und bei der Quorumsbestimmung nicht zu berücksichtigen seien.

---

[636] FAZ vom 12.07.1999, S. 17.
[637] *Kretz*, Arbeitnehmerentsendegesetz, Rz. 32, 33.

Dem kann teilweise gefolgt werden: Soweit tatsächlich sozialrechtliche Kollisionsnormen eine (Renten-)Versicherungspflicht in Deutschland gemäß SGB VI ausschließen, gehören entsandte Arbeitnehmer nicht zum Geltungsbereich des Mindestlohn-TV und der sonstigen Bau-Tarifverträge, so dass sie nicht zu berücksichtigen sind. Unterliegen entsandte Arbeitnehmer aber dem Geltungsbereich des Mindestlohn-TV, sind sie auch bei der Quorumsbestimmung zu berücksichtigen. Diesbezüglich ist der dargestellten Ansicht entgegen zu halten, dass § 5 Abs. 1 Nr. 1 TVG selbst offen lässt, welchem Vertragsstatut die beschäftigten Arbeitnehmer im Einzelfall angehören, sondern nur darauf abstellt, dass sie unter den (persönlichen, fachlichen und räumlichen) Geltungsbereich des Tarifvertrages fallen. Dies ist eine vom Vertragsstatut unabhängige Frage, so dass diese Merkmale auch im Inland kraft ausländischem Vertragsstatut tätige Arbeitnehmer erfüllen können.
Durch die Erstreckungsregel des § 1 Abs. 1 AEntG sollen diese aus dem Ausland entsandten Arbeitnehmer – gemäß eindeutiger gesetzlicher Intention - im Bereich der Arbeitsbedingungen Lohn und Urlaub deutschem Vertragsstatut unterliegenden Arbeitnehmern gleichgestellt werden, indem in diesem Bereich kraft ausdrücklicher Sonderanknüpfung (Art. 34 EGBGB) deutsche Arbeitsbedingungen zwingend gelten sollen. Damit wird – unabhängig von der Allgemeinverbindlichkeitserklärung im Einzelnen - die Zahl der potentiell einbeziehungsfähigen Arbeitnehmer um die im Inland tätigen, ausländischem Statut unterliegenden größer. Sie bestimmen somit die Gesamtzahl derer, für die der Tarifvertrag gemäß § 5 Abs. 4 Wirkung besitzen könnte, mit. Sie haben daher bei der Bestimmung des Quorums gemäß § 5 Abs. 1 Nr. 1 TVG Berücksichtigung zu finden, da ansonsten die für eine Minderheit geltenden Arbeitsbedingungen – entgegen der gesetzlichen Intention, ausgehend von einer Mehrheit eine Minderheit einzubeziehen – einer Mehrheit übergewälzt würden. Somit hat der Gesetzgeber durch § 1 Abs. 1 AEntG eine Rechtssituation geschaffen, nach der alle im Inland tätigen (ansässigen oder entsandten) Arbeitnehmer ohne Tarifbindung insofern gleichgestellt sind, als die zwingende Ausgestaltung ihres Arbeitsverhältnisses durch einen Tarifvertrag nur noch davon abhängt, ob dieser für allgemeinverbindlich erklärt wird oder nicht. Aus dieser rechtlichen Gleichstellung hinsichtlich möglicher identischer Rechtsfolgen ist dann abzuleiten, dass auch in Bezug auf die Voraussetzungen eine einheitliche Berücksichtigung zu erfolgen hat.
Dafür nun, dass bei Zustandekommen der Allgemeinverbindlichkeit der Mindestlohntarifverträge im Verfahren nach § 5 Abs. 1 TVG dieses Qu-

orum unter sämtlichen zur längerfristigen[638] Entsendung in Betracht kommenden Arbeitnehmern bestände, gibt es keinerlei Anhaltspunkte; das Gegenteil liegt auf der Hand[639].

cc) Der Mangel wirksamer Bekanntmachung der Allgemeinverbindlichkeitserklärung

Eine nach § 5 Abs. 1 TVG ergangene Allgemeinverbindlichkeit des Mindestlohntarifvertrages begegnet auch deswegen Bedenken, weil selbe nicht wirksam bekanntgegeben wurde: Die Rechtsnormerstreckung des § 1 Abs. 1 AEntG knüpft an die mit der Allgemeinverbindlichkeit einhergehende Normsetzung an, so dass es das zwingende Recht des entsendenden Arbeitgebers ist und sein muss, zu wissen, welche normsetzenden Tarifverträge privatrechtlichen Charakters auf ihn Anwendung finden.

Da bereits das innerhalb Deutschlands praktizierte Verfahren der Allgemeinverbindlichkeitserklärung gemäß § 11 Nr. 2 TVG in Verbindung mit § 11 der VO zur Durchführung des TVG auf verfassungsrechtliche Bedenken gestoßen ist[640], werden diese durch den nach § 1 Abs. 1 AEntG erweiterten Anwendungskreis derart erheblich verstärkt, dass ein ausreichendes Maß an erforderlicher Publizität nicht mehr gewährleistet ist[641]. Insofern hätte es einer Veröffentlichung der Allgemeinverbindlichkeitserklärung in (europäischen) Amtsblättern und/oder unter Einbeziehung der betroffenen Tarifregeln bedurft, was unterblieb[642]. Daraus folgt, dass für einen entsendenden Arbeitgeber eine Verbindlichkeit des Mindestlohn-TV nicht bestand. Dieser Mangel ist auch nicht mit einem Verweis auf die Rechtsqualität der Allgemeinverbindlichkeitserklärung als „Rechtsakt sui generis" zu verwerfen, eingedenk der zwingenden und bußgeldsanktio-

---

[638] In Entsendefällen mit bis zu zwei Jahren Dauer verbleibt es gewöhnlich beim Statut des Einstellungs- und Heimatlandes; Siehe oben § 2 I 2.; *Franzen,* AR-Blattei, SD Nr. 920, Intern. ArbR, Rz. 76; *Gamillscheg,* ZfA 1983, S. 307, 333; *Soergel-v.Hoffmann,* Art. 30 EGBGB, Rz. 39.

[639] Urteil des ArbG Wiesbaden vom 30.06.1998, 2 Ca 4441/97 m.w.N.

[640] BVerfGE 44, S. 322, 350f.; ders., NZA 1992, S. 125, 125.

[641] ArbG Wiesbaden, Urteil vom 30.06.1998 zu Az., 2 Ca 4441/97.

[642] Anders nunmehr die Handhabung im Rahmen der Verordnungsregelung nach § 1 Abs. 3a AEntG, innerhalb derer die Veröffentlichung im BGBl. unter Einschluss des Tarifvertrages erfolgt; vergl. Verordnung über zwingende Arbeitsbedingungen im Baugewerbe vom 25.08.1999; BGBl. I1999, S. 1894. und vom 17.08.2000, BGBl. I2000, S. 1290 ff.

nierten Rechtsfolgen, die besondere Bekanntmachung aus Rechtsstaatsgesichtspunkten verlangen[643].

c) *Verbindlichkeit der Tarifnormen durch Rechtsverordnung nach § 1 Abs. 3a AEntG*

Somit drängt sich die Frage auf, ob nicht die mit einer nach § 1 Abs. 3a AEntG ergangenen Rechtsverordnung verbundene Wirkungserweiterung der Mindestlohn-Tarifnormen diesen Mängeln begegnen kann. In Satz 1 von § 1 Abs. 3a AEntG heißt es hierzu, dass durch Rechtsverordnung bestimmt werden kann, dass Tarifnormen im Sinne von § 1 Abs. 1 und 3 AEntG „... auf alle unter den Geltungsbereich des Tarifvertrages fallenden und nicht tarifgebundenen Arbeitgeber und Arbeitnehmer Anwendung finden." § 1 Abs. 3a S. 3 AEntG ergänzt dies um die Aussage, daß die Arbeitgeber des Inlands[644] die sich hieraus ergebenden Ansprüche ihrer Arbeitnehmer zu erfüllen haben unabhängig davon, ob nun aufgrund Tarifbindung nach § 3 TVG oder aufgrund der Rechtsverordnung.

Nach dem Wortlaut des § 1 Abs. 3a AentG wird daher offensichtlich vorausgesetzt, dass auch ohne Rechtsverordnung die einschlägigen Tarifnormen originäre Adressaten im Sinne von § 3 Abs. 1 TVG aufweisen, damit diese selbst Wirkung ausstrahlt. Bestätigt wird diese Einschätzung durch den historischen Willen des Gesetzgebers, nach dem die Verordnungsermächtigung vorrangig bezweckt, „Blockadehaltungen" im Tarifausschuss des § 5 Abs. 1 TVG zu umgehen[645]. Veränderungen in der Wirkungsweise gegenüber einer Allgemeinverbindlichkeitserklärung nach § 5 Abs. 1 und 4 TVG waren nicht gewollt[646]. Tarifverträge der Art, dass die originär gebundenen Arbeitsverhältnisse durch entsprechende Gestaltung des Geltungsbereiches ausgenommen werden, erlangen somit auch nicht auf dem Umweg der Rechtsverordnung nur Wirkung auf „Außenseiter"-Arbeitsverhältnisse, obwohl die Formulierung „... auf alle unter den Geltungsbereich des Tarifvertrages fallenden ... Arbeitgeber und Arbeitnehmer ..." des § 1 Abs. 3a S. 1 AEntG allein dies nahe legte.

---

[643] Kritisch auch *Bieback,* RdA 2000, S. 207, 216

[644] Und des Auslands, § 1 Abs. 3a S. 4 AEntG.

[645] BT-Dr. 14/45, S. 25 ff.; *Büdenbender,* RdA 2000, S. 193 ff.

[646] So auch das Gesetzesverständnis bei: BVerfG NJW 2000, S. 3704f. = SAE 2000, S: 265f.

Demgegenüber sieht § 1 Abs. 3a AEntG dem Wortlaut nach keine dem § 5 Abs. 1 Nr. 1 und 2 TVG vergleichbaren Voraussetzungen vor, um die Rechtsverordnung zu erlassen. Verlangt wird lediglich, dass eine der am maßgeblichen Tarifvertrag beteiligten Parteien einen Antrag auf Allgemeinverbindlicherklärung stellt und der Bundesminister für Arbeit und Sozialordnung den betroffenen Arbeitgebern und –nehmern Gelegenheit zur schriftlichen Stellungnahme einräumt, § 1 Abs. 3a S. 1 1.HS, S. 2 AEntG. Diese Voraussetzungen treten aber erkennbar an die Stelle des in § 5 Abs. 1 TVG verlangten Einvernehmens des Tarifausschusses und stellen hierzu ein „Minus" dar. Weitere Voraussetzungen nicht in § 1 Abs. 3a AEntG „hineinzulesen" hieße, auf die materiellen Gesichtspunkte des § 5 TVG vollständig zu verzichten. Wollte man diesen Verzicht annehmen[647], muß geklärt werden, warum dann das Antragserfordernis postuliert ist. Dabei ist zu überlegen, ob der Antrag auf Erlass der Rechtsverordnung selbst oder der Allgemeinverbindlichkeit im herkömmlichen Sinne des § 5 TVG gerichtet sein soll. Eingefügt wurde das Antragserfordernis in den Entwurf der AEntG-Novelle vom 18.12.1998 infolge einer Sachverständigenanhörung im Deutschen Bundestag[648]. Damit sollte verfassungsrechtlichen Bedenken gegen ein Tätigwerden des Bundesministers für Arbeit und Sozialordnung „von Amts wegen" Rechnung getragen werden[649]. Hieraus könnte zu schlussfolgern sein, der Antrag sei nur auf Erlass der Rechtsverordnung gerichtet. Indes verwundert dann die Formulierung „Antrag auf Allgemeinverbindlicherklärung": Die Wirkungen der Rechtsverordnung werden nach § 1 Abs. 3a S. 1 2.HS AEntG mit den Worten „... die Rechtsnormen des Tarifvertrages auf alle unter den Geltungsbereich des Tarifvertrages fallenden ... Arbeitgeber und Arbeitnehmer Anwendung finden..." beschrieben. Die Formulierung „Allgemeinverbindlicherklärung" findet sich nicht wieder. Wollte man dem Gesetzgeber nicht unterstellen, identische Wirkungen innerhalb eines Satzes durch unterschiedliche Begriffe bezeichnet zu haben, bedeute dies, dass ein Antrag nach § 5 Abs. 1 TVG gemeint sein muß[650]. Damit ist die Frage nach dem Sinn dieses Antrags aufgeworfen. Über diese Auslegung könnte gleichwohl auf die materiellen Erfordernisse einer Allgemeinverbindlichkeit nach § 5 TVG Bezug genommen sein. Hierfür spricht, dass nach dem gesetzgeberischeren Willen lediglich das for-

---

[647] *MüHbdArbR-Löwisch/Rieble*, 2.Auflage, § 268, Rz. 117; *Ossenbühl*, Tarifautonomie und staatliche Gesetzgebung, S. 225f; *Bieback*, RdA 2000, S. 207, 211.

[648] Der Gesetzentwurf der „rot-grünen" Bundesregierung kannte diese Voraussetzung nicht; vergl. *Büdenbender*, RdA 2000, S. 193, 194, Fußnoten 8 ff.

[649] Stenographisches Protokoll über die Sitzung des Ausschusses für Arbeit und Sozialordnung vom 26.11.1998, Az. 752-2401.

[650] So auch *Büdenbender*, RdA 2000, S. 193, 198f.

melle Einvernehmenserfordernis des § 5 Abs. 1 TVG umgangen, im übrigen aber keine neue Wirkungsweise begründet werden sollte. Bestätigt wird diese Ansicht durch den Beschluss des BVerfG vom 18.07.2000[651], wonach „... allein die Wahl einer anderen Rechtsform für die Erstreckung eines Tarifvertrages auf Außenseiter ... an Inhalt und Ergebnis der Erwägungen zur Allgemeinverbindlichkeit ..., auf die insoweit verwiesen wird, nichts (ändere)". Diese Verweisung zielt ab auf die „Grundlagenentscheidung" des BVerfG zu diesem Thema, in der es heißt, dass die Ausdehnung der Tarifgebundenheit auf Außenseiter einer zusätzlichen Rechtfertigung bedarf, welche in der Erklärung des Bundesministers und ihren strengen Voraussetzungen nach § 5 Abs. 1 TVG gesehen wird[652]. Wie selbstverständlich geht das Gericht nunmehr davon aus, dass die materiellen Erfordernisse unberührt blieben. In § 1 Abs. 3a AEntG sind daher die Voraussetzungen des § 5 Abs. 1 TVG – mit Ausnahme des Einvernehmens des Tarifausschusses – hineinzulesen, so dass die zu den Mindestlohntarifverträgen ergangenen Rechtsverordnungen den identischen Bedenken betreffend die Erfüllung des Mindestquorums des § 5 Abs. 1 Nr. 1 TVG begegnen.
Allerdings entspricht nunmehr die Bekanntgabe derartiger Normwirkungen durch Veröffentlichung im Bundesgesetzblatt, Art. 82 Abs. 1 S. 2 GG, dem verfassungsrechtlich gebotenen Standard.

2. Wirkungsweise des § 1 Abs. 1 AEntG; Reichweite der Inkorporation des Mindestlohn-TV

Unterstellt man, die Allgemeinverbindlichkeitserklärung der Mindestlohn-Tarifverträge besäße Wirksamkeit und bedingte eine Tarifgeltung gemäß §§ 3 Abs. 1 und 5 Abs. 4 TVG für die dem deutschen Vertragsstatut unterliegenden Vertragsverhältnisse, bedarf der Erörterung, welche Rechtsfolge hieraus – unter Berücksichtigung von § 1 Abs. 1 AEntG - resultierte:

a) Geltungsbereich und Tatbestand des § 1 Abs. 1 AEntG

Die Normwirkung von § 1 Abs. 1 AEntG umfasst maximal den vom Tatbestand dieser Norm beschriebenen Geltungsbereich, der streng vom

---

651 BVerfG NJW 2000, S. 3704f.=SAE 2000, S. 265f.
652 Vergl. BVerfGE 44, S. 322, 348f.

Geltungsbereich des einzubeziehenden Tarifvertrages zu unterscheiden ist[653]. Der Geltungsbereich des Gesetzes kennt vier Voraussetzungen:

- Der im Inland tätige, entsandte Arbeitnehmer muss im räumlichen Geltungsbereich des anzuwenden beabsichtigten Tarifvertrages beschäftigt sein.

- Dieser Tarifvertrag muss für das Bauhaupt- und –nebengewerbe im Sinne der §§ 1 und 2 der Baubetriebe-Verordnung gelten, für alle unter seinen Geltungsbereich fallende Arbeitnehmer ein einheitliches Mindestentgelt aufweisen und für allgemeinverbindlich erklärt worden sein.

- Dieses einheitliche Mindestentgelt muss auch von Arbeitgebern, die außerhalb des räumlichen Geltungsbereich dieses Tarifvertrages im Inland ansässig sind, an diejenigen ihrer Arbeitnehmer gezahlt werden, die innerhalb des räumlichen Geltungsbereiches beschäftigt sind – für die Dauer der Beschäftigung[654].

- Der Betrieb des Arbeitgebers, der die Entsendung von Arbeitnehmern in den räumlichen Geltungsbereich des Tarifvertrages vornimmt, muss überwiegend Bauleistungen im Sinne des früheren § 75 Abs. 1 Nr. 2 AFG beziehungsweise des heutigen § 211 Abs. 1 SGB III erbringen.

b) Die Rechtsfolge des § 1 Abs. 1 AEntG; Wirkungserstreckung tariflicher Normen auf internationaler Ebene

aa) Grammatikalische Auslegung der Rechtsfolgenseite des § 1 Abs. 1 AEntG

Sind diese vorgenannten Voraussetzungen erfüllt, finden auf ein Arbeitsverhältnis zwischen einem mit Sitz im Ausland ausgestatteten Arbeitgeber und seinem im räumlichen Geltungsbereich des Tarifvertrages beschäftigten Arbeitnehmer die Rechtsnormen eines solchen Tarifvertrages zwingend Anwendung, die

---

[653] Der Geltungsbereich des Tarifvertrages wurde bereits – in den hier bedeutsamen Ausprägungen – beschrieben; siehe oben unter § 3 I 1. a) aa) (2).

[654] Hinsichtlich der Quantifizierung wird nur – europarechtlich bedenklich und gegenüber inländischen Betrieben verschieden – auf den Umfang der Inlandstätigkeit des Entsendebetriebes abgestellt, § 1 Abs. 4 AEntG.

- die Mindestentgeltsätze einschließlich der Überstundensätze oder/und
- die Dauer des Erholungsurlaubes, das Urlaubsgeld oder ein zusätzliches Urlaubsgeld zum Gegenstand haben.

Nach dem Wortlaut des Gesetzes sollen die Wirkungen derjenigen Normen eines bezeichneten Tarifvertrages erstreckt werden, die Art, Höhe und Umfang der Mindestentgeltsätze, des Urlaubs und der Urlaubsgeldes und –entgeltes bestimmen. Fraglich ist, ob **nur** diese Normen eines Tarifvertrages zwingend sind, die dies konkret zum Gegenstand haben, oder ob die Erstreckungsregel vielmehr bedeutet, dass **alle** Normen eines solchen Tarifvertrages anzuwenden sind.

Die Urteile des ArbG Wiesbaden zum Urlaubskassensystem gemäß § 1 Abs. 3 AEntG in Verbindung mit dem VTV, die ihren Tenor hauptsächlich auf die Begründung stützen, mangels eigenständiger Normadressaten gemäß § 3 Abs. 1 TVG sei der anzuwendende Tarifvertrag nichtig, gehen dieser Frage, obwohl sie auch weitere Argumente aufgreifen, die zum Nichtbestehen von arbeitgeberseitigen Rechtspflichten gemäß des AEntG führen, nicht nach: Lediglich hinsichtlich des betrieblichen Geltungsbereiches wird ansatzweise eine Ausnahme getätigt. Die Kataloge der Teilbereiche des Bausektors gemäß der Baubetriebeverordnung und des § 1 Abs. 2 BRTV-Bau unterscheiden sich dergestalt, dass gemäß § 1 Abs. 2 Abschnitt VII BRTV-Bau einige Betriebe aus dem Geltungsbereich des BRTV-Bau (und der sonstigen Tarifverträge des Bausektors) ausgenommen werden, die in der Baubetriebe-VO als zugehörig genannt sind. Der betriebliche Geltungsbereich des BRTV-Bau und aller sonstigen im betrieblichen Geltungsbereich auf ihn verweisenden Tarifverträge (auch TV-Mindestlohn) ist somit enger als derjenige des § 1 Abs. 1 und 3 AEntG. Ähnliches gilt hinsichtlich der Allgemeinverbindlichkeitserklärung der Tarifverträge; auch diese wird gelegentlich beschränkt auf Teilbereiche des betrieblichen Geltungsbereiches des Tarifvertrages erteilt, so dass nur im Rahmen des Umfangs der Allgemeinverbindlichkeit Tarifbindung gemäß § 5 Abs. 4 TVG besteht[655]. Daraus hat das ArbG Wiesbaden den Schluss gezogen, dass die Normerstreckung des AEntG nur soweit reiche wie der Umfang der erteilten Allgemeinverbindlichkeit[656], da der Gesetzgeber nur beabsichtigt habe, ausländische Arbeitgeber dem deutschen Tarifsystem dort zu unterstellen, wo es auch von

[655] ArbG Wiesbaden, Urteil vom 22.07.1999, Az. 5 Ca 2561/98, S. 30f.
[656] ArbG Wiesbaden, Urteil vom 22.07.1999, Az. 5 Ca 2561/98, S. 32.

nach deutschem Statut gebundenen Arbeitgebern zwingend einzuhalten ist[657].

Dieser Ansicht ist zuzustimmen: Die Wirkung des AEntG auf ausländischem Statut angehörende Arbeitsverhältnisse reicht nur soweit wie die Tarifbindung allgemeinverbindlicher Tarifverträge auf deutschem Statut unterliegender Arbeitsverträge. Dies findet in der Literatur (versteckte) Zustimmung[658]; sie entspricht sowohl der Intention des Gesetzgebers als auch der Auslegung des Gesetzes selbst:

Der gesetzgeberische Wille war davon geprägt, zur Verbreiterung der Kostenbasis arbeitnehmerentsendender Arbeitgeber dieselben den nach deutschem Niveau gültigen Arbeitsbedingungen zu unterwerfen, soweit diese nicht bereits zuvor als zwingende Normen im Sinne von Art. 34 EGBGB beziehungsweise als Erfüllungsmodalitäten nach Art. 32 Abs. 2 EGBGB ausländisches Statut verdrängten[659]. Zugleich sah sich der Gesetzgeber aus europarechtlichen Gründen gezwungen, nur diejenigen Arbeitsbedingungen für international unabdingbar zu erklären, „... die auch von den inländischen Arbeitgebern verbindlich einzuhalten sind ...“[660]. Die Erstreckungswirkung des AEntG sollte somit nach Willen des Gesetzgebers auf diejenigen Verpflichtungen beschränkt sein, die auch inländische Arbeitgeber gemäß §§ 3 Abs. 1, 5 Abs. 4, 4 Abs. 1 TVG treffen.

Gleiches Resultat ergibt auch die systematische Auslegung des Gesetzestextes selbst: Zunächst lässt der Wortlaut des § 1 Abs. 1 S. 1 und Abs. 3 S. 1 AEntG offen, ob von ihm alle Normen eines näher beschriebenen Tarifvertrages inkorporiert werden oder nur die die Arbeitsbedingungen tatsächlich Ergebenden; unter Heranziehung des jeweiligen, gleichlautenden Satzes 3 von § 1 Abs. 1 und 3 AEntG wird klar, dass nur diejenigen Verpflichtungen vom AEntG betroffen sein sollen, die inländische Arbeitgeber bereits aufgrund anderer gesetzlicher Bestimmungen zu beachten haben[661]. Gleiches ergibt sich aus dem neu eingefügten § 1 Abs. 3a S. 4 2.Halbsatz AEntG.

Um diese Einschränkung zu erreichen, ist es erforderlich, alle Normen der benannten Tarifverträge als durch § 1 Abs. 1und 3 AEntG inkorporiert anzusehen, da nur hierdurch sowohl auf die den Geltungsbereich

---

[657] So auch *Koberski/Sahl/Hold,* § 1 AEntG, Rz. 43.

[658] *Sahl/Stang,* AiB 1996, S. 652, 656; *Kempen/Zachert,* § 5 TVG, Rz. 11; *Koberski/Sahl/Hold,* § 1 AEntG, Rz. 16 ff., 43; unergiebig: *Kretz,* Arbeitnehmerentsendegesetz, Rz. 23f.

[659] BT-Dr. 13/2414, Begründung, Teil B. Zu den einzelnen Vorschriften.

[660] BT-Dr. 13/2414, Begründung, Teil B. Zu den einzelnen Vorschriften.

[661] Zum deklaratorischen Charakter dieser Normen für deutschem Vertragsstatut unterliegende Verträge, § 2 II.

beschränkenden Normen des Tarifvertrages selbst sowie die mit gleicher Wirkung ausgestatteten Bedingungen der Allgemeinverbindlichkeitserklärung Bezug genommen werden kann.
Somit erweitert das AEntG die von den §§ 3 Abs. 1, 5 Abs. 4 TVG ausgehende Tarifbindung bestimmter Tarifverträge „zwingend" auf internationale Rechtsverhältnisse, soweit diese im Inland ausgeübt werden. Demgegenüber lässt das AEntG den Geltungsbereich dieser Tarifverträge unberührt und erweitert diesen nicht, mit einer Ausnahme, die das gefundene Auslegungsergebnis bestätigt: Nach § 1 Abs. 4 AEntG sind die Voraussetzungen für die Einordnung eines Arbeitgebers in den betrieblichen Geltungsbereich eines Tarifvertrages bereits dann erfüllt, wenn die Tätigkeiten der entsandten Arbeitnehmer eines Arbeitgebers, die in ihrer Gesamtheit als eigener Betrieb fingiert werden, mehrheitlich dem betrieblichen Geltungsbereich zuzuordnen sind. Während gemäß deutschem Recht die Einordnung in den betrieblichen Geltungsbereich davon abhängt, dass unter allen Arbeitnehmern eines Arbeitgebers mehrheitlich dem betrieblichen Geltungsbereich zuzuordnende Tätigkeiten verrichtet werden (50%-Klausel)[662], unterfällt ein ausländischer Arbeitgeber dem Tarifvertrag also schon dann, wenn diese Mehrheit unter den im Inland beschäftigten Arbeitnehmern besteht. Damit soll eine extensivere Anwendung des AEntG in Entsendefällen gewährleistet werden[663]; zugleich ergibt sich daraus der Ausnahmecharakter dieser Vorschrift.
Auf ausländischem Statut unterfallende Verträge finden daher inländische tarifliche Normen nur Anwendung, wenn der Arbeitgeber dem (durch § 1 Abs. 4 AEntG eingeengten) betrieblichen[664] und der Arbeitnehmer dem persönlichen Geltungsbereich des TV zugehörig sind und die Allgemeinverbindlichkeit nicht für einen geringeren Geltungsbereich, dem die Arbeitsvertragsparteien nicht angehören, erteilt ist[665,666]. § 1

---

662 BAG AP Nr. 82, 106, 181 zu § 1 TVG, Tarifverträge: Bau.

663 *Koberski/Sahl/Hold*, § 1 AEntG, Rz. 211.

664 Zum Beispiel sind Steinmetzbetriebe gemäß § 1 Abs. 2 Abschnitt VII BRTV-Bau von dessen betrieblichen Geltungsbereich ausgenommen.

665 Zum Beispiel gehören Fertigungsarbeiten gemäß § 1 Abs. 2 Abschnitt V Ziffer 13 BRTV-Bau zu dessen betrieblichen Geltungsbereich, insoweit wurde aber Allgemeinverbindlichkeit nur für die Betriebe erklärt, die länger als ein Jahr diese Tätigkeiten ausführen; ArbG Wiesbaden, Urteil vom 22.07.1999, Az. 5 Ca 2561/98, S. 31.

666 Die Allgemeinverbindlichkeit der Mindestlohn-TV wurde nur insoweit erteilt, als die Arbeitnehmer der Rentenversicherungspflicht gemäß SGB VI unterliegen; vergl. Allgemeinverbindlichkeit vom 12.11.1996, BAnz. Nr. 215/ 1996, S. 12102; vom 14.08.1997, BAnz. Nr. 157/1997, S. 10909; vom 25.08.1999, § 1 der VO, BGBl. I1999, S. 1894.

AEntG erfüllt somit die Voraussetzungen einer Rechtsgrundverweisung, da die Intension des Gesetzgebers, eine Gleichbehandlung der nach deutschem und ausländischem Recht geschlossenen Arbeitsverhältnisse herbeizuführen, nur dann umgesetzt ist, wenn die in § 1 AEntG beschriebenen Arbeitsverhältnisse ihrerseits unter die Normen des verwiesenen Tarifvertrages subsumierbar sind.

bb) Systematische Auslegung unter Beachtung des eingeschränkten persönlichen Geltungsbereiches bei Anwendung tariflicher Normen als „lex fori"

Daraus ergibt sich als eindeutige Konsequenz, dass neben der Übernahme von Einschränkungen im betrieblichen auch ebensolche hinsichtlich des persönlichen Geltungsbereichs durch das AEntG erfolgen.
Dass nunmehr die Tarifvertragsparteien in Kenntnis des AEntG an dieser auch zuvor verwendeten Bestimmung des (persönlichen) Geltungsbereiches festhielten, kann nicht auf – durch Auslegung korrigierbarem - Irrtum beruhen: Wie die Begründung des Gesetzentwurfes bereits verdeutlicht, war ein Gleichklang zwischen Arbeitsverhältnissen deutschen und ausländischen Statuts beabsichtigt, so dass es an den Tarifvertragsparteien gelegen hätte, an persönliche Merkmale der unterworfenen Arbeitnehmer anzuknüpfen, die auch in Entsendefällen den Gleichklang bewahren. Indem jedoch auf eine am SGB VI orientierte Rentenversicherungspflicht abgestellt wurde, erfolgte die Inbezugnahme unabdingbarer sozialrechtlicher Kollisionsnormen[667], so dass der persönliche Geltungsbereich des Mindestlohn-TV nur dort einschlägig ist, wo die Kollisionsnormen auf deutsches Sozialversicherungsrecht verweisen. Dies ist aber im Rahmen einer Entsendung von bis zu 12 Monaten gemäß Art. 14 Abs. 1 VO Nr. 1408/71 EWG[668] beziehungsweise – soweit einschlägig – unter den Voraussetzungen des § 5 SGB IV nicht der Fall[669].
Zudem wurde im Rahmen der Erteilung der Allgemeinverbindlichkeit ausdrücklich an diesem – auch dort nicht korrigierbaren – System fest-

---

[667] Art. 13 Abs. 1, 14 Abs. 1 VO 1408/71 EWG; § 5 SGB IV.
[668] Gegebenenfalls auch 24 Monate.
[669] Zu den weiteren Voraussetzungen im Rahmen von § 5 SGB IV: BSG IPRax 1998, S. 290, 291 ff.

gehalten, in dem der Umfang der Allgemeinverbindlichkeit identisch zum persönlichen Geltungsbereich gefasst wurde[670].
Bestätigt wird die Konsequenz durch folgenden Umstand: Vereinbarten die die Entsendung vornehmenden Vertragsparteien freiwillig für die Entsendungsdauer die Geltung deutschen Vertragsstatutes, Art. 27 EGBGB, kämen sie zwar dem Regelungszweck des AEntG zuvor und unterstellten sich freiwillig dem deutschen Tarifrecht; zu einer Tarifbindung käme es in Anbetracht des vorstehend aufgezeigten persönlichen Geltungsbereiches der einschlägigen Tarifverträge wegen der Fortdauer der Sozialversicherungspflicht im Ausland gleichwohl nicht. Selbst wenn ein inländischer Arbeitgeber vorübergehend einen ausländischen Arbeitnehmer für eine Tätigkeit im Inland anwirbt und arbeitsvertraglich bindet, mithin gemäß Art. 30 Abs. 2 Ziffer 1 EGBGB deutsches Vertragsstatut auch ohne Rechtswahl gelten könnte[671], findet die Ausnahmevorschrift des Art. 14 VO Nr. 1408/71 EWG Anwendung[672], so dass es eine Rentenversicherungspflicht nach dem SGB VI nicht gäbe.

Resümierend ist daher festzuhalten, dass die derzeitige Tarifsituation davon gekennzeichnet ist, dass, soweit die Sozialversicherungspflicht im Ausland bestehen bleibt, mangels einschlägigen persönlichen Geltungsbereiches erstreckbare Tarifverträge betreffend Mindestlohn, Urlaubsumfang sowie Urlaubsvergütung nicht bestehen; im übrigen bei längerfristiger Entsendung die Allgemeinverbindlichkeit der benannten Tarifverträge an der Nichtbeachtung des Mindestquorums des § 5 Abs. 1 S. 1 TVG – unter unabdingbarer Berücksichtigung der längerfristig entsandten Arbeitnehmer – scheiterte.

3. Der Bruttolohn im Entsendeverfahren

Dessen ungeachtet – und insoweit überwiegend im rein tatsächlich-soziologischen Bereich angesiedelt – besteht die Frage, ob nicht im Ein-

---

[670] Die mangelnde Korrigierbarkeit ergibt sich daraus, dass durch die Allgemeinverbindlichkeit nur die Tarifbindung, nicht aber der Geltungsbereich eines Tarifvertrages erweitert werden kann; *Löwisch/Rieble,* § 5 TVG, Rz. 26; *Wiedemann-Wank,* § 5 TVG, Rz. ; *Schaub,* HdbdArbR, § 207 II 3., Rz. 8; *Gamillscheg,* § 19 7., S. 899.

[671] Sofern insgesamt keine engere Bindung an einen anderen Staat besteht, Art. 30 Abs. 2 2.HS EGBGB.

[672] EuGH, (Van der Vecht), amtl. Slg. I 1967, S. 461, 475, 4. Leitsatz; ders., (Manpower), amtl. Slg. I 1970, S. 1251, 1257, Ziffer 14 – 16; *Cornelissen,* RdA 1996, S. 329, 331f.

zelfall sogar den nicht gültigen beziehungsweise nicht wirksam zur „lex fori“ erhobenen Vorschriften des Mindestlohntarifvertrages in der Praxis bereits Rechnung getragen wurde:

a) Der rechtliche Bruttolohnbegriff des Entsenderechts

Während die Arbeitsvertragsparteien grundsätzlich die Bemessung der Arbeitsvergütung frei vereinbaren können, besteht für Arbeitsvertragsparteien, die beiderseits der Tarifbindung unterliegen, die Pflicht, das dort vereinbarte Entgelt nicht zu unterschreiten, § 4 Abs. 3 TVG[673]. Da vorliegend eine tarifvertraglich vereinbarte Vergütungshöhe durch gesetzliche Regelung im Anwendungsbereich erweitert worden sein könnte, ist der Frage nachzugehen, was die einschlägigen Tarifverträge des Baugewerbes unter Bruttolohn verstehen. Sämtliche Tarifverträge des Baugewerbes, die die Lohnhöhe regeln, bestimmen, dass sich der Gesamttarifstundenlohn (GTL) aus Tarifstundenlohn (TL) und Bauzuschlag (BZ) zusammensetzt[674,675]. Dieses im Tarifvertrag enthaltene Abrechnungsmodell ist jedoch für die Arbeitsvertragsparteien insoweit nicht bindend, als durch eine einzelvertraglich geregelte Entlohnungsweise, die auf anderen Parametern aufbaut, die Tariflohnhöhe gewährleistet wird[676]. In diesen Fällen muss jedoch eine doppelte Lohnberechnung durchgeführt werden, wobei dem Arbeitnehmer die einzelvertragliche Entlohnung zu zahlen ist, wenn diese den Tariflohn übersteigt, demgegenüber bei einem Unterschreiten des Tariflohnes zumindest dieser zu zahlen ist[677]. Letztlich handelt es sich dabei um die Anwendung des in § 4 Abs. 3 TVG verankerten Günstigkeitsprinzips.

Dass dies rechtlich anerkannt ist, weil hierdurch der Schutz des Arbeitnehmers gewährleistet wird, ergibt sich auch aus Tarifverträgen des Baugewerbes selbst.

Gemäß des Tarifvertrages über das Sozialkassenverfahren im Baugewerbe (VTV), der gemäß § 1 Abs. 3 AEntG (scheinbar) auch für ausländische Arbeitsvertragsstatute gilt (worauf noch einzugehen ist), hat der an die ULAK zu zahlende Beitrag zwecks Aufbringung der Mittel für die tarifvertraglich festgelegten Leistungen an Urlaubsgeld und -entgelt, 14,82 % (neu: 14,25 %) der Bruttolohnsumme zu betragen, § 61 VTV.

---

[673] *Kempen/Zachert*, § 3 TVG, Rz. 1.
[674] §1 des Anhanges zum BRTV-Bau.
[675] Zu Höhe vergl. § 2 III 1. c).
[676] *Schaub*, HdbdArbR, § 67 I 2., Rz. 2.
[677] *Schaub*, HdbdArbR, Rz. 2.

Bruttolohn ist dabei, § 61 Abs. 2 VTV, die dem Arbeitnehmer gutgebrachten Zahlungen, Bruttoarbeitslohn einschließlich der Sachbezüge, die „... bei Anwendung des deutschen Steuerrechts für die Berechnung der Lohnsteuer zugrunde zu legen wären ...“. Die Bruttolohnsumme bestimmt sich mithin in der Baubranche nach dem, was nach deutschem Recht lohnsteuerpflichtig ist. Es ist mithin auf den originären deutschen Arbeitslohnbegriff abzustellen. Danach kann die Bruttolohnsumme Vergütungszuschläge enthalten, die besondere Leistungen des Arbeitnehmers oder seine sozialen Verhältnisse bei der Bemessung der Vergütung berücksichtigen[678]. Bekanntestes Beispiel hierfür sind die Mehrarbeitsvergütungen, bei denen keinerlei Zweifel daran besteht, dass sie Bruttolohnbestandteil sind. Gleiches gilt für Sonn-, Feiertags- und Nachtarbeitszuschläge[679]. Hierzu zählen auch Erschwerniszulagen, die in Gestalt von Entfernungszulagen auftreten können und Bruttolohnbestandteil sind[680].

Diese sind jedoch von Aufwandsentschädigungen (Spesen) zu unterscheiden. Letztere sind Ersatz für infolge größerer Entfernung **tatsächlich** auftretender Aufwendungen seitens der Arbeitnehmer; Entfernungszulagen sind demgegenüber Arbeitsvergütung[681].

Solche Entfernungszulagen, die Bestandteil des Bruttolohnes sind, werden tatsächlich in so hinreichendem Ausmaße gezahlt, dass sich bei einer doppelten Lohnberechnung ergibt, dass die gemäß den Lohntarifverträgen der Bauwirtschaft gegebenenfalls geschuldeten Vergütungen tatsächlich ausgezahlt wurden. Soweit gleichwohl Bußgelder in namhafter Höhe verhängt werden, beruht dies auf der Rechtsansicht der Arbeitsverwaltung, die gezahlten Zulagen seien kein Bruttolohnbestandteil, wobei man den Nachweis tatsächlich gegenüberstehender Ausgaben des Arbeitnehmers schuldig bleibt.

b) Tatsächliche Umsetzung bei portugiesischen Entsendungen

Ausweislich vielfacher tatsächlicher Erhebungen und Ermittlungen erfolgte in den den Arbeitnehmern erteilten Lohnabrechnungen und -auszahlungen eine Unterscheidung des Auszahlungsbetrages in „venci-

---

[678] *Schaub,* HdbdArbR, § 69 I 1., Rz. 1.
[679] *Schaub,* HdbdArbR, § 69 V 1., Rz. 31.
[680] *Schaub,* HdbdArbR, § 69 VI 1., Rz. 33 ff.
[681] *Schaub,* HdbdArbR, § 69 VI 1., Rz. 36.

mento" und „ajudas de custo". Es erfolgte mithin eine Unterteilung in Grundlohn **und** Entfernungszulage, die zusammen den als Mindestsumme vorgeschriebenen Stundenbruttolohn erreichen.
Der Hintergrund dieser gleichwohl mit dem deutschen Bruttolohnbegriff in Einklang stehenden Unterscheidung beruht einerseits auf steuer- und sozialversicherungsrechtlichen Gesichtspunkten, andererseits auch auf arbeitsrechtlichen:
In den Entsendefällen findet neben dem ausländischem Arbeitsvertragsstatut grundsätzlich auch ausländisches Sozialversicherungs[682]- und Steuerrecht[683] Anwendung. Dies erlaubt ein Splitting des Lohnes in Grundlohn und (steuerfreier) Entfernungszulage[684]. Die Entfernungszulagen sind daher, ohne dass sich ihre Einordnung im deutschen Bruttolohngefüge änderte, nach ausländischen, hier portugiesischem Recht steuerfrei. Hierdurch ändert sich jedoch nicht der Charakter dieser Zulagen, die wegen der bloßen Entfernung, jedoch nicht wegen mit der Entfernung tatsächlich entstehender Kosten für die Arbeitnehmer gezahlt werden. Die mit der Entfernung tatsächlich einhergehenden Kosten (Fahrtkosten von Portugal nach Deutschland und zurück, Unterkunftskosten in Deutschland, zusätzliche Verpflegungskosten in Deutschland pp.) werden in der Praxis zumeist tatsächlich zusätzlich gezahlt. Es erfolgt insoweit Gestellung von Naturalleistungen. Da den Arbeitnehmern folglich tatsächliche Kosten wegen der Entfernung Deutschland/Portugal nicht entstehen, die folglich auch nicht durch eine pauschale Aufwandsentschädigung durch den Arbeitgeber abgegolten werden können, ist die zusätzlich zum Grundlohn gezahlte „ajuda de custo" als den Bruttolohn bestimmende Entfernungszulage anzusehen[685].
Hinzu treten die Gestaltungsmöglichkeiten des portugiesischen Arbeitsrechtssystems:
Dort wird die zu gewährende Vergütung grundsätzlich aufgeteilt in einen Grundlohn und sonstige direkten oder indirekten Zahlungen in Geld beziehungsweise Sachleistungen. Es besteht eine Vermutung, dass es sich in der Summe um die geschuldete Vergütung handelt[686]. Soweit den Grundlohn flankierende Leistungen in Form von „ajuda de custo" erfolgen, denen regelmäßig konkrete Aufwendungen des Arbeitnehmers gegenüber zu stehen haben, tatsächlich jedoch aufwendungslos beziehungsweise die Aufwendungen ein Vielfaches übersteigend gezahlt wer-

---

[682] Art. 14 der VO EWG 1408/71, siehe oben § 2 I. 1 a).
[683] Art. 15 Abs. 2 DBA Deutschland/Portugal, siehe oben § 2 I. 1. b).
[684] *Wollmann*, Rz. 149 ff.
[685] AG Essen, Beschluss vom 20.07.1998 zu Az: 56 Owi 300 Js 676/97; *Wollmann*, Rz. 158f.
[686] *Wollmann*, Rz. 149.

den, spricht die genannte Vermutung dafür, dass es sich um einen Vergütungsbestandteil handelt, mag dies auch zu nachträglichen Steigerungen der Sozialabgaben- und Steuerlast führen[687].

c) Vorgehen in Zweifelsfällen

Diese Betrachtung entspricht auch den Regeln der dem Erlass des AEntG zeitlich folgenden Entsenderichtlinie:
In deren Art. 3 Abs. 7 heißt es wörtlich:

> **" ... Die Entsendungszulagen gelten als Bestandteil des Mindestlohnes, soweit sie nicht als Erstattung für infolge der Entsendung tatsächlich entstandener Kosten, wie zum Beispiel Reise-, Unterbringungs- und Verpflegungskosten, gezahlt werden. ..."**

Da die Vorschriften des deutschen Arbeitsrechts grundsätzlich europarechtskonform auszulegen sind[688], ist dies bei der Anwendung von §1 Abs. 1 AEntG in Verbindung mit den Mindestlohnbestimmungen des Tarifvertrages zu berücksichtigen. Zugleich ergibt der Wortlaut der Entsenderichtlinie, dass selbst in Zweifelsfällen anzunehmen ist, dass für den Arbeitnehmer aufwandslos gezahlte Zulagen als Bruttolohnbestandteil anzusehen sind: Art. 3 Abs. 7 der Richtlinie 96/71/EG enthält eine eindeutige Regel-/ Ausnahmevorschrift, nach der im Zweifel davon auszugehen ist, dass Sonderzahlungen an Arbeitnehmer, die im Ausland eingesetzt werden, Bestandteile des Mindestlohnes sind[689]. Sie eröffnen damit zugleich für die betroffenen Arbeitgeber und -nehmer die Möglichkeit, die zu ihren Gunsten bestehenden Vorteile aus Kollisionsnormen des Sozialversicherungs- und Steuerrechts zu nutzen. So ermöglichen es die Art. 5, 15 des DBA Deutschland/Portugal einerseits, Art. 14 EWG-VO Nr. 1408/71 andererseits, dass bei entsprechender zeitlicher Gestaltung das Besteuerungs- und Sozialversicherungsrecht beim Herkunftsland verbleibt.

Dass dieses den entsendenden Arbeitgebern und den entsandten Arbeitnehmern Vorteile gegenüber dem Steuerrecht im Gastland bietet, ist jedoch eine Auswirkung, der das AEntG weder entgegentreten kann

---

[687] *Wollmann*, Rz. 159.
[688] BAGE 73, S. 166, 174 f.
[689] Ebenso *Grundmann*, 3.60 Arbeitnehmerentsenderichtlinie, Rz. 23.

noch will. Das AEntG will lediglich verhindern, dass der Wettbewerb zwischen inländischen und ausländischen Dienstleistern infolge von „Unterbezahlung" entsandter Arbeitnehmer in Schieflage gerät, jedoch nicht, dass ausländische Arbeitnehmer entsprechend der Rechtslage ihres Entsendelandes und geschlossener völkerrechtlicher Verträge zutreffende Versteuerung und Sozialversicherung durchführen.

4. Konsequenz

Die mangelnde Wirksamkeit der Allgemeinverbindlichkeit[690] sowie die Beschränkung des persönlichen Geltungsbereiches[691] solcher, das AEntG ausführender Tarifverträge bedingt, dass das AEntG selbst leer läuft. Somit sind die „Inseln deutschen Rechts" innerhalb der dem ausländischen Vertragsstatut unterliegenden Arbeitsverhältnissen, die prinzipiell in Entsendefällen inlandsbezogene Sachverhalte regeln, nicht festzustellen. Es scheiterte damit eine Anwendbarkeit der Regeln des AEntG betreffend Mindestlohn vollständig.

II. Wirksamkeit der Tarifvertrages über das Sozialkassenverfahren im Baugewerbe im Zeitraum vom 01.01.1997 und 31.12.1999

1. Einleitung; Rechtsprechung des ArbG Wiesbaden[692]

Anders ist die Situation im weiteren Anwendungsbereich des AEntG, dem Sozialkassenverfahren der Bauwirtschaft, in dem die Tarifpartner ebenfalls „neue Wege" beschritten. Die Sozialkasse (ULAK) versuchte ihr entstandene Ansprüche vielfach auf dem Rechtsweg durchzusetzen, da wegen Unkenntnis[693] und verbundener Belastungen seitens der Entsendearbeitgeber keine Akzeptanz bestand.
Die Fachgerichtsbarkeit, insbesondere die 2., 3. und 5. Kammer des ArbG Wiesbaden, hat daraufhin mehrfach geurteilt, dass eine Beitrags-

---

690 Bei längerer Dauer der Entsendung.
691 In Fällen kürzerer Dauer der Entsendung.
692 Betreffend den Sinn und Zweck des Urlaubskassenverfahrens wird auf die Subsumtion zu Art. 57 Abs. 2 EGV verwiesen.
693 Das BayObLG (NStZ 2000, S. 148) billigt einem Arbeitgeber in einem Bußgeldverfahren zu, bereits infolge der Besonderheit des AEntG in einem unvermeidbaren Verbotsirrtum gehandelt zu haben.

pflicht ausländischer Arbeitgeber gegenüber der ULAK nicht besteht[694]; hierbei handelt es sich um die ständige Rechtsprechung jenes gemäß §§ 8 AEntG, 48 Abs. 2 Nr. 2 ArbGG, 57 Abs. 1 VTV ausschließlich zuständigen Fachgerichtes des Inlands.
Mittlerweile hat das ArbG Wiesbaden auch in mehreren Feststellungsurteilen entschieden, dass ausländische Arbeitgeber, die kraft ausländischem Arbeitsvertragsstatut Arbeitnehmer nach Deutschland entsenden, nicht am deutschen Urlaubskassenverfahren teilzunehmen haben, da infolge der Nichtigkeit wesentlicher Teile des VTV eine Rechtsgrundlage nicht bestehe[695].
Nach drei Jahren der dadurch bedingten Nichtanwendung des VTV in Entsendefällen entschlossen sich die Tarifvertragsparteien, den VTV vollständig neu zu fassen. Am 20.12.1999 vereinbarten sie einen neuen VTV, der den bisherigen vom 12.11.1986 – inklusive Änderungen - zum 01.01.2000 ablöste[696]. Damit wurde die bisherige Trennung in der Beitragserhebung und Leistungsgewährung gegenüber in- und ausländischen Arbeitgebern aufgehoben[697]. Zugleich erfolgte ein Modifizierung der Urlaubsbestimmungen des § 8 BRTV-Bau, wodurch eine Vereinheitlichung der Urlaubsgewährungs- und –abgeltungsansprüche in- und ausländischer Arbeitsnehmer erreicht werden sollte.

In bezug auf die Rechtssituation bis zum 31.12.1999 geht es inhaltlich im Kern um die Frage, ob – jenseits der Problematik, ob bei der Entsendung EU-ausländischer Arbeitnehmer ins Inland die Einbeziehung in ein Urlaubskassensystem erforderlich ist – die Tarifvertragsparteien einen Tarifvertrag schufen, der sowohl den allgemeingesetzlichen Voraussetzungen nationaler Gesetze als auch denjenigen des AEntG selbst entspricht.

---

[694] ArbG Wiesbaden, Urteil vom 30.06.1998 zu Az. 2 Ca 4441/97; Urteil vom 29.04.1998 zu Az. 3 Ca 3359/97; Urteil vom 22.07.1999 zu Az. 5 Ca 2561/98; dem folgend Beschluss des AG Gießen vom 25.08.1999, Az: 56 Gs 123/99; bestätigt durch Beschluss des LG Gießen vom 15.12.1999, Az: 7 Qs 274/99.
[695] Urteil vom 29.09.1999 zu Az. 3 Ca 671/99; Urteil vom 22.07.1999 zu Az. 5 Ca 2561/98.
[696] Im Febr./März 2000 rückwirkend zum 01.01.2000 für allgemeinverbindlich erklärt, BAnz. 2000, Nr. 61, S. 5337, 5343 ff.
[697] Hierzu eigene Ausführungen im Anschluss, § 3 III.

2. Aufgabe und Struktur von § 1 Abs. 3 AEntG

§ 1 Abs. 3 AEntG hat zur Aufgabe, hinsichtlich der im Inland vorübergehend vollzogenen Arbeitsverhältnisse ausländischen Rechts diejenigen deutschen Arbeitsbedingungen durchzusetzen, die das in der Baubranche geltende Sozialkassensystem ergeben. Während somit § 1 Abs. 1 AEntG die Erstreckung materieller Arbeitsbedingungen vorsieht, ist § 1 Abs. 3 AEntG dem Spezialfall eines bestehenden Systems der Gemeinsamen Einrichtung der Tarifpartner - § 4 Abs. 2 TVG - gewidmet[698]. Dabei wird in Satz 1 folgendes bestimmt:

„ Sind im Zusammenhang mit der Gewährung von Urlaubsansprüchen ... die Einziehung von Beiträgen und die Gewährung von Leistungen durch allgemeinverbindliche Tarifverträge einer gemeinsamen Einrichtung der Tarifvertragsparteien übertragen, so finden die **Rechtsnormen** (Hervorhebung des Verf.) solcher Tarifverträge auch auf einen ausländischen Arbeitgeber und seinen im räumlichen Geltungsbereich des Tarifvertrages beschäftigten Arbeitnehmer zwingend Anwendung, soweit in den betreffenden Tarifverträgen oder auf sonstige Weise sichergestellt ist, dass ... "

In Satz 2 wird diese Anwendungsbestimmung um die Verpflichtung ergänzt, dass

„ Ein Arbeitgeber im Sinne des Absatzes 1 Satz 1 ... verpflichtet (ist), einer gemeinsamen Einrichtung der Tarifvertragsparteien die ihr nach Satz 1 zustehenden Beiträge zu leisten."

Daraus ergibt sich zunächst, dass die Beitragspflicht des § 1 Abs. 3 S. 2 AEntG unmittelbar anknüpft an die Erstreckungswirkung des § 1 Abs. 3 S. 1 AEntG und auf diese verweist. Hierbei handelt es sich um die nochmalige, ausdrückliche Formulierung der aus § 1 Abs. 3 S. 1 AEntG resultierenden Regelung[699]. Zugleich bildet diese „Pflichtenwiederholung" als Gebotsnorm den Bezugspunkt für die in § 5 Abs. 1 Nr. 2 AEntG enthaltene Bußgeldbewehrung einer schuldhaften Unterlassung[700]. Diese Rechtssetzungsmethode gebietet die Schlussfolgerung, dass sich aus der Verweisung des Satzes 1 unmittelbar ergeben muss, welchen Rechtspflichten der ausländische Arbeitgeber unterliegt. Daher muss § 1

[698] BT-Dr. 13/2414, Begründung, B. Zu den einzelnen Vorschriften, Zu § 1 Abs. 2.
[699] BT-Dr. 13/2414, Begründung, B. Zu den einzelnen Vorschriften, Zu § 1 Abs. 2.
[700] BT-Dr. 13/2414, Begründung, B. Zu den einzelnen Vorschriften, Zu § 1 Abs. 2.

Abs. 3 S. 1 AEntG tatbestandlich alle diejenigen Tarifverträge in Bezug nehmen, die die für das Funktionieren des Sozialkassensystems auf Beitrags- und Leistungsseite notwendigen Normen enthalten.

a) Gegenstand der Verweisung

Es fragt sich somit, auf welche Tarifverträge der Baubranche dadurch verwiesen wird, nur auf § 8 BRTV-Bau[701] oder auch auf den VTV als Verfahrenstarifvertrag:
Satz 1 ist hierzu zu entnehmen, dass die Rechtsnormen der (allgemeinverbindlichen) Tarifverträge anzuwenden sind, die im Zusammenhang mit einer Urlaubsgewährung den Beitragseinzug und die Leistungsgewährung hierfür einer gemeinsamen Einrichtung übertragen. Im Zusammenspiel mit der bußgeldbewehrten Verpflichtung des S. 2 bedeutet dies die unmittelbare Verweisung auf alle damit zusammenhängenden Tarifnormen. Anders wäre jedenfalls eine klare und bestimmte Verpflichtung, die die Bußgeldsanktionierung gemäß Art. 103 Abs. 2 GG erlaubte[702], rechtstechnisch nicht konstruiert.
Sicherlich wird hierdurch verwiesen auf § 8 BRTV-BAU, dessen Ziffer 11 bestimmt, dass die ULAK die Sicherung der Auszahlung der Urlaubsvergütungen übernimmt. Hierzu haben die Arbeitgeber die notwendigen Beiträge aufzubringen, worauf die ULAK unmittelbaren Anspruch besitzt, § 8 Ziffer 11.1 S. 2 und 3 BRTV-BAU. Die Höhe der Beiträge, deren Einzahlung, Verwaltung sowie Erstattung als Urlaubsvergütung werden in besonderen Tarifverträgen, insbesondere dem VTV, geregelt, § 8 Ziffer 11.1 S. 4 BRTV-BAU.
Hierbei handelt es sich um eine Weiterverweisung auf andere Tarifnormen, die zur größeren Verständlichkeit und einfacheren Veränderbarkeit separiert wurden; folglich enthält § 8 BRTV-BAU die Anspruchsvoraussetzungen und die Anspruchshöhe für Leistungen an den Arbeitnehmer, der VTV ausgelagert die Leistungspflichten des Arbeitgebers gegenüber der ULAK[703]. Letzte sind in § 8 BRTV-BAU nur skizziert und im VTV ausformuliert. Die Normen des VTV bestimmen aber die Art, Weise und Höhe der Einziehung von Beiträgen und der Gewährung von Leistungen, zum Beispiel §§ 19, 24, 61, 69 VTV, mit. Sie sind als Normen, die die

---

[701] Der die materiellen Urlaubsbedingungen in der Baubranche enthält.
[702] Zu der Zulässigkeit der Verweisung aus straf- und ordnungswidrigkeitsrechtlicher Sicht: *Strohmaier*, RdA 1998, S. 339 ff.
[703] *Koberski/Sahl/Hold*, § 1 AEntG, Rz. 173.

Einziehung von Beiträgen bestimmen, somit auch Verweisungsobjekt von § 1 Abs. 3 S. 1 1.Halbsatz AEntG.

b) Art der Verweisung

Als Rechtsfolge bestimmt § 1 Abs. 3 S. 1 AEntG im Hauptsatz, dass die Rechtsnormen solcher Tarifverträge auf bestimmte, ausländischem Statut unterliegende Arbeitsverhältnisse anzuwenden sind. Grammatikalisch gesehen werden daher einschränkungslos derartige tarifliche Rechtsnormen in Bezug genommen. § 1 Abs. 3 S. 1 AEntG wäre somit eine Rechtsgrundverweisung sowohl auf § 8 Ziffer 11 BRTV-Bau als auch auf den VTV. Damit bestände eine Teilnahme- und Beitragspflicht ausländischer Arbeitgeber zum ULAK-System nur, wenn das in § 1 Abs. 3 S. 1 AEntG beschriebene Arbeitsverhältnis auch die Tatbestände der Normen der Verweisungsobjekte erfüllt und diese wirksam sind.

Dieses durch grammatikalische Auslegung gefundene Ergebnis wird auch durch eine historische und teleologische Betrachtung bestätigt:
Ziel des Gesetzgebers war es, bestimmte inländische und wettbewerbsrelevante Arbeitsbedingungen in Entsendefällen zur Anwendung zu bringen, gleich ob im übrigen ausländisches Statut fortgilt[704]. Dabei wurden

> **„ ... die deutschen Vorschriften, in denen diese Arbeitsbedingungen enthalten sind, ... als so wichtig eingestuft, dass sie sich im Weg der Sonderanknüpfung als lex fori international ... durchsetzen sollen, ...“[705].**

Zudem wurde betont, dass durch die bloßen Verweisungen auf allgemeinverbindliche Tarifverträge sichergestellt werden soll,

> **„ ... dass ein ausländischer Arbeitgeber nur solchen Rechtsnormen unterworfen wird, die auch von inländischen Arbeitgebern einzuhalten sind ...“, damit „ ... gemeinschaftsrechtlich unzulässige Diskriminierungen ausländischer Arbeitgeber (vermieden werden) ...“[706].**

[704] BT-Dr. 13/2414, Begründung, A. Allgemeiner Teil, II. Wesentlicher Inhalt.
[705] BT-Dr. 13/2414, Begründung, A. Allgemeiner Teil, II. Wesentlicher Inhalt.
[706] BT-Dr. 13/2414, Begründung, B. Zu den einzelnen Vorschriften, Zu § 1 Abs. 1.

Hieraus wird der gesetzgeberische Wille m.E. deutlich, dass durch das AEntG lediglich eine Parallelität der Belastungen in- und ausländischer Arbeitgeber erzeugt werden soll, um die wettbewerbliche Ausgangssituation inländischer Baudienstleister zu verbessern. Dabei handelt es sich zugleich um das Ziel des Gesetzes, dessen Absicht es folglich nicht war, ausländische gegenüber inländischen Arbeitsgebern/Dienstleistern zu benachteiligen beziehungsweise differenziert zu behandeln.

Um diese Parallelität durchgehend zu gewährleisten, ist es notwendig, § 1 Abs. 3 AEntG als Rechtsgrundverweisung aufzufassen: Denn nur dadurch werden tatsächlich diejenigen Arbeitsverhältnisse in den Pflichtenkreis deutscher Tarifnormen einbezogen, die – mit Ausnahme des Statuts – den Arbeitsverhältnissen gleichen, auf die die Tarifnormen gemäß der §§ 3 Abs. 1, 5 Abs. 4 TVG ohnehin Anwendung finden. Durch die Prüfung der Tatbestandsvoraussetzungen tariflicher Normen im einzelnen Anwendungsfall des § 1 Abs.3 AEntG wird sichergestellt, dass nur gleichgelagerte Arbeitsverhältnisse der identischen Rechtsfolge unterworfen werden. Dies ist durch § 1 Abs. 3 AEntG selbst nicht leistbar, da dieser nur einen Maximalrahmen vorgibt, in ihm das Arbeitsverhältnis nur unvollständig beschrieben wird und die Betroffenheit im Einzelfall der tariflichen, für allgemeinverbindlich erklärten Ausgestaltung überlassen blieb.

Anderenfalls wäre folgendes, widersinniges Ergebnis festzustellen:

Durch § 1 Abs. 3 S. 1 AEntG, der die Tätigkeitsbeschreibung des Entsendearbeitsgebers gemäß Abs. 1 S. 1 übernimmt, würden anderenfalls Beschränkungen des Geltungsbereiches der in bezug genommenen Tarifverträge und ihrer Allgemeinverbindlichkeit nivelliert. Denn § 1 Abs. 1 S. 1 und Abs. 3 S. 1AEntG verweist wegen der Tätigkeitsqualifizierung auf § 211 Abs. 1 SGB III, wonach alle diejenigen Betriebe Baubetriebe sind, die überwiegend gewerblich Bauleistungen, das heißt Tätigkeiten zur Herstellung, Instandsetzung, Instandhaltung, Änderung und Beseitigung von Bauwerken, erbringen. Auf Arbeitsverhältnisse zu solchen Betrieben sollen bestimmte Rechtsnormen allgemeinverbindlicher Tarifverträge des Bauhaupt- und Baunebengewerbes im Sinne der §§ 1 und 2 Baubetriebe-VO[707] Anwendung finden. Zu diesem Branchenbereich zählt beispielhaft auch das Steinmetzhandwerk[708]. Allerdings bestimmen sowohl BRTV-Bau als auch VTV, dass das Steinmetzhandwerk vom jeweiligen betrieblichen Geltungsbereich ausgenommen ist[709]. Wäre nunmehr

---

[707] Vom 28.10.1980, BGBl. I1980, S. 2033.

[708] Vergl. die Zusammenstellung bei *Hold,* AuA 1996, S. 113, 115.

[709] Übereinstimmend jeweils in § 1 Abs. 2 Abschnitt VII Ziffer 13 BRTV-BAU und VTV.

§ 1 Abs. 3 AEntG nur eine Rechtsfolgenverweisung, fände das Urlaubskassensystem auch auf Entsendearbeitsverhältnisse aus dem Steinmetzhandwerk Anwendung, obwohl die inländischen Arbeitsverhältnisse hieran nicht teilnehmen, da die Allgemeinverbindlichkeitserklärung nur die Tarifbindung, aber nicht den Geltungsbereich des Tarifvertrages erweitert[710].
Bereits dieses einfache Beispiel zeigt, dass innerhalb des Anwendungsbereichs des AEntG jeweils zu prüfen ist, ob das entsprechende Entsendearbeitsverhältnis dem in Bezug genommenen Tarifvertrag entspricht, damit der beabsichtigte Gleichklang zwischen In- und ausländischen Arbeitsverträgen gewahrt bleibt.

Es ist daher der Frage nachzugehen, ob die das Verweisungsobjekt bildenden tariflichen Normen einerseits Wirksamkeit entfalten und andererseits den Verweisungsvoraussetzungen des § 1 Abs. 3 Nr. 1 und 2 AEntG entsprechen.

Dabei ist zu berücksichtigen, dass die Tarifvertragsparteien – wie angedeutet – den ebenfalls in Bezug genommenen VTV um einen Teil 3, §§ 55 ff. VTV, erweiterten, der das in § 8 Ziffer 11 BRTV-BAU angelegte Sozialkassensystem in Entsendefällen ausgestalten sollte.

3. Unwirksamkeit (Leerlaufen) des die Beitragspflicht vermittelnden VTV[711] beziehungsweise seiner Allgemeinverbindlichkeitserklärung

Die die Beitragspflicht für ausländische Entsendearbeitgeber bewirkenden §§ 55ff. VTV beziehungsweise die ihnen folgende Allgemeinverbindlichkeitserklärung könnten unwirksam oder adressatenlos sein, weil der VTV weder die allgemeinen Begriffsvoraussetzungen eines Tarifvertrages erfüllt, noch die Tarifvertragsparteien Normsetzungsbefugnis hierfür besaßen noch er verschiedenen zwingenden Normen deutschen Rechts entspricht.

Die Tarifvertragsparteien haben durch den ab 01.01.1997 in Kraft getretenen Änderungstarifvertrag im Wissen um die kommende Allgemein-

---

[710] Vergl. hierzu § 3 I 2. mit den dortigen Nachweisen.
[711] Tarifvertrag über das Sozialkassenverfahren im Baugewerbe vom 12.11. 1986 in der bis zum 31.12.1999 gültigen Fassung.

verbindlichkeitserklärung den VTV in zwei Regelungsbereiche aufgeteilt, nämlich

- einen, der die Arbeitsverhältnisse zwischen tarifgebundenen Arbeitgebern und -nehmern regelt (und mithin ohne Allgemeinverbindlichkeitserklärung zwischen beiderseits Tarifgebundenen Wirkung besitzt) und infolge Allgemeinverbindlichkeit alle übrigen deutschem Statut unterliegenden Arbeitsverhältnisse erreicht, hier: §§ 1-54 VTV, sowie

- einen anderen, der mit und ohne Allgemeinverbindlichkeitserklärung keinen Normadressaten besitzt, da diese nach dem Wortlaut des Vertrages die Personen sein sollen, die nicht deutschem Arbeitsvertragsstatut angehören und somit auch von der Allgemeinverbindlichkeit dieser Normen nicht einbezogen werden können, §§ 55ff. VTV.

Die §§ 55ff. VTV werden daher auch als „Beschlussvorlage" für eine Allgemeinverbindlichkeit mit durch § 1 Abs. 3 AEntG erweiterter Wirkung bezeichnet[712].
Daher stellt sich zunächst - noch prägnanter als beim Mindestlohntarifvertrag - die Frage, ob die Bestimmungen der §§ 55ff. VTV Tarifnormqualität aufweisen:

a) Begriffliches Fehlen eines Tarifvertrages beziehungsweise originärer Normadressaten

Hinsichtlich der allgemeinen Erfordernisse und Wirkungsweisen eines Tarifvertrages (Tariffähigkeit der Parteien, Tarifzuständigkeit, Tarifbindung, Geltungsbereich) wird zunächst auf die Ausführungen im Rahmen der Prüfung des Mindestlohn-TV verwiesen[713]. Daraus ergibt sich, dass für den Abschluss des Änderungstarifvertrages zum VTV die vertragsschließenden Parteien Tariffähig- und -zuständigkeit besaßen.
Der persönliche Geltungsbereich unterliegt nicht den identischen Einschränkungen wie die Mindestlohntarifverträge, da § 1 Abs. 3 VTV insoweit nur an die gewerbliche Arbeitnehmereigenschaft, nicht aber an die Rentenversicherungspflicht nach dem SGB VI anknüpft.
Es stellt sich die Frage, ob die zusätzlich geschaffenen §§ 55 ff. VTV Normqualität und originäre Adressaten aufweisen.

---

[712] ArbG Wiesbaden, Urteil vom 04.08.1999 zu Az. 225/99.
[713] Siehe oben § 3 I. 1. a) aa).

Dabei hat – in Anbetracht der Verselbstständigung der Regeln bei Entsendungen in einem Teil 3 des VTV, §§ 55 ff. VTV - besondere Berücksichtigung zu finden, ob sie insoweit anderslautende Regelung treffen. Diese könnten sich wesentlich von denen - für kraft deutschem Statut gebundene Arbeitgeber - geltenden Bestimmungen unterscheiden. Diese Differenzierung kann aber gleichzeitig als Notwendigkeit der Umsetzung europarechtlicher Vorgaben, kodifiziert in § 1 Abs. 3 S. 1 Nr. 1 und 2 AEntG[714], gerechtfertigt beziehungsweise den Tarifvertragsparteien gesetzlich erlaubt worden sein, so dass ihnen letztlich die Möglichkeit eingeräumt wäre, eine begrenzte Normsetzungsbefugnis mit differenzierenden Klauseln auszuüben. Die Eigenständigkeit der §§ 55 ff. VTV könnte somit aus dem mit der Beitragserhebung einhergehenden Auslandsbezug resultieren.

aa) Die Wirkung tariflicher Normen ohne tarifgebundene Adressaten gemäß § 3 Abs. 1 TVG, insbesondere auf eine anschließende Allgemeinverbindlichkeitserklärung nach § 5 TVG[715]

Schon die diesbezüglichen Erörterungen im Rahmen der Prüfung der Tarifnormqualität des Mindestlohn-TV ergaben, dass ein Tarifvertrag, um ein solcher begrifflich zu sein, zwar Normen zu enthalten hat, die auf die beiderseits Tarifgebundenen theoretisch Anwendung finden können. Andererseits ermöglicht es aber die Dispositivität des Geltungsbereiches, die Mitglieder der Tarifpartner von der Geltung auszunehmen[716]. Die Wirksamkeit des Tarifvertrages lässt diese Vorgehensweise unberührt[717]. Vielmehr geht von einem solchen Vertrag infolge Adressatenlosigkeit

[714] Diese bestimmen, dass bereits im Heimatland erbrachte Urlaubsleistungen und Beiträge zu dortigen, vergleichbaren Einrichtungen von der inländischen gemeinsamen Einrichtung zu berücksichtigen, das heißt anzurechnen sind.
[715] Zur Wirkung einer Rechtsverordnung nach § 1 Abs. 3a AEntG vergl. § 3 I 1. c).
[716] Siehe oben § 3 I. 1. a) aa) (2).
[717] Zweifelnd LAG Frankfurt/M., AR-Blattei, ES 370.3 Nr. 3, S. 43f. (im Original), nicht rechtskräftig, Revision beim Bag unter Az. 10 AZR 405/00 anhängig, da für solche „Normen" den Tarifvertragsparteien sowohl die Tarifzuständigkeit als auch der Wille fehle, Bestimmungen zu setzen, die auf die eigenen Mitglieder keine Anwendung finden sollen.

keine Wirkung auf Tarifgebundene aus[718]. Ein derartiger Tarifvertrag kann allerdings nicht wirksam für allgemeinverbindlich erklärt werden, da die Erstreckung der Tarifgeltung auf „Außenseiter" gemäß § 5 Abs. 4 TVG bewirken soll, dass diese **auch** den bereits für Tarifgebundene geltenden Rechtsnormen unterworfen sind[719]. Hierfür stellt sich das Problem, ob hinsichtlich der §§ 55 ff. VTV originäre Normadressaten bestehen (müssen) und diese Normen wirksam sind oder die Einführung derselben nur auf den Erfordernissen des § 1 Abs. 3 S. 1 Nr. 1 und 2 AEntG beruht:

bb) Umfassende Adressatenlosigkeit der §§ 55 ff. VTV

Im Ergebnis besteht eine solche umfassende Adressatenlosigkeit[720], was sich zwangsläufig aus der Eigenart der Normen der §§ 55 ff. VTV ergibt.

Im VTV sind diese „Teil 3: Urlaubskassenverfahren für außerhalb Deutschlands ansässige Arbeitgeber und ihre in Deutschland beschäftigten Arbeitnehmer"[721]. Einleitend bestimmen einige Grundlagennormen folgendes:
Nach § 55 VTV ist „... Grundlage des Urlaubskassenverfahrens für außerhalb Deutschlands ansässige Arbeitgeber und ihre in Deutschland beschäftigten gewerblichen Arbeitnehmer ... § 1 des Gesetzes über zwingende Arbeitsbedingungen bei grenzüberschreitenden Dienstleistungen (AEntG) in der jeweils geltenden Fassung und § 8 des Bundesrahmentarifvertrages für das Baugewerbe ... ".
Gemäß § 56 VTV „ ... erbringt ... (die ULAK) ... durch den Beitrag des jeweiligen Arbeitgebers finanzierte Leistungen im Urlaubskassenverfahren für außerhalb Deutschlands ansässige Arbeitgeber und deren Arbeitnehmer ...".

---

[718] Siehe oben § 3 I. 1. a) aa) (3); Anders die Situation, wenn der Tarifvertrag so gestaltet ist, dass eine Basisleistung mit uneingeschränktem Geltungsbereich und eine Zusatzleistung beschränkt auf Tarifgebundene vereinbart ist. Dann besteht für nichtorganisierte Arbeitnehmer der sozial inadäquate Druck, sich der aushandelnden Koalition anzuschließen, weswegen ein Verstoß gegen deren negative Koalitionsfreiheit gemäß Art. 9 Abs. 3 GG vorliegt. BAG AP Nr. 13 zu Art. 9 GG.

[719] *Wiedemann-Wiedemann,* § 1 TVG, Rz. 652; *Wiedemann-Wank,* § 5 TVG, Rz. 152; *Hueck/Nipperdey,* ArbR, Bd. II/1, S. 668.

[720] LAG Frankfurt/M., AR-Blattei, ES 370.3 Nr. 3, S. 45. (im Original), nicht rechtskräftig, Revision beim Bag unter Az. 10 AZR 405/00 anhängig.

[721] Überschrift vor §§ 55 ff. VTV.

Schon aus dem Wortlaut der §§ 55, 56 VTV wird deutlich, dass die Tarifvertragsparteien davon ausgingen, § 1 Abs. 3 AEntG verleihe ihnen allgemein die Befugnis, für Fälle der internationalen Entsendung ein **eigenes** Urlaubskassenverfahren ohne originäre Tarifbindungsmöglichkeit zu schaffen. Anders ist die doppelte Hervorhebung **eines** Urlaubskassenverfahrens für außerhalb Deutschlands ansässige Arbeitgeber und deren Arbeitnehmer grammatikalisch und logisch nicht zu erklären.

Dieser Adressatenmangel ließe die formale Einordnung der §§ 55 ff. VTV zunächst unberührt, da Begriffsmerkmal des normativen Teils eines Tarifvertrages nur seine Normqualität als solche ist[722]. Die Frage nach dem Bestehen von Normadressaten ist demgegenüber eine des Wirkungsumfangs, der sich an der Zahl der Adressaten orientiert und Konsequenzen für die angestrebte[723] Allgemeinverbindlichkeit aufweist.

Insofern ist den §§ 55 ff. VTV eine bisher unbekannte, durch § 1 Abs. 3 AEntG bedingte Neuheit zu entnehmen:
Das Tarifsystem war durch die §§ 3 Abs. 1, 5 Abs. 4 TVG davon gekennzeichnet, dass Normen vertraglich vereinbart wurden, die zunächst die Arbeitsbedingungen der jeweiligen Interessenverbandsmitglieder gestalteten und deren Wirkungsweise gegebenenfalls durch Allgemeinverbindlichkeit auf sonstige Arbeitsverhältnisse ausgedehnt wurde[724]. Dabei war und ist Voraussetzung, dass die von der Wirkung betroffenen Arbeitsverhältnisse deutschem Vertragsstatut angehören[725].
Nunmehr waren die Tarifvertragsparteien erstmals durch § 1 Abs. 3 S. 1 Nr. 1 und 2 AEntG aufgefordert, tarifliche Normen zu schaffen, die naturgemäß keinen originären Adressaten aufweisen können: In Entsendefällen sollten tarifliche Normen eingreifen, die

---

[722] A.A. ArbG Wiesbaden, Az. 2 Ca 4441/97, Urteil vom 30.06.1998; ders., Az. 3 Ca 225/99, Urteil vom 04.08.1999; ders., Az. 3 Ca 671/99 vom 29.09.1999; ders., Az. 5 Ca 2561/98, Urteil vom 22.07.1999.

[723] Das Umlagesystem der Gemeinsamen Einrichtungen der Tarifvertragsparteien ist darauf angewiesen, alle Arbeitsverhältnisse einer Branche zu erfassen, um effizient zu sein. Deshalb sind die entsprechenden Tarifverträge auf die spätere Allgemeinverbindlichkeit hin konzipiert; vergl. Bötticher, S. 67.

[724] Eine Ausnahme bildeten bereits bisher die §§ 3 Abs. 2, 4 Abs. 2 TVG, wonach **einerseits** betriebliche Normen schon bisher alle Arbeitsverhältnisse zu einen tarifgebundenen Arbeitgeber ohne Rücksicht auf eine Verbandszugehörigkeit des Arbeitsnehmers regelten sowie **andererseits** Gemeinsame Einrichtungen der Tarifvertragsparteien (als Dritte) der Normwirkung der Tarifverträge unterstellt wurden.

[725] Vergl. § 2 IV 1.

- bei der Beitragserhebung eine Berücksichtigung der vom Entsendearbeitgeber im Ausland erbrachten Leistungen an dortige Gemeinsame Einrichtungen und

- eine Anrechnung bereits im Heimatland dem Arbeitnehmer gutgebrachten Urlaubsleistungen vorsehen.

Während somit § 1 Abs. 3 S. 1 AEntG im Hauptsatz anordnet, dass die Normen eines bestehenden Sozialkassentarifvertrages **auch** in Entsendefällen anzuwenden sind, mithin ein im Inland praktiziertes Verfahren zur Angleichung der Kostenparameter in- und ausländischer Arbeitgeber nur im Wirkungsumfang erweitert wird, bestimmen die § 1 Abs. 3 S. 1 Nr. 1 und 2 AEntG als Ausnahme, dass vergleichbare Leistungen des Entsendearbeitgebers im Ausland tarifvertraglich anzurechnen sind.
Diese Anordnung hätte der Gesetzgeber auch selbst treffen können; er überließ diese Verpflichtung aber den mit dem System vertrauten Tarifvertragsparteien und ihrer Gestaltungswahl.

Den Tarifnormen, die diese Bedingungen umsetzen, fehlt zwangsläufig ein originärer Adressatenkreis, da dieser von den Tarifnormen selbst nicht erreicht werden kann. Entweder sind die Tatbestandsvoraussetzungen scheinbar erfüllt, dann unterliegen die Arbeitsverhältnisse wegen der Fortgeltung des ausländischen Statuts nicht der Tarifautonomie deutscher Koalitionen, oder aber die (tarifgebundenen) Arbeitsverhältnisse bestehen nach deutschem Recht, dann können die Tatbestandsvoraussetzungen des § 1 Abs. 3 S. 1 AEntG und der tariflichen Umsetzung nicht erfüllt sein.
Folglich hat der Gesetzgeber – im Interesse und zum Vorteil der Entsendearbeitgeber – den inländischen Tarifvertragsparteien gestattet, Normen zu vereinbaren, für die es eine Tarifbindung im Sinne von § 3 Abs. 1 TVG nicht geben kann. In Bezug auf solche tariflichen „Anrechnungsnormen“ wurde daher die Tarifbindung modifiziert[726]. Zugleich wurde impliziert, dass - abweichend von § 5 Abs. 4 TVG – eine Allgemeinverbindlichkeitserklärung zulässig ergehen kann betreffend adressatenloser Tarifnormen, mit der Folge der „Wirkungserweiterung“ von der Basis null, besser gesagt einer „Wirkungseinsetzung“[727]. Diese wird aber betreffend die „Anrechnungsnormen“ nicht durch die Allgemeinverbindlichkeit allein

[726] Zum Ganzen: LAG Frankfurt/M., AR-Blattei, ES 370.3 Nr. 3, S. 36 ff. (im Original), nicht rechtskräftig, Revision beim BAG unter Az. 10 AZR 405/00 anhängig.
[727] Hierbei handelt es sich um eine gesetzliche Ausgestaltung der Tarifmittelgarantie des Art. 9 Abs. 3 GG; vergl. § 4 II.

erlangt, vielmehr bedarf es noch des Zusammenwirkens mit § 1 Abs. 3 AEntG als Durchsetzung auf internationaler Ebene. Es handelt sich somit um eine Differenzierungsmöglichkeit, die der Gesetzgeber den Tarifvertragsparteien zu Gunsten entsendender Arbeitgeber im Interesse der Überwälzung des Urlaubskassensystems als solchem übertrug.

cc) Ein Vergleich unterschiedlicher Systeme; Rechtfertigung einer Differenzierung

Es ist daher - jenseits dieser Eingangsüberlegungen - unter Einschluss der Unterschiede zu den Bestimmungen der §§ 8 BRTV-BAU, 1- 54 VTV zu untersuchen, ob das neu geschaffene Urlaubskassensystem für Entsendefälle tatsächlich nur durch § 1 Abs. 3 S. 1 Nr. 1 und 2 AEntG bedingte Modifizierungen und ansonsten Wiederholungen von „Bekanntem und Bewährtem“ enthält:

(1) Das Grundsystem der Urlaubskasse in der Bauwirtschaft nach deutschem Recht

Wie bereits im Rahmen der (Un-) Vereinbarkeit des Urlaubskassensystems mit der Grundfreiheit des Dienstleistungsverkehrs nach Art. 59 ff. EGV beschrieben[728], funktioniert das inländische Urlaubskassensystem – kurz gefasst – so, dass

- jeder Arbeitgeber für jeden seiner Arbeitnehmer zusätzlich zu dessen Lohn einen prozentualen Anteil des Lohnes bei der Urlaubskasse zu hinterlegen und

- im Falle der Urlaubsgewährung einen Refinanzierungsanspruch in Höhe des Urlaubsentgelts sowie der zusätzlichen Urlaubsgeldes hat.

Damit soll erreicht werden, dass auch bei den in der Bauwirtschaft (angeblich) üblichen Arbeitsverhältnissen sehr kurzer Dauer der Arbeitnehmer unter Suspendierung der Wartezeit nach § 4 BUrlG die Möglichkeit hat, einen zusammenhängenden Jahresurlaub in Anspruch zu nehmen, und der entsprechend betroffene Arbeitgeber hierfür solidarisch entschädigt wird.

---

[728] Siehe oben § 2 III 1 c).

Hierzu bestimmt zunächst § 8 Ziffer 1 – 4, 6 BRTV-BAU den Umfang von Urlaubsdauer[729] und –vergütung inklusive zusätzlichem Urlaubsgeld[730]. Die Gewährung der Urlaubsvergütung wird zwar unter Einschaltung der ULAK durchgeführt. Dabei erfolgt die Zahlung der Urlaubsvergütung durch den im Inland ansässigen Arbeitgeber gegenüber seinem Arbeitnehmer direkt, wofür der Arbeitgeber einen Regressanspruch gegen die ULAK erwirbt, § 19 VTV. Im Außenverhältnis erfolgt die Leistungsgewährung zwischen den Arbeitsvertragsparteien, im Innenverhältnis zwischen ULAK und Arbeitgeber. Verlässt der Arbeitnehmer dauerhaft die Baubranche, hat er – infolge der ausstehenden, aber nicht mehr zu realisierenden Urlaubsgewährung – Anspruch auf Urlaubsabgeltung. Einen abschließenden Katalog der Abgeltungsfälle enthält § 8 Ziffer 7.1. lit a) – h) BRTV-BAU.

(2) Das System der Urlaubskasse in der Bauwirtschaft in Entsendefällen

Anders das Urlaubskassensystem in Entsendefällen: Dabei muss differenziert werden zwischen den materiellen Urlaubsbedingungen einerseits sowie den Verfahrensvorschriften andererseits, wobei das Zusammenspiel beider Normgruppen – als den zwei Seiten einer Münze – unabdingbare Voraussetzung für das Funktionieren des Systems ist.

(a) Die materiellen Urlaubsbedingungen gemäß § 8 BRTV-Bau

Identität zu den im Inland geltenden tariflichen Urlaubsbedingungen besteht deshalb, weil gemäß § 1 Abs. 1 Nr. 2 AEntG auch die Urlaubsnormen der Bautarifverträge in Entsendefällen zur Anwendung gelangen sollen. Zur Eingriffsnorm wird somit erhoben § 8 Ziffer 1 – 4, 6 BRTV-Bau, so dass die Urlaubsdauer, das Urlaubsentgelt sowie das zusätzliche Urlaubsgeld in identischem Umfang zu gewähren sind.
Mit Einführung des Urlaubskassensystems in Entsendefällen – als Folge des § 1 Abs. 3 AEntG - wurde aber der Tatbestandskatalog der Urlaubsabgeltungsfälle in § 8 Ziffer 7.1 BRTV-Bau um den Tatbestand der Rückkehr ins Heimatland nach einer Entsendung ergänzt, § 8 Ziffer 7.1 lit. i) BRTV-Bau.

---

[729] 30 Werktage.
[730] Für die gesamte Urlaubsdauer das ca. 2,23 – fache des Monatslohnes.

Will/muss der Entsendearbeitgeber seinem Arbeitnehmer nach der Entsendung bei Rückkehr ins Heimatland Urlaub auch für den Entsendezeitraum gewähren, so soll nach diesem neuen Tatbestand sich der Urlaubsgewährungs- in einen Urlaubsabgeltungsanspruch gewandelt haben. Im Ergebnis besäße der Arbeitnehmer, obwohl das Arbeitsverhältnis im Heimatland fortbesteht, für die Dauer der Entsendung keinen Natural-, sondern nur einen Geldanspruch.
Nach Aussage der Urlaubskasse wurde diese Bestimmung gezielt in § 8 Ziffer 7.1 BRTV-Bau eingefügt, um dem Arbeitnehmer diejenigen Geldbeträge auszahlen zu können, die sein Arbeitgeber im Entsendezeitraum der Urlaubskasse gewähren musste. Ob diese Wertverlagerung der vertraglichen Zuordnung entspricht, blieb unberücksichtigt.

(b) Das Beitragsverfahren gemäß der §§ 55 - 63 VTV

Das Beitragsverfahren der Arbeitgeber zu Gunsten der Urlaubskasse ist – was die Beitragshöhe anbelangt – dem nach deutschem Recht anwendbaren der §§ 1 – 54 VTV vergleichbar. Auch insoweit wird für jeden Arbeitnehmer ein prozentualer Anteil des Lohnes zusätzlich verlangt, § 61 Abs. 1 VTV.
Allerdings bestehen zu Lasten des Entsendearbeitgebers erhebliche Weiterungen in der Auskunftspflicht betreffend die Verhältnisse seines Betriebes, seiner Person sowie der Personen seiner gewerblichen Arbeitnehmer.

(aa) § 59 Abs. 1 Ziffer 1 VTV

Ausschließlich der außerhalb Deutschlands als juristische Person ansässige Arbeitgeber ist gemäß § 59 Abs. 1 Nr. 1 VTV verpflichtet, seinen gesetzlichen Vertreter der Urlaubskasse mitzuteilen. Wenn zugleich auch nach deutschem Recht natürliche Personen gesetzliche Vertreter von juristischen Personen sein müssen, ergibt sich jedoch aus Teil II des VTV nicht die Pflicht, dass die als inländische Arbeitgeber auftretenden juristischen Personen deutschen Rechts verpflichtet wären, diese gegenüber der Urlaubskasse bekannt zugeben[731].
In allen diesen Fällen ist es der Urlaubskasse möglich, gegebenenfalls durch Einblick in die Handelsregister bei den (Amts-) Gerichten im In-

---

[731] ArbG Wiesbaden, Urteil vom 30.06.1998, Az. 2 Ca 4441/97.

und Ausland in Erfahrung zu bringen, wer vertretungsberechtigte Person der als Arbeitgeber auftretenden juristischen Personen ist.
Gerade in Entsendefällen ist die Situation vergleichbar, da auch als ausländische Arbeitgeber auftretende juristische Personen ausländischen Rechts, insbesondere des der EU-Mitgliedstaaten, in ihrem Heimatland bei einem dem deutschen Handelsregister vergleichbaren System registriert sind und ihre Rechtsfähigkeit erst durch Eintragung in das Handelsregister erhielten. Dort ist auch der Name des Geschäftsführers niedergelegt[732].

Eine aus dem Auslandsbezug folgende Rechtfertigung für die in § 59 Abs. 1 Nr. 1 VTV vorgeschriebene Angabe des gesetzlichen Vertreters ist somit nicht gegeben. Insofern enthält jene Bestimmung nur eine Weiterung zu Lasten ausländischer Arbeitgeber.

(bb) § 59 Abs. 1 Ziffer 2 VTV

§ 59 Abs. 1 Nr. 2 VTV auferlegt dem ausländischen Arbeitgeber die Pflicht, gegenüber der Urlaubskasse seine Anschrift, einschließlich Telefon und Telefax-Nr., am **Betriebssitz** mitzuteilen.
Bereits aus der verwendeten Formulierung „ist verpflichtet" ergibt sich, dass es sich - ausweislich der Formulierung und entgegen der häufigen Darstellung der Urlaubskasse - um eine „Mussvorschrift" handelt, für die es im System des inländischen Urlaubskassenverfahrens keine Entsprechung gibt. Die Urlaubs- und Lohnausgleichskasse hat behauptet, ähnliches sei auch für inländische Arbeitgeber in den Erfassungsformularen, genannt „Stammblatt" der für das deutsche Urlaubskassenverfahren als Einzugsstelle zuständigen ZVK-Bau enthalten. Dies ist jedoch unzutreffend[733].
Außerdem ergäbe auch eine Aufforderung auf einem Stammblatt der Zusatzversorgungskasse des Baugewerbes, mithin eine einseitige Aufforderung, keine tarifvertragliche / gesetzliche Verpflichtung, diese Daten bekannt zugeben, wie sie ausweislich § 59 Abs. 1 Nr. 2 VTV i.V.m. dem AEntG dem ausländischen Arbeitgeber obliegen soll.

---

[732] Soweit durch einen Änderungsvertrag § 3 a VTV neu eingeführt wurde, der seither die gleiche Verpflichtung für im Inland ansässige Arbeitgeber enthält, so ist dem Verfassungswidrigkeit zu attestieren: Die zurückliegende Praxis beweist, dass eine solche Angabe für das praktizierte Inlandssystem nicht erforderlich war. Ein damit verbundenen Eingriff in die Grundrechte des Arbeitgebers, Art. 2 Abs. 1, 12 Abs. 1 GG, ist folglich nicht zu rechtfertigen.

[733] Stammblatt der ZVK-Bau; in der Anlage beigefügt.

(cc) § 59 Abs. 1 Ziffer 3 VTV

Weiterhin ist der ausländische Arbeitgeber verpflichtet, gemäß § 59 Abs. 1 Nr. 3 VTV inländische und ausländische Bankverbindungen gegenüber der Urlaubskasse mitzuteilen.
Damit geht diese Bestimmung über § 27 VTV, der für deutsche Arbeitgeber die Bekanntgabe ihrer deutschen Bankverbindung gebietet, hinaus: § 59 Abs. 1 Ziffer 3 VTV verlangt nämlich erweiternd die Mitteilung einer zusätzlichen Bankverbindung der Betriebsstätte im Gastland. Diese Bestimmung verlangt mithin mehr, als es von inländischen Arbeitgebern verlangt wird.

Die ULAK versuchte regelmäßig, diese weitergehende Verpflichtung ausländischer Arbeitgeber dadurch zu nivellieren, indem sie darlegte, diese werde lediglich „erbeten“. Bereits ausweislich der Formulierung des § 59 Abs. 1 Nr. 3 VTV ist jedoch das Gegenteil der Fall, ohne dass es eine Parallele in § 27 VTV gäbe.

Darüber hinaus ist die Angabe einer inländischen Bankverbindung auch nicht erforderlich, da die Auszahlung der an den Arbeitgeber zu entrichtenden Gelder innerhalb des EU-Auslandes problemlos erfolgen kann, mithin es sich nur um eine Erschwerung der Tätigkeit des EU-ausländischen Arbeitgebers auf administrativen Gebiet handelt. Zudem werden derartige Unternehmer inzidenter verpflichtet, obwohl nicht erforderlich, eine derartige Bankverbindung vorzuhalten.

(dd) § 59 Abs. 2 Ziffer 6 VTV

Auch § 59 Abs. 2 Nr. 6 VTV enthält eine zu Lasten ausländischer Arbeitgeber bestehende Weiterung:
Danach ist die Einrichtung einer postalisch erreichbaren Zustelladresse im Inland ausweislich des Wortlautes ebenso Verpflichtung, wie die zuvor beschriebenen Angaben.
Auch insoweit ist wiederum der Wortlaut „ist verpflichtet“ der Bestimmung zu entnehmen. Jedoch hat diese Weiterung in der Angabepflicht nur den Sinn, die Tätigkeit der ULAK zu erleichtern und diejenige des Arbeitgebers zu erschweren:

Diesem obliegt es dann nämlich, von der inländischen Zustelladresse aus, wobei es sich lediglich um eine unselbstständige Betriebsstätte handeln kann, die „typisch auslandsbezogene Zustellungsprobleme“ (Zitat ULAK) zu übernehmen, um den Betriebssitz, an dem auch der Geschäftsführung nebst Lohnbuchhaltung verankert ist, von den im Inland zugestellten Aufforderungen der ULAK zu informieren.
Hieraus folgend hat der ausländische Arbeitgeber nicht die Möglichkeit, adäquat auf Zustellungen der ULAK zu reagieren, insbesondere gesetzte Fristen einzuhalten, da er zunächst die Weiterleitung an den Betriebssitz zu organisieren und mithin gegebenenfalls vorhandene Zustellungsprobleme zu übernehmen hat.
Diese Erschwerung der Tätigkeit des ausländischen Arbeitgebers durch die benannte Verpflichtung kann auch nicht durch eine bagatellisierende Herangehensweise der ULAK, hierbei handele es sich abermals um eine „Sollvorschrift“, relativiert werden, zumal für inländische Arbeitgeber nicht die Verpflichtung besteht, inländische Zustelladressen einer vom Betriebssitz verschiedenen Betriebsstätte zu begründen und der ULAK bekannt zugeben.

(ee) § 59 Abs. 2 Ziffer 4 VTV

Ebenso ist die Verpflichtung des § 59 Abs. 2 Nr. 4 VTV, wonach die Art der Tätigkeit des Arbeitgebers zu beschreiben ist, zu bewerten. Eine parallele Vorschrift für inländische Arbeitgeber enthält der VTV ebenfalls nicht.

Eine weitergehende Unterscheidung zu Lasten des entsendenden ausländischen Arbeitgebers besteht darin, dass er - Entsendung eines Mischbetriebes unterstellt - gemäß des bestehenden Stammdatenblattes der Urlaubs- und Lohnausgleichskasse nicht in der Lage ist, eine prozentuale Angabe hinsichtlich der dem Urlaubskassenverfahren unterfallenden Betriebsbereiche vorzunehmen.
Eine entsprechende prozentuale Aufgliederungsmöglichkeit der einzelnen Tätigkeiten, gemessen an der Gesamtarbeitszeit, ist nicht möglich. Es kann lediglich die Eintragung eines in einer Informationsbroschüre der ULAK abgedruckten Tätigkeitscodes vorgenommen werden, so dass hierdurch ein Unterfallen unter das Urlaubskassenverfahren zu 100 % fingiert wird. Insofern sind Mischbetriebe durch die §§ 55 ff. VTV benachteiligt, wie bereits in § 1 Abs. 4 AEntG angelegt.

(ff) § 59 Abs. 2 Ziffer 1 VTV

Der ausländische Arbeitgeber unterliegt der weiteren Verpflichtung, gemäß § 59 Abs. 2 Ziffer 1 VTV den Namen, Vornamen, das Geburtsdatum und die Adresse seiner gewerblichen Arbeitnehmer zwingend mitzuteilen, was hinsichtlich inländischer Arbeitgeber vollständig nicht der Fall ist.
Hierbei handelt es sich - wie auch das ArbG Wiesbaden in ständiger Rechtsprechung zutreffend erkennt[734] - um die gravierendste Abweichung des Entsendeverfahrens.
Diese umfassende Abweichung von der für deutsche Arbeitgeber und -nehmer bestehenden Regelung, nämlich Arbeitnehmerdaten überhaupt nicht bekannt zu geben, ist Grundlage dafür, dass das von den Tarifvertragsparteien abweichend von der deutschen Regelung konzipierte Leistungsverfahren gemäß der §§ 65 ff. VTV praktizierbar ist[735].
Um den dort vorgesehenen Direktauszahlungsanspruch gegenüber der ULAK gewährleisten zu können, bedarf es, damit diese die den Arbeitnehmern „zustehenden" Ansprüche berechnen und bedienen kann, der bereits benannten und durch § 59 Abs. 3 Ziffer 1 VTV erweiterten Mitteilungspflichten. § 59 Abs. 3 Ziffer 1 VTV enthält die Verpflichtung des Arbeitgebers, die persönlichen Daten der entsendeten Arbeitnehmer, deren erzielten Bruttolohn und den sich daraus ergebenden Urlaubskassenbeitrag **monatlich wiederkehrend** bekannt zugeben. Für einen ausländischen Arbeitgeber, der im Inland die erforderlichen Verwaltungsvorrichtungen nicht besitzt, bedeutet dies einen erheblichen Mehraufwand, wenn er somit verpflichtet ist, der ULAK auf einem von ihr zur Verfügung zu stellenden Formular jene Daten monatlich wiederkehrend mitzuteilen.
Diese allmonatlich wiederkehrende, für alle entsandte Arbeitnehmer vorzunehmende und äußerst arbeitsaufwendige Tätigkeit besteht für deutsche Arbeitnehmer gemäß des VTV nicht.

(gg) § 59 Abs. 2 Ziffer 7 und 8 VTV

Gleiches gilt auch hinsichtlich der gemäß § 59 Abs. 2 Nr. 7 u. 8 VTV erhobenen Auskünfte über Einzugsstellen, deren Adresse sowie dortigen

---

[734] Urteil vom 29.09.1999 zu Az 3 Ca 671/99; Urteil vom 30.06.1998 zu Az. 2 Ca 4441/97; Urteil vom 29.04.1998 zu Az. 3 Ca 3359/97.
[735] Vergl. unten (cc).

Registrierungsnummern der Arbeitnehmer für Lohnsteuer und Sozialversicherung:
Auch hierbei handelt es sich um eine weitere Ausprägung des vereinbarten Direktauszahlungsanspruches des Arbeitnehmers:
An einen in Deutschland ansässigen Arbeitgeber wird der komplette Bruttolohn nebst Arbeitgeberbeiträgen zur Sozialversicherung und Lohnsteuer zurückvergütet, wodurch es diesem ermöglicht wird, eine Abwicklung des Urlaubszeitraumes in normalem Verwaltungswege durchzuführen sowie die monatlich wiederkehrenden, äußerst arbeitsintensiven Angaben zu Gunsten der ULAK zu unterlassen. Daher ist im Inlandssystem die Möglichkeit der Lohnsteuer- und Sozialversicherungsdirektabführung durch die ULAK auch nicht vorgesehen.
Zugleich führt dieses Verfahren der Direktauszahlung zu dem Problem, dass der Arbeitgeber seinem Arbeitnehmer auf Lohnsteuerkarten pp. keine umfassende Bescheinigung mehr darüber geben kann, was dieser als Bruttolohneinnahmen insgesamt verzeichnete **und** was entsprechend an Lohnsteuer einbehalten und abgeführt wurde.
Auch insofern ergibt sich eine nachhaltige Unterscheidung zu dem innerhalb Deutschlands praktizierten Verfahren gemäß der §§ 1 - 54 VTV.
Es ist daher im Endergebnis festzuhalten, dass mit den einmaligen und monatlich wiederkehrenden Mitteilungspflichten des § 59 VTV eine bürokratische Aufgabenbelastung des ausländischen Arbeitgebers verbunden ist, die nicht den Erfordernissen des § 1 Abs. 3 Nr. 1 und 2 AEntG dient.

(hh) § 59 Abs. 2 Ziffer 3 VTV

Gemäß § 59 Abs. 2 Nr. 3 VTV wird dem ausländischen Arbeitgeber die Pflicht auferlegt, der ULAK den Ort und den Umfang der beabsichtigten Bauleistung mitzuteilen.
Die ULAK steht zwar insofern auf dem Standpunkt, § 59 Abs. 2 Nr. 3 VTV wiederhole lediglich die Anmeldepflicht aus § 3 Abs. 1 AEntG, was jedoch unzutreffend ist:
Gemäß des Wortlautes des § 3 Abs. 1 AEntG besteht ausschließlich die Verpflichtung des ausländischen Arbeitgebers, dem für die Einsatzbaustelle des zu entsendenden Arbeitnehmers zuständigen Landesarbeitsamt Mitteilung zu machen. Die Mitteilungspflicht gegenüber der ULAK ergibt sich hieraus nicht. Sie ist für die Tätigkeit der ULAK auch aus keinem ersichtlichen Grunde erforderlich, da es für die Urlaubsvergütung unbeachtlich ist, auf welcher Baustelle der Arbeitnehmer tätig wurde.

Demgegenüber postuliert jedoch § 59 Abs. 2 Nr. 3 VTV, ebenfalls mit den Worten „ist verpflichtet" den Zwang, dass der ausländische Arbeitgeber auch der ULAK hiervon Mitteilung zu geben hat. Insofern handelte es sich, die Wirksamkeit der §§ 55 ff. VTV unterstellt, um eine eigenständige Pflicht, die dem Arbeitgeber auferlegt ist, zu der es im Inlandsverfahren kein Pendant gibt.

(ii) § 59 Abs. 3 Ziffer 3 VTV

Darüber hinaus ist der ausländische Arbeitgeber hiernach ebenfalls verpflichtet, im Entsendeurlaubskassenverfahren die Höhe des auf den einzelnen Arbeitnehmer entfallenden monatlichen Bruttolohns anzugeben, § 59 Abs. 3 Ziffer 3, was sich aus der Anrechnungspflicht des § 1 Abs. 3 Nr. 2 AEntG ergeben soll.
Dies ist unzutreffend:
Bei der Bekanntgabe der Höhe des auf den einzelnen Arbeitnehmer entfallenden Bruttolohns im Gegensatz zum Gesamtbruttolohn des Betriebes im deutschen Verfahren handelt es sich wiederum um eine Folge aus dem in §§ 55 ff. VTV verankerten Direktauszahlungsanspruch des Arbeitnehmers, so dass auch hier eine Folgeerscheinung zur Begründung des gewollten Ergebnisses herangezogen wird. Insofern wird allenthalben mit einem **Zirkelschluss** argumentiert.

Jedoch sind auch die Angaben zur Berücksichtigung der Anrechnungspflicht des § 1 Abs. 3 Nr. 2 AEntG untunlich, da der Zweck nicht erreicht wird:
Ausweislich der als Monatsmeldung verwendeten Formulare der ULAK ergibt sich die Gesamtsumme der Bruttolöhne und einzelnen Abrechnungsmonate aus der Addition der auf den Arbeitnehmer entfallenden Einzelbruttolöhne.
Hiervon begehrt die ULAK einen Anteil von 14,25 %, ohne dass Rücksicht darauf genommen wird, ob der entsandte Arbeitnehmer seinen gesamten Urlaub des Kalenderjahres bereits im Ausland und unter ausschließlicher Wirkung des ausländischen Arbeitsvertragsstatutes bereits genommen hatte, mithin eine Teilnahme von ihm am Urlaubskassenverfahren leerliefe. In diesen Fällen bekommt der Arbeitgeber gemäß § 64 Abs. 2 S. 2 VTV zwar nach der Entsendung seine Beiträge zurückerstattet, allerdings muss er erst in (doppelte) Vorlage treten.

Eine adäquate Berücksichtigung gewährter Leistungen könnte nur dadurch erfolgen, dass proportional zur Steigerung zurückliegender Leistung des Arbeitgebers eine Verminderung des der Urlaubskasse zu gewährenden Beitrages einhergeht.
Ausweislich der §§ 55 ff. VTV ist dies nicht der Fall.
Vielmehr besteht zu Gunsten der ULAK, unabhängig von dem Umstand, welche Leistungen der Arbeitgeber seinem Arbeitnehmer bereits im Ausland erbrachte, durchgängig des Beitragssatzes von 14,25 %, gemessen an dem im Abrechnungsmonat gezahlten Bruttolohn.

Daraus ergibt sich neben einer Differenzierung gegenüber dem deutschen System, dass auch die europarechtlich vorgeschriebenen Einschränkungen des § 1 Abs. 3 Nr. 2 AEntG im VTV nicht umgesetzt wurden.

(jj) § 59 Abs. 2 Ziffer 9 VTV

Weiterhin ist der ausländische Arbeitgeber *verpflichtet*, der ULAK eine im Staat seines Betriebssitzes gegebenenfalls vorhandene, der ULAK vergleichbare Einrichtung mitzuteilen, um § 1 Abs. 3 Nr. 1 AEntG umzusetzen:

Diese Verpflichtung besteht für deutsche Arbeitgeber nicht; hierbei könnte es sich aber um eine Folge der Anrechnungspflicht des § 1 Abs. 3 Nr. 1 AEntG handeln: Allein kann diese Information auch anderweitig und für den Entsendearbeitgeber weniger belastend erfolgen:

Bei den der ULAK vergleichbaren Einrichtungen im Entsendestaat, handelt es sich um solche, die ihr und jedem Dritten bekannt sind, da sie ebenfalls auf Gesetz oder Tarifvertrag beruhen. Das Unterfallen des Arbeitgebers sowie das Bestehen derartiger Einrichtungen ergibt sich daher aus den einschlägigen Rechtsvorschriften des Entsendestaates, die auch der ULAK selbstständig zugänglich sind.
Einer eigenständigen Information durch den ausländischen Arbeitgeber bedarf es zur Umsetzung des § 1 Abs. 3 Nr. 1 AEntG nicht.
Ebenso bedarf es nicht der Mitteilung einer entsprechenden Betriebs-, Konto- und Arbeitnehmernummer, da bereits durch das Faktum des Bestehens einer vergleichbaren Einrichtung sowie des Unterfallens des Arbeitgebers - beides ergibt sich aus abstrakten Normen - die Erfüllung der

Voraussetzungen der Ausnahme des § 1 Abs. 3 Nr. 1 AEntG evident sind.

(kk) § 70 VTV

Die Unterschiedsbehandlung gipfelt – in einem Annex zum Beitragsverfahren – in § 70 VTV, wonach die Urlaubskasse verpflichtet ist, „... der Bundesanstalt für Arbeit, ihren Dienststellen und den Hauptzollämtern diejenigen Auskünfte zu erteilen, die zur Beurteilung der ordnungsgemäßen Teilnahme am Urlaubskassenverfahren benötigt werden."

Hierdurch wird der ULAK das Recht und die Pflicht eingeräumt, aktiv Bußgeldbehörden zu unterstützen, damit diese Verstöße gegen schuldrechtliche Verpflichtungen, deren Sanktionierung eine äußerste Ausnahmeerscheinung ist, gemäß des politischen Willens hoheitlich ahnden können.
Ein derartig vergleichbares Recht besitzt die das deutsche Urlaubskassenverfahren als Einzugsstelle betreibende ZVK-Bau nicht, was daraus resultiert, dass die Nichtbeachtung bestehender Tarifverträge durch deutsche Arbeitnehmer auch erst seit 01.01.1999 mit Ordnungswidrigkeitsfolgen bedacht ist[736].

(ll) Zusammenfassung

Die nachhaltige Unterschiedsbehandlung von im In- und Ausland ansässigen Arbeitgebern ergibt sich im **Beitragsverfahren** insbesondere aus den Informationspflichten des § 59 VTV, die aber weder für die Erlangung des Differenzierungszwecks - § 1 Abs. 3 Nr. 1 und 2 AEntG – erforderlich noch hinreichend sind.

Die Informationspflicht des entsendenden Arbeitgebers bezieht somit zusammengefasst gegenüber den inländischen, den §§ 1-54 VTV unterliegenden Arbeitgebern **zusätzlich** nachstehende Punkte ein:

---

[736] OLG Düsseldorf, NZA 1998, S 1286; BT-Dr. 14/45, S. 25 ff.

1. Name, Vorname, Geburtsdatum und Heimatadresse des entsandten gewerblichen Arbeitnehmers sowie die bei der Urlaubskasse registrierte Arbeitnehmernummer, soweit nicht bereits vergeben wurde;
2. inländische und ausländische Bankverbindung des Arbeitnehmers;
3. Ort der Baustelle, auf welcher der Arbeitnehmer arbeiten wird;
4. Art der Tätigkeit des Arbeitnehmers;
5. Beginn und voraussichtliche Dauer der Beschäftigung;
6. Inländisch postalische erreichbare Zustelladresse des Arbeitgebers;
7. die Einzugsstellen und deren Adressen, an welchen die lohnbezogenen Beiträge zu den Systemen der sozialen Sicherheit abgeführt werden sowie die Nummer, unter welcher der Arbeitnehmer bei diesen Einzugsstellen geführt wird.
8. Das Finanzamt und dessen Adresse, an welches die Lohnsteuer abgeführt wird sowie die Steuernummer des Arbeitgebers und des Arbeitnehmers.

Hinzu kommt die gemäß § 59 Abs. 3 VTV bestehende besondere Verpflichtung, nachfolgende Daten für jeden einzelnen entsandten Arbeitnehmer monatlich wiederkehrend mitzuteilen:

1. Name, Vorname, Geburtsdatum und Arbeitnehmernummer;
2. Abweichungen gegenüber der oben angeführten Erstmeldung;
3. Höhe des monatlichen Bruttolohnes in deutscher Währung.

Die §§ 55 ff. VTV zeichnen sich somit dadurch aus, dass sie Bestimmungen enthalten, die von denen, die auf deutschem Statut unterliegenden Arbeitsverhältnisse Anwendung finden, vollständig wesensverschieden sind. Diese Unzulänglichkeit führt dazu, dass die Bestimmung der §§ 55 ff. VTV, die zunächst wegen ihrer eingeschränkten Zielsetzung auf Entsendefälle ins Inland keine originären Normadressaten aufweisen, als nicht mit denen der §§ 1 – 54 VTV vergleichbar zu klassifizieren sind. Es handelt sich bei den §§ 55 - 63 VTV nicht um Bestimmungen, die – originär adressatenlos[737] – das bereits geltende Urlaubskassensystem ergänzen, da es sich um ein vollständig neues System handelt.

[737] Wie in § 1 Abs. 3 Nr. 1 und 2 AEntG als Erweiterung gegenüber § 3 Abs. 1 TVG vorgesehen.

(c) Das Leistungsverfahren gemäß der §§ 64 – 69 VTV

Im Leistungsverfahren - Rückerstattung der gezahlten Beiträge – sind die namhaftesten Unterschiede der Systeme zu erblicken:

(aa) Urlaub während der Entsendung

Gewährt der Entsendearbeitgeber während der Entsendung dem Arbeitnehmer Urlaub – also fast nie, da die Entsendung begrifflich der Erledigung einzelner Aufträge des Arbeitgebers/ Dienstleisters dient - zahlt die ULAK die Urlaubsvergütung direkt erfüllungshalber an den Arbeitnehmer aus, § 65 VTV[738].
Diese Verpflichtung der ULAK tritt aber nur *neben* den vertraglichen Anspruch des Arbeitnehmers gegen den Arbeitgeber, der sich hiergegen nicht auf den Anspruch des Arbeitnehmers gegen die Kasse berufen kann. Ihm steht insoweit weder eine Einwendung noch eine Einrede – Zurückbehaltungsrecht auf Abtretung[739] des Anspruchs des Arbeitnehmers gegen die ULAK – zur Seite. Einen vertraglichen oder gesetzlichen[740] Regressanspruch gegen die ULAK besitzt der Entsendearbeitgeber – im Gegensatz zum inländischen Arbeitgeber – nicht.

(bb) Urlaub vor beziehungsweise nach der Entsendung

Erfolgt dagegen – wie fast immer – die Urlaubsgewährung nicht in der Entsendezeit, ist zu differenzieren:
Geschah die **Urlaubsgewährung** bereits **vor der Entsendung**, wird die Urlaubszeit monatsweise angerechnet, § 8 Ziffer 15 BRTV-BAU. Dabei hat der Arbeitgeber bei Beendigung dieses Zeitraumes Anspruch auf Erstattung seiner Beiträge insoweit, als er gegenüber dem Arbeitnehmer für diesen Zeitraum in Vorlage trat, § 64 Abs. 2 VTV. In diesen Fällen muss der Arbeitgeber also Beiträge zahlen, obwohl er bereits seinem langfristig beschäftigten Arbeitnehmer vollen Urlaub gewährte. Es be-

---

[738] Der Arbeitgeber erhält nur die Arbeitnehmeranteile für Lohnsteuer und Sozialversicherung zwecks Weiterleitung an die Einzugsstellen, § 65 S. 2 VTV.
[739] Unterliegt im übrigen dem Abtretungsverbot des § 8 Ziffer 16 BRTV-Bau.
[740] § 426 BGB scheidet aus, da der Arbeitgeber mit der ULAK gegenüber dem Arbeitnehmer in keiner Gesamtschuldnerschaft steht; Ansprüche aus Geschäftsführung ohne Auftrag scheitern, da der Arbeitgeber mit der Leistung seine fortbestehende Arbeitsvertragspflicht erfüllt und kein fremdes Geschäft führt (OLG Köln, NJW 2000, S. 1044; LG Landau, NJW 2000, S. 1046).

steht somit eine Doppelbelastung, die zu Liquiditätsproblemen führt und erst zum Ende des Entsendezeitraumes ausgeglichen wird.
Gewährt der Arbeitgeber demgegenüber den **Urlaub im Anschluss an die Entsendung** – und kehrt der Arbeitnehmer nicht innerhalb von drei Monaten nach Deutschland zurück[741] - erfolgt eine Zahlung/Erstattung der Urlaubsvergütung durch die ULAK nicht. Vielmehr hat der Arbeitnehmer – unabhängig von einer tatsächlichen Urlaubsgewährung – Anspruch auf Urlaubsabgeltung für den Entsendezeitraum, §§ 8 Ziffer 7.1. lit i) BRTV-BAU, 66 VTV. Diesen Abgeltungsanspruch zahlt die ULAK erfüllungshalber, §§ 8 Ziffer 7.3. S.2 BRTV-BAU, 66 VTV. Eine Information des Arbeitgebers hierüber erfolgt nicht; dieser erhält auf Antrag nur die Arbeitnehmerbeträge für Lohnsteuer und Sozialversicherung zwecks Weiterleitung an die zuständigen Stellen von der ULAK ausgezahlt, § 66 VTV. Die Situation ist mithin ähnlich der der Urlaubsgewährung während der Entsendung, allerdings mit dem Unterschied, dass Arbeitgeber nach Maßgabe des ausländischen Statuts weiter zur bezahlten Urlaubsgewährung verpflichtet bleibt.
Eine solche Umwandlung des Urlaubsgewährungs- in einen Abgeltungsanspruch ist auf ein deutsches Arbeitsverhältnis nicht anwendbar, da die Tatbestandsmerkmale der Bestimmung – Entsendung, Rückkehr ins Heimatland pp. - naturgemäß nicht von zu deutschem Statut Beschäftigten erfüllt werden können. Diese Norm richtet sich also ausschließlich an Arbeitsvertragsparteien, für die eine originäre Tarifbindung nach § 3 Abs. 1 TVG nicht besteht.
Hieraus ergibt sich das Rechtsproblem, dass auf Antrag des Arbeitnehmers die Zahlung von Urlaubsabgeltung erfolgt, obwohl das Arbeitsverhältnis nicht beendet sein muss, sondern im Heimatland fortgesetzt wird[742]. Für einen Abgeltungstatbestand in dieser generellen Form besteht daher kein Raum. Vielmehr muss der Entsendearbeitgeber für den Entsendezeitraum Beiträge an die ULAK zahlen, ohne Sicherheit davor zu haben, im Heimatland bei späterer Urlaubsgewährung von seinem Arbeitnehmer auf Urlaubsvergütung in Anspruch genommen zu werden. Zugleich muss ein dortiges Gericht keine Anrechnung ULAK-seits (rechtsgrundlos) gewährter Abgeltung auf die arbeitgeberseits zu gewäh-

---

[741] Was infolge der Kollisionsnormen des Sozial- und Steuerrechts unterbleiben wird, um nicht in Deutschland zahlungspflichtig zu werden, vergl. § 2 I. 1.

[742] An dieser Stelle ist zu erinnern, dass in Entsendefällen nur dann gemäß Art. 30 Abs. 2 Nr. 1 EGBGB ausländisches Statut anwendbar bleibt, wenn Rückkehrwillen besteht, also das Arbeitsverhältnis im Heimatland fortgesetzt werden soll.

rende Urlaubsvergütung vornehmen[743]. Insoweit liegt keine Erfüllungsleistung der ULAK vor, da diese nur einen aus ausländischer Sicht nicht bestehenden Abgeltungsanspruch „bediente", aber keinen, meist zur Zeit der Leistung nicht fälligen Urlaubsvergütungsanspruch. Durch eine solche „Bereicherung" des Entsendearbeitnehmers bleiben seine vertraglichen Beziehungen zum Entsendearbeitgeber unberührt.

Denn jenseits der Fragestellung, ob nicht durch die ULAK-seits gewährte Abgeltung von Urlaubsansprüchen, die während der Entsendezeit erworben wurden, sogar der Urlaubsanspruch insoweit in Wegfall gerät, ist zu berücksichtigen, dass sich zu Gunsten des Entsendearbeitgebers – obwohl eine ausdrückliche Regelungsanordnung insoweit fehlt - eine Entlastung für ihn nicht zwangsläufig ergibt: Ein im Heimatstaat mit dem Urlaubsgewährungsanspruch befasstes Gericht ist – wegen des „lex fori"-Charakters sämtlicher diesbezüglicher Normen - nicht verpflichtet, diese bei seiner am Heimatstatut orientierten Entscheidung zu berücksichtigen. Der ausschließlich von der bisherigen Arbeitsvertragslaufzeit abhängige Urlaubsanspruch – inklusive des Entsendezeitraumes – bleibt daher bestehen[744].
Damit handelt es sich in diesen Fällen um ein Umlagesystem ohne Vorteil für den entsendenden Arbeitgeber: Für ihn besteht nur eine Beitragspflicht, aber keine Entlastung durch Erstattung oder Schuldbefreiung im Außenverhältnis zum Arbeitnehmer. Das System besteht somit nur aus „einer Hälfte einer Münze" zu Gunsten der ULAK, die notwendig zweite fehlt.

(cc) sonstige Differenzen, insbesondere § 69 VTV

§ 69 VTV enthält einen weiteren Unterschied: Während Auszahlungen der ULAK zu Gunsten deutscher Arbeitgeber – auf Konten inländischer Kreditinstitute – kostenfrei erfolgen, tragen die Kosten der Auslandsüberweisung die Empfänger selbst. Eine solche Differenzierung ist aber nicht plausibel, sofern eine Beitragspflicht auch ausländischer Arbeitgeber an die ULAK besteht. Die Beitragszahlung hat ebenfalls kostenfrei durch den Schuldner zu erfolgen, so dass dies auch für die Ge-

---

[743] Sofern der Arbeitgeber dies als Einwendung substantiiert darzulegen und gegebenenfalls nachzuweisen in der Lage ist, vergl. § 2 III 1 c) cc).

[744] Auch scheitert ein Verweis auf die dt. Gerichtszuständikeit gemäß § 8 AEntG, da dies keine ausschließliche für die während der Entsendung enstandenen Ansprüche ist und realiter hiervon unter Arbeitnehmern kein Gebrauch gemacht wird.

genleistung gelten muss. Zudem betrifft dies nur die im Ausland ansässigen Arbeitgeber, da die inländischen sowieso über eine Bankverbindung im Inland verfügen (müssen).

(3) Rechtfertigung durch die Erfordernisse des § 1 Abs. 3 Nr. 1 und 2 AEntG

Eines derartigen Systems bedarf es zur Erfüllung der (europarechtlichen) Erfordernisse des § 1 Abs. 3 Nr. 1 und 2 AEntG nicht:

Hinsichtlich der Beschränkung, dass eine Teilnahme am deutschen Verfahren zu unterbleiben hat, sofern eine Beitragpflicht des entsendenden Arbeitgebers zu einer vergleichbaren Einrichtung im Entsendestaat besteht, genügt die in § 8 Ziffer 11.2 BRTV-BAU formulierte Tarifregel: Danach reicht aus, dass der Entsendearbeitgeber einmalig nachweist, einer solchen Einrichtung verpflichtet zu sein, um in Deutschland freigestellt zu sein. Dies ist vor dem Hintergrund des Bestehens solcher Einrichtungen aufgrund abstrakt-genereller, jedermann nachschlagbarer Normen im Entsendestaat folgerichtig. Alle weiteren Auskunftspflichten gehen über diese Erforderlichkeit hinaus und beabsichtigen wohl nur, den im Ausland ansässigen Wettbewerber/Arbeitgeber zu benachteiligen.

Auch für die weitere Einschränkung, dass arbeitgeberseits bereits im Entsendestaat erbrachte Urlaubsleistungen im Rahmen des Urlaubskassenpools zu berücksichtigen sind, ist das Direktauszahlungssystem weder erforderlich noch hinreichend:
Um diesem Erfordernis Rechnung zu tragen, genügte die einmalige Mitteilung des Arbeitgebers, welche Arbeitnehmer von ... bis ... entsandt werden, welchen Urlaubsanspruch diese Arbeitnehmer aufgrund ihrer Beschäftigungsdauer besitzen sowie inwieweit dieser Anspruch für das jeweilige Kalenderjahr bereits erfüllt wurde. Aus diesen Angaben ließe sich errechnen, welchen Urlaubsanspruch der Arbeitnehmer maximal während der Entsendedauer (noch) erwerben kann, so dass hieraus von der ULAK abgeleitet werden könnte, in welcher Höhe zur Deckung dieses Maximalanspruchs der Arbeitgeber beizutragen hat. Der weitergehenden Auskünfte bedürfte es nicht. Das Direktauszahlungssystem ist zudem zur Erreichung dieses Zweckes nicht ausreichend, da nicht tangiert. Die Anrechnung nach § 64 Abs. 2 VTV belastet den Arbeitgeber demgegenüber über Gebühr, da er in doppelte Vorlage treten muss.

Aus alledem ergibt sich, dass das in den §§ 55 ff. VTV niedergelegte System ein vollständig anderes ist, als es für die kraft deutschem Vertragsstatut Gebundenen gilt. Die Abweichungen sind ebenfalls nicht mit den Erfordernissen des § 1 Abs. 3 Nr. 1und 2 AEntG zu rechtfertigen. Diese Normen unterliegen somit nicht der erleichterten Möglichkeit der Allgemeinverbindlichkeit, wie sie § 1 Abs. 3 S. 1 AEntG impliziert. Es verbleibt vielmehr bei der Geltung von § 5 Abs. 1 und 4 TVG.
Denn es ist ausgeschlossen, bei den §§ 55 ff. VTV von einer lediglich eigenständigen Zusammenfassung bereits aus dem inländischen System bekannter Regeln und den Neuerungen der „Europatauglichkeit" zu sprechen. Vielmehr handelt es sich um Differenzierungsklauseln, die zwar Normen sind, aber keine Adressaten kraft Tarifbindung besitzen, da die originär Tarifgebundenen deutschem Vertragsstatut unterliegen.

Die Situation ist folglich davon gekennzeichnet, dass

- der Arbeitgeber einem uneingeschränkten Beitragsanspruch unterliegt,

- im Außenverhältnis seinem Arbeitnehmer auch für die Zeit der Beitragsansprüche der ULAK verpflichtet bleibt,

- für die Entsendezeit statt der Urlaubsgewährung eine Urlaubsabgeltung stattfindet, die ausländische Gerichte nicht zu berücksichtigen verpflichtet sind,

- der Arbeitgeber bei eigener Leistung keinen Regressanspruch gegen die ULAK besitzt sowie

- keine Anrechnung von gegebenenfalls ULAK-Leistungen an den Arbeitnehmer in der Relation Arbeitnehmer/Arbeitgeber erfolgt.

dd) Konsequenzen für die (Un-)Wirksamkeit einer Allgemeinverbindlichkeitserklärung nach § 5 TVG

Allgemein ist der Mangel einer Tarifbindung und das einhergehende Leerlaufen solcher adressatenloser Tarifbestimmungen auch durch eine Allgemeinverbindlichkeitserklärung nicht heilbar[745]: Die Allgemeinverbind-

---

[745] *Wiedemann-Wiedemann,* § 1 TVG, Rz. 652; *Wiedemann-Wank,* § 5 TVG, Rz. 152; *Hueck/Nipperdey,* ArbR, Bd. II/1, S. 668.

lichkeit eines Tarifvertrages **erweitert** nur den Bereich der Tarifbindung des § 3 Abs. 1 TVG auf bis dahin nicht tarifgebundene, dem Geltungsbereich unterfallende Arbeitsvertragsparteien aus, § 5 Abs. 4 TVG, indem neue Normadressaten, die bereits deutschem Vertragsstatut unterfallen, in den Regelungskreis des Tarifvertrages mit einbezogen werden[746].
Die Allgemeinverbindlichkeit eines Tarifvertrages bewirkt somit nicht, dass ein zunächst adressatenloser Teil des Tarifvertrages hierdurch scheinbar Normadressaten bekommt. Den Tarifvertragsparteien ist es – wie ausgeführt - untersagt, Sonderrecht für nicht tarifgebundene Arbeitgeber und -nehmer, genannt „Außenseiter" zu schaffen[747].
Dies ergibt sich bereits aus den Voraussetzungen der Allgemeinverbindlichkeitserklärung selbst: Danach können nur die tarifvertraglichen Rechtsnormen für allgemeinverbindlich erklärt werden, die Teil eines mit eigenständigen Normadressaten ausgestatteten Tarifvertrages sind. Folglich sind Tarifvertragsbestandteile, die für sich genommen keinen tarifgebundenen Normadressaten besitzen, auch nicht durch eine erlangte Allgemeinverbindlichkeitserklärung auf Außenseiter erstreckbar.

Bisher wurde deshalb das Problem differenzierender Tarifnormen, die für allgemeinverbindlich erklärt wurden, an den Fällen diskutiert, in denen eine einheitliche Basisregulierung für alle Arbeitnehmer getroffen wurde, den gewerkschaftlich organisierten Arbeitnehmern, die zugleich originär tarifgebunden sind, § 3 Abs. 1 TVG, eine Zusatzleistung – durch Erweiterung des persönlichen Geltungsbereich um dieses Merkmal - ausgesetzt war[748]. Würde nunmehr der Tarifvertrag für allgemeinverbindlich erklärt, kämen alle Arbeitnehmer in den Genuss des Basisanspruchs, § 5 Abs. 4 TVG. Allein den originär Tarifgebundenen bliebe der Zusatzvorteil, da der persönliche Geltungsbereich sich nur insoweit erstreckte. Dies wurde, zum Schutz und zur Stärkung der Gewerkschaften und ihrer Mitglieder, in der Literatur für zulässig erachtet[749]. Das BAG hat dies als einen unzulässigen Eingriff in die negative Koalitionsfreiheit nichttarifgebundener Arbeitsvertragsparteien gewertet[750]; die hiergegen gerichtete Verfassungsbeschwerde wurde vom BVerfG nicht zur Entscheidung angenommen[751].
Begründet wurde dieses Ergebnis damit, dass es auf Nichtkoalitionäre einen sozialinadäquaten Druck ausübe, wenn eine solche Sonderstel-

[746] BVerfGE 44, S. 322, 327; *Schaub,* HdbdArbR, § 207 II 3., Rz. 8.
[747] Siehe oben § 3 I. 1. b); *Schaub,* HdbdArbR; § 207 II 3., Rz. 8.
[748] Vergl. *Gamillscheg,* S. 363f.
[749] *Gamillscheg,* S. 363f. m.w.N.; *Pfarr,* AuR 1979, S. 242, 243f.
[750] BAG AP Nr. 13 zu Art. 9 GG.
[751] BVerfG AP Nr. 19 zu Art. 9 GG

lung für Koalitionäre vereinbart sei. Damit ist aber keine Aussage über die Möglichkeit der Allgemeinverbindlichkeit bisher adressatenloser Normen getroffen, sondern lediglich ausgeführt, dass es verfassungsrechtlich nicht haltbar ist, Tarifgebundene zu begünstigen.
Hierbei handelt es sich aber um Fälle, in denen nur originär Tarifgebundene gegenüber nicht Gebundenen stärker begünstigt beziehungsweise belastet werden, was letztlich nicht auf der Allgemeinverbindlichkeit, sondern auf der Tarifbindung beruht. Es ist somit Konsequenz des Verhandlungsprodukts „Tarifvertrag" selbst. Hierzu besaßen die Tarifvertragsparteien zwar entsprechende Tarifzuständigkeit, als Normengeber sind sie allerdings an die Grundrechte Dritter gebunden, Art. 1 Abs. 3, 20 Abs. 3 GG[752]. Insoweit obliegt es ihnen, die Normsetzungsprärogative nur im Rahmen der verfassungsmäßigen Ordnung auszuüben[753].

Eher beiläufig wurde bisher der gegenteilige Fall aufgegriffen und vertreten, dass differenzierende Klauseln dergestalt, dass originär beziehungsweise durch Allgemeinverbindlichkeit gebundenen Arbeitsvertragsparteien schlicht unterschiedlich behandelt werden beziehungsweise letztere gegenüber ersteren schlechter gestellt sind, zwar wirksam, aber nicht für allgemeinverbindlich erklärbar sind[754]. Begründet wird dies damit, dass durch die Allgemeinverbindlichkeit und ihre in § 5 Abs. 4 TVG normierte Wirkung lediglich erreicht werden soll, Arbeitsverhältnisse, die bisher der freien Vereinbarkeit der Arbeitsvertragsparteien unterlagen, den zwingenden[755] Bestimmungen des Tarifvertrages zu unterwerfen, wie sie bereits für gemäß § 3 Abs. 1 TVG Einbezogene gelten. Weiterungen zum Nachteil der durch Allgemeinverbindlichkeit Gebundenen bedeuteten daher einen Vertragsschluss zu Lasten Dritter, der von der Autonomie der Tarifparteien zur Normsetzung für ihre Mitglieder nicht mehr geschützt sei.

Entsprechend sind die zur Erstreckung gemäß Art. 1 Abs. 3 AEntG vorgesehenen §§ 55 ff. VTV zu bewerten: § 5 Abs. 1 TVG setzt voraus, dass der für allgemeinverbindlich zu erklärende Teil eines Tarifvertrages bereits eigenständig Normadressaten besitzt[756]. Die §§ 55 ff. VTV halten diesen Anforderungen nicht stand, da sie innerhalb ihres Geltungsberei-

---

[752] BAG AP Nr. 43 zu § 622 BGB; anders betreffend Art. 3 GG: BAG ZIP 2001, S. 529 - 535.
[753] *Erfurter Kommentar – Kissel,* Art. 9 GG, Rz. 55.
[754] *Wiedemann-Wiedemann,* § 1 TVG, Rz. 652; *Wiedemann-Wank,* § 5 TVG, Rz. 152; *Hueck/Nipperdey,* ArbR, Bd. II/1, S. 668.
[755] § 4 Abs. 3 TVG.
[756] BVerfGE 44, S. 322, 327, *Schaub,* HdbdArbR, § 207 II 3., Rz. 8.

ches eigenständige Normadressaten gemäß § 3 Abs. 1 TVG nicht besitzen.

Diesem Ergebnis kann nicht entgegnet werden, dass durch § 1 Abs. 3 Nr. 1 und 2 AEntG gerade gestattet wurde, adressatenlose Normen durch Tarifvertrag zu vereinbaren und anschließend wirksam für allgemeinverbindlich erklären zu können. Diese – eng auszulegenden - Ausnahmetatbestände decken das vereinbarte Direktauszahlungssystem mit seinen umfangreichen Meldevorschriften für Entsendearbeitgeber nicht ab, so dass es bei der ursprünglichen Rechtssituation verbleibt, wonach differenzierende Klauseln nicht wirksam für allgemeinverbindlich erklärt werden können[757].
Es wurden mithin Regeln geschaffen, die einen gemäß § 5 Abs. 4 TVG in Verbindung mit § 1 Abs. 3 AEntG erstreckbaren Regelungsinhalt nicht enthalten.

ee) Hilfsweise: Unanwendbarkeit der §§ 1 – 54 VTV

Hiergegen ist eingewendet worden, § 1 Abs. 3 AEntG enthalte eine Verweisung auf §§ 8 BRTV-Bau, 1 - 54 VTV mit der Konsequenz, jedenfalls seien dann die bei deutschem Statut geltenden Normen heranzuziehen, so dass ein Beitragsanspruch nach diesen Normen bestehe[758].

Jedoch bedingt die Unanwendbarkeit der §§ 55 ff. VTV nicht, über § 1 Abs. 3 AEntG die §§ 1- 54 VTV heranzuziehen: Zwar entspräche dies dem Willen des Gesetzgebers, allerdings fehlt es an der Sicherstellung der Einschränkungen des § 1 Abs. 3 Nr. 1 und 2 AEntG. Während die erste Determination der Überwälzung des deutschen Urlaubskassensystems zutreffenden Niederschlag in § 8 Ziffer 11.2 BRTV-Bau fand, gibt es eine hinreichende Umsetzung von § 1 Abs. 3 Nr. 2 AEntG nicht. Die Normen, wonach der Arbeitgeber zur Beitragszahlung verpflichtet bleibt, obwohl er im Vorgriff auf die Entsendung für deren Dauer Urlaub gewährte, führen zu einer Doppelbelastung des Arbeitgebers. Wenngleich er auf Antrag diese Beiträge nach der Entsendung zurückerstattet bekommen soll, § 64 Abs. 2 VTV, ist deren Einzug bereits nicht erforder-

---

[757] *Wiedemann-Wiedemann,* § 1 TVG, Rz. 652; *Wiedemann-Wank,* § 5 TVG, Rz. 152; *Hueck/Nipperdey,* ArbR, Bd. II/1, S. 668.

[758] LAG Frankfurt/M., AR-Blattei, ES 370.3 Nr. 3, S. 50 ff. (im Original), nicht rechtskräftig, Revision beim BAG unter Az. 10 AZR 405/00 anhängig.; LG Bochum, Beschluss vom 22.04.1999, Az. 1 Qs 24/99 (unveröffentlicht).

lich, das heißt nicht das zur Zweckerreichung mildeste Mittel[759]: Der Zweck besteht darin, bei Ermöglichung eines zusammenhängenden Jahresurlaubs zu Gunsten des Arbeitnehmers die einhergehenden wirtschaftlichen Belastungen solidarisch auf alle Arbeitgeber zu verteilen. Wenn nun der Urlaub dem Arbeitnehmer bereits zu Teil wurde, ohne dass aufgrund der heimatlichen Bedingungen dies eine unzumutbare Belastung für den Arbeitgeber darstellte (da sein Arbeitnehmer aufgrund klimatischer Bedingungen langfristig bei ihm beschäftigt ist), fehlt es sowohl dem Arbeitnehmer als auch –geber an einem Anreiz, die Dienste der ULAK noch in Anspruch zu nehmen und hierfür aufzukommen. Zugleich lässt die einhergehende Aufkommensneutralität das System der ULAK unberührt. Das Urlaubskassensystem funktionierte auch schon vor Erlass des AEntG. Deshalb kann eine Berücksichtigung der Entsendearbeitsverhältnisse nur dann erfolgen, wenn dieses den mit dem System zu begegnen versuchten typischen Erscheinungen und Gefährdungen belastet sein kann. Diese sind allerdings ausgeschlossen – worauf auch § 1 Abs. 3 Nr. 2 AEntG abstellt -, wenn dem Arbeitnehmer der zusammenhängende Jahresurlaub für die Entsendezeit bereits gewährt wurde. Daher ist es ausschließlich gesetzeskonform, den Arbeitgeber in Höhe der gewährten Urlaubsleistungen im Voraus freizustellen. Nur dann wird im übrigen dem zugrundeliegenden Doppelbelastungsverbot nach der Rspr. des EuGH[760] Rechnung getragen.
Im Übrigen spricht hiergegen auch nicht die Absicht des Gesetzgebers, zur Herstellung fairer Wettbewerbsbedingungen die Kostenbasis ausländischer Anbieter zu verbreitern und deutschem Niveau anzupassen: Denn infolge der Gewährung des Jahresurlaubs im Voraus ist der Zweck der Urlaubskassenregelung erfüllt und die damit verursachten Kosten dem Arbeitgeber angefallen. Ob hierdurch auch die Urlaubsdauer im Sinne von § 1 Abs. 1 Nr. 2 AEntG erfüllt ist, steht im Hintergrund, da ein durch Entsendung erworbener Urlaubsrestanspruch nicht mehr rückwirkend einen zusammenhängend gewährten Jahresurlaub beeinflussen kann.
Wegen der nur unvollständigen Umsetzung des § 1 Abs. 3 Nr. 2 AEntG scheidet eine hilfsweise Anwendung der §§ 1- 54 VTV[761] aus.

---

[759] Verkannt von LAG Frankfurt/M., AR-Blattei, ES 370.3 Nr. 3, S. 38 f. (im Original), nicht rechtskräftig, Revision beim BAG unter Az. 10 AZR 405/00 anhängig.
[760] EuGH, (Guiot), EuZW 1996, S. 399 f., Ziffer 14f.
[761] Vor Einfügung der §§ 55 ff. VTV in den Tarifvertrag zum 01.01.1997 berühmte sich die ULAK trotz des Wirksamwerden des AEntG am 01.03.1996 Beitragsansprüche in Entsendefällen nicht.

b) Die mangelnde Erfüllung des Mindestquorums des § 5 Abs.1 TVG für eine Allgemeinverbindlichkeit

Auch an dieser Stelle wiederholen sich die Problemgestaltungen aus dem Bereich der Mindestlohntarifverträge; hinsichtlich der Voraussetzungen dieses für eine Allgemeinverbindlichkeit nötigen Tatbestandsmerkmales wird daher verwiesen[762].

Auch hier könnte bereits diese erste Voraussetzung einer wirksamen Allgemeinverbindlichkeit, nicht gegeben sein.
Hieran bestehen zunächst – auch bei bloßer Berücksichtigung deutschem Vertragsstatut unterfallenden Arbeitsverhältnisse - infolge der äußerst geringen Tarifbindung kraft Mitgliedschaft in dem vertragschließenden Interessenverband auf Arbeitgeberseite erheblichste Zweifel. Bisher wurde aufgrund von Schätzungen angenommen, dass das erforderliche Quorum erfüllt sei. Selbiges kann aber aufgrund neuerer Erhebungen – auch bereits zurückliegend – nicht mehr angenommen werden[763].

Zudem wird bei dieser Betrachtung nur berücksichtigt, ob die kraft originärer Tarifbindung betroffenen Arbeitgeber mindestens 50 % aller dem Geltungsbereich angehörenden Arbeitnehmer (deutschen Vertragsstatutes) beschäftigen. Nicht beachtet werden die von der zu erlassenden Allgemeinverbindlichkeitserklärung (in Verbindung mit § 1 Abs.1 AEntG) betroffenen, ausländischem Vertragsstatut unterliegenden Arbeitnehmer. Insoweit wird auf die Ausführungen zu Mindestlohn-TV verwiesen[764], wobei zu beachten ist, dass der persönliche Geltungsbereich des VTV nach dessen § 1 Abs. 3, – anders als der des § 8 BRTV-BAU - so gefasst ist, dass es auf eine Rentenversicherungspflicht gemäß SGB VI nicht ankommt.
Dafür nun, dass bei Zustandekommen der Allgemeinverbindlichkeit des VTV im Verfahren nach § 5 Abs. 1 TVG dieses Quorum unter sämtlichen zur Entsendung in Betracht kommenden Arbeitnehmern bestände, gibt es keinerlei Anhaltspunkte; das Gegenteil liegt auf der Hand[765]. Hieran änderte auch eine Geltungserstreckung durch Rechtsverordnung im Sin-

---

[762] Siehe oben § 3 I. 1. a) bb).
[763] FAZ vom 12.07.1999, S. 17.
[764] Vergl. oben § 3 I 1. b).
[765] Urteil des ArbG Wiesbaden vom 30.06.1998, 2 Ca 4441/97 m.w.N.

ne von § 1 Abs. 3a AentG nichts, da diese nur unter der identischen Voraussetzung des § 5 Abs. 1 Nr. 1 TVG ergehen kann[766].

c) *Fehlende Publizität der Allgemeinverbindlichkeitserklärung*

Die Tarifvertrag betreffend Urlaub und Urlaubskasse sind auch deswegen nicht auf ausländischem Statut unterliegende Arbeitsverträge anzuwenden, weil sie nicht formell wirksam für allgemeinverbindlich erklärt wurden.

Die Rechtsnormerstreckung des § 1 Abs. 3 AEntG knüpft an die mit der Allgemeinverbindlichkeit einhergehende Normsetzung an, so dass es das zwingende Recht des entsendenden Arbeitgebers ist und sein muss zu wissen, welche normsetzenden Tarifverträge privatrechtlichen Charakters auf ihn Anwendung finden.

Da bereits das innerhalb Deutschlands praktizierte Verfahren der Allgemeinverbindlichkeitserklärung gemäß § 11 Nr. 2 TVG i.V.m. § 11 der Verordnung zur Durchführung des TVG auf verfassungsrechtliche Bedenken gestoßen ist[767], so werden diese durch den nach § 1 Abs. 3 AEntG erweiterten Anwendungskreis derart erheblich verstärkt, dass ein ausreichendes Maß an erforderlicher Publizität nicht mehr gewährleistet ist[768].

Insofern hätte es einer Veröffentlichung der Allgemeinverbindlichkeitserklärung in (europäischen) Amtsblättern und/oder unter Einbeziehung der betroffenen Tarifregeln bedurft, was unterblieb. Daraus folgt, dass für einen entsendenden Arbeitgeber eine Verbindlichkeit des Mindestlohn-TV nicht bestand[769].

d) *Verstoß gegen § 13 Abs. 2 Bundesurlaubsgesetz*

Die §§ 55 ff. VTV verstoßen auch gegen § 13 Abs. 2 BUrlG als Öffnungsklausel:

---

[766] Vergl. oben § 3 I 1. c).
[767] BVerfGE 44, S. 322, 350f.; dass., NZA 1992, S. 125, 125.
[768] ArbG Wiesbaden, Urteil vom 30.06.1998, Az. 2 Ca 4441/97.
[769] Kritisch auch *Bieback,* RdA 2000, S. 207, 216

Gemäß § 1 Abs. 3 AEntG dürfen nur die für allgemeinverbindlich erklärten Tarifnormen erstreckt werden, die in ihrer Gesamtheit deutschem Recht entsprechen und auch für Deutsche gelten.

aa) Erforderlichkeit der tariflichen Abweichung vom BUrlG

Die in § 13 Abs. 2 BUrlG den Tarifvertragsparteien eingeräumte Möglichkeit, von den sonst zwingenden Vorschriften jenes Gesetzes abzuweichen, ist an enge Voraussetzungen geknüpft, nämlich soweit dies zur Sicherung eines zusammenhängenden Jahresurlaubs für alle Arbeitnehmer erforderlich ist.
Folglich ist das Kriterium der Erforderlichkeit im Sinne von § 13 Abs. 2 BUrlG sowohl immanente Voraussetzung der Wirksamkeit des VTV als auch der Erstreckungswirkung des § 1 Abs. 3 AEntG. Jedoch ist die Durchführung eines Urlaubskassenverfahrens, gleich in welcher Ausgestaltung, in Entsendefällen nicht erforderlich:

Dafür, dass in Entsendefällen eine ähnliche Fluktuation innerhalb der Arbeitsverhältnisse besteht, wie im historischen Exkurs beschrieben und für deutsche Arbeitsverhältnisse noch als geltend behauptet, welche einen zusammenhängenden Jahresurlaub der Arbeitnehmer bei ihrem entsendenden Arbeitgeber vereitelt, ist nicht erkennbar.
Immer werden die entsandten Arbeitnehmer aus bestehenden Arbeitsverhältnissen heraus nach Deutschland entsandt, um hier vor Ort Tätigkeiten für diese auszuführen und danach innerhalb des bestehenden Arbeitsverhältnisses in das entsendende Land zurückzukehren, um dort weiterhin für den Arbeitgeber tätig zu werden.
Eine Fluktuation innerhalb des Zeitraumes, in dem es im ausländischen Arbeitsvertragsstatut eine „Insel deutschen Rechts“ im Bereich Urlaub gibt, kann gerade nicht festgestellt werden.

Den entsandten Arbeitnehmern ist es daher auch unter Berücksichtigung der Wartezeit von 6 Monaten gemäß § 4 BUrlG möglich, einen zusammenhängenden Jahresurlaub zu nehmen.
Die Erforderlichkeit des § 13 Abs. 2 bestand daher nicht.

Dies gilt ganz allgemein in Entsendefällen, da entsandte Arbeitnehmer regelmäßig für einen Zeitraum von ca. 6 Monaten entsandt werden, wobei dies seinen Grund im Steuerrecht hat:

Ausweislich des bereits zitierten Art. 15 Abs. 2 DBA Deutschland/ Portugal verbleibt das Lohnbesteuerungsrecht beim Herkunftsland, soweit der Arbeitnehmer nicht länger als 183 Tage, mithin 6 Monate, im Gastland arbeitet[770].
Neben dem Effekt, dass das Besteuerungsrecht in Portugal bleibt, wird daher auch die Wartezeit des § 4 BUrlG eingehalten.

bb) §§ 8 Ziffer 7.1. lit i) BRTV-Bau, 66 VTV – Verstoß gegen § 13 Abs. 2 BUrlG

Außerdem verstoßen die §§ 8 Ziffer 7.1 lit i) BRTV, 66 VTV gegen § 13 Abs. BUrlG, weil danach durch Tarifvertrag nicht von der Bestimmung des § 3 Abs. 1 BUrlG abgewichen werden darf.

Das Leistungsverfahren des VTV ist jedoch wegen der Eigenart der Entsendung als Arbeits- und nicht Urlaubszeit maßgeblich davon geprägt, dass eine Urlaubsgewährung nicht erfolgen wird, sondern eine Umwandlung des Urlaubsgewährungs- in einen Urlaubsabgeltungsanspruch erfolgt[771]. Dies führt zwangsläufig dazu, dass der Urlaubsmindestzeitraum unterschritten und der Arbeitnehmer trotz Fortbestehens des Arbeitsverhältnisses im Ausland darauf verwiesen wird, einen Abgeltungsanspruch zu besitzen. Diese Unterschreitung von § 3 BUrlG und Erweiterung des Anwendungsbereich des § 7 Abs. 4 BUrlG/Art. 7 Abs. 2 Richtlinie 93/104/EG ist auch durch Tarifvertrag nicht zulässig[772]. Damit fehlt dem Urlaubskassensystem gemäß der §§ 55 ff. VTV aber ein wesentlicher Teil, nämlich das Leistungsverfahren in der überwiegenden Anzahl der Entsendefälle[773]. Die Teilnichtigkeit dieses Eckpfeilers des System zieht die Unwirksamkeit des gesamten Verfahrens nach sich, da es inhaltlich nicht mehr ausgewogen ist, § 139 BGB.

---

[770] Vergl. oben § 2 I 1. b).
[771] Vergl. oben § 2 II 2. b) dd) und § 3 II 2.
[772] *Dersch/Neumann,* § 7 BUrlG, Rz. 104.
[773] Die ULAK hat selbst dargelegt, die Einfügung dieser Normen in die Tarifverträge sei final zu dem Zweck erfolgt, eingezogene Beiträge dem Arbeitnehmer erstatten zu können.

III. Das Urlaubskassenverfahren in der ab 01.01.2000 gültigen Form

Nachdem durch die Rechtsprechung des ArbG Wiesbaden[774] die Anwendung des Urlaubskassensystems in Entsendefällen drei Jahre „blokkiert“ war[775], entschlossen sich die Tarifvertragsparteien Ende 1999, durch einen neuen VTV die Systeme zu modifizieren und anzugleichen. Der vollständig neugefasste VTV vom 19.12.1999 trat zum 01.01.2000 in Kraft[776]; die Allgemeinverbindlichkeitserklärung erfolgte am 25.02.2000 rückwirkend zu diesem Zeitpunkt[777].

1. Grundlage

Grundlage des Verfahrens ist weiterhin § 8 BRTV-BAU[778], der gleichfalls modifiziert wurde: Gegenstand der Abänderung war insoweit der Abgeltungstatbestand des § 8 Ziffer 7.1 lit. i) BRTV-BAU, wonach jeder entsandte Arbeitnehmer nach Beendigung der Entsendung Urlaubsabgeltung für den Entsendezeitraum erhielt, gleich ob das Arbeitsverhältnis im Heimatland fortbestand oder nicht.
Nunmehr bestimmt § 8 Ziffer 6.1 lit g) BRTV-BAU[779], dass ein Anspruch auf Urlaubsabgeltung besteht, wenn der Arbeitnehmer „ ... nicht mehr von diesem Tarifvertrag erfasst wird, ohne dass sein Arbeitsverhältnis endet, und er nicht innerhalb von drei Monaten erneut von diesem Tarifvertrag erfasst wird. “

Damit ist jedoch weiterhin ein Tatbestand geschaffen, der primär auf Entsendearbeitsverhältnisse zielt und dabei den Mindesturlaubsanspruch des Arbeitnehmers unterläuft - § 3 BUrlG: Denn abgesehen von dem (wenig praktizierten) Inlandsfall des Branchenwechsels eines Betriebes unter Aufrechterhaltung der Belegschaft, unterfällt nur das Entsendearbeitsverhältnis dieser Norm, da nur dann unter Fortbestand des

---

[774] Als tarifvertraglich vereinbart ausschließlich zuständigem Arbeitsgericht, §§ 48 Abs. 2 Nr. 2 ArbGG, 57 VTV.

[775] Die erste Berufungsentscheidung des LAG Frankfurt/M. erging am 10.04.2000, AR-Blattei, ES 370.3 Nr. 3, nicht rechtskräftig, Revision beim BAG unter Az. 10 AZR 405/00 anhängig.

[776] § 35 VTV vom 19.12.1999, BAnz. 2000, Nr. 61, S. 5337 ff.

[777] BAnz. 2000, Nr. 61, S. 5337, 5343 ff.

[778] § 2 VTV vom 19.12.1999; BAnz. 2000, Nr. 61, S. 5337 ff.

[779] Ziffer 6 regelt nunmehr die Abgeltungstatbestände im Anwendungsbereich des BRTV-BAU.

Arbeitsverhältnisses der Arbeitnehmer nicht mehr dem (räumlichen) Geltungsbereich des BRTV-BAU angehört. Damit sind – da wegen der Eigenart der Entsendung als Ausführung von Einzelaufträgen des Dienstleisters im Gastland eine Urlaubsinanspruchnahme während dieser Zeit regelmäßig nicht erfolgt – hiervon wiederum nur Entsendearbeitsverhältnisse mit den benannten Rechtsproblemen der doppelten Inanspruchnahmemöglichkeit des Arbeitgebers, der mangelnden Anerkennungspflicht durch ausländische Gerichte und des Verstoßes gegen die §§ 13 Abs. 2, 3 Abs. 1 BUrlG in Verbindung mit Art. 7 Abs. 2 Arbeitszeitrichtlinie betroffen[780].
Auch blieb der Direktauszahlungsanspruch für Urlaubsabgeltungen aufrechterhalten - §§ 8 Ziffer 6.2 BRTV-BAU, 14 Abs. 1 VTV.

2. Verfahren

Änderungen erfolgten demgegenüber teilweise im Verfahren:

Einerseits obliegen jetzt auch dem inländischen Arbeitgeber die erweiterten Meldepflichten, wie sie früher in § 59 VTV enthalten waren, § 5 VTV, obwohl die Leistungsgewährung durch die ULAK jetzt grundsätzlich in Form der Erstattungsleistungen an den Arbeitgeber erfolgt, § 13 Abs. 1 VTV. Das früher rein inländische System der wechselnden Leistungen zwischen ULAK und Arbeitgeber ist somit ab 01.01.2000 auch auf Entsendearbeitsverhältnisse erweitert. Da jedoch dieses System nie der Erhebung der Daten bedurfte, wie sie jetzt in § 5 VTV (früher § 59 VTV) beschrieben sind, handelt es sich allgemein um Verpflichtungen, die unverhältnismäßig, da nicht erforderlich, sind. Mangels Sachdienlichkeit verstoßen sie daher gegen den lückenlosen Grundrechtsschutz der Arbeitgeber, der auch bei koalitionsmäßiger Normsetzung zu beachten ist[781].

Aufrechterhalten blieb jedoch andererseits die den § 1 Abs. 3 S. 1 Nr. 2 AEntG nur unzureichend ausführende Tarifnorm des § 64 VTV (alt), jetzt § 13 Abs. 3 VTV: Somit bleibt der bereits im Heimatland betreffend Urlaub in Vorlage getretene Arbeitgeber weiterhin zur Beitragszahlung an die ULAK verpflichtet, so dass – im Gegensatz zu inländischen Arbeitgebern – zunächst eine Doppelbelastung verbleibt, der gerade durch § 1 Abs. 3 S. 1 Nr. 2 AEntG vorgebeugt werden sollte. In Anbetracht der Hö-

---

[780] Vergl. oben § 2 III 1. d) und § 3 I.
[781] *Erfurter Kommentar – Kissel,* Art. 9 GG, Rz. 55.

he der Beitragspflicht von 13,8% des Bruttolohnes[782] stellt dies einen nicht zu rechtfertigenden (Wettbewerbs-) Nachteil der Entsendedienstleister dar.

Weiterhin ist die Kostentragungspflicht bei Auslandsauszahlungen, die typischerweise nur in Entsendefällen besteht, unverändert geblieben, § 26 VTV.

3. Resümee

Zusammenfassend ist daher festzuhalten, dass auch das neue System nur dem Anschein nach eine identische Behandlung beider Typen von Arbeitsverhältnissen erweckt, in der praktischen Handhabung aber nicht gebotene Benachteiligungen für den Entsendearbeitgeber enthält, da eine Urlaubsgewährung wegen der Eigenart und der Kürze der Entsendung deutlich überwiegend nicht erfolgt und damit die inakzeptablen Rechtsprobleme der Abgeltungstatbestände manifestiert wurden.

[782] Seit 01.01.2000, § 18 Abs. 1 S. 2 VTV; BAnz. 2000, Nr. 61, S. 5337 ff.

§ 4 Die Vereinbarkeitkeit des § 1 AEntG mit der Koalitionsfreiheit des Art. 9 Abs. 3 GG

I. § 1 AEntG als Eingriff und Ausgestaltung in/von Art. 9 Abs. 3 GG

Zum Abschluß vorliegender Arbeit soll nunmehr der Blick gelenkt werden auf die Vereinbarkeit des im AEntG getroffenen Sach- und Verfahrensrechts mit der Koalitionsfreiheit nach Art. 9 Abs. 3 GG. Dabei rückt auch die – sich neuerlich aufdrängende - „Formfrage", ob die Allgemeinverbindlichkeit der Tarifverträge – wie seit 01.01.1999 in § 1 Abs. 3a AEntG vorgesehen – durch Rechtsverordnung ergehen kann, in den Vordergrund. Um die Effektivität des AEntG, welches seine Normerstreckungswirkung an *allgemeinverbindliche* Tarifverträge anknüpft, zu erhöhen[783], wurde die Befugnis des Bundesministers für Arbeit und Sozialordnung bestimmt, diese Wirkung in Abkehr von § 5 TVG herbeizuführen. Diese neue, ausschließlich der Exekutive[784] übertragene Möglichkeit der Allgemeinverbindlichkeitserklärung stößt ebenfalls auf massive verfassungsrechtliche Bedenken[785], wohl auch kraft der Neuheit der Ermächtigung als solcher.

Nunmehr bietet sich an, für Sach- und Verfahrensfragen getrennt unterschiedliche Betroffenheitslagen sichtbar und die mit der Normsetzung des AEntG verbundenen Fragen einer verfassungsrechtlichen Prüfung zugänglich zu machen.

---

[783] BT-Dr. 14/45, S. 17; *Ossenbühl*, Tarifautonomie und staatliche Gesetzgebung, S. 168f.

[784] Der Erlass der Rechtsverordnung ist – entgegen der Bestimmung des Art. 80 Abs. 2 GG – ohne Zustimmung des Bundesrates möglich, § 1 Abs. 3a S. 1 AEntG.

[785] *v. Danwitz*, RdA 1999, S. 323, 325 ff.; *Maunz/Dürig – Scholz*, Art. 9 GG, Rz. 238 ; *Scholz*, SAE 2000, S. 266 ff.; *Böhm*, NZA 1999, S. 128, 130.

II. Vereinbarkeit der von § 1 AEntG in Entsendefällen getroffenen Sachentscheidungen mit Art. 9 Abs. 3 GG als subjektivem Abwehr- (Grund-) recht[786]

1. Art. 9 Abs. 3 GG als Abwehrrecht im Lichte der Rechtssprechung des BerfG

a) Art und Umfang des Schutzbereiches

Das BVerfG nahm – heute allgemein anerkannt – zu Beginn seiner rechtssprechung eine Erweiterung des Schutzbereiches von Art. 9 Abs. 3 GG gegenüber der Vorläuferbestimmung des Art. 159 WRV vor: Während nach dieser der Umfang der Koalitionsfreiheit sich in der Freiheit des Einzelnen zur Bildung von Koalitionen erschöpfte (**Koalitionsbildungsfreiheit**)[787], erstreckt sich nunmehr der Schutzbereich auch auf den Bestand[788] und die Betätigung der Koalitionen in dem ihnen zugewiesenen Rahmen, *Arbeits- und Wirtschaftsbedingungen*[789] zu regeln (**Koalitionsbetätigungsfreiheit**)[790]. Diese Erstreckung des Garantieumfangs (jenseits des Bestandsschutzes) bedingt eine Öffnung der Gewährleistungen in zweifacher Hinsicht: Zunächst ist der Staat gehalten, es den Koalitionen zu gewährleisten, dass sie überhaupt Regelungen für Arbeits- und Wirtschaftsbedingungen treffen können; zugleich hat er ihnen die notwendigen Mittel an die Hand zu geben, damit sie die ihnen übertragenen Aufgaben der Regelsetzung auch lösen können. Zu differenzieren ist somit zwischen dem „Ob" und dem „Wie" der Regelungs-

---

[786] Ausgeblendet bleibt an dieser Stelle, ob auch inländische Koalitionen, ihre Mitglieder oder Nichtkoalitionäre in ihren sich aus Art. 9 Abs. 3 GG ergebenden Rechten betroffen oder verletzt sind.

[787] *Butzer,* RdA 1994, S. 375, 376 m.w.N.

[788] BVerfGE 4, S. 96, 101, 106f.; 28, S. 295, 304; 84, S. 212, 224; *Schaub,* HdbdArbR, § 188 V., Rz. 13.

[789] Eine Erklärung des Begriffes der Arbeits- und Wirtschaftsbedingungen in allen seinen Facetten würde den Rahmen der vorliegenden Arbeit sprengen; die in Rede stehenden Lohn- und Urlaubsbestimmungen als arbeitsvertraglicher Inhalt gehören jedenfalls dazu. Vergl. wegen der Einzelheiten: *Maunz/Dürig-Scholz,* Art. 9 GG, Rz. 255 ff. m.w.N.

[790] BVerfGE 19, S. 303, 312; 28, S. 295, 304; 57, S. 29, 37; 77, S. 1, 62; BAGE 48, S. 307, 311; *Schaub,* HdbdArbR, §188 VI 1., Rz. 18f. m.w.N.

möglichkeiten, mithin zwischen einer **Koalitions*funktions*-** und einer **-*mittel*garantie**[791].

Im Hinblick diese drei Garantiebereiche der Koalitionsfreiheit tritt die Frage auf, welchen Umfang dieselben besitzen: Insbesondere erhebt sich das Problem, ob jeder Teilbereich neben einer positiven auch eine negative Ausprägung aufweist: Impliziert mithin die Koalitionsbildungsfreiheit auch das Recht, sich von Koalitionen fernzuhalten beziehungsweise aus ihnen auszutreten, oder die Koalitionsbetätigungsfreiheit die Kehrseite, von der Einbeziehung in die Ergebnisse koalitionärer Betätigung verschont zu bleiben?
Das BVerfG hat eine negative Koalitionsfreiheit im Sinne der (Nicht-) Bildungsfreiheit zwischenzeitlich anerkannt[792]. Gleiches wurde hinsichtlich der (Nicht-)Betätigungsfreiheit wohl verneint[793], wenn auch nicht ganz eindeutig und durchgehend[794]. Die Literatur folgt dem weitestgehend mit der Begründung, die Koalitionsbetätigung – als Freiheit gegenüber dem staatlichen Gesetzgeber – beruhe gerade auf dem positiven Zusammenschluss einzelner zu einer Koalition und der ihr übertragenen Befugnisse[795]. Diese Zusammenschlüsse seien somit Schutzobjekt der Betätigungsfreiheit des Art. 9 Abs. 3 GG, nicht die jeweiligen Mitglieder. Diese könnten einzeln sich nicht positiv betätigen, sondern bedürften hierzu des Zusammenschlusses, was im Umkehrschluss bedeute, dass Nichtmitglieder nicht für sich in Anspruch nehmen könnten, von derartigen Betätigungsergebnissen vollumfänglich ausgeschlossen zu werden. Diese unterlägen vielmehr der (gewöhnlichen) Gesetzgebung des Staates, die sich an den Individualgrundrechten der Betroffenen messen lassen muss, Art. 20 Abs. 3 GG[796,797]. Jedoch ergibt Art. 9 Abs. 3 GG auch für

---

[791] *Henssler,* ZfA 1998, S. 1, 3; *Säcker,* Grundprobleme der kollektiven Koalitionsfreiheit, S. 33 ff.; *Friauf,* RdA 1986, S. 188, 190; in Ansätzen auch: BVerfGE 84, S. 212, 224; *Ossenbühl,* Tarifautonomie, S. 34; ähnlich, im Sinne eines „Zwei-Stufen-Modells“: *Wolf,* S. 67 ff.

[792] BVerfGE 50, S. 290, 367; 57, S. 220, 245; BAG JZ 1969, S. 105, 108f.; BVerwGE 23, S. 304, 307; dem folgt fast einhellig die Literatur: *Maunz/Dürig-Scholz,* Art. 9 GG, Rz. 226; *v.Münch-v.Münch,* Art. 9 GG, Rz. 45; *Schlüter,* FS für Lukes, S. 559, 568f. m.w.N.; a.A. *Kempen/Zachert,* Einleitung TVG, Rz. 116f.

[793] BVerfGE 44, S. 322, 352; 64, S. 208, 214.

[794] BVerfGE 55, S. 7, 23.

[795] *Löwisch/Rieble,* § 3 TVG, Rz. 3; *Wiedemann-Wiedemann,* Einleitung zum TVG, Rz. 294; *Ossenbühl,* Tarifautonomie, S. 37 m.w.N.; *Biedenkopf,* Tarifautonomie, S. 93, 100; a.A: *Wagenitz,* S. 44 f.; *Schlüter,* FS für Lukes, S. 559, 570; *Ingelfinger,* S. 169 ff.

[796] *Ossenbühl,* Tarifautonomie, S. 36.

den einzelnen Nichtkoalitionär die Garantie, nicht ohne staatlichen Zusatzakt von tariflichen Regelungen erfasst zu werden.

Jenseits der Einteilung in positive und negative Schutzrichtungen ist festzuhalten, dass die Tarifautonomie als die Fähigkeit der Regelungsvereinbarung zuerst auf der Ebene der Koalitionsfunktionsfreiheit angelegt ist. Soweit die Koalitionen der (gesetzgeberischen) Bereitstellung geeigneter Instrumente zur Durchsetzung ihrer Vereinbarungen bedürfen, ist die Tarifautonomie ebenfalls im Bereich der Koalitionsmittelgarantie belegen.

b) Eingriffe und Rechtsfertigungsanforderungen

Aufgrund dieser Weitenbestimmung ist noch keine Aussage über die Tiefe, das heißt die Intensität der Schutzwirkung getroffen. Die Handhabbarkeit der Garantien des Art. 9 Abs. 3 GG besteht nur dann, wenn das (grundrechtstypische) System von Schranke und Schranken-Schranke eine abgrenzbare Unterteilung erfährt:
Daher bietet es sich an, der Unterscheidung des Art. 9 Abs. 3 GG in die Schutzrichtungen der Bildungs-, Funktions- und Mittelgarantie – auf horizontaler Ebene – eine Differenzierung auf vertikaler Ebene beizugeben: Diese zeichnet sich dadurch aus, dass sie eine Skala dafür bietet, ob ein Bereich „eingriffsweise" tangiert wird, der mehr im Inneren oder mehr am Rande der jeweiligen Schutzrichtung steht. Dadurch wäre es ermöglicht, auch auf der Kehrseite des Schutzbereiches eine spiegelbildliche Einteilung vorzunehmen, nämlich bei den Rechtfertigungslasten: An diese wären um so größere Anforderungen zu stellen, je mehr der gesetzgeberische Eingriff das Innere der Schutzwirkungen betrifft.
Diese vertikale Skalierung anerkennt auch das BVerfG, indem es ausführt, dass der Grundrechtsschutz

> **„... nicht für alle koalitionsmäßigen Betätigungen gleich intensiv..."**

---

[797] Demgegenüber wird angeführt, dass von der autonom getroffenen Regelung könne nur derjenige betroffen sein könne, der sich diesem Bereich unterworfen habe, regelmäßig durch Mitgliedschaft in einer Koalition. Daraus ergebe sich, dass ein Nichtmitglied einer Koalition nicht automatisch von den getroffenen Vereinbarungen erreicht werden dürfte, was in § 3 Abs. 1 TVG auch anerkannt werde → *Wagenitz*, S. 44 f.; *Schlüter*, FS für Lukes, S. 559, 570; *Ingelfinger*, S. 169 ff.

ist, sondern in dem Maße zunimmt,

> **„... in dem die Materie aus Sachgründen am besten von den Tarifvertragsparteien geregelt werden kann, weil sie nach der dem Art. 9 Abs. 3 GG zugrundeliegenden Vorstellungen des Verfassungsgebers die gegenseitigen Interessen besser zum Ausdruck bringen können als der Staat. ...“**[798].

Auch hinsichtlich der Anforderungen, die an gesetzgeberische und sonstige staatliche[799] Maßnahmen zu stellen sind, erscheint es bedeutsam, die Wirkung auf die jeweilige Schutzrichtung zu berücksichtigen und deren Garantiegehalt als Maßstab zu verwenden.

aa) Die Koalitionsbildungs- und -bestandsfreiheit

Sowohl die in Art. 9 Abs. 3 GG wörtlich niedergelegte (positive und negative) Koalitionsbildungsfreiheit des Einzelnen als auch ihr Pendant – die Koalitionsbestandsgarantie des von Einzelnen gebildeten Zusammenschlusses – sind vorbehaltlos gewährte (Teil-) Schutzbereiche dieses Grundrechts. Sie unterliegen weder den Verfassungsschranken des Art. 9 Abs. 2 GG[800] noch einem ungeschriebenen Gesetzesvorbehalt[801]. Eingriffe in diese Teilgarantien bedürfen zu ihrer Rechtfertigung – und damit zu ihrer Zulässigkeit – der Notwendigkeit, zum Ausgleich wider-

---

[798] BVerfG 94, S. 268, 284f.; NJW 1999, S. 3033, 3034; dem folgend: *Henssler,* ZfA 1998, S. 1, 32 ff.; *Otto,* FS für Zeuner, S. 121, 137f.

[799] Zum Beispiel im Wege der Rechtsanwendung und –fortbildung durch die Gerichte in Fällen, in denen einfachgesetzliche Regelungen fehlen, zum Beispiel im Arbeitskampfrecht, was prinzipiell zulässig ist: BVerfGE 81, S. 242, 256; 84, S. 212, 226 ff.; einschränkend BVerfGE 88, S. 103, 116.

[800] Sehr streitig, wie hier: *Jarass/Pieroth,* Art. 9 GG, Rz. 31; *AK-Kittner,* Art. 9 Abs. 3 GG, Rz. 36; *Kempen/Zachert,* Einl. – TVG, Rz. 91; *Jarass,* NZA 1990, S. 505, 507; wohl auch *Sachs-Höfling,* Art. 9 GG, Rz. 127; *Schmidt,* NJW 1965, S. 424, 426f.; a.A.: *Maunz/Dürig-Scholz,* Art. 9 GG, Rz. 337; *v.Münch–v.Münch,* Art. 9 GG, Rz. 55f.; *Butzer,* RdA 1994, S. 375, 381 m.w.N.

[801] BVerfGE 28, S. 243, 260 ff.; 57, S. 70, 98f.; 84, S. 212, 228; dass. NJW 1999, S. 2657, 2658; *Butzer,* RdA 1994, S. 375, 381; *Seiter,* RdA 1986, S. 165, 172, *Pieroth/Schlink,* § 18 II 2, Rz. 847; *Friauf,* RdA 1986, S. 188, 190.

streitender Grundrechtspositionen einzelner oder zur Erhaltung verfassungsrechtlich anerkannter Allgemeininteressen[802] erforderlich zu sein[803]. Ein Ausgleich dieser gegenläufigen Rechte, Interessen und Aufgaben hat im Wege *praktischer Konkordanz*[804] – unter Beachtung des Verhältnismäßigkeitsprinzips - zu erfolgen[805].

bb) Die Koalitionsfunktionsfreiheit

Nur ähnlich ist die Situation beim Teilbereich „Koalitionsfunktions- oder –zweckgarantie" als aus Art. 9 Abs. 3 GG abgeleitetes Sekundärrecht: Nach dem BVerfG in seiner „Hochschulbefristungs-Entscheidung"[806] besteht für die Koalitionen (als Tarifvertragsparteien) durch Art. 9 Abs. 3 GG zwar ein Normsetzungsvorrecht, aber kein Normsetzungsmonopol für den Bereich der Arbeits- und Wirtschaftsbedingungen[807]. Dem Bund ist gleichzeitig eine formale Gesetzgebungskompetenz[808] für diesen Bereich zugewiesen, Art. 74 Nr. 12 GG, woraus im Umkehrschluss folgt, dass dem Staat als solchem ein subsidiäres Normsetzungsrecht verblieb[809]. Daher sei auch der der tariflichen Regelung zugängliche Bereich der Arbeits- und Wirtschaftsbedingungen zwingend gesetzlich ausgestaltbar – mit der Folge des Entzuges dieses Bereiches aus der Einflusssphäre der Koalitionen (Eingriff in die Funktionsfreiheit) -,

> **„ ... wenn der Gesetzgeber sich dabei auf Grundrechte Dritter oder andere mit Verfassungsrang ausgestattete Rechte stützen kann ... und den Grundsatz der Verhältnismäßigkeit wahrt. ..."[810].**

---

[802] Zum Beispiel der Herstellung des Gesamtwirtschaftlichen Gleichgewichts gemäß Art. 109 Abs. GG.

[803] BVerfGE 28, S. 243, 260 ff.; 57, S. 70, 98f.; 84, S. 212, 228; ders. NJW 1999, S. 2657, 2658.

[804] Hierzu näher: *Hesse,* Grundzüge des Verfassungsrechts, Rz. 72, 318 m.w.N.; *Erfurter Kommentar – Kissel,* Art. 9 GG, Rz. 55, 58.

[805] BVerfG NJW 1999, S. 2657, 2658.

[806] BVerfG NJW 1997, S. 513, 514 = E 94, S. 268, 282 ff.

[807] BVerfG NJW 1997, S. 513, 514 = E 94, S. 268, 284; ähnlich auch BVerfGE 44, S. 322, 341f.

[808] In Abgrenzung zu den Kompetenzen der Länder, Art. 70 GG.

[809] BVerfG 44, S. 322, 342; dass., NJW 1997, S. 513, 514 = E 94, S. 268, 284.

[810] BVerfG NJW 1997, S. 513, 514 = E 94, S. 268, 284 mit Verweis auf BVerfGE 84, S. 212, 228.

Ob eine gesetzgeberische Eingriffsmöglichkeit auch beim Schutz sonstiger, qualitativ niedrigerer Rechtsgüter möglich sei, wurde im folgenden nicht beantwortet, sondern offengelassen[811]. Da die in der benannten Entscheidung herangezogene Rechtfertigung (Gewährleistung einer sich ständig erneuernden Forschung und Lehre, Art. 5 Abs. 3 GG) Verfassungsrang besaß, musste aus Sicht des Gerichtes eine Antwort auf diese Frage nicht gegeben werden.

Gleichwohl stellt sich das Problem, ob solche nicht mit Verfassungsrang ausgestattete Interessen und Rechte dem Gesetzgeber die Befugnis erteilen, einzelne Bereiche der Arbeits- und Wirtschaftsbedingungen selbst tariffest auszugestalten.

Im Ergebnis ist entsprechend der angesprochenen vertikalen Skalierung der Schutzrichtungen in innere und äußere Bereiche eine Rechtfertigung von Eingriffen mittels sonstiger Interessen nur im Außenbereich denkbar: Es wird damit die Frage nach der Qualität der einzelnen Segmente der Arbeits- und Wirtschaftsbedingungen aufgeworfen, nämlich dahingehend, welche Sektoren den Kern tariflicher Regelungsbefugnis bilden und welche im Randbereich belegen sind. Zu ersterem werden vor allem der Lohnumfang, aber auch alle sonstigen materiellen Arbeits-(vertrags-) bedingungen gezählt[812]. Im äußeren (Rand-) Sektor sind Bestimmungen angesiedelt, die zwar noch Einfluss auf die Arbeitsbedingungen nehmen, jedoch vorrangig allgemeiner wirtschafts- und sozialrechtlicher Natur sind, zum Beispiel § 3 Abs. 2 TVG[813]. Die Ausführungen des BVerfG sind nunmehr im Kontext seiner Schutzbereichsrechtsprechung zu sehen, wonach das Hauptaugenmerk gelegt wurde auf die Lohn- und sonstigen Arbeitsvertragsbestimmungen[814]: Daraus folgt, dass nach dem BVerfG für eine staatliche Vertragsgestaltung zwingender Art im inneren Sektor materieller Arbeitsbedingungen, die eigenständige tarifliche Regeln insoweit ausschließt, *kein* allgemeiner Gesetzesvorbehalt besteht. Eingriffe sind nur im Rahmen der Verfolgung verfassungsrechtlicher Erfordernisse zulässig[815].

---

[811] BVerfG NJW 1997, S. 513, 514 = E 94, S. 268, 284.

[812] BVerfGE 94, S. 268, 283; dass. NJW 1999, S. 3033, 3034; *Ossenbühl,* Tarifautonomie, S. 38.

[813] *Henssler,* ZfA 1998, S. 1, 34, der selbst von einer Dreiteilung ausgeht: 1. Lohnfragen, 2.sonstige materiellen Arbeitsbedingungen, 3. sonstige wirtschafts- und sozialrechtlichen Bedingungen; *Wolf,* S. 84 ff.

[814] BVerfGE 94, S. 268, 283; ders. NJW 1999, S. 3033, 3034.

[815] *Rüfner,* RdA 1985, S. 193, 195f.; *Otto,* FS für Zeuner, S. 121, 137; *Biedenkopf,* S. 187, auch S. 63 ff., 68; a.A. *Henssler,* ZfA 1998, S. 1, 33f.; *HbdStR-Scholz,* § 151, Rz. 96 m.w.N.

Jenseits dessen gilt für sonstige vorrangig wirtschafts- und sozialrechtliche Regelungsbereiche ein allgemeiner Gesetzesvorbehalt, hineingelesen in die sekundär garantierte Koalitionsfunktionsgarantie. Zur Rechtfertigung eines Eingriffs in diesen Bereich genügen somit sonstige, anerkennenswerte Belange – ebenfalls unter Beachtung des Verhältnismäßigkeitsprinzips[816].

2. Subsumtion: Die Freiheit des (positiven und negativen) Koalitionsbeitritts der „Entsende"-Vertragsparteien

Art. 9 Abs. 3 GG gewährt somit zunächst die vorbehaltlose Freiheit des Einzelnen, mit anderen Koalitionen zu gründen, bestehenden beizutreten und bei Mitgliedschaft auszutreten sowie nicht in andere Koalitionen wechseln zu müssen. Staatliche Eingriffe sind nur selten denkbar und müssen verfassungsrechtlich anerkannte Rechte und Interessen Dritter oder der Allgemeinheit verfolgen.

Hinzu kommt die negative Freiheit, einer bestehenden Koalition fernbleiben zu dürfen, das heißt nicht zwangsweise in einer Koalition organisiert zu werden[817]. Eine derartige Zwangsmitgliedschaft ist nun nicht nur denkbar durch Einführung einer staatlichen vorgegebenen Organisationspflicht[818], sondern auch in mittelbarer Weise: Orientierte der staatliche Gesetzgeber seine Arbeitsrechtssetzung für Nichtkoalitionäre ausschließlich an den tariflichen Regelungen der jeweiligen Branche, prägnanter gesagt: übernähme der Gesetzgeber im Wege von Blankettgesetzen sämtliche tariflichen Regeln zur Ausgestaltung nicht tarifgebundener Arbeitsverhältnisse, könnte ein sozial inadäquater Druck auf den Einzelnen ausgeübt sein, sich der federführenden Koalition anzuschließen, um auf deren Willensbildungs- und Verhandlungsprozess Einfluss nehmen zu können[819].

Neben dem teils angezweifelten Anerkenntnis, dass die Überwälzung tariflicher Regeln auf den Einzelnen durch staatlichen Akt zu einem Mitge-

---

816 *Henssler,* ZfA 1998, S. 1, 34.

817 Hieran scheiterte die Einrichtung von Arbeitnehmerkammern, in denen Pflichtmitgliedschaft bestände und denen die Befugnis übertragen wäre, Arbeits- und Wirtschaftsbedingungen mit dem sozialen Gegenspieler auszuhandeln.

818 Ähnlich der Pflichtmitgliedschaft in berufständigen Kammern, zum Beispiel IHK, Handwerkskammer, Notarkammer pp.

819 BVerfGE 44, S. 322, 352; 55 S. 7, 21 ff.; BAG AP Nr. 13, 46, 47 zu Art. 9 GG; *MüHbdArbR-Löwisch,* § 238, Rz. 36; *Neumann,* FS für Molitor, S. 249, 252f.

staltungszwang des Nichtkoalitionärs führen kann[820], ist die Dogmatik hierzu nicht geklärt[821]:

a) Die Betroffenheit ausländisch anders oder nicht organisierter Arbeitsvertragsparteien

Ossenbühl führt aus[822], dass das AEntG in seiner Geschlossenheit zwar dazu führt, dass die Normen ausländischer Koalitionen, die auf ein Entsendearbeitsverhältnis prinzipiell anzuwenden sind, für den Entsendezeitraum durch Tarifnormen deutscher Koalitionen verdrängt werden, jedoch wegen der Kürze des Zeitraumes, der grundsätzlichen Geltung des Heimatstatutes und der engeren Verbindung zum Entsendestaat soziologisch ein Beitrittsdruck nicht festzustellen sei. Dem kann zugestimmt werden, so dass eine **messbare** Betroffenheit nicht darlegbar ist.

b) Fehlende Eingriffsqualität

Außerdem ist Ossenbühl grundlegend der Ansicht[823], dass nach der Rechtsprechung des BVerfG längst „bündig" geklärt sei, dass schon eine von der Allgemeinverbindlichkeit ausgehende Eingriffsqualität nicht bestehe. Er leitet dies aus den folgenden Zitaten ab, wonach

> **„ ... (die) Freiheit, sich einer anderen als der vertragsschließenden Koalition anzuschließen, ... durch (die Allgemeinverbindlichkeit) nicht beeinträchtigt, Zwang oder Druck nicht ausgeübt (wird)..."[824]**

beziehungsweise

> **„... Bedürfnis oder Anreiz, sich als bisher nicht organisierter Arbeitgeber oder Arbeitnehmer ... einer konkurrierenden Koalition beizutreten, infolge der Allgemeinverbindlicherklärung ... vermindert werden sollten, ... es sich um faktische Auswirkungen han-**

---

[820] Auch BVerfG NJW 1999, S. 2657, 2658.
[821] *Ingelfinger*, S. 168 ff.
[822] *Ossenbühl*, Tarifautonomie, S. 63 ff.
[823] *Ossenbühl*, Tarifautonomie, S. 75 ff.
[824] BVerfGE 44, S. 322, 352.

> **deln würde, welches das Grundrecht der Koalitionen nicht unmittelbar rechtlich treffen ..."[825]**

Dem ist der Kontext der Zitate entgegenzuhalten: Insbesondere das zweite Zitat war erkennbar eingeordnet in die Prüfung, ob die Allgemeinverbindlicherklärung in das Bestandsrecht der vertragsschließenden Koalitionen eingreift, was mit dem Argument verneint wurde, dass wegen der Geltung dieser Normen außerhalb der mitgliedschaftlichen Tarifbindung gerade kein Anreiz geschaffen werde, die Koalition zu verlassen. Die erste Aussage wurde alsbald durch das BVerfG selbst korrigiert, indem zugestanden wurde, dass von der Allgemeinverbindlichkeit ein Organisationsdruck ausgehen könne, ein Eingriff mithin vorliege, dieser jedoch

> **„... nicht so erheblich (sei), dass die negative Koalitionsfreiheit verletzt würde."[826]**

Damit ist aber nur gesagt, dass ein vorliegender Eingriff gerechtfertigt, insbesondere verhältnismäßig ist.

Im Rahmen der Entsendung scheidet aber ein messbarer Beitrittsdruck für den Einzelnen infolge dessen Heimatverbundenheit zum Entsendestaat gegenüber deutschen Koalitionen aus.

3. Subsumtion: Die Freiheit der ausländischen Koalitionsfunktion

Dessen ungeachtet könnte aber durch § 1 AEntG ein unzulässiger Eingriff in die Betätigungsfreiheit ausländischer Koalitionen festzustellen sein, soweit tariffest Arbeitsverhältnisse normiert werden, die durch ausländische Koalitionen infolge international-privatrechtlicher Regeln und einhergehender Normsetzungsprärogative ausgestaltet wurden[827].

Sofern auch ausländischen Koalitionen der Schutz von Art. 9 Abs. 3 GG zuteil wird, wenn ihre Normen in Konkurrenz zu denen des deutschen

---

[825] BVerfGE 44, S. 322, 352.
[826] BVerfGE 55, S. 7, 22.
[827] Seit BVerfGE 31, S. 58 ff. ist anerkannt, dass bei Inlandsbezug auch ausländische Grundrechtsträger sich auf deutsche Grundrechte berufen können, selbst wenn infolge einschlägiger Kollisionsnormen ausländsiches Recht zur Anwendung kommt und der Ausländer im Heimatland keinen verglichbaren Schutz beanspruchen kann; vergl. *Büdenbender*, RdA 2000, S. 193, 205

Staates treten, ist vorrangig die Ebene der Koalitionsfunktionsfreiheit betroffen. Denn mit der zwingenden Ausgestaltung von Arbeitsverhältnissen ausländischen Statuts durch den deutschen Staat ist verbunden, dass die bei Tarifbindung der Arbeitsvertragsparteien durch Art. 27, 30 Abs. 2 EGBGB zur Anwendung berufenen Tarifnormen fremden Statuts ausgeschlossen werden. Den ausländischen Koalitionen ist hierdurch in Teilbereichen die Möglichkeit genommen, vorübergehend in Deutschland vollzogene Arbeitsverhältnisse zu normieren.

Fraglich ist jedoch, ob ausländische Koalitionen dem Schutzbereich von Art. 9 Abs. 3 GG unterfallen:

a) Ausländische Koalitionen - vom Schutzbereich des Art. 9 Abs. 3 GG umfasst?

Art. 9 abs. 3 GG schützt nach dem Wortlaut primär nur das Recht des Einzelnen, frei von staatlichem Zwang sich mit anderen zu einer Koalition zusammenzuschließen beziehungsweise in/aus eine(r) Koalition ein- und auszutreten. Zudem wurden die benannten Sekundärrechte der frei gebildeten Koalitionen abgeleitet. Damit steht inländischen Verbänden (Koalitionen) als solchen in ihrer Geschlossenheit ein eigener Grundrechtsschutz zur Seite. Dabei ist allerdings umstritten, ob es sich hierbei um einen unter Anwendung von Art. 19 Abs. 3 GG vermittelten Schutz nur für inländische juristische Personen handelt oder dieser sich direkt aus Art. 9 Abs. 3 GG als „Kollektivgrundrecht" ergibt.

aa) Koalitionsschutz nur nach Maßgabe von Art. 19 Abs. 3 GG

Nach der Ansicht *Ossenbühls u.a.*[828] gewährleistet Art. 9 Abs. 3 GG das Grundrecht den Koalitionen als Personenvereinigungen nur über Art. 19 Abs. 3 GG mit der Folge, dass ausschließlich inländische Koalitionen dem Schutzbereich unterfielen. Begründet wird dies zum Teil mit der

---

[828] *Ossenbühl,* Tarifautonomie, S. 96; *Sachs-Höfling,* Art. 9 GG, Rz. 70; *Jarass/Pieroth,* Art. 9 GG, Rz.31; ders., Art 19 GG, Rz. 17.

bloßen Existenz von Art. 19 Abs. 3 GG[829]; zum Teil wird auf einen entsprechenden Willen des historischen Verfassungsgebers abgestellt[830]. Danach wäre durch § 1 AEntG der (Grund-)Rechtskreis ausländischer Koalitionen nicht tangiert.

bb) Art. 9 Abs. 3 GG als eigenständiges „Kollektivgrundrecht“

Demgegenüber wird von *Däubler, v.Münch u.a.*[831] hervorgehoben, innerhalb seiner Sekundärgarantien der Koalitionsfunktions- und –mittelfreiheit schütze Art. 9 Abs. 3 GG auch ausländische Koalitionen, soweit Inlandsbezug bestehe.

Soweit Begründungsansätze bestehen[832], wird davon ausgegangen, dass Art. 9 Abs. 3 GG eine „menschenrechtliche Qualität“ aufweise, die es bedinge, auch Geltung für ausländische Koalitionen zu besitzen[833]. Zudem wird vorgetragen, als speziellere Regelung verdränge Art. 9 Abs.3 GG insoweit Art. 19 Abs. 3 GG[834].

cc) Eigene Lösung[835]

Sedes materiae ist – worauf Ossenbühl zutreffend hinweist – Art. 19 Abs. 3 GG: Danach genießen inländische juristische Personen Grundrechtsschutz, „... soweit sie (die Grundrechte = Anm. d.Verf.) ihrem Wesen nach auf diese anwendbar sind.“ Diese Anwendbarkeitsvorbehalt setzt nun begrifflich voraus, dass zunächst und mit vorrangiger Bedeutung natürliche Individuen die Grundrechtsträger sind. Hierauf basiert

---

829 *Sachs-Höfling,* Art. 9 GG, Rz. 70; *Jarass/Pieroth,* Art. 9 GG, Rz.31; ders., Art 19 GG, Rz. 17.
830 *Ossenbühl,* Tarifautonomie, S. 98 f., der im übrigen seine Ansicht darauf stützt, dass die Argumente der Gegenansicht als solche nicht überzeugen könnten.
831 *Däubler/Hege,* Koalitionsfreiheit, Rz. 100; BK-v.Münch, Art. 9 GG, Rz. 109; *AK-Kittner,* Art. 9 Abs. 3 GG, Rz. 42,45; *Selmayr,* ZfA 1996, S. 615, 653; wohl auch *Biedenkopf,* S. 102 ff.; *Gamillscheg,* S. 226; unklar *Maunz/Dürig-Scholz,* Art. 9 GG, Rz. 188.
832 Insoweit unergiebig: *Biedenkopf,* S. 102 ff.; *Gamillscheg,* S. 226.
833 So *Maunz/Dürig-Scholz,* Art. 9 GG, Rz. 188, wobei nicht klar differenziert wird zwischen den Freiheiten der Koalitionen und der Bildungsfreiheit des Einzelnen, so dass offen bleibt, ob sich dieser Ansatz nicht bezieht auf die Bildungsfreiheit ausländischer Arbeitgeber in der Rechtsform einer juristischen Person.
834 *Däubler/Hege,* Koalitionsfreiheit, Rz. 100.
835 Das BVerfG hat diese Frage bis zuletzt offen gelassen, auch in NZA 2001, S. 491.

das Grundrechtssystem[836]. Wenn es die Art des Grundrechts erlaubt, dessen Schutzzweck im Einzelfall auch juristischen Personen zuteil werden zu lassen, so soll dies mit der Inlandseinschränkung möglich sein. Der Grundrechtsschutz juristischer Personen knüpft damit an den Grundrechtsschutz natürlicher Personen an, setzt diesen aber auch voraus.
Damit wird ein wesentlicher Unterschied zwischen Art. 9 Abs. 3 GG in seinen Sekundärgarantien und den sonstigen Grundrechten deutlich: Innerhalb dieser vom BVerfG entwickelten und heute einhellig anerkannten Sekundärgarantien gibt es einen Individualgrundrechtsschutz begrifflich nicht. Dieser Freiheitsbereich steht vielmehr ipso iure nur Personenvereinigungen beziehungsweise juristischen Personen zu[837]. Für Art. 19 Abs. 3 mit seiner Anknüpfung an die Individualgarantien der Grundrechte ist nach Wortlaut und Systematik der Bestimmung kein Raum.
Die Freiheit des Art. 9 Abs. 3 GG auch in der gegenständlichen Funktionsfreiheit ist zudem ein „Jedermann“-Grundrecht und folglich von Staatsangehörigkeit und Inlandssitz unabhängig[838]. Daraus folgt, dass auch ausländische Koalitionen Grundrechtsschutz genießen.

Allerdings fragt sich, ob hierdurch nicht ein Wertungswiderspruch bedingt ist: Besitzt ein Grundrecht ausnahmsweise keinen Individualschutz, obwohl die Grundrechte die Freiheit des Einzelnen vor staatlichem Zugriff bewahren sollen, hat dies die Folge, dass dann erweitert auch ausländische Personenvereinigungen Grundrechtsschutz genießen.
Dieser Widerspruch besteht aber nur scheinbar: Es ist nämlich ein Schutzbereich tangiert, der durch den Einzelnen ausländischer Staatsangehörigkeit nicht wahrgenommen werden kann. Vielmehr ist dessen Grundrechtsschutz durch die Primärgarantie des Art. 9 Abs. 3 GG, der Bildungsfreiheit, erschöpft. Insoweit mögen Bedenken gegen die Gründung nationaler Koalitionen durch ausländische Personenvereinigungen berechtigt sein.
Allerdings dient der Zusammenschluss der Einzelnen nur dazu, die grundgesetzlich übertragenen Aufgaben der Förderung und Wahrung der Arbeits- und Wirtschaftsbedingungen tatsächlich normativ lösen zu können, wozu es der Koalitionen bedarf. Welcher Koalition sich der Einzelne hierzu bedient, kann aus Sicht des in der Normsetzung zurückge-

---

[836] *Sachs-Krüger,* Art. 19 GG, Rz. 44: „der Primat der Grundrechtszuständigkeit liegt beim Individuum“.
[837] BVerfGE 17, S. 319, 333; 19, S. 303, 312.
[838] *Däubler/Hege,* Koalitionsfreiheit, Rz. 100 m.w.N.

drängten staatlichen Gesetzgebers dahinstehen[839]. Entscheidend ist nämlich, dass es der Staat zunächst akzeptierte, dass solche Arbeitsverhältnisse überhaupt im Inland ausgeübt werden können, so dass die Arbeitsbedingungen derselben notwendiger Weise zu regeln sind, zuvörderst autonom. Insofern ist es nur folgerichtig, die zwingend zu regelnden Arbeitsverhältnisse der grundgesetzlich geschützten Normsetzungsprärogative der gewöhnlich berufenen (ausländischen) Koalitionen zu unterstellen.

Auch ausländische Koalitionen können sich daher, soweit ihre im Inland vollzogenen Rechte und Garantien betroffen sind, auf den Grundrechtsschutz des Art. 9 Abs. 3 GG als Kollektivgrundrecht berufen.

b) Eingriff durch tariffeste Sachentscheidung entsprechend deutschem Tarifniveau

Durch § 1 Abs. 1 und 3 AEntG wird auf gesetzlichem Wege erreicht, dass die Normen tarifgebundener Arbeitsverhältnisse ausländischer Entsendeparteien partiell durch die deutschen Normen ersetzt werden, die in allgemeinverbindlichen Tarifverträgen festgehalten sind. Diese Rechtsfolge ist zwingend. Sie kann nicht im Wege der Tarifkonkurrenz umgangen werden[840]. Dadurch ist zugleich das Normsetzungsvorrecht der ausländischen Koalitionen, abgesichert in der Koalitionsfunktionsgarantie des Art. 9 Abs. 3 GG, eingegriffen[841]. Die Situation ähnelt der „Hochschulbefristungs-Entscheidung“[842] und – partiell – der des „Flaggenrechts-Urteils“[843] des BVerfG.
Der dortige Rechtfertigungsmaßstab findet daher auch vorliegend Anwendung:

[839] Zweifelnd *Büdenbender,* RdA 2000, S. 193, 204f., wonach ausländischen Koalitionen die erforderliche Sachkenntnis abgesprochen wird, unter Berücksichtigung inländischer Verhältnisse einen fairen Interessenausgleich zu finden und zu vereinbaren.

[840] *Ossenbühl,* Tarifautonomie, S. 107 ff.

[841] LAG Frankfurt/M., AR-Blattei, ES 370.3 Nr. 3, S. 17 - 22 (im Original), nicht rechtskräftig, Revision beim BAG unter Az. 10 AZR 405/00 anhängig.

[842] BVerfGE 94, S. 268, 284 ff.

[843] BVerfGE 92, S. 26, 38 ff.

c) Rechtfertigung und Verhältnismäßigkeit

Zur Koalitionsfunktionsfreiheit war allgemein herausgearbeitet worden, dass sich die Eingriffsmöglichkeit und –intensität des Gesetzgebers danach richtet, welcher Bereich der dem Regelungsvorrecht der Koalitionen unterliegenden Arbeits- und Wirtschaftsbedingungen betroffen ist. Durch § 1 AEntG wird die Normsetzungsprärogative ausländischer Koalitionen sowohl im Bereich der Lohngestaltung als auch des Urlaubsumfangs sowie hinsichtlich der Notwendigkeit Gemeinsamer Einrichtungen der Tarifvertragsparteien determiniert beziehungsweise aufgehoben. Regelungsinhalt ist – wie bereits dargestellt[844] – die fast vollständige Verdrängung ausländischer Arbeitsvertragsnormen bei Vollzug des Arbeitsverhältnisses im Inland durch die hier (allgemeinverbindlich) gültigen Normen deutschen (Tarif-) Rechts. Es ist damit der innerste Zirkel der dem Schutzbereich des Art. 9 Abs. 3 GG zuzurechnenden materiellen Arbeitsvertragsbedingungen[845] betroffen. Gesetzliche Eingriffe unterliegen – entsprechend der Kernbereichstheorie – den strengsten Anforderungen. Hinsichtlich dieses Regelungsgegenstandes gewährt Art. 9 Abs. 3 GG den Koalitionen den Grundrechtsschutz vorbehaltlos. Eine Einschränkungsmöglichkeit besteht folglich nur zum verhältnismäßigen Ausgleich divergierender Verfassungspositionen zu Gunsten Dritter oder der Allgemeinheit[846].

Insoweit sind verschiedene Kollisionslagen zu erkennen, die ein gesetzliches Tätigwerden rechtfertigen könnten:

aa) Der Grundrechtsschutz inländischer Koalitionen, insbesondere der Tarifautonomie

Zunächst könnte das Grundrecht inländischer Koalitionen aus Art. 9 Abs. 3 GG, deren Normsetzung in Entsendefällen nicht zur Anwendung gelangt, betroffen sein und einen gesetzlichen Ausgleich unterschiedlicher Positionen erforderlich erscheinen lassen. Es ist jedoch für eine derartige „Ausgleichspflichtigkeit“ durch staatliches Handeln notwendig, dass sich die Tätigkeit ausländischer Koalitionen in rechtlich relevanter Weise auf deutsche Koalitionen auswirkt, das heißt deren Schutzbereich tangiert.

---

[844] Siehe oben § 2 III 1. e).
[845] BVerfG NJW 1997, 513, 514 = E 94, S. 268, 285.
[846] BVerfGE 84, S. 212, 228; 94, S. 268, 285.

Dabei besteht nunmehr keine historisch öfters anzutreffende Konfrontationssituation von Arbeitgeberkoalitionen einerseits und Arbeitnehmerkoalitionen andererseits, die einen gesetzlichen Ausgleich im Sinne einer Parität beider Lager erforderte[847], sondern ist eine Konkurrenz zwischen in- und ausländischen Koalitionen im jeweiligen Lager zu beobachten. Durch die international-privatrechtliche Zuordnung von Arbeitsverhältnissen zu bestimmten Statuten ist zunächst staatsvertraglich vorgezeichnet, welches Statut auf welches Arbeitsverhältnis anzuwenden ist, Art. 27, 30 EGBGB. Dieses orientiert sich primär am Willen der Vertragsparteien, Art. 27 Abs. 1 EGBGB, und bestimmt zum Schutz des Arbeitnehmers, dass ihm hierdurch nicht der Standard entzogen werden kann, der objektiv einschlägig ist, Art. 30 Abs. 1 EGBGB. Zugleich wird festgelegt, dass bei Fehlen einer Rechtswahl dasjenige Statut gilt, zu dem das Arbeitsverhältnis die größte Verbundenheit aufweist, Art. 30 Abs. 2 EGBGB.

Hierin liegt auch der Unterschied bei § 1 AEntG gegenüber dem „Flaggenrechtsurteil" des BVerfG, in dem die Betroffenheit der inländischen Koalitionen durch die gesetzliche Regelung des § 21 Abs. 4 S. 1 FIRG gerade darin gesehen wurde, dass dadurch dem einzigen, bisher geläufigen Anknüpfungspunkt für die Einschlägigkeit des einen oder anderen Arbeitsvertragsstatut – die deutsche Registerflagge der Handelsschiffe[848] – die Geltung entzogen wurde. Damit wurden die Rechtsgestaltungsmöglichkeiten deutscher Gewerkschaften erheblich beschnitten, weil es durch die nun mögliche Heranziehung weiterer Aspekte den Arbeitgebern eröffnet war, Tatsachen für die Geltung ausländischen Vertragsstatutes nach Art. 30 Abs. 2 EGBGB zu schaffen[849]. Anders ist die Situation in der Baubranche, die von jeher derjenigen auf Handelsschiffen **nach Erlass** des § 21 Abs. 4 S. 1 FIRG entspricht. Dort führt gemäß Art. 30 Abs. 2 EGBGB schon immer eine Gesamtbetrachtung aller objektiven Anknüpfungspunkt zur Einschlägigkeit einer Rechtsordnung[850]. Deshalb ist – legt man den Regelungsmaßstab des „Flaggenrechtsurteils" zu Grunde – durch die vermehrte Geltung ausländischer Arbeitsbedingungen in Entsendefällen im Inland auch nicht die Rechtsposition inländischer Gewerkschaften betroffen, da dies Arbeitsverhältnisse betraf, die sowieso noch nie deutscher Einflusssphäre unterlagen.

---

[847] Insoweit wäre auch die Koalitionsmittelgarantie, die zur Nutzung der gesetzlichen Ausgestaltung bedarf (BVerfGE 84, S. 212, 228; 92, S. 26, 41f.), tangiert.

[848] BVerfGE 92, S. 26, 39 mit Verweis auf *Reithmann/Martiny*, Rz. 733; *Gamillscheg*, ZfA 1983, S. 307, 342.

[849] Durch Abschluss des Vertrages im Ausland, Vertragssprache, Zahlungsort und –modalitäten für das Entgelt.

[850] Vergl. oben § 2 I 2.

Außerdem war im „Flaggenrechtsurteil" die Betroffenheit deutscher Gewerkschaften ausschließlich deswegen anerkannt, weil die nunmehr zur Anwendung gelangenden Tarifsysteme[851] einerseits nicht den deutschen Standard aufweisen[852] und andererseits „closed-shop-Klauseln" enthalten, wonach die Mitglieder des tarifvertragschließenden Arbeitgeberverbandes nur Mitglieder der tarifvertragschließenden Gewerkschaft beschäftigen dürfen. Diese Tarifklausel wird dadurch gesichert, dass das Arbeitsverhältnis fristlos gekündigt werden kann, wenn der Arbeitnehmer in eine andere, zum Beispiel deutsche Gewerkschaft überwechselt. Damit ist es den deutschen Gewerkschaften praktisch genommen, unter den zu fremden Statut auf deutschen Schiffen beschäftigen Seeleuten Mitglieder zu akquirieren[853]. Nur deshalb wurden deutsche Gewerkschaften als von der Auslegungsbestimmung des § 21 Abs. 4 S. 1 FlRG betroffen angesehen.

Durch das Entsendephänomen findet ein anhand dieser Kriterien festzustellender Eingriff in die Normsetzungsbefugnis deutscher Koalitionen nicht statt, da die potentielle Menge der von inländischen Koalitionen zu regelnden Beschäftigungsverhältnisse unverändert blieb. Vielmehr waren die Normsetzungsbefugnisse in- und ausländischer Koalitionen zueinander durch Art. 30 EGBGB abgegrenzt, wobei sich für die Koalitionäre des jeweiligen Staates Freiräume und Beschränkungen ergeben: Erstere bestehen darin, dass es den Koalitionen eines Staates ermöglicht wird, für die eigenen, nach Inlandsstatut gebundenen Mitglieder unabhängig vom Arbeitsvollzugsort Normen setzen zu dürfen. Hieraus resultiert als Letztere die Kehrseite, dass hinsichtlich solcher Arbeitsverhältnisse naturgemäß die Normsetzungsbefugnis der örtlich „eigentlich" zuständigen Koalitionen zurückgedrängt wird.
Dabei handelt es sich um eine Folge der trotz der Koalitionsfreiheit verbleibenden Vertragsautonomie der Arbeitsvertragsparteien, Art. 2 Abs. 1 GG: So wie letztere die Möglichkeit besitzen, bestimmten Koalitionen fernzubleiben, steht ihnen das Recht zu, durch einen Statutenwechsel oder –verbleib das Tarifgewerke ihrer jeweiligen Heimatkoalitionen zur Anwendung zu bringen. Deshalb ist die Koalitionsfreiheit der „verdrängten" Koalitionen aber noch nicht tangiert, da sich deren Normsetzungs-

---

[851] Vorrangig der Philippinen, wo die deutschen Reeder ihre Mannschaften anheuern; BVerfGE 92, S. 26, 40.

[852] Die Anforderungen an die Tariffähigkeit der Vereinigungen sind wesentlich geringer, zum Beispiel durch fehlende Gegnerfreiheit, mangelnde demokratische Binnenstruktur pp.

[853] BVerfGE 92, S. 26, 40.

freiheit grundrechtlich geschützt nur auf ihren Autonomiebereich erstreckt, das heißt ihre Mitglieder[854].
Insoweit gebietet Art. 9 Abs. 3 GG zu Gunsten inländischer Koalitionen, dass ihnen die tatsächliche Möglichkeit verbleibt, für ihren Mitgliederbestand Normen setzen zu können. Diese schützenswerte Position – zunächst vor Eingriffen des Staates – auferlegt letzterem noch nicht die Befugnis, einen Wettbewerb zwischen den Koalitionen zu unterbinden. Letzteres ist final mit § 1 AEntG verbunden, gestützt auf die Behauptung, nur hierdurch lasse sich die inländische Tarifautonomie auf Dauer gewährleisten[855].
Dieser Rechtfertigungsansatz begegnet Bedenken:
Selbst durch das vermehrte, im Entsendewege erfolgte Tätigwerden ausländischer Arbeitnehmer im Inland wird die Tarifautonomie der inländischen Koalitionen nicht berührt: Weder wird hierdurch konkret Einfluss genommen auf die Mitgliedschaft einzelner Bauarbeitgeber und –nehmer in den Inlandskoalitionen, noch wird hierdurch die Zahl potentiell erfasster Arbeitsverhältnisse deutschen Statuts determiniert. Vielmehr ist daran zu erinnern, dass die Entsendearbeitnehmer wegen ihrer Absicht, nach einer vorübergehenden Dauer ins Heimatland zurückzukehren, zum Arbeitsmarkt des Gastlandes Zutritt weder ver- noch erlangen[856]. Sie wünschen und haben daher auch keinen Einfluss auf die für den deutschen Arbeitsmarkt gültige Normsetzung der Inlandskoalitionen. Daher stellt sich die Situation, dass deutsche Koalitionen nur eingeschränkt fremdstaatliche Mitglieder gewinnen können, anders als bei den „closed-shop-Klauseln“: Während von diesen ein Zwang auf die Arbeitnehmer ausging, der langfristig den Bestand deutscher Gewerkschaften gefährden könnte, fehlt es in Entsendefällen bereits an einem grundsätzlichen Interesse der Arbeitnehmer, in Anbetracht der Vorläufigkeit ihrer inländischen Tätigkeit sich inländischen Gewerkschaften anzuschließen.
Damit besteht keine unmittelbare, einen staatlichen Eingriff in die Tarifautonomie ausländischer Koalitionen rechtfertigende Konfliktsituation zu inländischen Tarifpartnern.

---

[854] *Ingelfinger*, S. 170 m.w.N.; *Hueck/Nipperdey*, ArbR, Bd. II/1, S. 167; *Zöllner*, RdA 1962, S. 452, 458; *Mayer-Maly*, BB 1965, S. 829, 832.

[855] BT-Dr. 13 /2414, Begründung, A.Allgemeiner Teil, I. Ziele des Gesetzentwurfes; LAG Frankfurt/M., AR-Blattei, ES 370.3 Nr. 3, S. 19 ff. (im Original), nicht rechtskräftig, Revision beim BAG unter Az. 10 AZR 405/00 anhängig.

[856] EuGH, (Van der Elst), EuZW 1994, S. 600 ff., Ziffer 21; ders., (Rush Portuguesa), EuZW 1990, S. 257 ff., Ziffer 14f.; dem folgend, da der freie Wille des Arbeitnehmers zur Arbeitsaufnahme im Gastland fehle, *Koberski/Sahl/Hold*, §1 AEntG, Rz. 103 ff.; *Franzen*, DZWir 1996, S. 89, 96; *Oetker/ Preis-Feuerbom*, EAS B 2500, Rz. 61, 81.

Zugleich bedingt der Vollzug von Auslandstarifnormen im Inland nicht einen mittelbaren Eingriff in die Rechte der Koalitionen: Weder gibt es einen messbaren Druck auf die einzelnen Koalitionäre, von ihrer inländischen zu einer ausländischen Interessenvereinigung überzuwechseln, da letztere aufgrund Bindung des Arbeitsverhältnisses des Einzelnen nach deutschem Statut keine wirkliche Alternative darstellt. Sie vermag keinen Einfluss auf sein Arbeitsverhältnis zu nehmen. Noch besteht dergleichen in rechtlich relevanter Weise hinsichtlich der Verhandlungsergebnisse: Zwar ist denkbar, die inländischen Arbeitgeber könnten die inländischen Gewerkschaften zu niedrigeren Abschlüssen zu bewegen versuchen; indes besteht für die Arbeitgeber keine Alternative. Sie sind nach den Kollisionsnormen nur in der Lage, ausländische Arbeitnehmer nach deutschem Statut an sich zu binden, Art. 30 Abs. 1 EGBGB, so dass Verhandlungspartner insoweit ebenfalls wieder die bisherigen inländischen Arbeitnehmer-Koalitionen sind. Auf ausländischer Ebene lassen sich Verhandlungspartner messbar nicht finden, da diese ihre Tätigkeit auf ausländisches (Heimat-) Statut beschränken.

Eine rechtlich relevante Betroffenheitslage inländischer Koalitionen, die einen gesetzlichen Grundrechtskonfliktausgleich bedingte, ist somit nicht zu erkennen, so dass der mit § 1 AEntG verbundene Eingriff in die Koalitionsfunktionsfreiheit ausländischer Verbände hiermit nicht zu rechtfertigen ist[857].

bb) Der Grundrechtsschutz in- und ausländischer Arbeitnehmer

Weiterhin könnten sowohl die Grundrechte der inländischen wie auch der entsandten Arbeitnehmer einen regulierenden Ausgleich des Gesetzgebers verlangen. Es offenbaren sich auch an dieser Stelle Schwierigkeiten, konkrete Betroffenheitslagen Einzelner herauszukristallisieren:

(1) Betroffenheit inländischer Arbeitnehmer

In Betracht käme die Beeinträchtigung der Grundrechte deutscher Arbeitnehmer aus Art. 12 Abs. 1 und Art. 2 Abs. 1 GG:

---

[857] Im Ergebnis auch *Selmayr*, ZfA 1996, S. 615, 654.

Deren Betroffenheit, die einen gesetzlichen Ausgleich zu Lasten der Tarifautonomie ausländischer Koalitionen herausforderte, könnte darin belegen sein, dass sie – insbesondere im Baugewerbe – infolge der Entsendehäufigkeit wesentlich seltener einen Arbeitsplatz bei einem inländischen Arbeitgeber gemäß deutschem Statut finden. Denn letztere können nominell[858] kostengünstiger ausländische Subunternehmer vertraglich binden, die dann ihrerseits mit entsandten, eigenen Hilfskräften die Tätigkeiten ausführen. Es geht also um die Frage, ob die Individualgrundrechte auch den Zutritt zu einem Arbeitsplatz beziehungsweise einen Anspruch gegen den Staat hierauf gewähren.
Dazu ist allerdings anerkannt, dass beide Grundrechte ein „Recht auf Arbeit", gerichtet an den Staat auf Schaffung von Arbeitsplätzen, nicht einschließen, sondern sich in einer Teilhabeberechtigung hinsichtlich staatlich zentrierter Ausbildungsstätten erschöpfen[859]. Zugleich gebieten beide Normen selbstständig dem Staat nicht, auf die Arbeitsbedingungen anderer Einfluss zu nehmen, um den wirtschaftspolitischen Rahmen für die Erwerbsaussichten deutscher Arbeitnehmer zu verbessern[860].

(2) Betroffenheit entsandter Arbeitnehmer

Auch ausländische Arbeitnehmer werden von der Fortgeltung heimatlicher Arbeitsbedingungen im Inland nicht in ihren vom Grundgesetz gewährten Grundrechten betroffen. Hierbei kann – wegen der inhaltlichen Identität – verwiesen werden auf die Ausführungen zum „ordre public" im Rahmen der Subsumtion der Mindestarbeitsbedingungsnormen zu europäischem Primärrecht[861]: Gemäß Art. 6 S. 2 EGBGB ist nämlich ein Verstoß gegen den nationalen „ordre public" dann anzunehmen, wenn ausländisches Recht im Einzelfall den Wertgehalt deutscher Grundrechte nicht berücksichtigt. Die Ausführungen in Bezug auf die „ordre-public-Prüfung" ergaben jedoch, dass die ausländischen Bau-Arbeitnehmer, insbesondere aus dem EG-Ausland – nicht (wesentlich) schlechter gestellt sind als deutsche Arbeitnehmer verschiedener Branchen jenseits des Baugewerbes. Zugleich ist zu berücksichtigen, dass durch verschiedene Richtlinien bereits EG-weit eine Harmonisierung der Mindeststan-

---

[858] Ob die Qualität und Schnelligkeit der Ausführung der durch die ausländsichen Dienstleister erbrachten Tätigkeiten identisch sind (infolge des vermutlich geringeren „know how" unwahrscheinlich), soll an dieser Stelle ausgeblendet bleiben.
[859] *Sachs-Tettinger,* Art. 12 GG, Rz. 11 ff. m.w.N.
[860] arg. e. contr. BVerfG NJW 1999, S. 3033, 3034 = DB 2000, S. 331 ff.
[861] Vergl. oben § 2 III 1. b) – e).

dards erfolgte und der „neuralgische" Problemkreis der Löhne – aus Sicht der Entsendearbeitnehmer – durch die niedrigeren Lebenshaltungskosten im (nur vorübergehend verlassenen) Heimatland nivelliert wird. Aus den Grundrechten der Entsendearbeitnehmer resultiert daher keine Schutzpflicht des deutschen Gesetzgebers, qualitativ anders- und/oder höherwertige Arbeitsbedingungen durchzusetzen. Denn jenseits der vorstehenden Erwägung gebieten die Grundrechte der Entsendearbeitnehmer, insbesondere Art. 2 Abs. 1 GG in Verbindung mit Art. 1 GG, gegenüber dem Staat nur, dass dieser eine Grundsicherung gewährleistet. Insoweit besteht der Anspruch – bei entsprechender Bedürftigkeit -, ein Existenzminimum garantiert zu bekommen, was typisiert seinen Niederschlag in der nachrangigen Sozialhilfeberechtigung des Einzelnen fand[862]. Diese Existenzsicherung ist aber bereits infolge der Gleichwertigkeit der Arbeitsrechtssysteme der EG-Mitgliedstaaten gewährleistet[863]; „ordre public" – Ausnahmen wurden bereits verneint[864].

cc) Das Sozialstaatsprinzip, Art. 20 Abs. 1 GG

Letztlich kommt in Betracht, die Beschränkung der Tarifautonomie ausländischer Koalitionen in Entsendefällen durch § 1 AEntG, mit dem Sozialstaatsprinzip zu rechtfertigen.

(1) Ansicht des LAG Frankfurt/M.

Das LAG Frankfurt/M. verneint in seinen bereits benannten Urteilen vom 10.04.2000[865] einen Verstoß von § 1 AEntG gegen die Koalitionsfreiheit gemäß Art. 9 Abs. 3 GG. Insoweit anerkennt es, dass durch die gesetzliche Bestimmung der Schutzbereich von Art. 9 Abs. 3 GG tangiert ist[866], legt dann aber dar, warum aus seiner Sicht diese Betroffenheit jedenfalls gerechtfertigt sei. Hierzu wird hervorgehoben, dass der deutsche Gesetzgeber infolge des Sozialstaatsprinzips des Art. 20 Abs. 1 GG berechtigt gewesen sei, die Koalitionsfreiheit einzuschränken, und sich die

---

[862] *Sachs-Höfling*, Art. 1 GG, Rz. 24 – 26 m.w.N.
[863] EuGH, (Van der Elst), EuZW 1994, S. 600 ff., Ziffer 25.
[864] Vergl. oben § 2 III 1. b) – e).
[865] LAG Frankfurt/M., AR-Blattei, ES 370.3 Nr. 3, S. 17 - 22 (im Original), nicht rechtskräftig, Revision beim BAG unter Az. 10 AZR 405/00 anhängig.
[866] LAG Frankfurt/M., AR-Blattei, ES 370.3 Nr. 3, S. 18 (im Original), nicht rechtskräftig, Revision beim BAG unter Az. 10 AZR 405/00 anhängig.

Beschränkung im Rahmen des Verhältnismäßigkeit halte[867]. Dabei stützt sich das LAG Frankfurt/M. auf eine Entscheidung des BVerfG, gemäß derer das Bestreben des Gesetzgebers, die Arbeitslosigkeit abzubauen, infolge des Sozialstaatsprinzips Verfassungsrang habe[868].
Im Rahmen der notwendigen Verhältnismäßigkeitsprüfung wird die Geeignetheit und Erforderlichkeit der gesetzlichen Maßnahme bejaht und zur Angemessenheit dargelegt, dass auch diese vorliege, da es keine Vermutung dergestalt gebe, „...dass eine (gleichwertige; Anm. d. Verf.) Regelung aus Sachgründen von ausländischen Tarifpartnern getroffen werden kann...“, so dass die kollidierenden Interessen des Gesetzgebers überwiegten[869,870].

(2) Ansicht von Löwisch

Historisch zuvor war bereits bezweifelt worden, dass die durch § 1 AEntG bestehende Verdrängungswirkung zu Lasten ausländischer Tarifbestimmungen mit dem Grundrecht der Tarifpartner aus Art. 9 Abs. 3 GG zu vereinbaren sei[871]. Eine Begründung anhand einzelner kollidierender Verfassungsgüter bleiben die Autoren allerdings schuldig[872]. Betont wird aber, mit § 1 AEntG werde durch Nutzung der Allgemeinverbindlichkeit gezielt versucht, die unter Beachtung der Tarifautonomie von der Rechtssprechung geschaffenen Grundsätze der Tarifkonkurrenz und –pluralität auszuhöhlen.

(3) Eigene Ansicht

Die Frage, ob das Bestreben des Gesetzgebers, die Arbeitslosigkeit zu bekämpfen, unter Berücksichtigung des Sozialstaatsprinzips zu einer Beschränkung der Tarifautonomie führen kann, wie sie in § 1 AEntG enthalten ist, kann nur wie folgt gelöst werden:

---

867 LAG Frankfurt/M., AR-Blattei, ES 370.3 Nr. 3, S. 19 ff. (im Original), nicht rechtskräftig, Revision beim BAG unter Az. 10 AZR 405/00 anhängig.
868 BVerfG NJW 1999, S.3033, 3034 = DB 2000, S. 331 ff.
869 LAG Frankfurt/M., AR-Blattei, ES 370.3 Nr. 3, S. 22 (im Original), nicht rechtskräftig, Revision beim BAG unter Az. 10 AZR 405/00 anhängig.
870 Ähnlich auch *Ossenbühl,* Tarifautonomie, S. 107 ff. m.w.N.
871 Gerken/*Löwisch/Rieble,* BB 1995, S. 2370, 2374; *Selmayr,* ZfA 1996, S. 615, 563f.
872 *Selmayr,* ZfA 1996, S. 615, 654 prüft lediglich das seiner Ansicht nach kollidierende Grundrecht inländischer Koalitionen aus Art. 9 Abs. 3 GG.

Zunächst ist zu fragen, ob das Sozialstaatsprinzip für sich genommen überhaupt ein Rechtsgut von Verfassungsrang ist, welches als verfassungsimmanente Schranke den Grundrechten Grenzen ziehen kann. Alsdann – sofern man dies bejaht – ist zu klären, ob die „Grenzziehung" verhältnismäßig geschah.

Die erste Frage ist – im Einklang mit der neueren Rechtsprechung des BVerfG[873] – zu bejahen: Dabei ist zunächst festzuhalten, dass insoweit stillschweigende Veränderung in der Rechtsprechung des BVerfG stattfand, da zuvor ausgeführt worden war, dass das Sozialstaatsprinzip für sich genommen – auch zur Durchsetzung von Schutzinteressen zu Gunsten von Arbeitnehmergruppen – keine verfassungsimmanente Schranke bilde[874]. Die nunmehrigen Gründe des BVerfG vermögen zu überzeugen: Jedenfalls im Zusammenspiel mit den Grundrechten Einzelner – hier das Recht deutscher Arbeitnehmer auf freie Entfaltung der Persönlichkeit, Art. 2 Abs. 1 GG, welches für sich genommen keinen Eingriff des Staates rechtfertigte – ist aus dem Sozialstaatsprinzip ein Gestaltungsauftrag an den Gesetzgeber ableitbar, für einen Ausgleich sozialer Gegensätze – auch zu Lasten Dritter – zu sorgen[875]. Insoweit ist es einleuchtend, die staatliche Maßnahmenpalette nicht auf sekundäre Unterstützungstätigkeiten (zum Beispiel im Rahmen der Arbeitslosenversicherung) zu beschränken, sondern erweiternd eine Gestaltung der Rahmenbedingungen zur Verbesserung der Beschäftigungssituation zuzulassen.

Allerdings wird § 1 AEntG nicht den Kriterien des BVerfG zum verhältnismäßigen Ausgleich der kollidierenden Verfassungsgüter gerecht:
Zunächst kann dem LAG Frankfurt/M. nicht gefolgt werden, soweit es die Geeignetheit des § 1 AEntG unter Verweis auf die Einschätzungsprärogative des Gesetzgebers bejaht[876]. Denn das BVerfG postuliert in der zitierten Entscheidung gerade keinen Einschätzungsvorbehalt des Gesetzgebers, sondern unterzieht die Gesetzesmaßnahme einer eigenen Geeignetheitsprüfung[877]. Diese ist somit auch vorliegend durchzuführen mit dem Ergebnis, dass nicht erkannt und nachvollzogen werden kann, dass die Substitution kostengünstigerer, ausländischer Tarifnormen durch Inlandsnormen dazu geführt beziehungsweise führen konnte, dass mehr Inlandsarbeitsplätze durch Inlandsbetriebe bereitgestellt werden.

[873] BVerfG NJW 1999, S.3033, 3034 = DB 2000, S. 331 ff.
[874] BVerfGE 59, S. 231, 263; 52, S. 283, 298; auch *Stern*, Staatsrecht, Band I, S: 926.
[875] BVerfG NJW 1999, S.3033, 3034 = DB 2000, S. 331 ff.
[876] LAG Frankfurt/M., AR-Blattei, ES 370.3 Nr. 3, S. 20 (im Original), nicht rechtskräftig, Revision beim BAG unter Az. 10 AZR 405/00 anhängig.
[877] BVerfG NJW 1999, S.3033, 3035 = DB 2000, S. 331 ff.

Insoweit ist zu berücksichtigen, dass bei Verabschiedung des AEntG und danach die Bauwirtschaft sich in einer Konjunkturkrise befand und auch heute noch befindet[878]. Bauaufträge im Inland sind daher nur zu erlangen, sofern der Auftragnehmer / Arbeitgeber untertariflich kalkuliert und die Arbeitnehmer bezahlt. Daraus rechtfertigt sich der Schluss, dass der bußgeldsanktionierte Zwang der Einhaltung bestimmter Mindestarbeitsbedingungen dazu führt, dass keine zusätzlichen Bauaufträge erteilt werden und ein „Stillstand" in der Bauwirtschaft eintritt, mit Ausnahme von Großaufträgen, die oberstes „know how" verlangen[879] und eine entsprechende Entlohnung rechtfertigen.

Infolgedessen bestehen auch nachhaltigste Zweifel, dass mit der Überwälzung deutscher Mindeststandards die Erforderlichkeit der Maßnahme bewirkt, das heißt das mildeste Mittel gewählt wurde.

Letztlich sind aber die in § 1 AEntG angelegten Maßnahmen unangemessen, das heißt sie beeinträchtigen das Grundrecht ausländischer Tarifpartner unzumutbar. Die seitens des LAG Frankfurt/M. herangezogene Begründung, dass den ausländischen Tarifpartnern die Sachnähe fehle, auch unter gesamtstaatlichen Gesichtspunkten vertretbare Tarifabschlüsse zu erzielen, vermag nicht zu überzeugen. Die Kriterien des BVerfG wurden hierzu nicht beachtet: Danach[880] wird zunächst festgehalten, dass eine tariffeste Sachentscheidung des Gesetzgebers, zumal im Bereich von Lohn- und sonstigen materiellen Arbeitsbedingungen, ein besonders belastender Vorgang zum Nachteil der Tarifpartner ist. Diese starke Beeinträchtigung war in der zitierten Entscheidung (zu Lohnabstandsklauseln) nur deswegen gerechtfertigt, weil

- in diesem Bereich der staatlichen Normsetzung eine Koalitionsbetätigung bisher nicht vorlag und

- die gesetzliche Maßnahme zeitlich befristet war.

Beide Kriterien sind vorliegend nicht erfüllt, da die zeitliche Befristung des AEntG zwischenzeitlich aufgehoben wurde und auch die Entsendearbeitsverhältnisse – jedenfalls soweit sie aus dem EG-Ausland herrüh-

---

[878] FAZ vom 27.06.2000, S. 17.
[879] Welches von Entsendearbeitnehmern aufgrund des heimatlichen Qualifikationsstandes meistens nicht erreicht wird.
[880] BVerfG NJW 1999, S.3033, 3035 = DB 2000, S. 331 ff.

ren[881] – vielfach der dortigen tariflichen Ordnung unterliegen. Dadurch ist auch gewährleistet, dass die Arbeitsbedingungen in einer fairen Auseinandersetzung mit dem sozialen Gegenspieler festgesetzt werden. Zudem besteht in diesen Fällen realiter eine Tarifautonomie, da – im Gegensatz zum Sachverhalt der Lohnabstandsklausel-Entscheidung des BVerfG – der Arbeitnehmer am Erfolg seiner Arbeit teilhaben kann und die Arbeitgeber keine Ausweichmöglichkeit im Sinne der Einstellung ihrer Tätigkeit besitzen.

Nach alledem wird dem Sozialstaatsprinzip des Art. 20 Abs. 1 GG weder in geeigneter noch zumutbarer Weise durch § 1 AEntG Rechnung getragen.

III. Die Vereinbarkeit der in § 1 Abs. 3a AEntG vorgesehenen Rechtsverordnungsermächtigung mit Art. 9 Abs. 3, 80 Abs. 1 GG

Einleitend zu diesem Kapitel[882] war bereits erwähnt, dass zum 01. 01.1999 § 1 Abs. 3a AEntG eingefügt wurde, wonach der Bundesminister für Arbeit und Sozialordnung ermächtigt wird, Tarifvertragsnormen im Sinne von § 1 Abs. 1 und 3 AEntG durch Rechtsverordnung für verbindlich zu erklären. Hintergrund war, dass anfänglich die Anwendung des AEntG scheiterte, weil im Tarifausschuss gemäß § 5 Abs. 1 TVG ein Einvernehmen zur Allgemeinverbindlichkeit nicht zu erzielen war[883]. Dabei wurde die Befugnis des Bundesministers für Arbeit und Sozialordnung nach dem Wortlaut von den meisten Voraussetzungen abgekoppelt, die das in § 5 Abs. 1 TVG enthaltene Verfahren prägen. So bedarf es scheinbar weder des Mindestquorums des § 5 Abs. 1 Nr. 1 TVG, noch des Einvernehmens des Tarifausschusses oder eines besonderen öffentlichen Interesses im Sinne von § 5 Abs. 1 Nr. 2 TVG. Lediglich muß seitens einer der am Tarifvertrag beteiligten Koalitionen ein Antrag auf Allgemeinverbindlichkeitserklärung gestellt sein und allen Tarifvertragsparteien Gelegenheit zur Stellungnahme eingeräumt werden[884].

---

[881] Gemäß EuGH (Van der Elst), EuZW 1994, S. 600 ff., Ziffer 25, ist infolge der Äquivalenz der europäischen Arbeitsrechtsordnungen sichergestellt, dass Wettbewerbsverfälschung und Arbeitnehmerausbeutung ausgeschlossen sind.

[882] Siehe oben unter § 4 I.

[883] Siehe oben § 2 III 1. c); auch *Sahl/Stang*, AiB 1996, S. 652; *Büdenbender*, RdA 2000, S. 193, 194.

[884] Zu den formellen und materiellen Voraussetzungen auch *Büdenbender*, RdA 2000, S. 193, 195 ff.

Diese stark modifizierte Möglichkeit des Erlasses einer „allgemeinen" Verbindlichkeitserklärung bewirkte eine ausgeprägte Diskussion in der Literatur[885], die ein Kammerbeschluß des BVerfG[886] nicht schlichtete, sondern weiter entfachte[887].

1. Der Kammerbeschluß des BVerfG vom 18.07.2000

Nach Erlass der ersten auf § 1 Abs. 3a AEntG gestützten VO vom 25.08.1999[888] riefen ein am so verbindlich erklärten Tarifvertrag nicht beteiligter Arbeitgeberverband der Bauwirtschaft und drei seiner angehörigen Unternehmen das BVerfG im Wege der Verfassungsbeschwerde an und rügten die Verletzung ihrer Grundrechte aus Art. 9 Abs. 3 GG[889]. Das BVerfG nahm die Verfassungsbeschwerde nicht zur Entscheidung an und wies darauf hin, dass sie weder grundsätzliche Fragen aufwerfe noch Aussicht auf Erfolg besitze.

Dabei beschränkt sich die Begründung der ersten These auf die Wiedergabe der in den zurückliegenden Jahren ergangenen Entscheidungen des Gerichts. Zur mangelnden Erfolgsaussicht wird ausgeführt, dass weder gegen die positive noch negative Koalitionsfreiheit der Beschwerdeführer verstoßen werde, da die angegriffenen Rechtsakte keinen sozial inadäquaten Druck ausgeübten und es dem Gesetzgeber frei stehe, auf welche Weise er die Allgemeinverbindlichkeit von Tarifnormen herbeiführe[890].

---

[885] Vergl. nur *v.Danwitz,* RdA 1999, S. 323, 324 ff.; *Böhm,* NZA 1999, S. 128, 130; *Blanke,* AuR 1999, S. 417, 422 ff.; *Büdenbender,* RdA 2000, S. 193, 196 ff.; *Bieback,* RdA 2000, S. 207, 213 ff.

[886] BVerfG SAE 2000, S. 265f. = NJW 2000, S. 3704f.

[887] *Scholz,* SAE 2000, S. 266 ff.

[888] BGBl. I1999, S. 1894.

[889] Wegen des Sachverhaltes wird im Übrigen auf die Darstellung im Beschluss vom 18.07.2000 verwiesen; BVerfG SAE 2000, S. 265f. = NJW 2000, S. 3704f.

[890] Bereits die Kürze der Begründung gibt in Anbetracht der vorstehend aufgeworfenen Probleme Anlass zu Zweifeln. Zwar mag das BVerfG hierbei viele Fragen erwogen haben, mitgeteilt oder beantwortet wurden sie leider nicht: Kommentar der FAZ vom 01.08.2000, S. 15.

2. Die Kritik von Scholz[891]

Die von Scholz vorgebrachte Kritik ist – auch in der Wortwahl[892] – heftig. Zum einen sieht er die Tarifautonomie und die durch sie begründete Normsetzungsprärogative der Koalitionen ausgehöhlt, indem es dem Bundesminister für Arbeit und Sozialordnung nunmehr ermöglicht sei, eine allgemeine Verbindlichkeit von Tarifnormen ohne Beteiligung der Koalitionen auszusprechen[893]. Zum anderen sei die positive und negative Bildungs- und Bestandsfreiheit einzelner Arbeitsvertragsparteien sowie von ihnen gebildeter Zusammenschlüsse verletzt, da für sie keine Möglichkeit mehr bestände, eine „... ggf. nicht erträgliche Allgemeinverbindlicherklärung abzuwehren.“[894] Das Fehlen des Einvernehmens des Tarifausschusses gemäß § 5 Abs. 1 TVG sei auch nicht unter Hinweis auf die gegenseitige Kontrolle der Koalitionen des übernommenen Tarifvertrages zu rechtfertigen, da das von jenen erzielte Ergebnis nicht allen Außenseitern gleichmäßig, sondern nur denen einer vertragsschließenden Seite zu Gute komme. Hieraus folge ein erheblicher Organisationsdruck für den Einzelnen, statt ohne oder anderer Koalitionsmitgliedschaft sich nunmehr den begünstigten Tarifvertragsparteien anzuschließen[895].

3. Die Rechtfertigung von Ossenbühl[896]

Ossenbühl verteidigt die Einfügung von § 1 Abs. 3a in das AEntG zum 01.01.1999 damit, dass es sich um eine zulässige Ausgestaltung von Art. 9 Abs. 3 GG handele, die den Koalitionen die Tarifautonomie als ein hinreichend umfangreiches Betätigungsfeld belasse und dem Verhältnismäßigkeitsprinzip Rechnung trage. Ersteres sei erfüllt, da auch infolge von Rechtsverordnungen nach § 1 Abs. 3a AEntG die Rechtsprechung des BVerfG, wonach in den Angelegenheiten der Tarifparteien ihre Funktionsfähigkeit nicht gefährdet werden dürfte, nämlich die Arbeits- und Wirtschaftsbedingungen ihrer Mitglieder zu wahren und zu fördern, insbesondere durch Abschluss von Tarifverträgen[897], beachtet sei. Soweit gleichwohl bisherige Rechtspositionen von Koalitionen beschnitten sei-

[891] *Scholz,* SAE 2000, S. 266 ff.
[892] Die Feststellungen des BVerfG seien „...ebenso unrichtig wie nicht nachvollziehbar.“; *Scholz,* SAE 2000, S. 266, 271.
[893] *Scholz,* SAE 2000, S. 266, 268.
[894] *Scholz,* SAE 2000, S. 266, 270.
[895] Ähnlich schon *v.Danwitz,* RdA 1999, S. 322, 326.
[896] *Ossenbühl,* Tarifautonomie, S. 144 ff.
[897] In Anlehnung an BVerfGE 92, S. 365, 394f.

en, halte sich diese Rechtsverkürzung im Rahmen der Verhältnismäßigkeit. Namentlich könne sich der Gesetzgeber – zur Stärkung der mit dem AEntG als solchem verfolgten Zielen – auf die Tarifautonomie der beteiligten Koalitionen, das Sozialstaatsprinzip und die Staatszielbestimmung der Erhaltung des gesamtwirtschaftlichen Gleichgewichtes berufen[898]. Hinsichtlich der Geeignetheit der Maßnahme verweist er auf die vom BVerfG anerkannte Einschätzungsprärogative des Gesetzgebers; hinsichtlich der Erforderlichkeit auf den Umstand, dass infolge des Demokatieprinzips nur der Staat bewirken könne und dürfe, dass Außenseiter in die Wirkungen eines Tarifvertrages einbezogen würden. Letztlich liege auch eine angemessene Regelung vor, da nur Mindestbedingungen des Baugewerbes betroffen seien.

4. Andere Ansätze in der Literatur

Bieback[899] führt aus, dass in Anbetracht des Regelungsinhalts der Verordnungsermächtigung – Mindestarbeitsbedingungen – diese Vorgehensweise gegenüber der des § 5 TVG nicht nur möglich, sondern sogar geboten sei. Er begründet diese Aussage damit, dass prinzipieller Zweck von Mindestarbeitsbedingungen im Bereich des AEntG nicht die Beseitigung von Ungleichgewichten zwischen Arbeitsvertragsparteien, sondern der Schutz der den inländischen Koalitionen gewährten Tarifautonomie sei. Diese sei durch den Druck internationaler Konkurrenz, die infolge der Fortgeltung des Heimatstatuts in Entsendefällen ausgeübt werde, existentiell betroffen[900]. Zur Sicherung der Tarifautonomie einer Branche sei daher das im Tarifvertrag zum Ausdruck kommende „Marktsachverständnis“ dieser Tarifparteien entscheidend, die der Bundesminister für Arbeit und Sozialordnung – entsprechend der Anfordernisse des Art. 80 Abs. 1 S.2 GG – in seinen Normsetzungswillen aufnehme. Die Mitwirkung der Vertreter anderer Branchen, wie im Tarifausschuss des § 5 TVG vorgesehen, sei insofern nicht geboten.

Büdenbender[901] differenziert nach unterschiedlichen Betroffenheitslagen, kommt jedoch zu dem Ergebnis, dass die Rechtsverordnungser-

---

[898] *Ossenbühl,* Tarifautonomie, S. 148f. mit Verweis auf Art. 9 Abs. 3, 20 Abs. 1 und 104a Abs. 1 S.1, 109 Abs. 2 und 4, 115 Abs. 1 S. 2 GG.

[899] *Bieback,* RdA 2000, S. 207, 214f.

[900] *Bieback,* RdA 2000, S. 207, 213.

[901] *Büdenbender,* RdA 2000, S. 193, 200 ff.

mächtigung „im Regelfall“ mit dem Grundgesetz vereinbar sei[902]. Die (individuelle) Koalitionsbildungsfreiheit des Art. 9 Abs. 3 der einbezogenen Außenseiter sieht er als nicht verletzt an, da die Wirkung der Rechtsverordnung – und bei zutreffender Auslegung von § 1 Abs. 3a AEntG auch die Voraussetzungen[903] - identisch seien mit der aus § 5 TVG herrührenden und vom BVerfG anerkannten Allgemeinverbindlichkeit[904]. Dies gelte auch hinsichtlich der kollektiven Seite von Art. 9 Abs. 3 GG, da durch Rechtsverordnungen gemäß § 1 Abs. 3a AEntG weder bestehende (inländische) Tarifverträge berührt noch die beteiligten Koalitionen das Recht hätten, den ausgehandelten Tarifvertrag als ihr „Exklusivprodukt“ zu besitzen, noch die staatliche Neutralitätspflicht[905] verletzt werde.

5. Eigene Ansicht

Ausgangspunkt der Betrachtung der Vereinbarkeit einer Rechtsverordnung nach § 1 Abs. 3a AEntG mit Art. 9 Abs. 3 GG muß sein, zwischen einer dadurch bewirkten Ausgestaltung und einem einhergehenden Eingriff zu unterscheiden. Dies richtet sich nach der Schutzrichtung, auf welche diese Vorgehensweise des Gesetz- und Verordnungsgebers Einfluss nimmt. Hierbei bietet sich an, zwischen Tatbestand und Rechtsfolge eines solchen Verordnungserlasses zu trennen.

a) Rechtswirkungen

Mit *Büdenbender* ist festzuhalten, dass die *Rechtswirkungen* einer nach § 1 Abs. 3a AEntG ergangenen VO sich nicht von der einer Allgemeinverbindlichkeit nach § 5 Abs. 4 TVG unterscheiden, was gesetzgeberische Intention und Rechtsprechung des BVerfG berücksichtigt[906]. Die traditionelle Allgemeinverbindlichkeit ist aber hinsichtlich nicht tarifgebundener Arbeitsverhältnisse vom BVerfG akzeptiert[907]. Soweit im Zusammenspiel mit § 1 AEntG im übrigen eine Verdrängung der Normen ausländischer Tarifverträge verbunden ist, stellt dies einen ergebnisgleichen Eingriff in die Koalitionsfunktionsfreiheit der ausländischen Tarif-

[902] Obgleich auch er die Norm als rechts- und ordnungspolitisch verfehlt kritisiert; vergl. RdA 2000, S. 193, 205
[903] Wie hier unter § 3 I 1 c) vertreten.
[904] Vergl. BVerfGE 44, S. 322 ff.
[905] Vergl. BVerfGE 92, S. 365 ff.
[906] Vergl. § 4 III 1. und 2.
[907] BVerfGE 44, S. 322 ff.

parteien dar. Dies brauchte vom BVerfG in seiner Entscheidung vom 18.07.2000[908] indes nicht geprüft zu werden, da streitgegenständlich die Betroffenheit inländischer Koalitionen war. Die Wahl einer anderen Rechtsform für die Erlangung des identischen Ergebnisses rechtfertigt in der Tat nicht, von den Erwägungen der Grundsatzentscheidung[909] abzuweichen.

b) Verfahren

Anders gestaltet sich die Situation, soweit der Erlassprozess selbst in den Mittelpunkt gestellt wird: Geht man wie hier vertreten davon aus, dass die Rechtsverordnung nur unter den „hineingelesenen" Voraussetzungen des § 5 Abs. 1 Nr. 1 und 2 TVG ergehen darf, kann von der AEntG-Novelle insoweit nur eine Betroffenheit durch Wegfall des Einvernehmenserfordernis im Sinne von § 5 Abs. 1 TVG hervorgerufen sein. Damit wird zugleich den Repräsentativbedenken in Bezug auf den Tarifvertrag Rechnung getragen, die das BVerfG für nicht erörtungswürdig erachtete, da sie im konreten Fall nicht einschlägig seien[910].

Betroffen hiervon können aber nicht die Nichtkoalitionäre sein, da diese auch keine Vertreter in den Tarifausschuss der jeweiligen Spitzenvertreter entsenden[911].
Betroffen sind aber auch nicht ausländische Koalitionäre, da sie im Tarifausschuss ebenfalls nicht vertreten sind.
Betroffen ist vielmehr der Tarifausschuss selbst, sofern man ihm eigene Rechte nach Art. 9 Abs. 3 GG einräumen sollte[912], und die in ihm vertretenen Organisationen, nämlich Koalitionen anderer Branchen. Aus ihrer Sicht berührt sie diese Rechtsverordnungsermächtigung unterschiedlich: Zwar wurde ihnen die Normsetzungsbefugnis hierdurch nicht genommen, so dass kein Eingriff in ihre Koalitionsfunktionsfreiheit vorliegt, mithin ihre Koalitionsmittelfreiheit nicht betroffen ist. Sie sind aber möglicherweise indirekt betroffen:

---

[908] BVerfG SAE 2000, S. 265f. = NJW 2000, S. 3704f.
[909] BVerfGE 44, S. 322, 343 ff.
[910] BVerfG SAE 2000, S. 265, 266 = NJW 2000, S. 3704, 3705.
[911] Demgegenüber vertritt *v.Danwitz,* RdA 1999, S. 323, 326, die Ansicht, durch das Einvernehmenserfordernis wäre ein Einbindung der Außenseiter in den Entscheidungsprozess gewährleistet; eine Begründung hierfür benennt er indes nicht.
[912] Ablehnend *Ossenbühl,* Tarifautonomie, S. 131 ff.

aa) Materielle Betroffenheit Dritter

Die Koalitionen können nämlich die ihrerseits gewonnenen Erfahrungen nicht mehr in der Weise einbringen, wie es ihnen bisher möglich war. Denn es ist zu berücksichtigen, dass von einer staatlich legitimierten Allgemeinverbindlichkeit immer auch die Signalwirkung ausgeht, dass der Inhalt des Tarifvertrages staatlicherseits gutgeheißen werde.

(1) Betroffenheit inländischer Koalitionen durch inadäquaten Verhandlungsdruck

Einerseits hat dies naturgemäß Auswirkungen auf die jeweiligen Verhandlungenpositionen der Koalitionen anderer Branchen[913]. Diese Signalwirkung ist ungleich größer, sofern – wie *Bieback* formuliert[914] – die von § 1 Abs. 3a AEntG bezeichneten Tarifverträge zwar formal auch für die tarifgebundenen Koalitionsmitglieder gelten, es sich in Wahrheit um Sondertarifverträge für nichttarifgebundene Arbeitsverhältnisse handele, insbesondere in Entsendefällen. Damit wird im In- und Ausland der Eindruck erweckt, das in den Mindestlohn-Tarifverträgen enthaltene Leistungsniveau spiegele die im Inland geltenden Mindestbedingungen wieder. Unter Einbeziehung anderer Branchen ist dies aber zu verneinen[915].

Scholz versteht die Aushöhlung der Tarifautonomie wohl in diesem Sinne. Allerdings sind seine Einwendungen letztlich nicht belegbar. Ein sozial inadäquater Druck zu höheren Tarifabschlüssen in anderen Branchen jenseits des Baugewerbes ist nicht messbar, die Konstruktion der Betroffenheit branchenfremder Koalitionen ist zu theoretisch. Außerdem ist mit dem *BVerfG*[916] darauf hinzuweisen, dass diese Koalitionen weiterhin ein Anhörungsrecht haben und der Verordnungsgeber gehalten ist,

---

[913] So muss erinnert werden, dass die Verzögerung der Allgemeinverbindlichkeit des ersten Mindestlohn-TV nicht auf den Widerstand der Bau-Arbeitgeber, sondern die Arbeitgeberverbände der sonstigen Branchen zurückzuführen war, da diese – vor allem in den neuen Bundesländern – massive Lohnsteigerungen fürchteten. Der vorgesehen Mindestlohn betrug nämlich fast 200% der untersten Lohngruppen anderer Branchen und sollte nun das „Siegel" erhalten, das für Deutschland unterste Niveau europaweit zu repräsantieren. Vergl. BT-Dr. 13/3155, S. 14 und unter § 2 III 1. c.).

[914] *Bieback*, RdA 2000, S. 207, 214.

[915] Vergl. § 2 III 1. c).

[916] BVerfG SAE 2000, S. 265f. = NJW 2000, S. 3704f.

seine Entscheidung unter Berücksichtigung gesamtstaatlicher Erwägungen zu treffen.

(2) Betroffenheit inländischer Nichtkoalitionäre

Andererseits ist zu berücksichtigen, dass die allgemeine Verbindlichkeit auch Auswirkungen auf die bisher nicht tarifgebundenen Arbeitsverhältnisse der vom Tarifvertrag erfassten Branche besitzt, mithin die insoweit betroffenen Personen infolge § 1 Abs. 3a AEntG nicht mehr auf ein „Veto" der ihnen jeweils nahestehenden Koalitionen im Tarifausschuss hoffen können. An der verfassungsrechtlichen Relevanz dieses Befundes bestehen Zweifel, müssten doch anderenfalls die Spitzenvertreter der Koalitionen im Tarifausschuss Interessenvertreter der Nichtkoalitionäre sein. Hiergegen sprechen bereits die §§ 2 Abs. 2 und 12 TVG: Hiernach sind Spitzenorganisationen, die auch im Tarifausschuss des § 5 TVG vertreten sind, Zusammenschlüsse von Gewerkschaften bzw. Vereinigungen von Arbeitgebern beziehungsweise Arbeitgebervereinigungen, die für die Vertretung von Arbeitnehmer- oder Arbeitgeberinteressen im Arbeitsleben des Bundesgebietes wesentliche Bedeutung besitzen. Nichtkoalitionäe werden hierdurch gerade nicht repräsentiert, so dass eine Interessenvertretung nicht in Betracht kommt.

Eine besondere Betroffenheit einzelner Grundrechtsträger nach Art. 9 Abs. 3 GG infolge der Rechtsverordnungsermächtigung des § 1 Abs. 3a AEntG vermag nicht erkannt zu werden.

bb) Formell-rechtliche Vereinbarkeit der Ermächtigungsgrundlage

In verfassungsformeller Hinsicht ist aber zu berücksichtigen, dass die Ermächtigung den Anforderungen des Art. 80 GG, insbesondere dem Bestimmtheitsgebot des dortigen Abs. 1 S. 2, entsprechen muß.
Ansatzpunkte einer Kritik könnten sein, dass nach dem BVerfG die Allgemeinverbindlichkeitserklärung nach § 5 TVG, wäre sie eine Rechtsverordnung, allenfalls in den Voraussetzungen einer Geltungserstrekkung nach Zweck, Inhalt und Ausmaß im Sinne von Art. 80 Abs. 1 S. 2 GG bestimmt wäre, nicht aber hinsichtlich der Inhalte, betreffend derer es an jeglicher Steuerung durch den staatlichen Gesetzgeber fehle[917].

[917] BVerfGE 44, S. 322, 343; in diesem Sinne auch *Scholz*, SAE 2000, S. 266, 270f.; *v.Danwitz*, RdA 1999, S. 323, 325f.

Hinzu komme, dass es sich bei der Geltungserstreckung von Tarifverträgen nicht um staatlich bestimmte und vom Gesetzgeber abgeleitete, sondern um von den Tarifparteien initiierte Normsetzung handele, so dass das konstitutive Merkmal der Rechtssetzung durch Rechtsverordnung – die Wahrnehmung delegierter Normsetzungsbefugnis durch die Exekutive – fehle[918].

Den Bedenken ist in inhaltlicher Hinsicht allerdings durch § 1 Abs. 3 a AEntG Rechnung getragen, in dem Art und Inhalt der Tarifnormen, die von der Verordnungsermächtigung erfasst werden können, auf die Mindestarbeitsbedingungen des Baugewerbes, wie sie in § 1 Abs. 1 und 3 AEntG definiert sind, determiniert sind[919]. Zugleich ist der maximal betroffene Personenkreis festgelegt, indem die Wirkungserstreckung nur für Arbeitsverhältnisse zu Arbeitgebern, die überwiegend Bauleistungen im Sine von § 211 Abs. 1 SGB III erbringen, möglich ist. Damit geht in inhaltlicher Sicht § 1 Abs. 3a AEntG über die Anforderungen des § 5 Abs. 1 TVG hinaus, der für jede Art von Tarifnormen aus allen Bereichen die Wirkungserstreckung für möglich erachtet. Diese weitgehende Ermächtigung des § 5 TVG zu Gunsten des Bundesministers für Arbeit und Sozialordnung bedurfte tatsächlich einer besonderen Rechtfertigung, die das BVerfG in der Eigenart der Allgemeinverbindlichkeit als aus Art. 9 Abs. 3 GG resultierende Rechtssetzung fand[920]. In formell-verfassungsrechtlicher Betrachtung hält sich die von § 1 Abs. 3a AEntG geschaffene Wirkungserstreckung somit eher im Rahmen des Zulässigen als die der besonderen Rechtferigung bedürfende Allgemeinverbindlichkeit gemäß § 5 Abs. 1 und 4 TVG. Sowohl für den Gesetzgeber als auch den betroffenen Außenseiter ist daher erkennbar, worauf sich die Rechtsverordnung beziehen und welche Tarifverträge sie in der Geltung erweitern wird.
Nicht durchgreifend erscheint auch der Einwand, es handele sich nicht um vom Gesetzgeber delegierte Normsetzung: Denn mit einer auf § 1 Abs. 3a AEntG gestützten Rechtsverordnung ist Rechtssetzung verbunden, die der Gesetzgeber jeweils auch selbst kraft allgemeiner Gesetzgebungskompetenz hätte treffen können, da er diese (zurückgedrängt im Bereich autonom-tariflicher Regelungen) weiterhin besitzt. Lediglich in Anbetracht mit der Ermächtigung einhergehender Effektivität wurde die-

---

[918] *v.Danwitz,* RdA 1999, S. 323, 325.
[919] So nunmehr BVerfG SAE 2000, S: 265, 266 = NJW 2000, S. 3704, 3705; als unzureichend hinsichtlich inhaltlicher Bestimmung bewertet dies: *Büdenbender,* RdA 2000, S. 193, 200.
[920] BVerfGE 44, S. 322, 346.

se geschaffen, um flexibel auf „Marktveränderungen“ reagieren zu können.

Legt man im übrigen das Antragserfordernis des § 1 Abs. 3a AEntG – wie vorliegend vertreten[921] - dahingehend aus, dass auch in diesem Rahmen die Voraussetzungen des § 5 Abs. 1 TVG – mit Ausnahme des Einvernehmens des Tarifausschusses - erfüllt sein müssen, ist zugleich die Bestimmtheit der Erlassvoraussetzungen gewahrt.

V. Ergebnis zu § 4

Ergebnishalber ist festzuhalten, dass die mit § 1 AEntG verbundene Verdrängung ausländischen Tarifrechts in Entsendefällen der Koalitionsfreiheit ausländischer Tarifparteien in Form der Tariffunktionsfreiheit nach Art. 9 Abs. 3 GG unvereinbar ist.
Demgegenüber begegnet die Rechtsverordnungsermächtigung des § 1 Abs. 3a AEntG keinen Unvereinbarkeitsbedenken hinsichtlich Art. 9 Abs. 3 und 80 Abs. 1 GG.

---

[921] Vergl. § 3 I 1 c); für nach Art. 80 GG nicht erforderlich erachtet dies: *Ossenbühl*, Tarifautonomie, S.214 ff.

§ 5 Zusammenfassung

Die Ergebnisse der vorliegenden Arbeit lassen sich daher wie folgt zusammenfassen:

1. Auf Entsendearbeitsverhältnisse findet typischerweise das heimatliche Arbeits-, Sozialversicherungs- und Lohnsteuerrecht Anwendung.

2. § 1 AEntG steht nicht im Einklang mit der Ermächtigung des Art. 7 Abs. 2 EVÜ zur „lex fori"-Setzung, da hierdurch keine im Inland auf alle vergleichbaren Sachverhalte anwendbaren Normen für international zwingend erklärt werden.

3. Die Substitution von ausländischen durch inländische Arbeitsbedingungen bei Entsendungen verstößt, soweit ein Niveau durchgesetzt werden soll, was innerstaatlich nicht dem „ordre public" zugehört und keine allgemeine Anerkennung findet, gegen die Grundfreiheit des Dienstleistungsverkehr der Art. 59 ff. EGV.

4. Die Richtlinie 96/71/EG sowie das AEntG verstoßen daher in materieller Hinsicht gegen europäisches Primärrecht.

5. Die Richtlinie 96/71/EG ist zudem in formeller Hinsicht EG-vertragswidrig, da sie sich auf keine vertragliche Ermächtigungsgrundlage stützen läßt.

6. Allgemeinverbindliche Tarifnormen besitzen keine „lex fori" – Normqualität, da die Reichweite der Allgemeinverbindlichkeit nicht weiter geht, als die Tarifbindung kraft Mitgliedschaft, die ebenfalls die Geltung des deutschen Statuts voraussetzt.

7. Entsendearbeitsverhältnisse werden infolge des eingeschränkten persönlichen Geltungsbereiches weder vom BRTV-BAU noch den einschlägigen Mindestlohntarifverträgen erfaßt, hinsichtlich derer die Wirksamkeit der Allgemeinverbindlichkeit aufgrund des Fehlens der Voraussetzungen des § 5 Abs. 1 Nr. 1 TVG zweifelhaft ist.

8. Die Rechtsverordnungermächtigung des § 1 Abs. 3a AEntG unterliegt den materiellen Voraussetzungen des § 5 Abs. 1 Nr. 1 und 2 TVG.

9. Der für Entsendearbeitsverhältnisse gedachte Teil des Urlaubskassentarifvertrag, §§ 55 ff. VTV, ist infolge differenzierender Klauseln nicht für allgemeinverbindlich erklärbar; eine Anwendung der Inlandsvorschriften der §§ 1- 54 VTV in Entsendefällen scheitert an der mangelnden Umsetzung von § 1 Abs. 3 S. 1 Ziffer 2 AEntG. Dies gilt auch für die Neufassung des VTV zum 01.01.2000.

10. Die Substitution von ausländischen Tarifnormen durch inländische Arbeitsbedingungen infolge § 1 AEntG verletzt die Koalitionsfunktionsfreiheit ausländischer Tarifpartner, Art. 9 Abs. 3 GG, da der damit verbundene Eingriff nicht durch verfassungsimmanente Schranken unter Beachtung des Verhältnismäßigkeitsprinzips gerechtfertigt ist.

11. Die Rechtsverordnungsermächtigung des § 1 Abs. 3a AEntG begegnet unter Beachtung ihrer Form keinen zusätzlichen verfassungsrechtlichen Bedenken gegenüber Art. 9 Abs. 3 GG, da neue Betroffenheitslagen nicht erkennbar sind.

12. Die Rechtsverordnungsermächtigung wird auch dem Bestimmtheitserfordernis des Art. 80 Abs. 1 S. 2 GG gerecht, da sie unter Einbeziehung der materiellen Voraussetzungen des § 5 Abs. 1 TVG hinreichend deutlich sowohl die Voraussetzungen des Verordnungserlasses als auch inhaltlich die erstreckbaren Tarifverträge benennt.

Anlage 1: Synopse EGV Maastrichter und Amsterdamer Fassung

Nummerierung nach Maastricht	**Nummerierung nach Amsterdam**
Art. 2	Art. 2
Art. 3	Art. 3
Art. 4	Art. 7
Art. 5	Art. 10
Art. 7a	Art. 14
Art. 12	Art. 25
Art. 30	Art. 28
Art. 32	aufgehoben
Art. 36	Art. 30
Art. 48	Art. 39
Art. 52	Art. 43
Art. 56	Art. 46
Art. 57	Art. 47
Art. 59	Art. 49
Art. 60	Art. 50
Art. 66	Art. 55
Art. 85	Art. 81
Art. 100	Art. 94
Art. 100a	Art. 95
Art. 100b	aufgehoben
Art. 117	Art. 136
Art. 118	Art. 137
Art. 118a	Art. 138
Art. 118b	Art. 139
Art. 189a	Art. 250
Art. 189b	Art. 251
Art. 189c	Art. 252
Art. 220	Art. 293
Art. 221	Art. 294
Art. 235	Art. 308

Anlage 2: Stammdatenblatt der ZVK-Bau

ZUSATZVERSORGUNGSKASSE
DES BAUGEWERBES VVaG

STAMMBLATT zur Akte

1. Arbeitgeber Vor- und Zuname des Betriebsinhabers/persönlich haftenden Gesellschafters. Bei Gesellschaften m. b. H., der Vor- und Zuname der Geschäftsführer sowie deren Anschriften.	
2. Gewerbeamtlich gemeldete Tätigkeit und Datum der Anmeldung (Bitte Kopie der **Gewerbemeldebescheinigung** beifügen.)	
3. Angaben zur ausgeübten Betriebstätigkeit (Ggf. bitte prozentuale Aufgliederung der einzelnen Tätigkeiten gemessen an der Gesamtarbeitszeit.)	
4. Handelsregistereintragung (Ggf. bitte unbeglaubigten **Handelsregisterauszug** nach dem neuesten Stand oder Kopie des notariell beglaubigten **Gesellschaftsvertrages beifügen.)**	- ja / nein - beim Amtsgericht - unter Az. .... HR .... Nr. ....
5. Handwerksrolleneintragung (Ggf. bitte Bescheinigung der zuständigen Handwerkskammer beifügen.)	- ja / nein seit : .... - eingetragenes Handwerk : ....
6. Innungsmitglied (Bitte Kopie der Mitgliedsbescheinigung beifügen oder genaue Anschrift der Innung angeben.)	- seit :
7. Fachverbandsmitglied (Bitte Kopie der Mitgliedsbescheinigung beifügen oder genaue Anschrift des Fachverbandes angeben.)	- seit :
8. Beschäftigung von gewerblichen Arbeitnehmern (Einschließlich der Aushilfskräfte und bereits ausgeschiedener Arbeitnehmer, ausgenommen Auszubildende und Geschäftsführer einer GmbH.)	- ja / nein - seit (frühestes Einstellungsdatum) .... Anzahl, durchschnittlich pro Monat ....
9. Beschäftigung von techn. und kaufm. Angestellten (ausgenommen Auszubildende und Personen, die unter § 5 Abs. 2 Nr. 1 - 4 und Abs. 3 Betriebsverfassungsgesetz fallen.)	- ja / nein - seit (frühestes Einstellungsdatum) .... Anzahl, durchschnittlich pro Monat ....
10. Nimmt der Betrieb an einem anderen Sozialkassenverfahren teil ? (Bitte zutreffende Einrichtung ankreuzen.)	- ja / nein - seit .... - dortige Betriebskonto-Nr. .... ☐ Lohnausgleichskasse für das Dachdeckerhandwerk ☐ Zusatzversorgungskasse für das Steinmetz- und Steinbildhauerhandwerk ☐ Sozialkassen des Gerüstbaugewerbes ☐ Gemeinnützige Urlaubskasse des Maler- und Lackiererhandwerks ☐ Einzugsstelle Garten- und Landschaftsbau ☐ Zusatzversorgungskasse der Steine- u. Erden-Industrie und des Betonsteinhandwerks
11. Bankverbindung	Bankbezeichnung : .... Kontonummer : **Bankleitzahl :** .... ☐☐☐☐☐☐☐☐

.... Ort und Datum

Firmenstempel

.... Unterschrift von allen verantwortlichen (haftenden) Inhabern

ZVK 1/2028 - 5 T - 4.98W

Studien zum Arbeitsrecht und zur Arbeitsrechtsvergleichung

Herausgegeben von Manfred Weiss und Spiros Simitis

Band 1 Sebastian Fritzsche: Die Vereinbarkeit des Arbeitnehmer-Entsendegesetzes sowie der erfassten Tarifverträge mit höherrangigem Recht. 2001.

MIX
Papier | Fördert
gute Waldnutzung
FSC® C083411

Kolibri 360 GmbH
Ferdinand-Jühlke-Straße 7
99095 Erfurt, Deutschland
produktsicherheit@kolibri360.de

Druck:
CPI Druckdienstleistungen GmbH
im Auftrag der
Kolibri 360 GmbH
Ferdinand-Jühlke-Str. 7
99095 Erfurt